组织行为学

主　编　惠　宁
副主编　谭　乐　周　宇　王利晓

科学出版社
北　京

内 容 简 介

组织行为学旨在阐述人的心理与行为规律的关系，揭示组织绩效和人的行为、态度间的奥秘，以提高管理人员预测、引导和控制人的行为的能力，进而实现组织目标。本书从个体、群体与组织三个层面探讨人的行为，分别论述个体行为规律、个性差异及管理、心理过程及管理、组织承诺与个体行为、激励理论、激励、群体行为基础、工作团队、沟通管理、冲突管理、领导、组织结构与组织设计、组织文化、组织变革等15个组织管理中"人"的行为问题。在体例上，每个章节都有本章摘要、案例分析、重要名词和术语、复习思考题等，内容上将组织行为学理论与经济发展实践相结合，注重中国特色，突出了理论的严谨性、学术的规范性、实际的应用性。

本教材可用于本科生、工商管理、高级工商管理及管理类研究生，也可供相关专业教师、研究生和管理学研究者参考、阅读。

图书在版编目(CIP)数据

组织行为学 / 惠宁主编. —北京：科学出版社，2022.8
ISBN 978-7-03-071709-2

Ⅰ. ①组… Ⅱ. ①惠… Ⅲ. ①组织行为学 Ⅳ. ①C936

中国版本图书馆 CIP 数据核字（2022）第 034872 号

责任编辑：方小丽 / 责任校对：王晓茜
责任印制：张 伟 / 封面设计：蓝正设计

科 学 出 版 社 出版
北京东黄城根北街16号
邮政编码：100717
http://www.sciencep.com

天津市新科印刷有限公司 印刷
科学出版社发行 各地新华书店经销

*

2022年8月第 一 版　开本：787×1092　1/16
2024年1月第三次印刷　印张：24 1/2
字数：581 000

定价：78.00元
（如有印装质量问题，我社负责调换）

前言

党的二十大报告指出："我们要坚持教育优先发展、科技自立自强、人才引领驱动，加快建设教育强国、科技强国、人才强国，坚持为党育人、为国育才，全面提高人才自主培养质量，着力造就拔尖创新人才，聚天下英才而用之。"教材是教学内容的主要载体，是教学的重要依据、培养人才的重要保障。在优秀教材的编写道路上，我们一直在努力。

将管理作为一门独立学科进行研究和探索只有短短百余年的历史，这百余年的发展历程是管理由零散到系统、由经验到科学的过程，也是管理思想不断演化、不断丰富、不断创新的过程。20世纪管理学的发展遵循了三个方面的路径。一是组织理论研究的演进路径：古典组织理论—组织行为—组织（社会技术系统）—领导科学—组织文化。二是管理方式方法研究的演进路径：科学管理理论—行为科学—管理科学理论—决策理论—生产管理—信息管理。三是经营理论研究的演进路径：厂商理论—产业组织—市场学—消费者理论—策略学（战略管理）。但管理无外乎包括两个方面的问题：一是对事、对物的管理；二是对人的管理，且对事、对物的管理最终都要通过对人的管理来实现，组织行为学恰好是研究这一问题的学科，探讨组织中人的心理和行为的规律，以及揭示这些规律如何影响组织绩效，影响组织的发展。

本书从个体、群体与组织系统三个层面探讨组织中人的工作行为，阐述人的内在心理与外在行为规律的关系，揭示组织绩效和人的行为、态度之间的奥秘，全书的结构也是以个体、群体与组织为主线安排的。《组织行为学》共分15章内容，各章依次为导论、个体行为规律、个性差异及管理、心理过程及管理、组织承诺与个体行为、激励理论、激励、群体行为基础、工作团队、沟通管理、冲突管理、领导、组织结构与组织设计、组织文化、组织变革等。每一章都有本章摘要、案例分析、重要名词和术语、复习思考题等。

本教材结合国外研究的前沿问题和国内的现状，把组织行为学理论与企业发展实践相结合，力图避免脱离中国实际的弊端，达到结构体系创新，突出研究的前沿性、理论的严谨性、学术的规范性，注重现实性、应用性和操作性。本教材范围广、内容新、重应用。范围广是指本书几乎涉及所有的组织行为学专题，能够帮助读者全面了解组织行为学这一学科；内容新是指本书基本涵盖了最新的前沿学科知识，应用了最新的第一手资料；重应用是指本书在阐释组织行为学的基本知识和方法的同时，注重社会生活实际。

本教材与其他同类教材相比有以下几个特征。

第一，突出中国特色。改变以往同类教材多为对国外教材译介的现象，融入中国特有的管理思想和管理实践，尤其是注意遴选中国的案例，扩大道德、道德行为和社会责任的范围，不仅更深入地阐述道德，同时运用公司案例阐释组织遏制个人私利和提高组织道德行为的方法，把重要的理论和研究结果变得更加容易和有趣，让学生学习起来更轻松，以求提高中国企业和其他组织的管理水平。

第二，恪守实际需要。从实际需要出发，一方面，结合中国实际现状探讨组织行为问题，组织行为学的理论与方法是实际经验的总结与提炼，所有知识点和方法所引用的案例都是来自社会生活实际。另一方面，组织行为学的理论与方法又必须为实际服务，这样才能显示出管理理论与方法的生命力。全书系统阐述了组织行为学的基本理论与方法，将组织行为管理思想贯穿全书始终，运用这些原理分析管理者经常面对的现实问题，并给出了有效的解决方案。

第三，突出交叉综合。从组织行为学的内容来看，其涉及的领域非常广泛，它需要从不同的管理现实中抽象概括出具有普遍性的管理思想、管理原理和管理方法。从影响管理实际的因素来看，一方面包括生产力、生产关系、上层建筑这些基本因素，另一方面还包括自然因素、社会因素、文化因素、心理因素等，从组织行为学的学科与其他学科的相关性来看，它与经济学、管理学、社会学、政治学、领导学、心理学、哲学、文学、历史学等都有密切关系，教材的编写突出了学科的交叉综合。

第四，注重历史演化。组织行为学是管理实践、管理思想和管理理论的总结、扬弃和发展。割断历史，不了解前人对管理经验的理论总结和管理历史，就难以很好地理解、把握和运用组织行为学。现实是包含内在根据、合乎必然性的存在，是客观事物和现象种种联系的综合，现实总是处于不断发展的过程之中，它是过去的"现实"变化发展的结果。组织行为学既梳理管理理论的历史演化，也研究管理中出现的现实问题。

本书由惠宁担任主编，谭乐、周宇、王利晓担任副主编，共同讨论，制定编写体例，具体负责文稿的编纂。惠宁为经济学博士、博士生导师、西北大学二级教授，谭乐为工商管理博士后、管理学博士、西北大学副教授，周宇为经济学博士、西安财经大学副教授，王利晓为工商管理博士后、经济学博士、西安翻译学院教授。各个作者均长期从事组织行为学教学与研究工作。全书各章的具体分工：惠宁撰写前言、第一章、第十二章、第十三章、第十四章、第十五章；谭乐撰写第二章、第三章、第四章、第五章；周宇撰写第六章、第七章、第八章；王利晓撰写第九章、第十章、第十一章。

本书是国家级一流本科专业工商管理建设项目、陕西高等学校省级综合改革试点项目"工商管理专业创新人才协同培养模式综合配套改革研究"和陕西省"组织行为学"系列课程教学团队的研究成果，也是西北大学名师引领与教学能力提升项目"企业创新与产业高质量发展（XM05190555）"和西北大学教育质量提升计划项目"工商管理专业人才培养体系建设的研究与实践（JX18040）"的阶段性成果。经过多年的努力，书稿终于完成了。在写作过程中，我们参阅了国内外许多管理学方面的论著、教材和论文，吸收了其中的部分研究成果，谨向这些论著、教材和论文的作者表示感谢！西北大学经济管理学院在人力和物力上全面支持，从而使本书得以出版，在此表示深深的谢意。同时，由于组织行为学研究范围大、现实发展日新月异，许多新问题、新情况和新动态需要进一步探讨，本书难免存在一些疏漏，诚请同仁、读者批评指正，使我们的研究不断完善，组织行为学学科不断发展。

编　者

2023 年 11 月

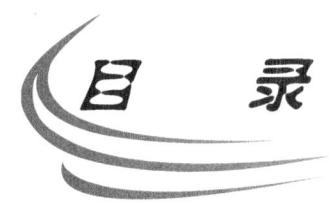

目 录

第一章
导论 ······ 1
第一节 组织与组织行为 ······ 1
第二节 组织行为学的产生与发展 ······ 9
第三节 组织行为学的研究方法 ······ 20
第四节 学习组织行为学对管理者的意义 ······ 24

第二章
个体行为规律 ······ 33
第一节 关于个体行为的几种解释 ······ 33
第二节 组织中的个体行为规律 ······ 37

第三章
个性差异及管理 ······ 46
第一节 人格与行为 ······ 46
第二节 气质与行为 ······ 50
第三节 性格与行为 ······ 52
第四节 能力与行为 ······ 57
第五节 态度与行为 ······ 68
第六节 价值观与行为 ······ 76

第四章
心理过程及管理 ······ 84
第一节 知觉与个体行为 ······ 84
第二节 情绪与行为 ······ 100
第三节 意志与行为 ······ 107

第五章 组织承诺与个体行为 … 114
第一节 组织承诺的概念和结构 … 114
第二节 组织承诺的形成 … 121
第三节 组织承诺对个体行为的影响 … 125
第四节 组织承诺在管理实践中的应用 … 128

第六章 激励理论 … 133
第一节 激励概述 … 133
第二节 早期激励理论 … 140
第三节 当代激励理论 … 150

第七章 激励：从概念到应用 … 161
第一节 工作特性及设计 … 161
第二节 当代激励问题 … 166
第三节 利用奖酬激励员工 … 170

第八章 群体行为基础 … 177
第一节 群体行为与群体类型 … 177
第二节 群体属性 … 181
第三节 群体决策 … 197

第九章 工作团队 … 208
第一节 团队的特点与类型 … 208
第二节 影响团队绩效的因素 … 215
第三节 使群体成为高绩效团队 … 220

第十章 沟通管理 … 223
第一节 沟通的类型与功能 … 223
第二节 人际沟通 … 234
第三节 组织沟通 … 245

第十一章 冲突管理 ···················· 255
第一节　冲突的概念、类型与特点 ···················· 255
第二节　冲突的根源、层次与过程 ···················· 261
第三节　冲突管理的原则、策略与方法 ···················· 268

第十二章 领导 ···················· 278
第一节　什么是领导 ···················· 278
第二节　领导特质理论 ···················· 282
第三节　领导行为理论 ···················· 284
第四节　权变理论 ···················· 289
第五节　诚信领导：道德和信任是领导的基础 ···················· 297

第十三章 组织结构与组织设计 ···················· 302
第一节　组织与组织理论 ···················· 302
第二节　组织结构的一般形式 ···················· 306
第三节　组织结构的设计形式 ···················· 311
第四节　组织设计的影响因素 ···················· 317
第五节　组织与职务设计选择 ···················· 320

第十四章 组织文化 ···················· 330
第一节　什么是组织文化 ···················· 330
第二节　组织文化做什么 ···················· 333
第三节　组织文化建设 ···················· 338

第十五章 组织变革 ···················· 348
第一节　组织变革的动因 ···················· 348
第二节　组织变革的阻力与内容 ···················· 352
第三节　组织变革的模式 ···················· 356
第四节　组织变革的技术方法 ···················· 358
第五节　工作压力及管理 ···················· 368
第六节　组织发展 ···················· 370

参考文献 ···················· 377

导 论

本章摘要 组织行为学（organizational behavior）就是这样一个研究领域：它探讨个体、群体和结构对组织内部行为的影响，然后运用这些知识使组织的运作更有效。具体地讲，组织行为学关注如何提高生产率、降低缺勤率、减少流动率、减少工作场所中的偏常行为、提高员工的组织公民行为及增进员工的工作满意度。在这里我们将讨论四个问题：①组织与组织行为；②组织行为学的产生与发展；③组织行为学的研究方法；④组织行为学对管理者的意义。组织行为学承认差异，它帮助管理者认识到劳动力多元化的价值所在，以及在不同国家进行管理时需要做出的一些变化。向管理者表明如何给员工授权，如何设计和实施变革方案，如何改善对顾客的服务及如何帮助员工平衡工作与生活的冲突，可以提高管理的质量和员工的生产率。

第一节 组织与组织行为

有人说，作为个人，只要不触犯法律，吃穿不愁，就可以游离于任何组织之外。但是，一个人要成就一番事业，就必须从属于某个组织。如果脱离组织，个人孤军奋战，很难取得成功。组织的竞争必然依赖于组织的成员，组织的竞争力也就与其成员的总体素质直接相关。组织是人们进行群体活动的主要形式，是人的社会性的重要表现，组织对我们的事业和生活有广泛的影响。从最基本的家庭组织到最复杂的行政或企业组织都与我们息息相关，我们大多数人会作为组织的一员度过工作生活的大部分时间。影响我们生活的不仅仅是我们所属的工作组织，我们每个人在日常事务中还要和许多其他形式的组织打交道，超级市场、百货商店、专卖店、银行、学术组织、政府机构、学校和医院等都是我们经常打交道的组织，这些组织不仅影响我们日常生活的性质，而且影响我们日常生活的质量。这里必须消除一种误解，一个人才荟萃的组织并不一定是具有最强竞争力的组织，即使一个企业的所有成员都具有高素质，也不一定能保证企业可以经营成功。这是因为，个人的竞争力完全取决于个人的素质，而组织的竞争力并不仅仅取决于各个成员的素质，也绝不是个人素质的简单相加，而是取决于作为一个整体的组织的素质。因此，怎样才能使个人素质发挥出整体效益是组织行为学探讨的关键所在。

一、组织的性质

1. 组织的含义

组织（organization）是对完成特定使命的人们的系统性安排。组织是一群人的集合，为了完成共同的使命和目标，组织成员按照一定的方式相互合作结成有机整体，从而形成单独的个人力量简单加总所不能比拟的整体力量。实际中人们对组织认识的角度各有差别。因此，不同学派对组织的定义见仁见智。但一般说来，任何一个组织的存在都必须具备三个条件。

1）组织由个体或群体集合而成

组织是人组成的集合。组织是由人构成的，同时组织活动也需要一定的物质资源。因此组织既是物质结构，又是社会结构。组织活动的资源配置是通过人来完成的，正是人群形成了组织，没有人群便没有组织。

2）组织适应于目标的需要

任何组织都有其基本的使命和目标，企业生产产品、提供服务是为了满足顾客需要，教育机构是为了培养人才，医院的存在是为病人提供健康服务，等等。组织的使命和目标说明了组织存在的理由。组织通过专业分工和协调来实现目标，由于专业化和分工是提高工作效率的根本途径，在每一类组织内部根据组织的功能又会分解为不同的部门活动，每个人或群体负责做一些专门的工作，这样就把组织的目标、任务分解成各层次、部门、职位的工作，委托一定的群体、个人按照相应的规则去完成，从而形成组织的分工体系。形成分工关系的个人、群体、部门是组织的一部分，他们要协调互动、密切配合才能保证组织整体目标的实现。这就使协作成为必需，否则组织内部各自为政的混乱便在所难免。因此分工和协作是同一个问题的两个方面。

3）每一个组织都发育出一种系统性的结构

每一个组织都发育出一种系统性的结构，用以规范和限制成员的行为。例如，建立规则和规章制度；选拔出某些成员作为"老板"，给予他们驾驭其他成员的职权；编写职务说明书，以使组织成员知道他们应该做什么。因此，组织这个词，是指一种由人们组成的、具有明确目的和系统性结构的实体。

2. 组织和环境

任何组织的生存和发展都依赖于特定的客观物质基础和社会条件，存在于组织之外并对组织产生一定影响作用的外部事物和现象构成了通常所说的组织环境。环境包括人、财、物、气候、市场、技术、文化、政策、法律等自然、技术、文化、经济、政治等方面的要素，不同组织对这些要素的依赖程度不同。环境可分为宏观环境和微观环境，宏观环境包括政治与法律环境，人口与文化环境，技术与自然环境、经济环境；微观环境包括供应商、营销中介、社会公众竞争者等，这些都是外部环境，还有内部环境。

组织和环境相互作用，不断进行物质、能量、信息的交换。组织依靠环境获得赖以生存的资源和发展机遇，组织的产出、服务为环境所接受的程度是限制组织活动的边界条件。组织活动的效率受制于环境条件的优劣。因此，组织活动必须适应环境的需要。许多组织失败的原因在于不能适应环境。

当然，组织也会影响环境，组织的存在本身就是为了增强人们认识和改造世界的能力，组织活动的结果必然会对环境产生或大或小的影响，组织要为优化社会物质环境和文化环境尽其"社会责任"。成功的组织会对社会产生示范效应，组织失败的教训也会增进人们对世界的认识。但是，在一般的意义上，组织对环境都不可能产生决定性的影响，都必须以对环境的适应为前提。

3. 组织发展

静态地看，组织的存在表现为在某些特定目标下形成的职位、个人之间的关系网络式结构，它一经形成，便具有相对的稳定性。动态地看，组织结构形成后，必然展开活动以完成组织目标，同时要为适应环境变化而调整，提高组织的效能，这种运作、变革、发展的过程即组织的演变过程。在社会资源有限的约束下，同类型组织往往会为了争夺生存资源、发展机会而展开竞争，形成优胜劣汰的结局。具有竞争优势的组织会发展壮大，反之则会衰落、消亡，即"物竞天择，适者生存"。这给组织形成了强大的外在压力，迫使组织不断创造新的优势。

第一，环境。竞争性的环境中，一个组织的优势取决于它与环境（利益相关者）协调、适应的程度，这决定了组织工作成果的有效性。同时组织的竞争优势也取决于组织内部的制度和工作效率，它决定了组织能否以较少的资源耗费实现较多、较好的工作成果，即投入产出比。

第二，专业化。专业化和分工是提高工作效率的根本途径，也是推动技术进步、组织演变的动因。改进、提高工作效率，有效完成组织目标，必然要求组织内部分工的深化、专业化程度的提高，而分工的深化、专业化程度的提高又必然导致更高的效率和技术进步。这种水涨船高的正反馈机制是组织演变中分工结构日益复杂的内在机理。当然，分工深化在促进效率的同时也带来了协调的困难，使得管理成本日益增加。这样，在技术水平相对稳定的条件下，工作效率和管理成本的边际比较就决定了分工的深度和专业化的程度，从而决定了组织内部层级结构的复杂程度。

第三，规模。任何性质的组织都有一个适度的规模，组织规模扩大，会带来组织活动的规模效果，即"人多力量大"，但也会导致信息交流困难、积极性和灵活性下降，即"三个和尚没水吃"，使管理成本上升。因此，在一定的时期内，规模收益和管理成本的边际比较决定了组织的适度规模。但随着管理技术的进步，在长期的组织演变中，组织规模在不断扩大。

组织演变过程中如何保持满足员工需要和实现组织目标的动态平衡，保持公平和效率的平衡，是组织行为学研究的重要问题。

4. 组织和管理

管理（management）是指同别人一起，或通过别人使活动完成得更有效的过程。这里，过程的含义是管理者发挥的职能或从事的主要活动。这些职能可以概括地称为计划、组织、领导和控制，即管理就是在特定的环境下，对组织拥有的资源进行有效的计划、组织、激励、领导和控制，以达到既定组织目标的过程。管理工作是独立进行的，有别于作业工作又为作业工作提供服务的活动，是保证组织正常运行、发展以实现组织目标的手段。

第一，任何组织都需要管理。小至家庭，大到国家，所有组织都是由具有共同目标的人组成的集合，而各个人的观念、志趣、经验、能力不尽相同，矛盾在所难免。因此，组织成员之间的协调是组织存在并正常运行的前提，也是管理的基本内容之一。

第二，管理的目标是保证组织目标的实现。管理不能成为自己的目标，不能为管理而进行管理，管理的终极目的只是保证作业活动有效进行，为实现组织目标服务。

第三，管理工作的效果通过组织效率和组织效能来衡量。管理要通过综合运用组织中的各种资源来实现组织的目标。在组织活动中，管理负责把资源转化为成果，将投入转化为产出。由于社会资源的稀缺性，组织从环境中获得的各种资源都是有成本的，任何组织都不可能无偿使用资源。管理的成效好坏、有效性如何，集中体现在它是否使组织以最少的资源投入，取得最大的、合乎需要的成果产出上。同时，管理必须保证组织的产出成果能满足利益相关者的某种需要并为之所接受，从而得到环境认可以继续生存并发展，这就是组织成果的有效性问题，也称为组织的效能。

第四，组织的发展演变是管理思想发展、管理技术提高的源泉。随着科学技术的发展与社会的进步，个人与组织相互作用的形式、关联的程度呈现复杂多样化的特点。组织本身也在不断发展演变，组织规模不断膨胀，内部层级结构日益复杂。以企业为例，从工厂制、公司制，再到跨国公司，规模呈千倍、万倍地扩大，从直线制、直线职能制到事业部制，内部结构日益复杂。组织规模、结构的演变，增加了管理的难度，给管理者提出了新的问题。对这些问题的探索、解决便会导致管理思想发展、管理技术方法进步，从而使组织的管理成本降低。历史上重大的管理思想和技术突破都是由组织的发展演变引起的。离开组织，管理就成为无本之木、无源之水。因此，组织行为学的研究与管理理论是无法截然分开的，二者相辅相成。

二、组织行为学的内涵、研究对象与意义

随着社会的进步和经济的发展，人类生产、生活的社会化程度日益提高，社会分工的深化、人们物质需要和精神需要的增长、社会联系的逐渐增多，各种应运而生的新组织大量涌现，越来越深入地介入人们的工作和生活中。同时，专业化程度的增强，规模收益的要求，专业知识的积累，管理水平的提高，又使得组织规模猛烈膨胀，员工构成不断变化，内部结构日趋复杂，对社会经济、政治、文化和社会心理的影响不断增大。把组织作为对象对其行为进行深入系统的研究，探讨组织内部结构和演变的规律性，研

究组织活动中个体、群体行为的各种因素及相互关系，对于保证人类社会活动的有序进行，增进组织活动的有效性，提高人们的生活质量和福利都是非常重要的。这正是组织行为学产生的必然所在。

1. 什么是组织行为学？

什么是组织行为学？这是任何一位初学者都要面对的问题。由于组织行为学是一门新兴学科，其内涵和外延都处在发展变化中，因而对这一问题的回答也就众说纷纭，莫衷一是。

美国学者威廉·迪尔（William Dear）认为："组织行为学是一门应用社会科学，研究工作组织中个人、团体、组织和行为问题。"另一位美国学者安德鲁·J. 杜布林（Andrew J. Dubrin）在他的著作《组织行为学原理》中写道："组织行为学是系统研究组织环境中所有成员的行为，以成员个人、群体、整个组织及其外部环境的相互作用所形成的行为作为研究对象的一门科学。"在他的另一著作《组织行为学基础——应用的前景》中，他又推崇加拿大学者乔·凯利的定义：组织行为学的定义是对组织的性质进行系统的研究，组织是怎样产生、成长和发展的，它怎样对各个成员、组成这些组织的群体、其他组织及更大些的机构发生作用。

组织行为学是一个研究领域，它探讨个体、群体及结构对组织内部行为的影响，目的是应用这些知识改善组织绩效。组织行为是一个研究领域。这种阐述意味着它是由共同知识体系构成的一个独立的专业知识领域。那么它研究什么呢？它研究决定组织中行为的三类因素：个体、群体和结构。另外，组织行为学把研究个体、群体和结构对行为的影响所获得的知识加以运用，使组织的运作更为有效（罗宾斯和贾奇，2012）。

据此，将组织行为学定义为：组织行为学是一个研究领域，探讨个体、群体及结构对组织内部行为的影响，研究组织中人的心理和行为表现及其规律，以提高管理人员预测、引导和控制人的行为的能力，进而实现组织目标的科学。组织行为学不是研究人的一般心理行为规律的，而是研究各种工作组织中人的工作行为规则的。这个定义有三层含义。

第一，组织行为学的研究对象是人的心理和行为规律性。组织行为学既研究心理活动的规律性，又研究人的行为活动的规律性。人的行为与心理密不可分，心理活动是行为的内在依据，行为是心理活动的外在表现，因此，必须把两者作为统一体进行研究。

第二，组织行为学的研究范围是一定组织的人的心理行为的规律。这就说明组织行为学并不是研究一切人类的心理和行为的规律，而是研究一定组织范围内的人的心理与行为的规律。这种组织范围为：包括工厂、商店、学校、机关、军队、医院、农村等在内的所有的组织。研究这种组织中的人的心理和行为，不仅要研究单个人的心理和行为，而且还要研究聚集在一起的人的心理和行为。因此又可分为个体、群体及整个组织的心理与行为。

第三，组织行为学研究的目的是在掌握一定组织中人的心理和行为规律性的基础上，提高预测、引导、控制人的行为的能力，以达到组织既定的目标。特别是要采取相应的措施变消极行为为积极行为，以取得最佳的工作绩效。

研究组织行为这个领域，涉及两个基本问题。第一个是组织对其成员的思想、感情和行动的影响方式。组织行为学试图阐明组织影响其成员的种种方式,研究人在组织中的行为,揭示组织有效整合、个人规范自律的规律,以创造、管理更大规模、更为有效的组织。组织行为学研究的第二个问题涉及组织的各个成员的行为方式及其绩效对整个组织绩效的影响。组织对其成员活动的协调方式决定了组织在完成其自身任务时是否成功。

总之,组织行为学是研究组织环境中人的行为规律的科学。它实质上是一门现代管理学科,是管理领域中行为学派的理论和方法的支柱。

2. 组织行为学的研究对象

由于组织活动的复杂性,对组织行为的分析和研究也有不同的角度,呈现出多层面的特点。一是我们可以把组织看成追求组织目标而工作的个人的集合。二是把重点放在组织成员在工作中的相互影响上。三是把组织视为一个整体来分析组织行为(图 1-1)。每个层面都表现出独特的观念并产生了对组织本质的认识。

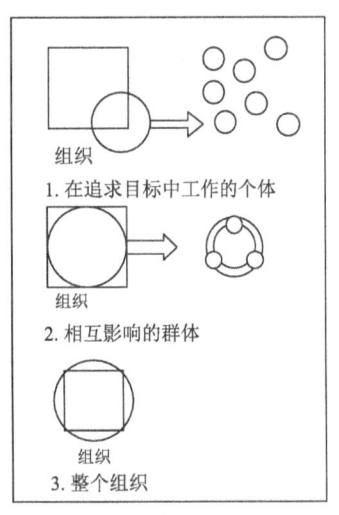

图 1-1 组织行为分析的三个层次

1) 个体行为

组织是由人组成的,而人与人是不一样的。每个人的心理和行为的差异,决定了其表现和工作绩效的不同,组织行为学的研究起点就是从个体成员的行为角度出发,分析和解释各种因素对个体行为的影响,这种研究组织行为学的方法把重点放在心理学的发展理论和解释的基础上,这些发展理论和解释探讨了个体行为,以及个体对不同的组织政策、实践和过程的反应。以心理学为基础的有关学习动机、满意、领导等方面的理论用来说明单个组织成员的行为和绩效,对诸如态度、信仰和个性这些因素也予以考虑,并对它们在工作中对个体行为与绩效的影响进行研究。从内部因素看包括态度、能力、个性、价值观和知觉等。影响一个人的行为的外部因素主要包括组织的环境和政策,如组织结构与工作设计、领导与奖励制度、管理控制方式等。

2) 群体行为

人们在组织中极少完全单独工作。如果要完成目标,那么组织成员就必须在工作中合作并协调他们的活动。在组织行为学中,一个可选择的富有成效的方法是分析工作群体的功能。在群体中人们如何一起工作?什么因素决定一个群体是团结和富有成效的还是分散和毫无结果的?领导如何影响群体成员及他们的能力,以便使他们在一起紧密合作,以较高的工作效率工作?组织行为学的一个重要部分就是把社会心理学知识和理论应用于研究组织中的群体。研究的主要内容包括群体构成、规范、角色、沟通、团队建设、冲突、群体思维与决策等。

3) 组织行为

组织行为学的研究把整个组织作为研究目标,而不是仅把重点放在组织中的个体和群体上,要把重点放在理解组织结构和组织设计如何影响组织效率的方面。研究的主要内容包括组织结构与设计、组织规模与发展、组织变革与创新、组织文化等。组织行为学研究的不同角度并不是互相矛盾的。相反,它们是互相补充的。对组织的实质、组织效率的决定因素的理解要求综合每个方面所获得的知识。

3. 组织行为学的目标

对组织行为的研究会使你想到,作为一名管理者,要做些什么才能提高组织效率,并且满足其组织成员的各种需要。对组织行为的研究将有助于你作为一名用户去理解为什么有的组织能够向你提供满意的产品和有效的服务,而有的组织则不能。这方面的知识将使你成为这些产品和服务极为明智的用户。所以,组织行为学要研究组织中人的心理行为规律,运用规律对组织中出现的行为进行预测、解释、控制和引导。预测和解释是适当分析组织问题的必不可少的组成部分。依靠适当的分析,管理者能有效地采取行动,控制有关行为,处理所出现的问题,如图1-2所示。

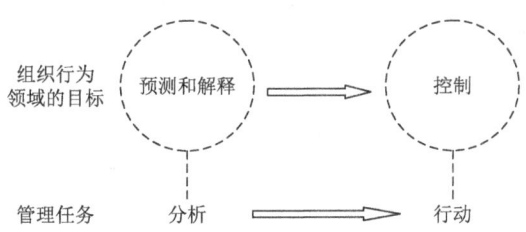

图1-2 组织行为领域的目标和重要的管理任务之间的关系

(1)预测。无论是在组织内部还是在组织外部,预测他人行为是我们日常生活的一个基本要求。如果我们有能力预先知道什么时候某个朋友会大动肝火,什么时候教授会对作业表示赞许,什么时候推销员或政治家会告诉我们有关新产品或国家状况的实情,我们的生活就会变得十分安逸、恬静。如果能正确预测在什么条件下人们将会高产,将会作出正确决策,将会缺勤或者将会喜欢他们的工作,人们对组织行为就会产生相当浓厚的兴趣。

(2)解释。组织行为学的另一个目标是解释组织中所发生的事情。预测和解释并不是同一概念。在原始社会中,人们无疑可以预测有规律的日落现象,但是不能解释太阳落在什么地方,或者为什么要落到那个地方。一般说来,准确预测某种事情的能力先于解释那种事情的能力。因此,正是黄昏落日的规律为解释日落的原因提供了某些线索。在组织行为方面,我们特别感兴趣的是确定为什么人们的产量、满意程度、辞职倾向存在着差别。对这些事情的解释远比对它们的预测复杂。首先,产生某种行为可能有多种原因。例如,有的人离开组织是因为对工资不满意,而有的人则是因为不喜欢所从事的工作。显然,如果能认识到什么是主要的因素,就非常有利于上级采取措施防止这些行为发生。其次,对某些现象的解释随时间或环境的变化而变化。

(3)控制。组织行为学的第三个目标是对组织中发生的行为进行控制。对这一目标的明显兴趣是近期才有的。过去,对这一领域的研究主要是描述性的而不是规范性的,即只是试图说明在组织中发生了什么(预测)及它为什么发生(解释),目的在于提高工人和经理的观察分析技能。但是，如果将研究组织行为所得到的知识运用于对组织行为的控制，则有助于个体目标和组织目标的实现。显然，这对于实行控制的管理者和被控制的接受者都有重要的和实际的利益。

（4）分析和行动（引导）。清楚地了解如何预测、解释和控制行为对于有效地完成两项重要的管理任务——分析和行动是必不可少的。目前管理者往往不进行适当分析就试图采取行动、解决问题。希望通过我们的研究能提高管理者的分析能力，从而改进管理者在控制组织行为方面所做的工作。

4. 人是组织发展的目的

究竟人是企业发展的目的还是利润是企业发展的目的，对于一个经营者来说，未必很清楚。有人认为，企业创造更多的利润，取得更大的经济效益才是目的，因为企业在制定目标时，都是具体的经济目标，如钢产量多少吨、生产多少台冰箱等。但是，人们活动的目的，实现的利润，最终只能是满足人的自由、幸福、自我价值实现的需要。企业的发展需要利润而且越多越好，但利润本身并不等于人的幸福。就像健康与幸福的关系，我们需要健康，越健康越好，但健康本身并不等于幸福。利润只是达到幸福的载体。因此，对职工的自由和幸福，企业不能只局限在物质利润上，要从文化、思想、经济各方面综合考虑，把人（即职工）当作企业的第一和最高目的。

迪尔（Deal）和肯尼迪（Kennedy）在对美国80家企业的调查中发现，1/3的企业以利润为企业发展的最高目标，而这些企业的利润状况并不是十分理想；而2/3的企业不以利润，而以崇高的信念、人的价值、理想为最高目标，却取得了卓越的绩效。因此，从社会发展战略来说，经济增长不是发展的最高目的，人才是发展的最高要求，要促进以人为中心的社会全面发展。评价发展的价值前提不是经济增长，而是人格平等，根除贫困，人的自由、民主，生态平衡等。不实现这些价值，即使有经济的增长也不会有人与社会的发展。人与社会的发展，不仅取决于经济增长，而且取决于政治发展、教育发展、生态环境的发展。

5. 组织是人生价值实现的地方

人的各种活动，包括经济活动、政治活动、社会活动、企业活动、生产活动、营销活动等，都会以组织的形式出现。人离开了组织，就如同鱼离开了水；没有人的组织也不称其为组织。

（1）组织能满足人的心理需求。一般来讲，人加入一个组织是为了满足其心理需求，如安全感。人的心理倾向具有趋同性，避免恐惧、孤独和失望，以求得心理上的平衡。经常与组织中的其他成员进行争论、交换意见，可以增强自信心。如果所在组织取得成功，如果得到所在组织及其成员的尊重和认可，可以获得满足感、自豪感，在组织中可以达到与人联系交往的目的，获得交谊、支持和帮助。

（2）组织目标的实现靠组织成员的努力。组织目标是组织奋斗的目的，是组织一切行为的总导向，是组织存在的价值体现，是衡量组织有效性的基本依据之一。组织目标确定之后，在外部条件具备的情况下，组织成员的努力就成了组织目标实现的关键。组织成员对组织目标的影响主要是通过他们对组织目标的认同，实现组织目标归根到底要靠组织中每个人的共同努力，充分发挥每个人的潜能，调动每个人的积极性，激发每个人的热情，鼓励每个人的创造精神，提高每个人的自信心，增强每个人的责任感。

（3）组织为个人价值的实现提供了舞台。随着科技的发展，生产社会化程度越来越高，专业化越来越强，而人对组织的依赖性也越来越强。不管工作性质是单独性的还是合作性的，都离不开组织的支撑。这就是为什么同一个教师，在学术氛围浓厚的大学比在学术氛围很差的大学出成果更多的原因。一个人可能通过自己的奋斗取得某一项成果，但作为终生的事业发展，最终还是要汇入组织的总体目标中。

个人价值要通过组织的经济价值和社会价值的实现来实现。比如，某计算机公司一位软件工程师开发了很有价值的软件，如果推向市场，需要大批的人力和财力，而仅凭他个人是无力承担的。公司可以帮助他进行科学论证，通过金融系统融资，组织科技人员进行生产设计，组织营销人员调查和开拓市场。当产品占领了市场，赢得了顾客，公司取得了经济效益时，也实现了社会价值，这时，这位工程师才算真正实现了个人的价值。

（4）组织与个人有机结合才能使双方互惠互利。组织没有人将不称其为组织，人离开了组织也将一事无成。组织之所以作为社会的创造物，是因为有具有创造力的人。人作为社会的人，其心理需求、事业抱负、成就欲望只有进入组织才能得到满足。

■ 第二节 组织行为学的产生与发展

一、组织行为学的渊源

管理思想史上对人的因素的重视自欧文（Owen）始，他在 19 世纪初，通过改善工作条件、缩短劳动时间、为工人提供各种生活福利等方法提高了工人的积极性。其后，19 世纪中叶德国的克鲁伯（Krupp）也曾通过为工人提供住房、子女教育、医疗保健、低息贷款等"福利"赢得员工对企业的忠诚。在美国的"管理运动"中，海尔赛（Halsey）于 1891 年发表了《工资报酬制》的文章，探讨如何通过工资报酬制度的设计提高劳动生产率，被泰勒（Taylor）、甘特发展为差别计件工资制、工资奖金制。泰勒还提出了针对不同的岗位挑选录用合格的人员进行培训以提高效率，并在 1910 年建立了专业化的人事管理部门。1914 年，福特（Ford）建立了一个人事研究室，同一时期莉莲·吉尔布雷斯（Lillian Gilbreth）开始进行对工人心理的研究。其后"人群关系理论"和行为科学的进展，使管理理论深入人际关系、个体行为的研究中。但总的来说，组织中对人的管理还是局限于通过静止的制度挑选、配备、培训、沟通、考评并发给薪酬，以及给予一定的福利，还没有把人看成组织中最重要的资源，没有从人的心理、社会需要方面动态地研究人的行为。组织行为学的产生最初源于对劳动生产率与劳资关系的关注，主要代表人物有亚当·斯密、罗伯特·欧文、弗雷德里克·泰勒等。

1. 亚当·斯密

在经济学课程中经常提到亚当·斯密（Adam Smith）的名字，这是因为他对古典经济学说作出了主要贡献。1776年《国富论》出版，亚当·斯密提出了组织和社会将从劳动分工中获得巨大经济利益的著名论断。劳动分工（division of labor）即将工作分解成一些单一的和重复性的作业。亚当·斯密列举了制针行业的例子。如果每个工人独立完成所有制针工作，他们每个人都得拔丝、矫直、切段、敲针头、磨针尖、将针头和铁杆焊在一起，一个人每天完成10根针，手艺就算不错的了。亚当·斯密得出结论，劳动分工之所以能够提高生产率，是因为它提高了每个工人的技巧和熟练程度，节约了由于变换工作浪费的时间，以及有利于机器的发明和应用。今天广泛普及的工作专业化（如服务业中的教学和医疗，以及汽车厂的装配线等），无疑是由于亚当·斯密在200多年前就提出的劳动分工所产生的经济效益。

分工促进劳动生产率的原因：第一，劳动者的技巧因专业而日进；第二，由一种工作转到另一种工作，通常需要损失不少时间，有了分工就可以免除这种损失；第三，许多简化劳动和缩减劳动的机械的发明，只有在分工基础上才可以完成。

2. 罗伯特·欧文

管理者是同人们一起实现组织的任务的，这就是为什么一些研究者从组织的人力资源方面来考察管理的原因。这方面的研究构成了目前的人事管理领域，以及关于激励和领导的当代观点。这些研究成果都出自同一类型的研究方法，我们称之为管理的人力资源方法（human resources approach，HRA）。早期的倡导者在19世纪和20世纪早期，尽管毫无疑问有许多人都认识到人的因素对组织成功的重要性，不过作为人力资源方法早期的倡导者，最突出的是罗伯特·欧文（Robert Owen）。

罗伯特·欧文是一位成功的苏格兰商人，他在1789年买下他的第一家工厂时才18岁。由于憎恶他所见到的苏格兰各处工厂中的粗劣做法（诸如雇用的童工许多年龄甚至不满10岁、13个小时工作日，以及恶劣的工作条件），罗伯特·欧文成了一位改革者。他谴责工厂主关心他们的设备胜过关心他们的雇员，他说他要买最好的机器，但不是雇用最廉价的劳动力去操纵它们。罗伯特·欧文指出，把钱花在提高劳动力素质上是企业经理最佳的投资之一。他认为关心雇员既能为管理当局带来高利润，同时又能减轻人们的痛苦。罗伯特·欧文设想了一个乌托邦式的工作场所。正如一位作者所评论的，罗伯特·欧文的成功没有载入管理史，人们记得的是他减轻工人阶级痛苦的勇气和承诺。早在1825年，他领先他生活的时代100多年提出，应在法律上规定工作日时间、制定童工法、普及教育、由公司提供工作餐，以及企业应参与社区发展计划。

3. 弗雷德里克·泰勒

古典管理学家、科学管理的主要倡导者弗雷德里克·泰勒（Frederick Taylor），在他的主要著作《科学管理原理》（1911年出版）一书中提出了科学管理理论。这本书阐述了科学管理（scientific management）理论——应用科学方法确定从事一项工作的"最佳方法",它的内容很快被世界范围内的管理者普遍接受。弗雷德里克·泰勒的理论和研究活动,确立了他作为科学管理之父的地位。

弗雷德里克·泰勒的大部分工作生涯,是在宾夕法尼亚州的米德韦尔和伯利恒钢铁公司度过的。作为一位有着清教徒背景的机械工程师,他始终对工人的低效率感到震惊。工人们采用各种不同的方法做同一件工作,他们倾向于用"磨洋工"的方式工作,弗雷德里克·泰勒认为工人的生产率只达到了应有水平的1/3,于是,他开始在车间里用科学方法来纠正这种状况。他花了20年时间以极大的热情寻求从事每一项工作的"最佳方法"。

理解泰勒在米德韦尔和伯利恒钢铁公司目睹的现象是很重要的,正是这种亲身感受唤起他改进工厂中工作方式的决心。在那个时候,工人和管理者没有明确的责任概念,实际上不存在有效的工作标准,工人们有意慢条斯理地干活,管理者作决定都是凭预感和直觉,工人被分派干什么工作很少或完全不考虑他的能力和才能是否适合从事这项工作。更严重的是,管理当局与工人们都认为,他们之间存在着固有的对立,他们不是为相互的利益而合作的,他们之间的关系是一种零和对策——任何一方的收益也是另一方的损失。

弗雷德里克·泰勒寻求在工人和管理当局双方中掀起一场思想革命,方式是通过明确规定提高生产率的指导方针。弗雷德里克·泰勒定义了四项管理原则,他认为遵循这些原则,会给工人和管理当局双方带来繁荣,工人们会挣更多的钱,同时管理当局会获得更多的利润。泰勒的科学管理四原则:①对工人工作的每一个要素开发出科学方法,用以代替老的经验方法;②科学地挑选工人,并对他们进行培训、教育,使之成长(而在过去,则是由工人自己挑选工作,并尽自己的可能进行自我培训);③与工人们衷心地合作,以保证一切工作都按已形成的科学原则去办;④管理当局与工人在工作和职责的划分上几乎是相等的,管理当局把自己比工人更胜任的各种工作都承揽过来(而在过去,几乎所有的工作和大部分责任都被推到了工人们头上)。弗雷德里克·泰勒的科学管理理论的主要内容如下。

(1)进行运作研究,确定操作规程和动作规范,确定劳动时间定额,完善科学的操作方法,以提高工效。
(2)科学地挑选工人,培训工人使用标准操作方法,使工人在岗位上成长。
(3)制定科学的工艺流程,使机器、设备、工艺、工具、材料、工作环境尽量标准化。
(4)实行计件工资,超额劳动,超额报酬。
(5)管理和劳动分离。
(6)倡导精神革命,劳资双方利益一致。

二、组织行为学的产生

1. 学科基础——行为科学

科学管理虽然给资本主义管理科学的发展带来了生机,但是科学管理存在着一些问题,许多"效率专家"成了工人憎恨的对象,工人认为人们的研究只能让公司获益,工人吃亏。随着工人运动的进一步发展,劳资矛盾日尖锐,资本家为了平息工人们日益增长的不满情绪,不得不再度寻找新的理论和经营方式,用更加巧妙的办法来缓和劳资矛盾。①科学管理过分重视"机械"的效率观念,以至于抹杀了人性的尊严,把工人的价值视同机器一样,不知人是有理想、有感情、有尊严的;②科学管理过分重视组织的静态面,忽视了组织动态的一面;科学管理只研究组织的结构,人员的分工,订立完备的法令、规章、工作标准,忽视了研究人的心理行为;③科学管理把组织当作"封闭型"的系统来研究,未能涉及组织与外在环境的关系,没有把组织看成一个开放的系统,彼此之间相互联系、相互影响;④科学管理错误地把人性理解为天生就是厌恶工作,主张以严格监督制裁的方式来管理人,认为员工工作的动机纯粹是为了物质、报酬,主张以物质的条例来奖惩员工,认为这样就可以控制人的工作行为。这些行为引起了工人的强烈不满。

在这种历史条件下,心理学、社会学等学科在理论上也有了较大的发展。在霍桑实验的基础上,一个着重研究人的因素、旨在激发人的积极性的学派、行为科学的先驱——人际关系学说应运而生。人际关系运动(human relations movement,HRM)的成员一致相信雇员满意的重要性——一个满意的工人定会是一个富于生产性的工人。这个运动的代表人物有:戴尔·卡内基(Dale Carnegie)、亚伯拉罕·马斯洛(Abraham Maslow)和道格拉斯·麦格雷戈(Douglas McCregor)。他们个人观点的形成,更多地来自他们个人的哲学观点而不只是大量的研究证据。

霍桑实验(Hawthorne studies,HS)是在西方电气公司(Western Electric)设在伊利诺伊州西塞罗的霍桑工厂中实施的。该研究始于1924年,然后在20世纪30年代早期又扩大范围继续研究了几年。该研究是由西方电气公司的工业工程师设计的,目的是检查不同的照明水平对工人生产率的影响。研究人员建立了试验组和对照组,试验组被给予不同的照明强度,而对照组则保持原有的照明强度不变。工程师原来估计个人的产量与光线亮度有直接关系,但是,他们发现当试验组的亮度增加时,两个组的产量都增加了。更令工程师们惊异的是,当试验组亮度水平下降时,两个组的生产率继续提高。事实上,只有当光线亮度降至月光的水平时,试验组的生产率才有所下降。工程师得出结论,照明强度与生产率没有直接关系,但他们不能解释他们所目睹的工人的行为。1927年,西方电气公司的工程师邀请哈佛大学的埃尔顿·梅奥(Elton Mayo)教授作为顾问加入研究。于是试验又重新开始,一直持续到1932年。新的试验包含大量的试验方案,其中有工作的重新设计、改变工作周和工作日的长度、在工作中间引入休息时间,以及个人工资计划和群体工资计划的比较等。例如,其中一项试验设计是用于评估群体计件奖金制度对群体生产率的影响的。结果表明,奖金计划对工人生产率的影响小于群体的压力、接纳和安全感的影响。梅奥的结论是:行为和情绪是密切相关的;群体对个人的行为有巨大影响;群体工作标准规定了单个工人的产量,群体的社会准则或标准是决定工人个人行为的关键要素;在决定产量方面,金钱因素比群体标准、群体情绪和安全感的作用要小。

戴尔·卡内基常常被管理学学者忽略,但是他的思想和教学实践有着巨大影响。在20世纪30年代、40年代和50年代里,几百万的人读过他的《如何赢得朋友和影响他人》

一书。此外，在此期间，成千上万的人参加了他的管理讲座和研讨班。卡内基的书和课程的主题是什么？实质上，他认为成功的方式是争取同其他人的合作。卡内基告诫人们成功之路在于：①通过对人们努力的真诚赞赏使人们感到他们自己是重要的；②建立良好的第一印象；③通过让别人讲话、对其表示同情，以及"从不对一个人说他错了"的方式，使人们接受你的思维方式；④通过赞扬人们的优点和给予反对者机会来维护他们的面子的方式，改变人们的态度。

亚伯拉罕·马斯洛这位人道主义心理学家，从理论上提出了人类需要的五个层次，它们依次是：生理需要、安全需要、社会需要、尊重需要和自我实现的需要。从动机的角度来看，马斯洛认为，需要层次中的上一步必须得到满足，下一层次的需要才会被激活；一旦某种需要被充分满足，它就不再对行为产生激励作用。此外，马斯洛相信自我实现（即发挥出一个人的全部潜能）是人类生存的最高需要。那些接受了马斯洛的需要层次论的管理者，试图改变他们的组织和管理实践，以消除雇员自我实现道路上的障碍。在本书第二章，我们还要更详细地讨论马斯洛的需要层次理论。道格拉斯·麦格雷戈最著名的理论是关于人性的两套系统性假设——X 理论和 Y 理论。我们在本书第二章中还将更全面地讨论这一假设。

人际关系理论的倡导者，包括卡内基、马斯洛和麦格雷戈联系在一起的共同线索，是对人的能力的不可动摇的乐观态度。他们坚信他们的事业和从未动摇过他们的信念，甚至在面对矛盾的证据时也是如此，再多的反例和研究证据也不会改变他们的观点。当然，尽管其观点缺乏客观性，但人际关系运动的倡导者确实影响了管理理论和实践。人际关系学说提出新的观念：①传统管理理论把人当作"经济人"对待，认为金钱是刺激积极性的唯一动力；人际关系学说把人当作"社会人"加以尊重，认为影响人积极性的，除物质利益因素外，还有社会的、心理的因素，如交往、友谊、归属感和尊严等。②传统管理理论认为生产效率单纯地受工作方法和工作条件等物质因素的制约，因而在管理上只注重工作的科学化、专业化等，即以"事"为中心；人际关系学说认为生产效率的好坏，不仅受劳动环境、工作方法的影响，而且取决于工人的工作情绪，即职工的"士气"、职工的态度。③传统管理理论只注意正式组织的作用；人际关系学说不仅重视正式组织对个体行为的影响，而且通过霍桑实验证实了"非正式组织"的存在，它对个体行为的影响有不可忽视的作用。

正当人们积极开展人际关系的研究时，1949 年在美国芝加哥召开了一次跨学科的讨论会，会上第一次提出了行为科学的名称。1953 年美国福特基金会召集哈佛大学、斯坦福大学等大学的科学家开会，正式把这门综合性的学科定名为"行为科学"。从这时起，行为科学取代了人际关系学说。行为科学所带来的划时代的变化，就是从以技术为中心的管理转变为以人为中心的管理，越来越重视人的作用。

行为科学的知识运用的范围非常广泛，包括政治、经济和文化等各个领域，凡有关人或人的心理行为的都需要行为科学的理论与知识来说明，因此从行为科学涉及的学科领域来说，它有很多分支学科，如行为科学的理论用于政治领域，就称为政治行为学；行为科学的理论用于教育领域，就称为教育行为学；行为科学的理论用于医学领域，就称为医学行为学；还有消费领域的消费行为学；研究犯罪心理行为的犯罪行为学。组织行为学正是将行为科学的一般原理和知识运用于各种组织管理的必然产物。组织行为学是行为科学的新发展。

2. 理论基础

组织行为学形成的直接原因是行为科学的产生与发展,但它的产生还有更深层的理论准备和知识积累(图 1-3)。

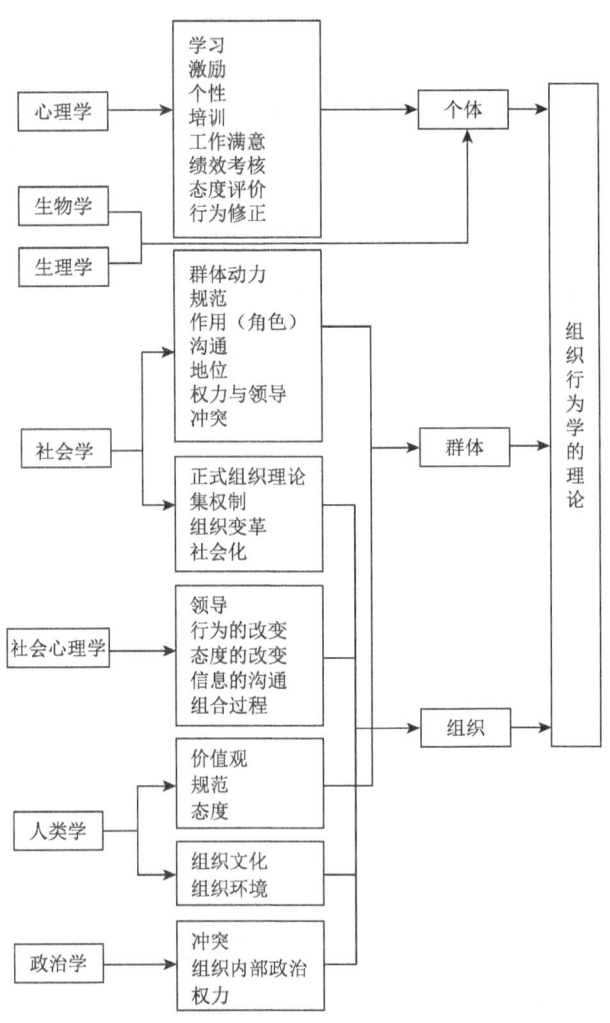

图 1-3 组织行为学的理论基础

(1)心理学。这是研究人类心理现象规律的科学。心理现象的规律性,包括心理活动的规律和心理特征的规律两部分。一般认为,心理活动是内省的,行为是外显的。要研究组织中人的外显行为的规律性,必须以心理学为理论基础,因为心理活动和心理特征是人们产生行为的重要原因和内动力。组织行为学是以个体的一般心理过程规律为基础,进而研究群体的行为,以及个人与群体之间相互关系的学科。正如我国社会学家孙本文所说的,社会心理学研究社会中个人的行为。它一方面研究社会对个人行为的影响,另一方面研究社会受个人行为的影响。

(2)社会学。这是一门综合性较强的学科,它把社会作为一个整体,综合研究社会现象各方面的关系及其发展变化的规律性。这里首先需要了解"社会"这个词的含义。从广义上说,社会是人类关系的体现,包括人类所有直接和间接的关系。从狭义上说,社会就是某种特殊的和比较具体的人类结合体,凡是一群有某些共同的观念、态度和行为习惯的人,或是在一起共同生活的人,都构成社会。任何社会或群体都是有组织的,而社会又是由各种制度维系的。所以一般地说,社会学是研究社会关系的科学。社会关系又可分为动态的和静态的两种。动态的是指社会中人们的互动,如合作与冲突等。静态的是指社会现象的关系模式,如家庭结构、群体、组织、阶级等。

研究组织行为学就是要运用社会学的知识来探索人在社会关系中表现出来的行为。组织是由很多群体组合而成的,所以组织行为把组织看作一个开放的有机的社会组织。组织、群体和个人之间存在着彼此互动的、复杂的社会关系。组织中人的行为是离不开社会关系的。因此研究组织中人的行为必须从其所处的整个社会关系着手,这样才能全面认识人的行为规律。例如,研究组织中个人的行为受组织内外社会环境的影响,个人在社会中所担任的角色和社会地位,群体的动力、结构、交往、权力和冲突,非正式组织、群体之间的合作配合和人之间的相互关系等,都需要社会学的知识。

(3)人类学。这是研究组织行为学重要的理论基础之一。人类学是研究人类的科学。这门学科分为体质人类学、文化人类学(又称社会人类学)和考古学。其中与组织行为学关系最密切的是文化人类学。文化人类学过去主要研究原始社会及其文化,但是近30年来,已逐步扩展到对现代文明社会及其文化的研究。文化人类学对组织行为学的贡献主要是组织中人的行为与人类社会的起源的理论、人类社会行为及人类和文化的关系等知识。

人类的行为并不是完全出于本能的。人的行为中文化性的行为多于生物性的行为。人类通过不断社会化的学习过程,使文化性的行为超越了生物性的行为,在文化环境中逐步形成价值观念、规范、风俗、习惯、民族性等。由于各国文化背景的差异,熏陶出来的民族性格也不同。在一个组织中,其成员(职工)的教育程度、家庭背景、社会环境也有差异性,这些都会影响他们的态度和行为。因此任何组织的管理者和领导都必须根据不同的文化背景和现实环境,选择相适应的有效的组织形式和领导方式。

菲克特(Fichter)指出,文化的功能有以下五点。

第一,文化是区别不同社会的标志。文化的差异性对人的行为的影响比地理环境和政治的影响更为现实,它为研究社会中的人、组织中的人(如跨国公司、中外合资企业中的人)的民族特点提供了依据。

第二,文化使一个社会的价值更系统化。人们通过文化可以使个人生活的意义和目的更系统化。

第三,文化为社会的团结、组织的凝聚力提供了一个重要基础。对自己民族文化的认同性越强,对本国、本组织的文化特点越欣赏,团结力、内聚力也就越强。

第四，文化为社会结构提供材料和蓝图。它使社会行为系统化、习惯化。文化将个人、群体和组织的行为紧密联系起来。

第五，社会和组织的文化还能塑造社会和组织的个性与性格。社会和组织中的每个人虽有各种差异，但在个人性格上也具有不可避免的文化标记。每个人的性格特征大多是文化的产物，我们可以分辨出一个人是典型的美国人、法国人、意大利人、日本人，还是中国人；还可以分辨出他是企业里的人、机关里的人，还是学校里的人。

综上可知，文化对个人、群体、组织及整个国家和社会的行为影响作用极大。在管理方式和领导方式上，不仅要针对不同个人的特点，而且要针对不同文化背景的群体和组织，采取相应的领导方式和管理方式。例如，西方人有西方人的文化，从而有西式的管理；日本人有日本人的文化，从而有日本式的管理。管理方如能结合国情、社会习俗等文化背景，就可收到明显的成效。因此，有效的管理就应该对社会文化环境、国民性格等进行分析研究，从而采取相应的管理方式和领导方式。

（4）政治学、生物学、生理学等。这些学科的知识，也是研究组织行为的理论基础。政治学中的权力与冲突问题等会影响组织中人的行为。人体犹如一个生物钟，有自己的生物节奏的规律性，有体力、智力、情绪的低潮与高潮，而这些都会影响人的行为，20世纪80年代，组织行为学开始研究工作压力对个体、群体、组织的行为和工作绩效的影响，主要分析当人们承受工作压力时身体所作出的生理反应，如压力所引起的身体生物结构的变化，以及如何防治疾病等。

3. 方法基础

（1）心理和技术分析。心理和技术分析（psychology and technical analysis，PTA）是美国心理学家雨果·芒斯特伯格（Hugo Munsterberg）在1912年所著的《心理学与工业生产率》一书中提出的。书中论述了用心理测验方法选拔合格工人等问题，解决了如何挑选和培养合格的工人去适应他们所要掌握的机器，即人机协调的问题。

（2）群体动态分析方法。群体动态分析法（population dynamics analysis method，PDAM）的创始人是德国心理学家勒温，这种方法也叫"场"理论。这种方法借用了物理学中"磁场"的概念。勒温认为，人都归属于一定的群体，人的心理行为不仅取决于人的内在需要，而且取决于所在的组织环境，是内在需要与周围环境相互作用的结果。1933年之后，勒温提出了"群体动态"（group dynamics）的概念。"群体动态"就是要研究影响群体活动的动向，而研究"群体动态"就是要研究影响群体活动动向的诸因素，群体活动的动向同样取决于内部力场与情景力场的相互作用。群体动态分析方法对组织行为学的形成与发展有很大的影响，勒温的学生提出的影响群体行为的诸因素——群体规范、沟通、领导等，直接构成了组织行为学的研究内容。

（3）社会测量方法。社会测量方法（sociometry）的创始人是莫雷诺（Moreno）。他原是维也纳一家医院的研究所从事研究工作和精神病治疗的医生，创造了"心理剧"治疗方法。1927年他迁居美国，专门从事社会心理学研究，提出了著名的社会测量方法。从理论上看，社会测量方法有许多值得讨论的问题，作为一门测量人际关系状况的技术已得到了广泛的运用。这种技术主要是通过填写问卷，让被调查者根据好恶程度进行选择，并把这种选择用图表的形式表示出来，从而使研究者可以根据图表对群体中的人际关系进行分析。社会测量方法为组织行为学研究群体行为提供了科学方法和技术手段。

三、组织行为学的发展

组织行为学是随着组织的演变、管理理论的发展而产生的。组织行为学的发展过程实质上是对组织行为探索研究的过程。但是严格说来，组织行为学的产生和发展是组织管理理论、人力资源学派、权变理论学派和组织文化理论不断融合的过程。与人际关系运动和其理论家不同，行为科学理论家（behavioral science theorists，BST）对组织中的人的行为进行客观的研究，他们小心地力图使他们的个人信仰不卷进他们的工作中，他们追求严格的研究设计，从而使他们的研究能够被其他行为科学家复制。他们这样做的目的，是希望建立组织行为的科学理论。这些心理学家，如弗雷德·费德勒（Fred Fiedler）、维克托·弗罗姆（Victor Vroom）、弗雷德里克·赫茨伯格（Frederick Herzberg）、埃德温·洛克（Edwin Locke）、戴维·麦克利兰（David McClelland）及理查德·哈克曼（Richard Hackman），对我们今天理解领导、雇员动机和工作设计作出了重要贡献。具有社会学背景的研究者也使我们对组织行为的理解取得了显著进展，如杰弗里·普费弗（Jeffrey Pfeffer）、肯尼思·托马斯（Kenneth Thomas）和查尔斯·佩罗（Charles Perrow），对我们理解权力、冲突和组织设计增加了重要的见解。这些行为科学理论家各自的贡献，我们将在后面的章节中详细讨论。

1. 人力资源学派的出现

20世纪50年代后期，美国出现了经济衰退，人际关系学派片面强调搞好关系的观点迫切需要修正，在人际关系理论的基础上发展出了一个新的学派——人力资源学派（human resources school，HRS），其中心思想认为，企业中发生种种问题的根源在于未能发挥职工的潜力。这个学派的主要代表人物是阿吉里斯（Argyris）、麦格雷戈。

（1）阿吉里斯在1957年发表了《个性与组织》（*Personality and Organization*）一书，公开对人际关系学派进行了抨击。他主要从组织角度来分析影响职工发挥潜力的原因，认为传统的一套组织设计、规章制度，使职工处处听命于上级，变得消极被动、依赖成性，这样既束缚了职工的创造性和积极性，又阻碍了个性的成熟发展。在人际关系学说的影响下，管理者在福利待遇、增加休息时间、放长休假等方面改善了与员工的关系，但始终未能让员工承担更多的责任，满足员工的成就感，结果不能解决员工的积极性问题。阿吉里斯呼吁企业管理者要从组织上进行改革，鼓励职工多负责任，让他们有成长和成熟的机会。

（2）麦格雷戈1960年在他所著的《企业中人的方面》（*Human Side of an Enterprise*）一书中总结了人性假设对立的两种观点，即X理论、Y理论。简要地说，X理论基本上是一种关于人性的消极观点，它假设人们缺乏雄心壮志，不喜欢工作，总想回避责任，以及需要在严密的监督下才能有效地工作；Y 理论提出了一种积极观点，它假设人们能够自我管理，愿意承担责任，以及把工作看作像休息和玩一样自然。麦格雷戈相信 Y 理论假设最恰当地抓住了工人的本质，对管理实践具有指导意义。

麦格雷戈认为传统管理理论来源于教会和军队，没有接触现代化的政治、经济，把人看成厌恶工作、需要严格控制的消极因素，他将这种假设称为 X 理论。现实生活中许多现象不符合 X 理论和观点，人并不天生厌恶工作，人们在工作中能自我控制，在现代工业社会中，一般人没有充分发挥潜力，这种观点他称为 Y 理论。他认为现代组织的管理者就应让职工负更多的责任，发挥他们的潜力。

麦格雷戈在麻省理工学院教了 12 年书后，受聘担任安蒂奥克学院（Antioch College）的院长。6 年后，他决定返回麻省理工学院。在他的告别演说中，麦格雷戈似乎认识到他的哲学未能符合组织生活的现实，他说："我相信，一个领导者作为他的组织的劝导者可以运作得很成功，我认为我应该避免成为'老板'。我怀疑我是不是真是无意的，我希望逃避那些不愉快的但却不得不做的事情，包括制定困难的决策，在许多不确定的选择下为某个行动承担责任，犯错误和为此承担后果。我认为或许我能管理得使每一个人都会像我一样，靠'良好的人际关系'来消除一切不和与争执。我不会再犯错误了，虽然花费了两年时间，但是我终于开始认识到一个领导者是不能够回避行使权力的，也不能回避对他的组织发生的一切承担责任"。具有讽刺意味的是，当麦格雷戈返回麻省理工学院后，又开始了他的人性学说的布道，直到他去世。

2. 权变观点进入管理领域——组织行为学的形成

在西方管理思想史上，对人进行管理的思想是不断发展的。但是从科学管理到 X 理论、Y 理论，都受 19 世纪哲学中决定论思想的支配，其出发点都认为处理管理问题，可以有一个普遍适用的最佳方案。早期的管理理论贡献者，如泰勒、法约尔和韦伯，给我们建立了管理原则和普遍适用的组织假设。但是后来的研究发现，存在许多不符合原则的例外现象。例如，劳动分工无疑在许多情况下是有价值的，但工作也可能会变得太专业化了。像旅行者（Travelers）保险公司这样的保险公司发现，通过扩大而不是缩小工作范围可以成功地提高生产率。官僚行政组织作为一种组织形式在许多情况下是很理想的，但也存在在许多情况下，其他的结构设计更有效。允许员工参与决策制定有时是有效的领导方式，但并非所有的时候都是如此，不少情况下领导应当专断地作出决策，然后告诉雇员应该怎么做。在人力资源学派成长的过程中，权变理论逐渐进入管理领域，认为由于管理的对象和环境的变化，普遍适用的方案并不存在，必须按照对象情景的具体情况，选择具体对策。对于管理研究来说，权变方法有一种直观的逻辑性。因为组织是多样化的（在规模、目标、任务等方面），所以如果真的发现在各种情况下普遍适用的原则，反倒会令人吃惊。当然，说"全都取决于"是一回事，说究竟取决于"什么"是另一回事。因此，管理研究者试图辨别那些起决定作用的变量。

（1）组织规模。组织的人员数量对管理者的工作起着主要的影响，当组织规模扩大时，协调的问题也随之增多。例如，适合 5 万名雇员的组织结构类型，很可能对只有 50 名雇员的组织来说是低效率的。

（2）任务技术。组织为了实现自己的目标，需要采用技术。例常性技术所要求的组织结构、领导风格和控制系统，不同于用户定制化和非例常性技术的要求。

（3）环境的不确定性。由于政治、技术、社会文化和经济变化的不确定性程度影响管理过程，在稳定的和可预见的环境下做得很好的工作，也许完全不适合变化迅速的和不可预见的环境。

（4）个人差异。个人差异对管理者选择激励方法、领导风格和工作设计尤为重要。

组织行为学就是在这一思想的基础上建立起来的。组织行为学认为，遵循权变理论，并不等于没有理论，而是告诉人怎样从错综复杂的情景中寻找关键性变量，然后找出变量与变量之间的因果关系，从而针对一定的情景，使用一定的对策。几十年来对领导行为、激励方式、组织设计、工作再设计等的研究，都是在权变思想的指导下进行的。麻省理工学院教授艾德佳·沙因（Edgar Schein）对人性假设的分析就是一个例子。他把科学管理的人性观称为"理性经济人"（rational economic man，REM），把人群关系学派的人性观称为"社会人"（social man），然后得出结论，认为人的心理状态是复杂的，不仅人与人之间有差异，同一个人在不同环境、不同时期也会有差别。因此人不能是单纯的"理性经济人""社会人"或者"自我实现人"，管理者也不能把所有的人视为一样，用一个固定的模式进行管理，而是要洞察他们的特点，对症下药，这样才能达到好的成效。

3. 组织文化研究的兴起——组织行为学的深入

组织文化也称企业文化，是组织或企业在长期的经营运作过程中逐步形成的共同的文化观念，是由领导者倡导、为员工所认同的本组织和本企业的群体行为准则。

（1）企业文化的兴起。从 20 世纪 70 年代末开始，一些美国学者对日本企业作了深入的分析研究，得出了使日本企业成功的两条基本经验：一是善于吸收外国的先进经验为己所用，无论是中国的仁与礼、和为贵等儒家教义，还是欧美的先进技术和现代化管理手段，他们都乐于引进，但又决不盲从照搬，而是在大和民族的魂魄中变成适合日本国情的一整套管理哲学和方法。二是在企业管理中注重文化因素，注重树立全体员工共同的价值观念，注重企业中的人际关系，重视做人的工作，把这些因素称为"组织风土"。他们认为"组织风土"是日本企业经过长期管理实践才产生的通过员工的行为举止表现出来的企业文化。相对而言，美国的管理注重"硬"的一面，强调理性管理；日本企业管理在兼顾"硬"的同时，更注重"软"的方面，即企业中的文化因素。第二次世界大战后日本企业通过各种手段致力于企业文化的建设，成功地激发了员工的自觉性、责任感、成就欲，增强了员工对企业的向心力、认同感、凝聚力，使全体员工同心协力为企业目标的实现而努力工作，从根本上提高了企业的市场竞争力。

（2）企业文化推动了组织行为学的发展。美国学者对企业文化在日本经济腾飞中所起作用的研究，是管理理论研究的新突破。人们对企业是人群的有机协作体这一观念的认识日益深刻和普遍，这也使组织行为学的研究走向更为深入和成熟的阶段。组织文化理论的崛起带来了组织行为学和管理理论研究中两个基本假设的突破，即关于"观念人"及"生活组织"两个假定的确立。"观念人"的假定认为，人在本能上确有多种需要，也希望自己的需要不断得到满足，然而，作为一个人，更重要的是有自己的信仰和价值观。"生活组织"的假定认为，不能仅从单纯的经济角度去考察和认识一个企业，还应从社会角度来看企业的职能。因此，人们一生的生活就是一个社会化的过程，是从自然人成为社会人，成为一个被某一社会群体所接受和需要的人的过程。同时，企业作为管理组织，具有经济性和社会性的功能。

（3）企业文化理论的核心是要追求一种企业整体优势的群体规范，即普遍的卓越和良好的集体感受。企业文化理论力图通过一种"文化优势"创造出一种约定俗成的群体规范，使群体成员在相互作用下，彼此接近并趋同，导致个体产生从众行为。共同的价值观在团体中会形成一种无形的压力，它虽然没有强制性，但它在个体心理上所产生的影响，有时反而比权威、命令的效力大得多，更能改变个体行为，使个体行为与集体行为一致起来。同时，企业文化理论还十分重视集体感受，即关心团体中人们情绪状态的共同之处，在良性情绪占上风的集体中，人与人之间的关系就会纳入集体现有的良性情绪的轨道中，集体情绪和观念的和谐一致，可以为调节集体行为，完成集体任务创造最佳的氛围。

传统企业管理理论把企业中的人看成如同机器一样的"经济人"；行为科学的产生，又强调企业中的人是生活在一定社会环境中的"社会人"。企业文化理论对企业中的人性假设要比"经济人""社会人"更深刻，这就是"观念人"，即应当帮助员工树立正确的价值观及信念，只有这样才能建立企业内人与人之间的信任、平等关系，劳动者才能充分发挥自己的才能、潜力和创造性，达到一种自由全面发展自己的境界。当然，这种境界只有在马克思提出的"自由人劳动联合体"中才能成为现实。应该说，企业文化理论从其基本假定到具体管理方式和管理措施都是对传统理性管理模式的突破和超越，这是管理思想的一次重大转变，也是现代管理理论发展的必然趋势，为组织行为学的深入研究提出了重大课题。

从上述组织行为学的发展历程中可以看到，正是管理实践的深入、管理理论的发展，推动组织行为学的研究不断深入、理论体系逐步完备。

第三节 组织行为学的研究方法

组织行为学作为一门科学，必须按照一定的研究程序，探讨组织环境中人们行为的规律性。在历史上有文化记载以来的有关文献中，有许多记载和分析人类行为的资料，这种资料大都来自军队、教会和政府机关，研究方法也很不规范，主要是个人的直觉和观察。用科学方法系统研究企业组织中人的行为，则是从20世纪初开始的。1949年在芝加哥大学为行为科学命名的大会上，科学家为此特别作了四项要求。

（1）理论的肯定和证明必须靠公众能观察了解的客观事实，不能单凭学者个人的经验。

（2）尽量用数理化的方式来说明假设，以便精密地测试和修正。

（3）尽量使各种论述精确，以便能用严密的试验予以肯定或否定。

（4）使用自然科学所惯用的"厘米、克、秒"制作为度量工作。

会议规定的这些要求，一直为行为科学家所重视。需要层次理论的作者马斯洛曾指出："科学方法……是我们确实能获得真理的唯一方法……只有科学使我们彻底了解，在看到的东西与信以为真的东西之间的本质差异。只有科学可以使我们前进。"跟自然科学相比，对人的行为的研究要复杂得多，因为这里包括许多变化多端的因素。尽管这样，二者所采取的研究步骤仍基本相同：第一，明确问题；第二，探索和研究有关理论和模式；第三，形成假设；第四，选择适当的研究方法；第五，通过观察—测试—实验进行论证，得出结论；第六，总结与反馈。

一、组织行为学研究的分类

1. 以应用广度为原则的分类

（1）理论性研究（pure research）：为了增加人类知识而进行的研究。侧重于从理论上阐明某种心理或行为现象，而不着重研究成果是否能应用于实践和怎样应用于实践的问题，如对人性的探索、激励的心理规律等。

（2）应用性研究（applied research）：为了解决组织中广泛存在的问题，着眼于潜在的应用价值而进行的研究。侧重于对观察结果的证明，以及如何把这种新发现的研究成果用来改进现状。因此它对实践工作较有价值，如工作再设计、组织发展等。

（3）服务性研究（service research）：是咨询人员的研究，如一位专家被某公司请来当咨询人员或顾问，这位专家的研究就叫服务性研究。

（4）行动性研究（action research）：这种研究是对某种情况所进行的调查性研究，通过这种调查，能够使人们认清问题的所在，从而采取一定的战略策略以减少和消除发生在组织结构、人员、技术或环境等方面的问题，也可以把这些因素综合起来进行变革。这种研究强调理论与应用密切结合，组织行为学家卢因（Lewin）曾大力提倡。

2. 以研究目标为原则的分类

（1）描述性研究（descriptive research）。主要目标在于说明客观事物的状况特点和出现频率。一般只反映组织行为的现实，不涉及事物之间的联系，即只回答"是什么"，不回答"为什么"，也不讨论具体的干预措施。组织中经常采用的人员基本情况调查、职工态度调查、心理挫折的各种表现调查都属此类。这种方法要求资料全面、翔实，研究人员中立、公正以保证结果的客观性。

（2）因果性研究（causal research）。也称分析性研究，这种研究要求弄清楚各个因素之间的相互关系及发展趋势。例如，一个人对工作的满意感与他的工作绩效这两个变量的因果关系，就有三种可能趋势。

A. 由于工作做出了较好的绩效，他对现任的工作岗位比较满意。

公式：工作绩效 ──→ 工作满意感

B. 一个人对他所做的工作比较满意，所以他就做出很好的绩效。

公式：工作满意 ──→ 工作绩效

C. 一个人的工作绩效与他的工作满意感互为因果关系。

公式：工作满意 ⟷ 工作满意感

（3）预测性研究（predictive research）。这是人们根据对客观规律的认识预先考虑今后可能发生情况的方法。比如，经理要对下属的行为、工作成效及整个组织总目标的完成情况做出预测。如果这位经理过去已经采用科学的方法考核过每个职工的工作绩效，那么他就可以较为准确地预测出今年的绩效。这种预测性研究对有计划地控制人的行为和绩效是有重要意义的。

3. 以可控性分类的研究

从可控性角度来看，组织行为学的研究主要有案例分析、现场调查、实验室实验和现场实验四种，如图1-4所示。

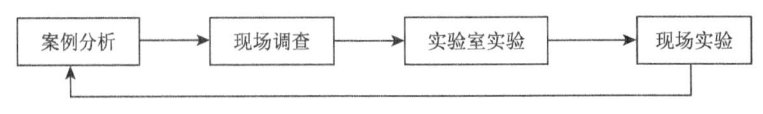

图1-4　四种可控性研究

（1）案例分析。这是研究人员通过查阅各种原始记录，或通过访问、发调查表和实地观察所收集到的有关某一个人或某个群体的各种情况，用文字如实记载，进行分析，找出主要问题并提出解决问题的意见。案例分析对对象为实践经验不足的学生的课堂教学来说是较为有效的。其缺点是文字记载对情景信息的反映是有局限性的，背景材料不可能完备。

（2）现场调查。就是对某些个人或群体进行访问并发给调查表，收集所需要的各种资料和数据。这种调查有普查和抽样调查两种。抽样调查一般所用的人、财、物和时间都比较少，因而广为采用。现场调查的目的是收集情报资料和数据，并不是要去改变或影响被调查者的行为。

（3）实验室实验。这种研究能比案例分析和现场调查更好地控制自变量和因变量的条件，能更明确地反映两种变量之间的因果关系。例如，在实验室观察疲劳或灯光对人单位时间内工作效率的影响。在实验室里可以尽量排除其他自变量，研究只在某一个自变量变动的情况下，对工作效率这个因变量所产生的影响。

（4）现场实验。是把实验室的方法应用到不断发展变化着的现实生活中去。这比实验室实验更接近现实生活；但是，不如实验室那样容易控制自变量与因变量相互之间的因果关系。因为现实生活中影响工作效率这个因变量的自变量太多，所以不太容易确切说明它们之间的因果关系。例如，影响一个班组工作效率的因素，可能是改善人与人的相互关系，也可能是改进工作方法，或是改善领导作风等。

二、组织行为学研究中常用的技术方法

组织行为学方面的研究常常是由受过训练的，具有管理学、应用心理学或应用社会

学背景的行为科学家完成的。科学的研究方法的运用可以使人们对工作做出正确评价，形成关于组织行为的正确认识。下面介绍几种常用的研究方法。

1. 调查研究方法

这是现代科学重要的研究方法。一般来说，调查研究就是深入实践、摸清情况，可以通过谈话、座谈、问卷、测验、活动、分析、研究等步骤，先明确调查目的，然后决定调查对象、内容、方法，步骤，调查后必须综合、提炼、分析、研究，提出解决问题的意见、建议和方案。调查研究方法比观察、测验、心理测量等方法要进一步，它不是光靠对人的行为现象进行直接观察和了解，而是通过广泛收集有关资料，直接或间接（主要是间接）了解被试对象的心理活动和有关行为，以寻求内在的实质因素。

2. 实验方法

实验方法因实验场地不同可分为实验室实验方法和现场实验方法两种。

实验室实验必须在实验室条件下，按照周密的实验设计创造一种环境进行实验，研究人员控制一切估计会干扰实验结果的因素，进行观察，以便弄清自变量和因变量之间的相互影响。实验过程和结果可以重复，说服力强。但脱离了实际，有可能增添人为因素，故对其结论的推广要谨慎，注意实际条件。

现场实验是在实际工作场地进行的，按照周密的实验设计使现场条件尽量单一化，有意识有目的地控制某些外界条件，使所获得的结果更有说服力。霍桑实验就是一个成功的典型。但因为现实工作场地的具体条件错综复杂，许多控制变量难以排除或保持稳定，所以需要长期观察，成本很大，如霍桑实验费时 5 年又 6 个月才取得成功。

3. 数量统计方法

近年来组织行为学的研究趋于定量化，数量统计方法的应用日益广泛。这种趋势是组织行为学研究走向深入、追求精确的重要标志。

数量方法以现实世界的空间形式和数量关系作为研究对象，而空间形式和数量关系是现实世界任何现象形态、运动方式都具有的。因此，数量方法对任何学科的研究都是不可缺少的。作为一门新兴的学科，在组织行为学研究中应用数量统计方法，也是人们对组织行为规律认识深入化的需要。

统计方法是社会科学数量研究最一般、最基本的方法，其他数量方法都与统计方法有密切的不可分割的联系，如调查和观察方法中，方案设计、对象和情景的选取、进行的过程都离不开统计方法；实验方法中，实验设计、实验对象的随机选取、非实验因素的控制也离不开统计方法。不仅如此，调查、观察、实验和比较等方法中得到的经验材料要经过统计处理，发现其统计规律性，并经过统计方法进行显著性检验，才有可能上升为理性认识指导人们的行动。例如，通过相关分析、因果分析证实两种变量之间的关系，通过时间序列分析发现某一现象的发展趋势等。

第四节 学习组织行为学对管理者的意义

在现代社会，每个人总是生活在组织中，每个人的行为既表现为个人行为，又表现为组织行为；既受到组织影响，又影响到组织。人们在一起工作、学习、生活，需要分工协作，需要有管理。对于管理者来说，他们每天所面对的最经常、最棘手、耗费他们时间和精力最多的恐怕就是人的问题。如何调动下属的工作积极性，激发他们的工作热情；如何与上司及兄弟部门沟通，以获得更多的资源和支持；如何处理员工间的冲突纠纷，营造一个和谐的工作环境；如何引导和改善组织成员的行为，建设高绩效的团队；等等。总之，要想成为一个有效的管理者，就必须了解人、认识人，就应该掌握必需的人际能力，就应该学会分析、解释、预测人的行为，从而提高自己管理活动的有效性。组织行为学研究的是组织环境下的人类行为、个体行为、群体行为和组织行为。一句话，组织行为学研究的重点是人，核心是保证和增加组织的有效性。也许我们中的许多人不会成为首席执行官（chief executive officer，CEO）或传统意义上的经理，但却可能成为一个组织的成员或一个群体的领导。因此，学习和掌握一些组织行为学的知识，开发和提高自己的人际技能，都将有助于成为一个受欢迎的组织成员，无论你在组织中扮演什么角色和做什么工作。

一、管理者在做什么？

1. 管理功能

管理是人类各种活动中最重要的活动之一。美国管理学家哈罗德·孔茨（Harold Koontz）及他的同行海因茨·韦立克（Heinz Weihrich）认为：管理是设计和保持一种良好环境，使人们在组织中高效率地完成既定目标。早在 20 世纪早期，法国工业家亨利·法约尔就提出管理有五种功能：计划、组织、指挥、协调与控制。今天，人们习惯将其简化为四种：计划、组织、领导、控制。所以，美国学者约翰·瓦格纳（John Wagner）等将管理定义为："为了实现组织目标，通过劳动力的合理配置，而进行的计划、组织、指挥和控制组织行为的过程"。总之，不管怎么表述，总是反映这样一个核心："让人把事情做好"。

（1）计划（planning）。计划分三种：一是战略计划，关系组织的整体发展方向；二是阶段性计划，明确某一阶段要达到的目标；三是具体操作性计划，也叫目前需完成的任务。计划工作是一座桥梁，它把我们所处的此岸和我们要去的彼岸连接起来，以攻克这一天堑。尽管我们当中很少有人能预知确实的将来，也不能控制干扰制订最佳计划的可能性因素，但如果我们不计划，那就更会听任自然的摆布了。

（2）组织（organizing）。明确了组织目标和任务，就要设立有利于达到组织目标的组织结构。组织工作包括设立部门，确定具体要完成的任务，确定由谁来承担这些任务，如何将任务分层次，确立内部职能部门的关系，决策如何进行等。除此之外，还要划清正式组织与非正式组织的界限，表明管理的跨度；对可变因素进行预测；考虑如何进行创新。

（3）领导（leading）。最初，学者把这个管理功能叫指挥，现在都叫领导功能。管理的领导功能是指影响人们为组织和集体目标作出贡献的过程，主要涉及人、激励、领导和信息沟通四个方面的工作。理解组织中人的因素是管理的领导功能的重要内容。一个管理者的人性观点，直接影响着他的激励和领导方法的选择。人们不是孤立地工作，他们在很大程度上互相合作以达到个人和企业的目标。领导的功能就是将他们有机地组合在一起，了解组织成员要求被理解和激励的需要。一个管理者如果不了解组织成员的需求是什么，又要利用他们的愿望去实现组织目标，那是很困难的。管理者要善于倾听下级的意见，经常与他们沟通，在关键时候给予他们指导，在他们为组织做出创造性工作时，也要尊重他们的个人利益。

（4）控制（controlling），也叫评估（evaluating），它主要指对业绩的衡量与校正，以确保组织目标和为达到组织目标所制订的计划的实现。显然，计划工作与控制工作密不可分，美国学者海因茨·韦立克将它们比做一把剪刀的两刃，缺任何一刃，剪刀也就没用了。没有目标与计划，也就不可能控制，也就是说，评估就是将已取得的业绩同制定目标时确定的标准相比较，如果有重大偏离，管理者要找出问题所在，看是目标的问题还是实施中的问题，要想办法让组织回到正确的轨道上来。

2. 管理技能

随着科学技术的迅猛发展，生产社会化程度的不断提高，人的因素的作用越来越突出。对人的管理已成为管理的核心问题。要考察一个管理者的工作效率，不仅要关注他做什么，还要看他如何做，要实现组织目标需要哪些技能或能力，美国管理学家卡茨（Katz）在《管理者的技能》（1955年发表）一文中提出：一个有效的管理者应具备三方面的功能。

（1）技术技能（technical skill）。技术技能是指应用专门知识或技能的能力。作为一个管理者，无论从事何种职业，都必须具备本领域或本专业的专门知识或技能，要想成为一个有效的管理者，必须具有相关工作所需的专门知识或技能，这些知识和技能可通过教育及训练获得，用学到的知识、方法、技能去完成特定任务。这主要是指把专业知识、技术应用到管理中的能力。

（2）人文技能（human skill）。人文技能是与人共事、理解别人、激励别人的能力。这主要是指经营管理者善于通过各种激励措施，对下属施行有效领导的能力。也就是把行为科学方面的知识应用到管理中去的能力。

（3）概念（观念）技能（conceptual skill）。概念（观念）技能是指管理者必须具备心智能力去分析和诊断复杂的情况，即了解整个组织及自己在组织中地位和作用的能力。这种认识使一个管理者随时都能按照整个组织的目标行事，而不是只从本身所在部门的目标出发。这就要求经营管理者（特别是高层经营管理者）对整个组织有战略眼光和全局观念，有较高的决策能力和影响说服下属的能力，以实现组织的目标，完成所担负的工作。

卡茨认为，对不同层次的领导者来说，这三种技能所占的比重是不一样的，也就是说，不同层次的管理者应有不同的技能组合，如图1-5所示，企业组织的不同管理层次所需的管理技能不同（图1-5）。对基层（下层）管理者来说，需要有更多的技术技能；而对高层（上层）管理者来说，则需要有更强的观念技能。这三种技能的不同组合是随着管理者从低层跃升到高层而变化的。不同层次的领导者，由于处于不同的领导地位，工作任务不同，管理范围不同，因而有不同的能力要求。也就是说，当一个管理者从较低管理层次上升到较高管理层次时，他所需要的技术技能相对地减少，而所需的观念技能则相对地增加。但是，人文技能则对每一管理阶层来说都具有同样的重要性。

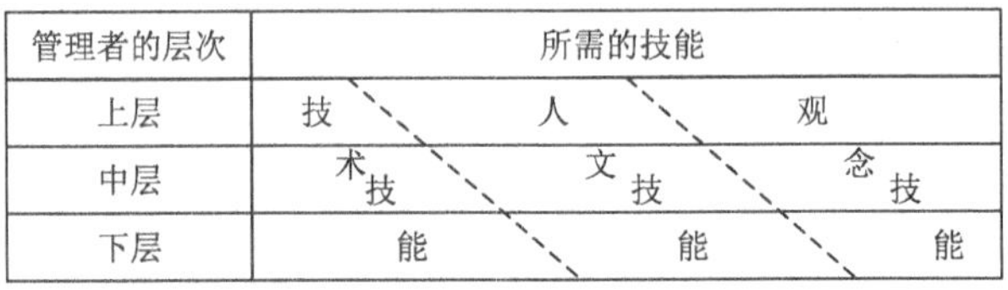

管理者的层次	所需的技能		
上层	技	人	观
中层	术技能	文技能	念技能
下层	能	能	能

图1-5　管理技能模型

1979年美国《管理决策》杂志刊登的《管理技能的阶梯》这一研究报告中，通过对500家企业的中级管理人员、总经理、董事长，以及从事管理教育的教授的信函调查，对各个管理层次所需的不同技能进行了量的分析，得出如图1-6所示的数据模型。

管理层次	所需的管理能力		
	观念	人文	技术
上层	47	35	18
中层	31	42	27
下层	18	35	47

图1-6　管理技能阶梯图

以上研究都表明，对管理者来说，人际关系能力是很重要的，而人际关系问题正是行为科学的一个重要内容，学习行为科学对于提高管理的能力和水平是很有好处的。

3. 管理者的角色

20世纪60年代后期，麻省理工学院的一位研究生亨利·明茨伯格（Henry Mintzberg）对5位高层经理进行了一项精心研究，以确定这些管理者在他们的工作中做些什么事情，以他对这些经理的观察为基础，明茨伯格得出结论：管理者扮演着10种不同而又互相关联的角色，或者表现出与工作有关的10种不同的行为。1975年，他在《哈佛商业评论》上发表了管理学史上影响深远的论文《管理者的工作：传说与事实》，提出了管理者扮演着10种不同又相互联系的角色，这10种角色可以分为三大类：人际的角色、信息的角色和决策的角色，如表1-1所示。

表 1-1 明茨伯格的管理角色

角色	描述	示例
人际的角色		
1. 头面人物	象征性的首脑，必须履行法律性或社交性的例行义务	庆祝会；需要表明地位的场合
2. 领导者	负责激励和指导下属	所有包含下属参与的管理活动
3. 联络者	与外部能够提供好处和信息的人保持接触和联系	参与公司外部委员会的工作
信息的角色		
4. 监控者	接收大量的信息，作为组织内外信息的神经中枢	处理各种信件与接触，其主要目的在于收集信息
5. 传播者	把从外部人员或下属那里获得的信息传递给组织的其他成员	为了信息交流的目的，把信件传递给组织；涉及向下属传递信息的言语接触，如总结会董事会议
6. 发言人	向外界发布有关组织的计划、政策、行动和结果的信息，作为组织所在行业方面的专家	处理向外界发布信息的活动
决策的角色		
7. 创业者	从组织和环境中寻找机会制订能够带来变革的计划	制订战略，对创意和改进方案进行的评估会议
8. 麻烦处理者	当组织面临重大的、意外的混乱时，负责采取正确的行动	针对混乱和危机制订战略
9. 资源分配者	作出或批准组织中行动的重大决策	制定日程，寻求权威，从事预算，为下属的工作做计划
10. 谈判者	在主要的谈判中代表组织	合同谈判

（1）人际的角色。所有的管理者都要担任某些本质上是纪念性或象征性的工作。当大学校长在毕业典礼上给学生颁发毕业证书时，他们就在扮演头面人物的角色。所有的管理者都充当领导者角色，这种角色包括雇用、培训、激励和训练员工。人际角色的第三种是联络人，明茨伯格把这种角色的活动描述为与能给管理者提供信息的人接触。

（2）信息的角色。所有的管理者在某种程度上都要从其他组织或机构接收或收集一些信息。这种活动最典型的是通过阅读杂志和与别人交谈来了解公众消费口味的变化、竞争者可能在做什么计划等，明茨伯格称其为监控者角色。把从外部人员或下属那里获得的信息传递给组织的其他成员就是传播者角色。当管理者代表组织与外界交往时，他扮演的是发言人角色。

（3）决策的角色。明茨伯格确认了与作选择有关的角色。在创业者角色中，管理者激发并监督能改善组织绩效的新项目，开拓组织新的行动方向，制订新的战略，促进发展新的事业，推动组织变革。作为麻烦处理者，管理者对事先未预见到的问题采取正确的行动。作为资源分配者，管理者负责分配人力、物力和财力资源。最后，管理者扮演谈判者的角色，他们与其他部门协商和谈判，为自己的部门争取好处。

这 10 种不同角色对管理者来说并不是同等重要的，但它们又是互相关联、必不可少的。明茨伯格的研究对帮助我们理解与工作有关的管理者的行为，是具有重要价值的。

4. 有效的管理者与成功的管理者

既然管理的目的是提高工作效率，那么管理者在干什么？有效的管理者通常是成功的管理者，怎样才能成为成功的管理者？弗雷德·卢桑斯（Fred Luthans）和他的同事从另外一个不同的角度考察管理者做什么。他们提出这样一个问题:在组织中晋升最快的那些管理者和工作最出色的管理者所从事的活动和强调的重点是一样的吗?你可能会认为那些工作最出色的管理者也是晋升最快的人。然而,事实并非如此。

卢桑斯和他的同事研究了450多名管理人员,他们发现,这些管理者都卷入了4类管理活动。

(1)传统的管理:决策、计划和控制。

(2)沟通活动:交换日常信息并处理书面资料。

(3)人力资源管理:激励、训练、管理冲突、安置、培训。

(4)社会交往:社交、政治活动与外部交往。

在所研究的管理者中,平均而言,管理者把32%的时间花在传统的管理活动中;29%的时间用在沟通上;20%的时间用在人力资源管理活动上;19%的时间用在社会交往上。但是不同的管理者花费在这4种活动上的时间精力相差甚远。成功的管理者(根据在组织内部的晋升速度衡量)与有效的管理者(根据他们绩效的数量和质量及其下属的满意程度和承诺程度来界定)所关注的工作重点大相径庭。社会交往对成功管理者的贡献最大,人力资源管理对成功管理者的贡献最小。对于有效的管理者而言,沟通的贡献最大而社会交往的贡献最小。

这项研究为我们理解管理者做什么提供了依据。平均来说,管理者分别花费大约20%~30%的时间在4类活动上:传统的管理、沟通、人力资源管理和社会交往。但是,成功的管理者和有效的管理者对这4类活动的重视程度差别很大。事实上,他们所强调的几乎正好相反。这一结论对晋升是以绩效为基础的历史假设提出了挑战,它生动地向我们展示了这样一个事实:人力资源管理、沟通、社会交往对于管理者谋求组织内部的晋升有着重要的作用。

从以上研究结果可以看出,作为一个有效的管理者,花在人力资源的管理、沟通、社会交往三个方面的时间占80%以上,可见与人交往的技能,对一个管理者来说多么重要。难怪钢铁大王卡内基讲:15%的业务技能,85%的人际关系技能,就是100%的成功。

二、提高管理的有效性

在实际生活中,我们常常看到一些员工和管理者工作十分努力也有很出色的专业技能,但由于缺乏组织行为学的知识,缺少人际技能,他们不能很好地与他人合作,难以充分发挥自身的潜力,并影响到自己在职业道路上的成长。要想成为一个优秀的管理者,需要具备多方面的条件,其中了解和运用组织行为学的知识和技能是必不可少的。通过学习组织行为学,可以帮助我们大大提高工作的有效性和掌握多种技能。

第一,进一步增强人际技能。人际技能中最重要的是自我意识和与他人合作共事的能力,还包括领导能力、激励能力、应付冲突和压力的能力及作为组织成员的参与能力等。由于人的问题通常是管理者在工作中遇到的棘手问题,许多管理学家倾向学习组织行为学的主要目的是提高管理者的人际技能。

第二,进一步提高认知技能。为什么在同一组织中,人们会表现出不同的行为?在同样的环境或压力面前，为什么人们会做出不同的选择？同样的激励手段为什么对有些人有效，对另一些人则完全无效？是哪些因素影响着个体、群体或组织的行为？作为管理者应该能够对各种信息和现象进行深入分析和清晰推理，找出原因所在；应该能够解释和预测组织成员的行为，正确运用影响和改善员工行为的路径和办法；应该把组织作为一个受各种因素和利益相关者影响的复杂系统来分析，从而寻找提高工作效率和组织绩效的理论与方法。

第三，进一步改善沟通技能。这些技能包括传达与接受思想、信念、态度和情感以引起反响的能力。人群中的矛盾和冲突在许多时候是由沟通存在障碍造成的。组织中常常遇到的员工满意度降低、流失率突然增多、部门间协调困难、对市场反应迟缓等问题，也一定是组织沟通系统出了问题。对于管理者来说，学会积极地倾听和创造性地反馈可能是改善沟通技能的重要忠告。当然，学会自信地表达自己的想法、观点和感觉，并在维护自己信念的同时尊重他人的信念，也是提高沟通技能需要注意的重要方面。

第四，进一步完善专业技能。专业技能是指在某一专业领域里运用特定的方法、程序和技术的能力。组织行为学可以帮助管理者提出研究改进组织行为的方法、程序和技术，如根据组织战略和目标对组织结构进行调整和重新设计；如何组织团队；如何解决冲突和谈判；如何处理多文化碰撞和道德困境带来管理问题；等等。组织行为学不仅是一组理论和观念，还包括一系列的技术和方法。学会运用这些技术和方法对提升管理活动的有效性具有重要意义。

三、改善人们的道德行为

组织行为学和心理学、社会学、社会心理学等社会科学一样，研究对象本质上是人的活动。这与以物为研究对象的学科有一个基本的不同，那就是道德问题。

道德是一种社会现象，是人们共同生活及行动的准则和规范。组织作为人们社会群体性的重要表现形式，其产生、存在和发展本身就是一定历史条件下人类道德活动的必然结果。这是因为任何组织的出现，都是人与人之间一定责任关系的合成，而责任关系是道德的应有之义。道德规范随不同历史阶段的演进决定了组织中人际关系、权责关系的进化，推动了组织的变革和发展。家庭作为最古老的组织之一，它在不同时期的特点无一不打上了道德的烙印。同样，企业管理从过去的"胡萝卜加大棒"到现在的有效激励，都与一定的道德标准相联系。可见任何组织都生存在一定的社会道德环境中，受到道德的制约。

组织行为研究的三个层次——个体、群体和组织都涉及道德内容。

（1）组织成员的角色是很多的，他同时也是社会的一分子。因此组织成员既要完成工作任务，又要承担社会责任；既要遵守组织规范，又要符合社会伦理。当两个角色冲突时，组织成员就面临职业道德和社会道德的协调问题。这正是组织行为学研究中必须正视的道德问题。

（2）人与人之间的关系，不仅是个人的本能需要，还要受到社会伦理标准的制约。随着社会的进步，个人的自由、权利、荣誉、人格尊严，人与人之间的平等观念和人道主义已成为社会伦理的基本原则。但是组织作为人的集合，本质上是在一定规范下的特定人际关系、群体活动的总和，成员在组织中的地位、拥有的信息等并不是完全平等的，因而人际关系（尤其是上下级）呈现非对称性，一些人有决策和监督、指挥的权威，另一些人则只有服从的义务。因此个人自由和组织规范、个性发展与组织纪律、平等和权威、个人尊严和服从管理是处理组织内人际关系，尤其是上下级关系时必然遇到的矛盾。组织管理中的效率与道德的矛盾，为组织行为学研究提出了问题。

（3）组织内部的制度设计也要符合道德标准。组织的整体利益和员工的个人利益、组织目标和个体需要的协调是制度设计的基本任务，是激励理论的核心。许多忠诚的组织成员、先进分子为组织利益而放弃、牺牲了个人利益，因此通过创新建立激励相容的制度也是组织行为学研究中的道德问题。

由于组织、社会及其环境存在互相依存性，某项组织活动在使其组织获得利益的同时，也要向外部社会付出代价，因此个人、群体需要与社会需要，组织利益与社会利益之间不可能完全一致。例如，假冒伪劣产品使企业获利，却坑害了消费者；企业产生的污染给社会和环境带来恶果。人们逐渐认识到，对小群体合理的，对社会不一定合理，纯粹的经济组织是不存在的。因此组织在追求自身利益时也要兼顾社会利益，承担社会责任，增进社会福利。这种新的价值观就是组织与社会、环境关系中的道德问题。

组织行为学中道德问题的研究，要以马克思主义哲学为指导，坚持辩证唯物主义和历史唯物主义原则，全面考察个人、群体、组织和社会的需要，实现协调发展。

案例分析

资本之王桑迪·威尔的 1＋1＝4 财富人生

20 世纪 50 年代，一位名叫桑迪的美国穷小子在纽约郊外的杰斐逊港镇上，与一位叫琼的姑娘结了婚。结婚后，他们的所有财产只是妻子的陪嫁 3500 美元。一段时间内，他的薪水甚至无法同时支付牛奶费和购买婴儿尿布。后来，妻子把陪嫁钱拿出来，让他在镇上开一家生牛屠宰作坊，专卖牛肉。

小镇上还有一家牛排餐厅，那里的生意非常好，每天都能为桑迪的牛肉作坊销掉不少牛肉，再加上外地的订货，桑迪渐渐有了一些多余的钱。但是好景不长，没过多久，牛排餐厅由于内部管理和经营策略上出现问题，生意越做越差。

发愁的人其实还不止餐厅老板，因为餐厅的生意下降在无形当中也减少了桑迪的牛排销售量。最后，桑迪经过仔细考虑后作出了一个惊人的决定：买下那家餐厅！他的妻子不解地说："你疯了吗？买下那家即将倒闭的餐厅？它能为你带来利益吗？""能！而且买下它以后，我们所拥有的价值就不是 1＋1＝2 了，而是等于 4！"桑迪回答。几天以后，桑迪在妻子的担忧中用他们的全部积蓄 5000 美元买下了那家餐厅。他对餐厅的经营做了一系列大胆而富有创新的改革，还聘请了最好的厨师来做牛排，渐渐地，餐厅的生意开始好转。餐厅的生意好了，牛排的销售量自然就增加了。

一年之后，桑迪成了全镇屈指可数的富人。这时，桑迪对他的妻子说出了"1+1=4"的逻辑：原有的一家作坊加上一家餐厅，表面上看是"1+1=2"，但是自己经营餐厅在牛排的原材料上省去了一笔开支，节省下的成本实际上就是一种利润，这就使 1+1 等于 3 了。至于牛排卖给自己的餐厅，表面上看是收不到钱，却是一个非常固定的销售点，再也不需要为如何才能保住这个销售点而费脑筋了，而这省下来的精力，又可以用在开拓另外的牛排市场和餐厅的经营上，这又是一种无形却巨大的财富，这样一来，1+1 就成了 4！

经过几年的商场打拼之后，桑迪到纽约成立了一家西尔森证券经纪公司，在随后的数十年里，用"1+1=4"的理念运作了一连串并购和整合，最终与花旗银行合并建立了全球最大的金融公司——花旗集团，桑迪一人统领这家旗下有 27 万名员工的大企业。他就是连续多年被纽约证券交易所评为"最佳 CEO"并且素有"资本之王"称号的桑迪·威尔。

资料来源：陈亦权（2015）

【讨论题】

1. 与典型的管理者的工作相比，你怎么看桑迪·威尔的工作？
2. 用明茨伯格的管理者角色理论评价桑迪·威尔的活动。
3. 用计划、组织、领导和控制四种职能理论评价桑迪·威尔的活动。

重要名词和术语

管理（management）
组织（organization）
计划（planning）
领导（leading）
控制（controlling）
经济人（economic man）
社会人（social man）
技术技能（technical skill）
人文技能（human skill）
概念（观念）技能（conceptual skill）

复习思考题

1. 试论组织行为学的产生与管理理论发展的关系。
2. 如何有效地预测、解释和控制组织中人的行为。
3. 什么是组织行为学，它是如何产生与发展的？

4. 阐述弗雷德里克·泰勒的科学管理原则。
5. 概括科学管理运动对组织行为学的贡献。
6. 明确亨利·法约尔对管理的贡献。
7. 描述霍桑实验及其对管理实践的贡献。
8. 哪些主要行为科学学科对组织行为学有贡献?
9. 组织行为学的研究有哪些基本类型和方法?
10. 人际技能的重要性包括哪些方面?
11. 在管理的职能、角色和技能方面,管理者能做些什么?

个体行为规律

本章摘要 本章我们将介绍个体行为规律,分为两个内容,主要是关于个体行为的几种解释和组织中的个体行为规律。第一部分的关键是要清晰地了解人的行为规律,进而对人的行为进行有效的预测、引导和控制,主要包括华生(Watson)的行为主义理论、新华生主义和勒温的观点。第二部分需要了解个体行为规律,并进一步了解行为与绩效的影响模式,从而更好地对个体行为进行疏导和预测,为实现组织的战略目标服务,主要包括个体心理与行为制约、组织中个体行为与绩效的影响模式和组织中个体行为疏导。

■ 第一节 关于个体行为的几种解释

企业设定了战略和战略目标之后,就要将目标拆分成不同的工作,不同的工作需要不同的人来完成。在企业对人的管理中,必须弄清楚在怎样的条件下,人会乐意地按时工作,在岗位上尽职尽责,工作效率更高。要想使人更高效地为实现组织战略和战略目标而工作,关键是要清晰地了解人的行为规律,进而对人的行为进行有效的预测、引导和控制。对个体行为的解读有以下几种代表性观点。

一、华生的行为主义理论

美国现代心理学主要流派之一——行为主义的创始人华生认为,心理学是研究动物和人类行为的自然科学。与早期心理学机能主义不同,行为主义学派认为,意识是无法观察到的,不能作为心理学的研究对象。因此,心理学不是意识的科学,而是行为的科学。华生主张心理学的任务在于预测和控制行为,具体包括两种基本效用:一是准确预测人的活动,二是凭借各种规律和原则,组织控制社会生活中人的行为。

华生的行为主义又被称作"S-R"心理学,其公式为"S-R"(刺激—反应),即行为受客观刺激的影响,一定的刺激必然引起一定的反应。华生强调,行为主义者感兴趣的主要是整个人的行为。但是华生的行为主义理论的缺陷在于，一是其对行为的概念界定含糊不清，直线式"S-R"公式也不能全面解释行为产生的过程；二是具有明显的机械主义视角，通过机体简单运动（movement）去定义行为，完全否定人的意识的存在。由于华生的行为主义企图将复杂的心理过程简单化，有将心理学范围缩小化的倾向，招致了许多心理学家的强烈反对，因此出现了以托尔曼（Tolman）、赫尔（Hull）和斯金纳（Skinner）为主要代表的新华生主义者，对行为主义进行了进一步改良。

二、新华生主义

新华生主义又称新行为主义，新行为主义者不再像早期行为主义者那样用简单、固定的眼光看待"S-R"全过程，而把这个过程看作各种力量相互制约的一种动态关系。新行为主义者冲破了早期行为主义因有机体内部因素不能直接被观察证实而不予以研究的局限，从而对"意识"这个不容回避的问题做出了不同程度的解释，以托尔曼、赫尔、斯金纳等为主要代表。新华生主义者提出，在刺激、反应之间还应加上一个因素 O，即个体。个体里面包含需要变因，如认识变因。人的行为因时、因地及环境与个体的身心情况不同，表现出不同的反应，即刺激—思维加工系统—行为，如果把人脑看成一个加工系统，则输入的是刺激，输出的是行为，如图2-1所示。

$$\text{刺激} \xrightarrow{\text{输入}} \text{思维加工系统} \xrightarrow{\text{输出}} \text{行为}$$

图2-1　人的行为模式

1. 托尔曼

托尔曼在借鉴华生行为主义观点的基础上，提出了"目的性行为主义（purposive behaviorism）"的主张，他试图在刺激与反应之间引进认识、期望、目的这些被华生称为意识的"主观主义的东西"的中间变量（以刺激为自变量，反应为因变量）。也就是说，有机体的行为随着刺激这一自变量的变化而变化，但不是简单、机械的反应，在这些自变量和行为之间存在意识这一中间变量，它是行为的直接决定者，是引起一定反应的关键。托尔曼将认知视角引进行为主义，进一步解释了刺激的变化（自变量）为何会引起反应变化（因变量）的问题，丰富了这一因果链，故而是对"S-R"模式强有力的补充和超越。

2. 赫尔

赫尔同样对"S-R"模式进行了拓展和补充，但其从逻辑实证主义和操作主义方法论出发，抛弃了"观察—归纳"法，采用"假设—演绎"法，以期把心理学改造成近似几何学的演绎科学理论体系。他认为，一种合乎要求的科学理论体系必须包括：①从一整套表述方式清晰的假设（公理）出发，并对所采用的重要术语给出具体的可操作化的定义；②从这些假设出发，必须在可以做到的情况下，用最严格的逻辑，演绎出一系列互相联系的、包括有关领导的主要具体现象的定理；③这些定理的表达必须在细节上与所考虑的学科所观察到的已知事实一致，也就是说以所观察到的已知事实去检验、印证上述定理，否则是没有科学意义的。赫尔通过上述"假设—演绎"法，致力于研究刺激、反应的联结和其间的中间变量层次，并为此演绎出十几条假设，推出一百多条定理和附律。以下简要描述具有代表性的 6 条假设及进一步提出的 11 条定理。这 6 条假设为以下几点。

（1）某种感官的适当刺激在有机体内部引起神经反应，这种神经反应在刺激停止作用之后仍然持续一段时间。它的绝对强度逐渐减弱到零，但是这种减弱是以缓慢的速度进行的。

（2）当某个反应与某段刺激同时发生，而且这一重合是在内驱力（stimulus drive）起作用的过程中发生时，在时间上又与一种强化事态接近，则这段较强的刺激渐渐倾向于获得激发反应的能量，因而所得的联系的强度，随着联系与强化事态（正联系）距离的增大而表现出一种负的加速减退。

（3）一种特定的刺激——反应联结（goal stimulus-goal response，SG-RG），往往标志着强化事态。在特殊内驱力的事例中标志强化事态的特殊的刺激——反应联结是在经验上确定的。也就是说，是由观察和实验确定的（强化事态的标志）。

（4）当一个刺激激发一个条件的反应，同时这一事件不发生在强化事态的范围之内，或者当一个行为序列的激励趋势遇到使某一动作不可能执行的情境时，这个相关激励趋势的强度就减少到反应阈限以下某一极限。这种减少相当广泛地扩大到其他同时可以起作用的或以后一段时间内可以起作用的激励趋势方面（负联想或实验性消退）。

（5）正的或负的联系的任何特定的增量的强度随着时间的推移而减弱，而剩下的部分则表示自从这些联系形成后，对联系解体的阻力与日俱增，每种联系的增量中有一定比例是恒定不变的（负保持或遗忘）。

（6）有机体的每一反应引起或多或少的特定的内部刺激（内部刺激作用）。

由这 6 条假设推出以下 11 条定理。

（1）巴甫洛夫的条件反射和桑代克的联想反应乃是同样一些学习原则的特殊操作事例。

（2）正确的和不正确的反应都可以由条件的（联想的）过程建立。

（3）可能出现简单的尝试错误的情境，有机体在这种情境中会重复地做出不正确的反应。

（4）在客观情境保持恒定的情况下，有机体在简单的尝试错误情境中可能表现反应的自发的变异性。

（5）有机体在以错误反应开始的简单情境中，经过足够数量的试探之后，最终会做出无限的长系列相连的正确反应。

（6）由于反复的错误反应所产生的消退将会间接地使一种非优势的但却是正确的反应趋势明显减弱。

（7）学习过的反应在学会之后，倾向于在它们形成条件反应过程中原先出现顺序之前就出现。

（8）在要求逃遁的情境中，这种提前反应对那些已经逼近但尚未成为现实的情境具有生物学的适应性。

（9）通过纯粹的联系活动，部分预期反应在以后的场合中倾向于自动地产生某种事态，并在最初构成反应强化动因。

（10）当动物在预期得到某种食物时，如果偷偷地换上本来是它们可以接受的其他种类的食物，它们会表现出拒绝接受的倾向。

（11）一种具有适应性但却是自动习得的反应是针对那些从外部特点看来与原先形成习惯时的情境毫无共同之处的情境而发的。

赫尔的上述假设和定理基本上概括了他关于学习或行为的观点，用基本公式表述为："S-s-r-R"，即在"S-R"之间加入了"s"（刺激痕迹）及"r"（运动神经冲动）这两个中间变量，进一步演绎出生物迫力（冲动）是人类行为的基本动机因素。

托尔曼和赫尔尽管研究了刺激与反应之间的中间变量，并且进一步对这些变量进行了操作化定义，但他们更多探究的是行为的内部机制。相比于托尔曼、赫尔，斯金纳对行为的解释发生了重大转向。

3. 斯金纳

斯金纳是新行为主义者的重要代表人物之一，他倾向于实证主义，认为科学只要描述可观察的变量及这些变量间的函数关系，而不要用不可观察的概念去解释可观察的事物和关系。与托尔曼和赫尔对因果链式关系的关注不同，斯金纳坚持不要中间变量，反对任何形式的内因论，基于动态变化视角强调相关环境事件与行为构成的选择性相互作用关系，即认为强化行为、改变行为的主要动力是有机体"操作"环境的效果。

斯金纳把行为视为一个自足的主体，不是作为内部心理事件的反射，也不是有机体的内部原因所为，是人在生存环境条件下的经验过程的产物（斯金纳，2006）。对于斯金纳学说，S-O-R 公式中的"O"指的是强化。所谓强化，就是指刺激引起反应后，该反应行为结果可能促进或削弱二者之间的联系。也就是说，人的行为既受环境的制约又受强化作用的影响，外界环境强化有助于有机体行为形成和发展，证明从外部着手调控内部心理的可能性。

在新行为主义者中，斯金纳比较接近华生，只承认可以直接观察的事实才是科学的对象。但是与华生的机械因果关系逻辑不同，斯金纳基于动态变化的视角，将人类行为解释的核心聚焦于行为主体与他们生活环境之间的函数关系，这种关系牵涉到行为主体、行为环境条件和行为结果三者的动态作用。也就是说，与机械因果关系强调原因怎样导致了结果不同，函数关系只是强调不同的事件通常按一定的顺序共同发生并且动态交互（斯金纳，1989）。

三、勒温的观点

群体动力理论的创始人德国心理学家勒温（Lewin）借用物理学中"磁场"的概念，把人的过去、现在形成的内在需求看成内在的心理力场，把外界环境因素看成外在的心理力场。人的心理活动是现实生活空间内在的心理力场和外在心理力场相互作用影响的结果。因此，要测定人的心理和行为，就必须了解完成这一行为的内在心理力场和外在心理力场的情境因素。勒温把人的行为看成个体特征和环境特征的函数。

$$B = f(P \cdot E)$$

其中，B 表示人的行为；P 表示个体特征；E 表示环境特征。

勒温在列出这一公式时指出：P 和 E 不是孤立的两个因素，而是密切相关、相互作用的。个人情绪的好坏对同一环境会产生不同的感觉；不同的环境又会影响个人情绪的变化，从而产生出不同的行为。勒温把个体和所处的环境统一称为生存空间（life space），他认为在解释某种行为时，不同时研究环境和个体是没有意义的。

勒温主张，改变态度的方法不能离开社会的活动，不能离开社会的规范和价值。个人在社会中活动的性质能决定他的态度，也会改变他的态度。应引导目标对象参与各种有关的活动，以纠正偏见，改变态度。心理介入的程度如何，对改变态度的影响也很大。主动参与和被动接受两种心理介入所产生的态度改变效果是不同的。让目标对象全身心地投入活动，自己提出和解决难题，会使态度改变明显。

案例分析

发现管理者的不同个性

总经理麦华手下有五个聪明能干、讨人喜欢的经理，他们常常在经理会上形成紧张的对抗。麦华信奉参与性管理，他要求他的员工在作出决定时意见要达到一致。问题是李凯和张雷很快就拿定主意，于是便要进行下一个议程。而乔新安则要求进一步讨论，要求有更多的资料，用更多的时间去进行思考。罗杰和玛丽讲话没有乔新安那样多，但他们支持乔新安。

麦华在日常的工作中细心观察这五个经理的个性，不久，他发现，李凯和张雷行事有时似乎有点鲁莽，乔新安则有点慢慢吞吞。所以，总经理通常不是迅速决定支持哪一方，因为两方都作出过高质量的决定。作出这种决定时所需时间量和资料量的差异，确实反映了各人性格的不同。为了进一步提高管理水平，他经常根据任务的性质和经理的个性综合多方意见，最后才拿定主意。

【思考题】

试析李凯、张雷、乔新安、罗杰和玛丽五个经理的个性及行为特征。

第二节 组织中的个体行为规律

人的行为是千差万别的，影响人的行为的因素也是多种多样的，但人的行为有其自身的规律和特征。掌握人的行为规律，就可以控制人的行为，预测人的行为。人的行为受思想和心理支配，思想和心理是在长期的社会实践中逐步形成和发展的，因此要进一步了解人的行为规律背后的心理规律。对于组织中的个体而言,其行为对绩效有重要影响,因此需要进一步了解行为与绩效的影响模式,从而更好地对个体行为进行疏导和预测,进而为实现组织的战略目标服务。

一、个体心理与行为制约

组织中的每个个体都有自己独特的行为方式和行为特征。个体行为背后受到多种因素的综合影响,其中一个非常重要的影响因素就是个体的心理现象。心理学已经深入剖析了个体的心理现象和行为之间的影响规律。

1. 个体行为特征

人的行为是有目的、有意识的活动,主要有以下特征。

第一,目的性。人的行为具有一定的目标取向,没有目标的行为是毫无意义的行为。人们在从事具体行为之前,要对行为将要解决什么问题进行设计,这是一个确立目标的过程。行为的目标性规定了行为的方向,并成为控制行为过程的内在的参照模型。如果行为达到了预期的目的,符合内在的参照模型,那么行为就是成功的,否则,就要对行为进行调整、修正,采取新的行为,或调整参照模型。

第二,社会性。个体生活在社会环境之中,处于一定的社会关系下,个体的任何行为都离不开社会。个体的理想、信念、价值观、需求是个体在社会环境中形成的,受社会的影响,个体为实现自身目标也必须从社会中获取资源。

第三,自主性。人的行为受外部环境的影响和制约,但人的行为不是自发的、被动的、盲目的行为,而是自觉自主的行为,人不仅可以认识世界,发现和揭示事物的本质,而且可以改变世界,影响和改变周围的环境,并根据周围的环境主动调节自身行为,以适应环境变化的需要。

第四,连续性。人的行为是一种持续不断的过程。人的行为受思想的支配,而思想观念一旦形成,就具有相对稳定性。从一段相对长的时间看,人的行为具有连续性、一致性,人们可以根据一个人的一贯表现分析判断他的思想、动机,掌握其思想特点,对症下药实施管理。

第五,持久性。人的需要是无止境的,旧的需要满足了,新的需要又产生了;低层次需要满足了,高层次需要又出现了。人的行为总是在不断地满足需求。同时,个人总是为实现一定的目标而学习、工作和生活,而且对这种价值目标的追求也是无止境的,小的目标实现了,就会追求新的更大的目标。

第六,可塑性。人的思想、观念不是一成不变的,人的精神状态也不是恒定的,受思想驱动的人行为也会随着时间、地点、条件的变化而做出相应的改变。而且,由于主客观条件的限制,人的目标和需求不可能一次实现,人的能力不可能最大限度地发挥。因此,个体具有较大的潜能和可塑性。

2. 个体心理现象和行为

不同个体的行为特征不同,如需要、情绪、兴趣、意志、能力、气质、性格和态度等都有差异，加上个体的社会经历不同，不同个体会对同一种刺激产生不同的反应，即不同的知觉。人的行为不仅受个体心理特征的影响，而且受客观环境的影响。在相同的心理特征下，由于环境不同，人们也会采取不同的行为。外在的刺激与内在的反应并非直接地、机械地联系在一起，而是受主观评价的影响。在研究人的行为时，不仅要研究引起行为的外界刺激条件，更重要的是要分析个体行为的主观心理特征及其背后的规律。上述对行为的影响逻辑如图 2-2 所示。

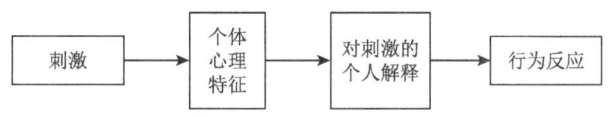

图 2-2　个体行为的刺激反应机理

心理学就是研究人的心理现象发生、发展规律的科学。人的心理现象（mental phenomenon）多种多样，背后的关系也是非常复杂的，因此是一个复杂的系统。为了深入理解这一复杂系统，心理学已经将人的复杂的心理现象分类为既相互联系又相互区别的两个部分：心理过程（mental process）和个性心理（或者人格心理）（psychological personality）。

心理过程是指在客观事物的作用下，个体心理活动在一定时间内发生、发展的过程（林崇德，2003）。关于心理过程的分类，国内心理学界多采用"三分法"——认知、情绪和意志过程，西方心理学界则更广泛使用"二分法"——认知（包括意识）和情绪（包括动机），这两种划分并不矛盾，但显示了中西方文化传统及心理学发展历史的影响（黄希庭，1991）。以下主要介绍心理过程"三分法"——认知、情绪和意志过程。认知过程（cognitive process）是指个体为了弄清客观事物的性质和规律而产生的心理活动，即个体在认识客观事物时获取知识和运用知识的心智活动，包括感觉、知觉、记忆、思维、想象等。人在认识客观事物时，内心常常会产生满意或不满意、愉快或不愉快、喜爱或厌恶等特殊的态度体验，产生这些心理现象的历程在心理学上叫作情绪过程（emotional process）。人不仅能认识客观事物，对其产生一定感受，而且还能根据对客观事物及其规律的认识自觉地改造世界。人根据自己的认识设置行动目的，拟定计划，然后执行计划不断地排除各种障碍，这种自觉地确定目标并力求加以实现的心理过程称为意志过程（willed process）。认知、情感、意志是统一心理过程中的不同方面，这三个心理过程并非完全独立，三者是相互联系，相互促进的。

每个人先天因素有差异，生活环境也不同，所受的教育影响也不同，因此上述这些心理过程在每个个体身上产生时又总是带有个人特征，因此形成了每个个体不同的个性心理（或者人格心理）。个性心理包括两个方面：个性心理特征（气质、性格、能力）和个性心理倾向性（需要、动机、兴趣、态度、价值观）。心理特征（mental characteristics）是指一个人的心理活动中经常表现出来的稳定特点。比如说，有的人活泼，有的人沉静；有的人记忆力强，有的人想象力强；等等。"世界上没有两片完全相同的叶子"，个体与个体之间迥异，而这些差异会进一步影响个体的活动效率。心理倾向（psychological disposition）则是指个体特定时间特定地点心理活动的方向或者指向状态。比如说，个体的兴趣倾向性、兴趣的广度、兴趣的中心决定了行为倾向不同。个体心理现象分类如图 2-3 所示。

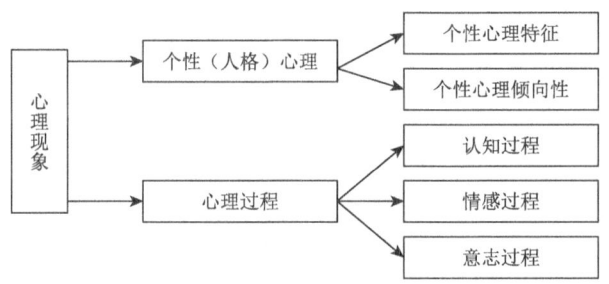

图 2-3　个体心理现象分类

上述两类心理现象——心理过程和个性心理之间存在密切联系。具体来说，没有心理过程，个性心理就无由形成；而已经形成的个性心理又制约着心理过程，在心理过程中体现出来。总之，二者是同一现象的两个不同方面，并且直接或间接地影响着个体的行为，因此我们要想了解和掌握个体的行为规律，就首先需要把这两个方面结合起来，探讨行为背后的心理规律。

案例分析

个性差异和管理

个性上有问题的员工，是管理上较为棘手的问题，也是不容忽视的问题。诚然，你无法解决所有他人个性的问题，也没有人会期望你这样做，但是你可以在可能的范围内和他们沟通，试着去了解他们，并以一视同仁的态度对待他们。你事先应该有心理准备：个性上的问题，不是短期之内可以改变的，严整纪律的行动很少发生效用。

现在让我们将这些有个性问题的员工分为以下几类。

1. 感情脆弱，容易受伤型

假设你在公司的高级系统部门担任管理工作，属下共有五个程序设计师。管理上的政策是将旧有的作业转换成计算机作业，今天你才发现进度无法满足副总裁的需要。他要求你和每个程序设计师私下会谈，就他们在进度上的落后提出批评和检讨。这时你所面临的难题是一位名叫若玲的属下。

若玲感情脆弱，别人的批评很容易让她有受伤的感觉。上个星期她就曾因为你对她的工作质疑而哭啼，现在你该如何面对她？

2. 暴躁易怒型

李奇在一家化学工厂修护部门担任机械修护工作，他的技艺卓越却不大合群，容易为一点小事大动肝火。上星期他再三以有人偷了他的工具为由，要求经理出面解决，否则他要如法炮制拿走同仁的工具作为补偿。工厂经理不愿解决这件事，他将问题转交给你，假如你是李奇的主管，你该怎么办？

3. 特立独行，难以捉摸型

克雄从事撰写广告文案的工作，他颇具创意，但特立独行的作风常和传统的工作规范格格不入。克雄虽然能将分内的工作圆满完成，且创出令人耳目一新的风格，但他迟到的次数频繁，并经常以"私事"为由请假。

你也不喜欢克雄和客户接触时那种吊儿郎当的德行。其他的广告工作人员都穿着公司规定的服饰，并依照规章行事，克雄的穿着和举止却是随兴所至，自行其是。他可能穿运动夹克和球鞋来上班，有时则是一件破旧的牛仔裤，再套件运动衫。此外，他接待客人时那种漫不经心的态度，让你怀疑他的行为是否会损害公司的形象。身为主管的你是否该继续容忍克雄的特立独行？

4. 消极悲观型

历文在你管理下的质量检验部门任职已有三年之久。你们的产品中有为数可观的塑胶制品，质量检验部大多数的工作为检验新产品，研究某项产品失败的原因，并做降低成本的分析工作。

但是历文生性悲观，凡事总以悲观的角度诠释，诸如举出各种理由来证明目标无法达成，新的构想无法推展，对于新观念又不抱希望，他墨守成规，认为保持原状才是明智之举，因而很难让历文对工作产生热情。你一方面很难确定他是否肯花心思在整修故障和提高品质上面，另外你又担心他凡事消极的态度是否会影响其他的同仁。

资料来源：崔会保（2016）

【讨论题】

1. 如果你是他们的上司，你将如何对待这些个性有"问题"的员工？
2. 对于克雄，你认为是否应当使他的行为符合组织规范？如果应当，你认为应采用何种强化措施来规范他的行为？

二、组织中个体行为与绩效的影响模式

对于组织中的个体而言，其行为对绩效有重要影响。在过去的几个世纪里，研究专家探讨了个体行为与绩效的影响关系。在研究个体行为的心理因素方面，美国肯塔基大学教授华莱士（Wallace）提出了个体行为和绩效模式（图2-4）。该模式把知觉、学习、个体、能力、动机作为环境刺激转化为外显行为和绩效的主要中介因素。了解这些内在因素的特点，有利于管理者引导和影响员工的行为。

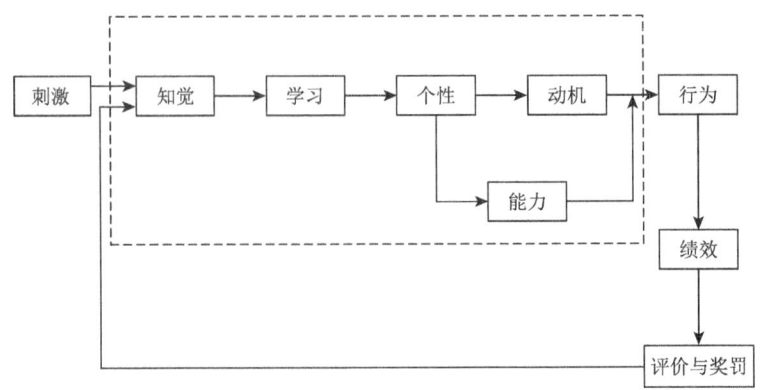

图 2-4　个体行为和绩效模式

任何具体的行为或行动是否构成绩效，要依赖于组织对个人的期望或要求。组织中的两个成员也许以一种几乎相同的方式行动，但如果他们的工作要求有不同类型的行为，那么一个人的行为可能有效，另一个则可能无效。只有在有明确的标准，并了解组织的期望与要求时，我们才能评价一个人的行为能否产生有效的个体绩效（图 2-5）。组织及其管理者的目标就是鼓励个体成员去从事那种能给组织带来效率的行为。管理必须了解影响组织成员个体行为的因素。

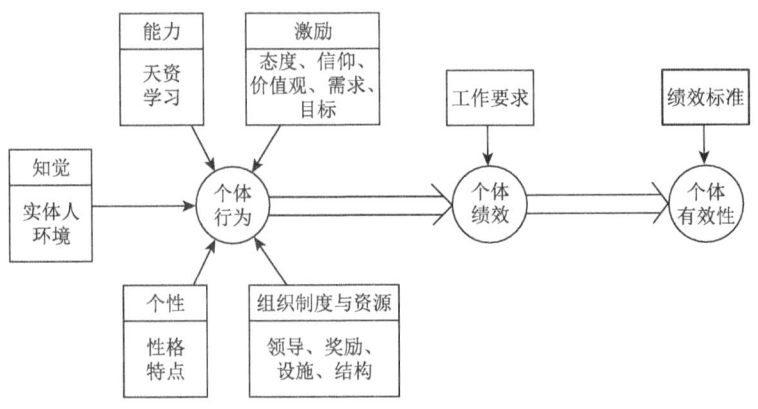

图 2-5　组织中个体行为、绩效和有效性模型

三、组织中个体行为疏导

由于组织中的个体行为对绩效有重要影响，在组织中研究个体的行为规律，就是为了更好地对个体行为进行疏导，即对个体行为进行预测、控制、引导和协调，从而为实现组织的战略和战略目标而服务。个体行为按性质可分为正确行为和错误行为；按其影响可分为积极的影响和消极的影响。积极的影响是指个体行为与组织整体行为趋于一致，有利于组织目标的实现；消极的影响是指个体行为与组织目标不一致，有偏差或矛盾，因而会阻碍组织目标的实现。

1. 个体行为的预测与控制

个体行为是为了满足某种需要，也是为了达到一定的目标。目标是一种外在的对象，行为的诱因，个体行为可以是物质的，也可以是精神的。人的目标不是采取一次性行为就能实现的，而是需要采取一系列的行为。行为科学把实现目标所采取的行为分为两部分，即目标导向行为和目标行为。目标导向行为是指为谋求实现某种目标而做准备的行为，也可以说是实现目标之前的行为，即寻找目标的过程。目标行为是直接满足目标实现需要的行为，或者叫从事目标本身的行为。

目标导向行为和目标行为对需要强度有不同的影响力。对目标导向行为来说，需要强度会随着这种行为的进行而增强，越接近目标，动机就越强，直到达到目标或受挫折为止。由于目标导向行为对需要强度有不同的影响力，要想把动机强度经常保持在较高的水平上，有效的方法就是循环交替地运用目标导向行为和目标行为。当一个目标达到时，马上提出新的更高的目标，并进入新的目标导向过程，使人们的积极性保持在较高的水平上。同时，目标导向过程不宜过长，一个人如果停留在目标导向过程的时间太长，会使人感到目标过于遥远，可望而不可即，产生泄气情绪，影响积极性的持久，如图 2-6 所示。

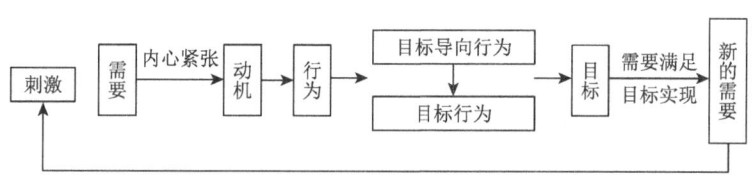

图 2-6　需要—动机—行为过程

不难看出，只有了解了人们的切身需要，才能预测人们的动机行为。人的需要是各种各样的，不同年龄、不同阶层的人，其需要也是不同的。了解需要，分清正当的需要和不正当的需要；同时，还要看到人们的需要是随着客观条件的变化而变化的。因此，在组织中，了解需要、预测行为、控制行为是一种有效的管理方法。

2. 个体行为的引导

在组织中，了解个体的行为规律，是为了更好地引导个体行为，从而使其行为更好地指向实现组织的战略和战略目标。基于个体心理与行为的关系，组织中个体行为的引导具体包括以下几个方面。

第一，要引导个体知觉。要引导个体反复认识客观对象，了解对象的全貌、整体，并学会用辩证思想看待事物，既看到事物的正面，又看到事物的反面，从而完整、准确、辩证地认识事物。

第二，要充分发挥个体的创造性。要引导个体参加社会实践，接受一定的培训和教育，不断增强自身能力；根据不同个体的特点，安排合适的工作，积极创造条件和机会，使其能力得到充分发挥。

第三，引导个体树立正确的态度。吸引成员参加各种组织活动，加强同他人的接触了解，通过角色扮演体会各种情境中人的感受。经常观察组织成员的态度，采取一定措施肯定正确的态度，通过教育使其改变不正确的态度。

第四，培养和塑造组织的价值观。在组织内部开展人生观、价值观和企业文化的教育，使组织成员接受组织经营理念和正确的价值取向，从根本上影响和改变人的行为。

3. 个体行为的协调

在组织中，除了对个体行为的预测、控制和引导之外，还需要对个体行为进行协调。对个体行为的协调包括以下几个方面。

1）个体行为之间的协调

个体行为受主客观因素的影响，呈现出差异性，这种差异性造成了组织内部个体行为之间的不协调甚至冲突，因此，必须对个体行为进行调节。调节的方式主要有以下几点。

第一，信息沟通方式。在组织内部建立信息交流渠道，有条件的单位可建立信息系统，加强信息交流，实现资源共享，使人们相互学习知识和经验，促进交流，沟通感情，增进理解与友谊。

第二，文化娱乐方式。文化娱乐是组织内人与人之间联络感情、增强相互了解、促进协调配合的一种较好的方式。可以通过建立各种兴趣小组，建立各种协会俱乐部，组织各种文化娱乐活动的形式，丰富文化生活，密切人与人之间的联系。

第三，思想教育方式。个体之间的协调既要靠感情交流，又要靠组织沟通。管理者要及时掌握组织成员的思想状况，了解组织成员间存在的问题，有针对性地做好思想疏导工作。

2）个体与群体、组织之间的协调

个体与群体、组织之间的协调主要通过以下两种方式。

第一，确立共同的价值观。通过文化整合使组织成员的目标取向趋于一致，从而减少摩擦与冲突，使组织成员为共同的目标而奋斗。

第二，鼓励和弘扬正确行为。组织内任何一个人的行为都对他人的行为具有影响和带动作用，组织要肯定和鼓励正确的行为，并使之发挥激励和示范作用；对错误的行为要及时纠正，并造成一种内在压力，从而在组织内形成弘扬正气，鼓励先进，推崇首创精神的良好氛围。

重要名词和术语

人性观（human nature view，HNV）

经济人（economic man）

社会人（social man）

自我实现人（self actualizing man，SAM）

心理现象（mental phenomenon）

心理过程（mental process）
个性心理（或者人格心理）（psychological personality）
认知过程（cognitive process）
情绪过程（emotional process）
心理特征（mental characteristics）
心理倾向（psychological disposition）

复习思考题

1. 华生主义与新华生主义各有什么特点？
2. 勒温的主要观点是什么？
3. 个体行为有何特征？
4. 个体行为有何规律？如何应用人的行为规律？
5. 试述心理过程和个性心理的区别与联系。
6. 结合实例解释组织中个体行为是如何影响绩效的。

个性差异及管理

本章摘要 心理学研究人的心理现象及其规律,包括心理过程和个性心理的大部分。心理过程既具有一般规律性,同时又具有个别特点,这种特点的某种机能系统或结构的形式,在个体身上固定下来,表现为一定的个性心理特征。组织行为学研究个体心理和行为离不开对人性的研究。本章对个性心理的不同方面进行了解读,主要包括个体人格、能力、态度和价值观等,本章的学习对个性心理如何影响行为规律,以及个性心理相关理论如何在组织管理中进行应用提供了答案[①]。

第一节 人格与行为

人格心理学是心理学研究的一个重要分支,人格(或个性)在很大程度上决定着一个人的行为。了解一个人的人格,不仅可以掌握其目前的行为,而且可以根据其个性,预见其未来的行为。将人格理论应用于管理,应用于对员工的选拔、安排、培养和教育方面,对于调动人的积极性,有效地开发人力资源和提高管理水平,意义十分重大。

一、人格的概念及特征

1. 人格的概念

人格也称个性,指的是个体带有一定倾向性的、经常的、本质的、比较稳定的影响人的行为的心理特征的总和。个性是在一个人的生理素质的基础上,在一定社会历史条件下,通过社会实践活动形成和发展的。这个简单定义可以从以下三个方面加以理解。

---

① 本章主要关注个性心理中的人格(气质、性格)、能力、态度、价值观,需要和动机相关内容在第六章激励理论中具体介绍。

第一，人格一旦形成就是相对比较稳定的。我们可以跨时间、跨情境地看待这些相对稳定的心理特征。比如，今天活泼开朗的个体，明天也是活泼开朗的。在学习中喜欢竞争的个体，在工作中很可能也喜欢竞争。当我们说"这就像是她干的事情""他就是他"的时候，就是在承认这种人格的相对稳定性。但是，人格的稳定性是相对的而非绝对的，比如，一个外向的人并不是说无论何时何地都会兴高采烈、情绪高涨。同时，这也并非在说人是一成不变的。人格形成之后，随着社会生活、教育及人际关系的影响，也会发生一定变化。特别是青少年的人格，具有更多可塑性。

第二，人格是个体独特的心理内部特征。与外部人与人之间的人际交往不同，人格是在人的内心发生的，影响着人怎样行动，怎样综合感觉所有情绪、动机和认知等内部特征。尽管在这些心理内部特征体验过程中，有些是所有人共有的，比如，每个人体验焦虑时都有相似的感受或每个人都有相似的应对恐惧事件的过程。但是，我们怎样利用这些过程，这些过程怎样与个体差异相互作用，这决定了每个个体人格的独特性。

第三，这些相对稳定的行为方式和内部心理特征都是在个体身上发生的，但也会受到外部环境的制约和影响。比如，父母教养孩子的方式自然影响着孩子将来成为什么类型的成人。我们体验到的情绪通常也是对我们经历事件的反应。因此，个体先天因素和所处的特定社会条件共同影响了个体人格的形成。

2. 人格的特征

第一，差异性。由于个体的遗传因素、教育背景、成长经历和所处环境不同，每个人都具有不同于他人的心理特点，都以自己独特的行为模式和思维方式去适应环境，因而表现出极大的个性差别。

第二，倾向性。人在客观世界的作用下表现出对事物不同的态度、体验和特定的行为模式，体现为个人的需要、信念和理想、世界观倾向的不同，以及由此产生的能力、气质、性格等方面的不同，它对人的心理活动有很大影响。

第三，稳定性。个性是在人的成长过程中逐步形成的，一旦形成，就具有相对稳定性，成为判定一个人心理特点和行为倾向的依据。这种稳定性会随着环境变化和自身的学习培养而改变，但无论怎样变化，都不能改变一个人个性的本质属性。

第四，整体性。个性是一个统一的整体，某种个性心理特征只有在个性的整体中才具有确定的意义。个性是所有心理特征的有机结合，在一个具体的人身上，不存在彼此孤立的、互不联系的个性特征。

第五，社会性。人的个性是社会化的产物，是在一定的社会关系下，经过社会实践和教育训练逐步形成的，是社会关系的体现。当然，这并不排斥个性的先天遗传因素。但个性主要是后天形成的，它是自然属性和社会属性的统一。

二、人格的基本理论

有关人格的理论很多，这些理论涵盖了个性的形成、类型、特征、发展阶段和成长等方面，这里介绍几种比较典型的理论。

1. 人格发展阶段论

这一理论由心理学家埃里克森（Erikson）提出。他认为人格是不断发展的，人格从儿童时期开始，不断地受到社会环境的影响、教育的熏陶和自身实践的影响，经过长期塑造，随生命的发展而发展。他将一般人的人格发展按年龄分为 8 个阶段，并详细阐述了每个阶段人格发展的基本特征，见表 3-1（舒尔茨 D P 和舒尔茨 S E，2016）。

表 3-1　埃里克森的人格发展阶段论

阶段	年龄	特点	
		成功	失败
1. 婴儿早期	0~1 岁	基本的信任心	不信任
2. 婴儿晚期	1~3 岁	自主	羞耻、困惑
3. 早儿童期	3~5 岁	创造性	自责
4. 中儿童期	6~11 岁	勤奋	自卑
5. 青春期	12~18 岁	自我认识	对自己的认识模糊
6. 早成年期	18~35 岁	合群	孤僻
7. 中成年期	35~55 岁	继续成长	失望
8. 晚成年期	55 岁以上	完善	停滞

埃里克森的人格发展阶段论的优点在于它坚持了人格是不断发展的观点，对于把握人格发展阶段、促进人格的积极发展、分析和判断个性阻碍很有作用。

2. 人格特征论

这是由卡特尔和吉尔福特等提出的一种人格理论。该理论认为在人们中间存在着一些一贯的、稳定的、带有不同程度普遍性的人格特征。人格是由这些特征构成的整体，只有进一步分析各个人格特征，才能深入研究人格。人格特征虽然不能直接观察到，却可以根据人的行为和言语进行抽象概括，加以一般化。运用因素分析的方法对行为模式加以测量就可以得到各种人格特征，如内向性、支配性、活泼性、情绪安定性等。这些特征又可以成为测量人格的标准。这种理论已被人们接受，成为研究人格理论的重要参考。

3. 人格形成理论

在人格的形成问题上，存在着不同的理论观点，大致可分以下四种理论。

（1）人格的遗传决定论。这种理论强调人格差异是由遗传决定的，不同的气质类型都源于遗传因素。

（2）人格的生物欲望论。这种理论强调人格的形成是生物欲望发展的结果。

（3）人格的生物社会论。这种理论认为，人格差异取决于遗传的机制，同时也受环境、文化教育、社会条件的影响。

（4）人格的社会论。这种理论强调环境、社会因素对人格形成起决定性的作用，将人格归结为社会文化或社会关系的产物。

4. 人格早期决定论

人格早期决定论是由心理学家弗洛伊德提出的关于人格成长的理论。他提出了儿童早期在成人性格形成发展中具有决定作用的观点。他认为人的人格由三个阶段组成："本我"（下意识、潜意识、无意识、本能）、"自我"（现实性原则、良心）、"超我"（社会的禁忌、准则、规律）。人的行为要用这三者的相互关系来解释。其中，"本我"是主导力量，"自我"和"超我"是附属力量。个体人格受这三种力量支配。弗洛伊德从生物的东西（生理上的因素）对社会的东西占有绝对优势这一假设出发，认为人格在青春期之前，即儿童期就已定型，青春期以后就不再发展。弗洛伊德的人格早期决定论未关注人格会随社会环境、自身实践、生命的变化而发展。

三、人格差异及测量

人格差异是指各人心理特征的不同之处。人的气质、性格等各有不同，思考问题的广度和深度、克服困难的勇气和毅力、性格的开朗与深沉等会有差别。人格差异的原因是复杂的。人在先天素质的基础上，主要由于生活条件、教育影响、社会地位、实践活动等方面的差别，形成不同心理特征。

人格结构主要包括气质和性格，不同心理因素有着不同的差异类型，其测量方法和应用范围也不同，掌握人格差异特点，对于人才选拔、就业指导、工作安排、行为诊断、工作评价及绩效考核有重要的现实意义。下面把这些因素综合列表，如表3-2所示（伯格，2014）。关于气质、性格与行为的关系，将在第二节和第三节中进行具体分析。

表3-2 人格差异及其测量综合表

	气质	性格
差异	多血质（活泼型） 胆汁质（兴奋型） 黏液质（安静型） 抑郁质（抑制型）	按机能类型划分：理智型、情绪型、意志型 按倾向性划分：外倾型、内倾型 按独立程度划分：顺从型、独立型 按生活方式划分：理性型、政治型、审美型、社会型、宗教型、经济型
测量	自陈法 问卷法 气质量表： 明尼苏达多项人格测验 加利福尼亚心理测验表 投射法 主题统觉测验 墨迹测验	观察法 谈话法 作品分析法 个案法 实验室实验法 自然实验法 自陈量表法 作业测量法 投射法
应用	安排工作岗位 管理人员匹配 选择工作职业 处理人际关系 因人施教	思想教育 人员选拔 行为预测

第二节 气质与行为

一、气质概述

1. 气质的概念

气质（temperament）是人与生俱来的心理活动的动力特征。和我们平时所说的"脾气""性情"含义相近。气质是一种稳定的心理特征，个体的气质差异是先天形成且与神经过程的特性相联系的。我们可从以下几方面来理解气质。

第一，气质是个体先天的心理特征。一般来讲，新生儿最先表现出的差异就是气质差异，有的孩子爱哭好动，而有的孩子则平静安宁。这些先天的特征在他们之后的成长过程中均会有所表现。

第二，气质是人心理活动的动力特征。心理活动的动力特征是指心理过程发生的速度及稳定性，以及心理活动的强度和指向性等特点。正是由于人的心理活动的动力特征的不同结合，才使人的气质形成不同类型，从而使不同个体的心理活动带上独特的个人色彩。

第三，气质具有极大的稳定性。气质的决定因素是人的生物组织机能特性，因此具有较强稳定性。气质一般不会因某项活动发生的时间、地点，周遭环境的变化而改变。"江山易改，秉性难移"就说明了这个问题。

2. 气质的类型

最早提出气质类型的是古希腊医生希波克拉底（Hippocrates）。他认为人体内的体液有四种：血液生于心脏、黏液生于脑、黄胆汁生于肝、黑胆汁生于胃。进一步，基于某一种体液在人体中占优势最大，把人的气质类型分为相应的四种：多血质（sanguine temperament）（血液占优势）、胆汁质（choleric temperament）（黄胆汁占优势）、黏液质（phlegmatic temperament）（黏液占优势）和抑郁质（melancholic temperament）（黑胆汁占优势）。这四种气质类型的特点表现为以下几点。

1）多血质

多血质个体情感丰富、外露，但不稳定、易变化，接受新事物容易，思维敏捷，但不求甚解，活泼好动、热情大方、善于交往，但交情浅薄，行动敏捷、容易适应变化的生活环境；他们的弱点是缺乏耐心和毅力，稳定性差，见异思迁。

概括地说，多血质的人以活泼好动、敏捷善感、灵活多变为特征。

2）胆汁质

胆汁质个体情绪体验强烈、爆发迅猛、平息快速，情绪明显表露于外，为人热情直率、朴实真诚、言语动作粗大且不易控制；行动上精力旺盛、争强好斗、勇敢果断，工作表现顽强有力、生气勃勃，思维灵活但理解问题有粗枝大叶的倾向。他们的弱点是遇事常欠思量，鲁莽冒失，易感情用事，刚愎自用。

概括地说，胆汁质的人以精力旺盛、易于冲动、反应迅猛为特征。整个心理活动笼罩着迅速而突发的色彩。

3）黏液质

黏液质个体情绪兴奋性不强，心情比较平稳、表情平淡，善于克制自己，情绪不易外露，不容易发生强烈的不安和激情。他们喜欢沉思，考虑问题细致而周到，但思维灵活性略差，且行为主动性较差，缺乏生气。他们的弱点是行动迟缓，不易适应新环境。

概括地说，黏液质的人以安静稳重、忍耐沉着、反应迟缓为特征。

4）抑郁质

抑郁质个体情绪体验深刻、有高度的敏感性，善于观察和体验到一般人所察觉不出的细微事情，细腻持久，很少外露自己的感情，多愁善感。行动上不善交际、孤僻离群，但思维敏锐、想象力丰富。他们的弱点是对生活中遇到的波折容易产生忧郁的情感，而且持续时间较长。

概括地说，抑郁质的人以情感深刻稳定、细致敏感、缄默迟疑为特征。

在现实生活中，单一气质的人并不多，绝大多数个体是四种气质互相混合、渗透、兼而有之的。

二、气质与高级神经活动类型说

巴甫洛夫的高级神经活动类型说解释了气质的生理基础。他指出人的大脑皮质的高级神经活动有两个基本过程——兴奋和抑制，并具有三个基本特性：强度、平衡性和灵活性。由此把人的高级神经活动类型分为四种——活泼型、兴奋型、安静型和抑制型，分别与传统气质类型相对应。具体来说，活泼型相当于多血质，兴奋型相当于胆汁质，安静型相当于黏液质，抑制型相当于抑郁质，对应关系参见表3-3（张德，2016）。

表 3-3 高级神经活动类型与气质类型表

高级神经活动类型	高级神经活动过程的特性			气质类型
	强度	平衡性	灵活性	
活泼型	强	平衡	灵活	多血质
兴奋型	强	不平衡	—	胆汁质
安静型	强	平衡	不灵活	黏液质
抑制型	弱	不平衡	不灵活	抑郁质

三、气质理论在管理中的应用

1. 在评定员工的气质类型时，应采用客观、公正的态度

气质类型作为人的心理活动和行为动作方面的动力特点，更多由生物遗传因素决定，并不存在好坏之分。管理者在评定员工的气质时，需要采取客观、公正的态度，不能认

为一种气质类型比较好,另一种气质类型比较差,因为任何一种气质类型都有积极的一面,也有消极的一面。例如,多血质者活泼热情,善交际,反应灵活,工作效率高,但稳定性差;胆汁质者外向开朗,反应快,效率高,但暴躁任性,自我控制力差;黏液质者镇静踏实,但反应较迟钝;抑郁质者耐受力差,易疲劳,性情孤僻,但观察细微,感情细腻,办事谨慎。实践中,关键是要认识气质类型的优缺点,扬长避短,提高管理有效性。

2. 在人才选拔和职业定向时,应考虑气质类型与工作岗位的匹配

在组织中,工作性质各不相同。不同特点和不同性质的工作对员工的气质有不同的要求,因此无论从员工角度还是组织的角度进行双向选择时,都应充分考虑气质类型与工作性质之间是否匹配,这对充分发挥每个员工的潜力和提高实践活动效率有积极的意义。

气质具有一定的职业适应性。据研究,多血质的人适合做灵活反应的工作,如社交、公关、谈判工作;胆汁质的人适合做具有突击性、开拓性的工作,如抢险救灾工作;黏液质的人适合做严谨、细致、重复性强的工作,如核算和监督职能(会计、统计等)的管理工作;而抑郁质的人则适合做细致持久的工作,如研究性的工作。因此,选拔适合这些工作要求的气质类型的人将更容易发挥其长处,提高工作效率,同样,在安排工作时,可以根据员工气质类型的特征安排最适合的具体工作。

3. 在管理员工时,应按照气质规律采用适当的管理方法

不同气质类型的人,对于困难、压力、批评、奖惩等的接受度和感受度各不相同,因此,管理者需要"因气质施教",对不同气质类型的员工采取不同的管理方式,以提高管理的有效性。例如,对待多血质的人可以直截了当地建议、批评;对待黏液质的人则需要耐心地开导;对待胆汁质的人需要有理有据地建议、批评;而对待抑郁质的人则不能公开进行建议、批评,需要更柔性地对其进行情感上的关心和工作上的指导。

在实施新管理措施或进行组织变革时,也应该考虑不同气质类型员工的特点。多血质的员工很容易适应新环境,接受新措施,因而管理者无须对他们特别关照;但是,对于黏液质的员工则应采取疏导方式,充分摆事实讲道理,使他们逐步接受新措施,适应新环境;而对于抑郁质的员工则应给予更多的关怀和照顾,一般不能采用强制命令的方式,这样才能有助于提高管理有效性。

第三节 性格与行为

一、性格概述

1. 性格的概念

性格(character)是人的个性中重要的心理特征之一,是与社会文化关系最密切的人

格特征，是个体独特性的一种表现形式。性格表现了个体对现实和周围世界的态度，并且表现在他的行为举止中。因此性格是个体对客观现实稳定的态度体系和习惯化的行为方式。我们可以从以下几个方面理解性格。

第一，性格具有相对稳定性。性格是在人的活动过程中，受客观事物影响而逐渐形成的，且一旦形成便比较稳定，并经常在行动中表现出来。性格应该是个体习惯化的行为方式，如不论在什么场合，开朗的人总会表现得十分健谈。但是性格并非不能改变，它具有一定的可塑性，如个体在遭受较为严重的打击后，热情洋溢的人也可能会变得沉默寡言。

第二，性格具有独特性。每个人由于遗传、生长环境等因素的影响，会形成独特的性格特征。我们常说一千个观众眼里就有一千个哈姆雷特，读相同的一本书尚且如此，个体的性格特征自然不可能完全相同。

第三，性格具有复杂性。我们生活在复杂多变的世界中，每个人拥有着千差万别的性格，对待客观事物的态度与行为方式也是多种多样的。

2. 性格的特征

性格具有非常复杂且丰富的内容，包含多种多样的特征。这些性格特征归纳起来，可以分为以下四大类。

1）性格的认知特征

性格的认知特征是指人们在感知、注意、记忆、想象和思维等认知过程中所表现出来的性格特征。例如，有的人易受环境的影响对决策进行调整，而有的人则不易受环境的干扰，坚持自己的主见；有的人注重事件发展的过程，有的人注重事件发展的结果等。

2）性格的情绪特征

性格的情绪特征是指人们在情绪活动时在强度、稳定性、持久性及主导心境等方面表现出来的性格特征。例如，有的人情绪反应比较强烈，难以控制，而有的人能平静地对待各种现实。

3）性格的意志特征

性格的意志特征是指人们在活动中表现出的是否具有明确的目标、自觉控制行为水平的高低等特征。例如，有的人做事主动，而有的人做事被动；有的人做事有恒心、不达目标不罢休，而有的人一旦遇到困难就半途而废。

4）性格的态度特征

性格的态度特征是指人们在对待各种社会关系时所表现出来的特点。社会关系主要包括对社会、组织、他人的态度；对学习、工作、劳动的态度；对自己的态度等。例如，有的人谦虚，而有的人自负；有的人倾向利他，而有的人倾向利己；有的人粗心，而有的人细心；有的人善于创新，而有的人墨守成规等。

以上四类性格特征是性格结构的主要构成部分。这些特征对每个个体而言，是一个独特的有机的性格整体。对个体的性格特征的研究，有助于更好地识别及区分不同个体的性格，对管理过程具有重要意义。

二、性格类型学说

性格类型是指一类人身上所共有的性格特征的独特组合。关于性格分类理论,不同的心理学家给出了不同的分类标准,至今尚无统一标准。具有典型代表的分类学说包括以下几种。

1. 心理机能类型说

心理机能类型说是心理学家培因(Bain)和李波(Ribot)提出的。他们依据人的理智、情绪、意志三种心理机能何种占优势,将性格分为理智型、情绪型、意志型。理智型者以理智来进行思考,以理智来支配自己的行动;情绪型者依情绪对待人与事,不善于思考,以情绪来支配自己的行动;意志型者有明确的行为目标,并积极、主动地去实现目标。除了上述三种类型,还可以有一些中间型,如理智-意志型、情绪-意志型等。

2. 内倾—外倾说

内倾—外倾说是心理学家卡尔·荣格(Carl Jung)提出的。他依据人的心理活动的倾向将性格分为两种:外倾型和内倾型。外倾型者情感和行为外露,对外部事物感兴趣,好交际,热情开朗,适应性强,但思考和行动较轻率;内倾型者情感和行为不易外露,对内心世界关注且体验深刻,较孤僻,深思熟虑,但适应性较差。荣格在测试中发现,多数人是介于两者之间的中间型性格。

3. 独立—顺从说

独立—顺从说是心理学家阿德勒提出的。他依据精神分析的观点,根据个体的独立程度来划分性格特征,将性格划分为独立型和顺从型。独立型者善于独立思考,做事有主见,能独立发挥自己的能力,但常将自己的观点强加于人;顺从型者不善于独立思考,做事缺乏主见,易受暗示,易随波逐流。

4. 特性分析说

特性分析说是按照性格多种特性的不同组合,在分析的基础上把人的性格划分为不同类型。心理学家卡特尔(Cattell)、艾森克、阿尔波特等对个体的性格特性进行了一定的研究,并分别提出了各自的理论。我们在这里主要介绍卡特尔的16种人格因素(16 personality factor,16PF)学说。卡特尔采用因素分析统计方法对性格特性进行归纳分类,得出16种人格特质,这些特质代表着行为差异的基本属性,每个特质又分为低分者与高分者特征两个极端(表3-4)。在此基础上,卡特尔设计出一种自陈式问卷,包括A、B、C三种模式,A、B模式由187个题项组成,C模式较简洁,包含107个题项。该测试问卷的信度和效度都较好,在企业和医院等组织实践中得到了广泛应用。

表 3-4　卡特尔的 16PF

因素	特质名称	低分者特征	高分者特征
A	乐群型	缄默、孤独冷淡	外向、乐群、热情
B	聪慧型	迟钝、学识浅薄	聪明、富有才识
C	稳定型	情绪激动、易烦恼	情绪稳定、能面对现实
E	持强型	谦逊、顺从、通融、恭顺	好强固执、独立积极
F	兴奋型	严肃、审慎、冷静、寡言	轻松兴奋、随遇而安
G	有恒型	敷衍、缺少奉公守法精神	有恒、负责、做事尽职
H	敢为型	畏怯退缩、缺乏自信心	冒险敢为、少有焦虑
I	敏感型	理智、注重现实	敏感、感情用事
L	怀疑型	信赖随和、易与人相处	怀疑、刚愎、固执己见
M	幻想型	现实、合乎成规	幻想、狂妄不羁
N	世故型	坦白直率、天真	精明能干、世故
O	忧虑型	安详、沉着、有自信心	犹豫抑郁、烦恼自忧
Q1	实验型	保守、服从传统	自由、批评激进、不拘泥于现实
Q2	独立型	依赖、随群附和	自立自强、当机立断
Q3	自律型	矛盾冲突、不顾大体	知己知彼、自律严谨
Q4	紧张型	心平气和、闲散宁静	紧张困扰、激动挣扎

以上四种性格类型学说，分类方法过于绝对化，更多关注的是性格类型的质的差异，忽略了量的差异。在现实生活中，各种极端类型属于极少数人，大多数人属于中间型或混合型，故而具有一定片面性和局限性。特性分析说将性格特性看作性格的基本单位，指出各种特性在一个个体身上的不同组合可以构成他的性格，这样有利于寻求各种性格特征及其相互关系。但是，由于性格的复杂性，更为科学的分类方法还有待于进一步研究。

三、性格理论在管理中的应用

上述性格理论在管理实践中具有非常重要的指导意义，具体应用包括以下几个方面。

1. 深入了解员工的性格特征

深入了解员工的性格特征，是一个管理者做好管理工作的关键环节之一。了解员工的性格特征，不仅有助于解释其当前及过去的行为表现，还可预测其未来的行为表现，据此创造与之性格相匹配的工作环境，从而提高工作效率。

了解员工的性格特征，可以通过采用以下几种方法。第一，观察法，就是在日常的工作中，或在特定的场合对个体的行为进行观察以了解其性格的方法。第二，谈话法，是通过同个体面对面地交谈来了解其性格的方法。谈话的内容主要包括个体现状，与环境的关系，在组织中的行为，个体对社会、组织、他人的情感、态度和意见，对自己的评价等。第三，心理测试法。通过心理测试，可以更科学地了解员工的性格。迈尔斯·布瑞格斯类型指标测试（Myers-Briggs type indicator，MBTI）理论是一种广泛应用的心理测试，将在本节心理测评中具体介绍。

2. 性格与工作的匹配

在组织管理中，了解员工的性格特征有助于更加合理地安排工作，以便在工作中更好地发挥各自的长处，更有效地实现组织目标。美国心理学家霍兰德（Holland）在性格与工作匹配方面作了深入的研究，提出了人格-工作匹配理论（personality-job fit theory，PJFT）。该理论认为大多数人可划分为6种基本类型：研究型、现实型、社会型、常规型、企业型和艺术型。每种类型特征不同，且与相应的职业或工作环境相匹配。表3-5对上述6种特征进行了描述，并提出了与每一种性格类型相匹配的工作。

表3-5 霍兰德的人格-工作匹配理论

类型	人格特点	职业举例
研究型	分析、创造、好奇、独立； 喜欢思考、组织和理解的活动	科学家、记者
现实型	害羞、真诚、持久、稳定、顺从； 喜欢技能、力量、协调性的体力活动	技师、工人
社会型	社交、友好、合作、理解； 喜欢帮助和指导别人的活动	教师、社会工作者
常规型	服从、有效率、务实、缺乏想象力和灵活性； 喜欢系统规范、有条理、清楚明确的活动	会计、出纳
企业型	自信、进取、冒险、独断、盛气凌人； 喜欢影响他人和获得权力的活动	法官、经纪人、企业主
艺术型	富于想象力、杂乱、理想化、情绪化、不实际； 喜欢创造性表达的、无规则可循的活动	作家、艺术家、设计师

霍兰德的研究表明，个体的性格特点与职业环境的匹配程度，决定了员工的工作满意度和离职倾向性。当二者匹配程度较高时，会产生较高的满意度和较低的离职率。比如，艺术型的个体应该从事作家、艺术家等工作，但是这类工作对于常规型的个体则可能不合适。

3. 针对员工的性格特点采用适合的管理方法

针对员工的不同性格特点采用适合的管理方法，是当代管理者的一项权变管理策略。比如，对于性格粗鲁急躁的员工，在管理时应该采用耐心疏导的方式，注意避开锋芒，同时还要教育他们遇事时冷静思考，学会理智处理工作中的问题。对于小心谨慎的员工，应该鼓励他们坚持认真负责的工作态度，保护他们的自尊心，同时，还要帮助他们开阔视野的思路，培养他们强大的内心，形成宽广胸怀。可见，要想成为有效管理者，需要针对员工不同的性格特点，在不同的管理方法之间灵活切换。

案例分析

谁当总经理最合适？

某通信集团公司拥有六家下属工厂，分别经营计算机软件开发、传呼机装配、手机制造等业务。为了达到二次创业的目标，董事会决定另外聘请总经理。现有甲、乙、丙三位优秀候选人，请你根据他们各自的特点，进行分析比较，提出任用意见。下面是甲、乙、丙三个候选人的个人资料。

甲：学术带头人。男，36岁，计算机专业博士，工龄5年。毕业后一直在本公司从事技术研发工作，主持开发过多种公司主干产品，曾负责过与某外资合作项目的建设。现任公司副总经理，主管研发及企业战略工作。甲对通信技术发展趋势敏感，熟悉行业特性，能正确把握企业产品定位，果断作出决策；现在主持开发公司主导产品；精通英、日两门外语，与外商谈判水平高；爱惜技术人才，为他们提供了良好的发展空间。甲自信、坚韧，工作干劲大，精力充沛，但是个性内向，人际交往能力较欠缺，不喜欢应酬性公关活动；在战略重点上，主张把资金投向技术开发而不是市场开拓上，强调技术带动市场。

乙：市场营销人才。男，32岁，毕业于某名牌大学电信专业，本科学历，在读工商管理硕士（master of business administration，MBA）。现任公司副总经理，主管市场。乙有很强的品牌意识，重视广告与经营策略，注意市场研究与营销网络的建设；强调企业必须以市场为导向组织生产经营活动。他的企业策划能力、市场洞察力、公关能力和指挥协调能力都很强，有良好的社会关系，既与许多客户保持良好的个人关系，又有许多同学与朋友在各省市的通信相关部门担任领导职务。公司在其领导下营业额年年上升。乙个性热情，开朗，应变能力强，有魄力，开拓进取，雄心勃勃。但是乙也自负，性情比较急躁，自我控制情感能力较差。

丙：优秀管理人才。男，38岁，通信技术专业专科毕业，大专毕业后在一中型国营电子企业工作10年，任技术员、技术科长、车间主任、副厂长、厂长。在工作期间，利用业余时间进修学习，获得了上海交通大学MBA学位。曾在一家美国独资企业工作3年，担任上海办事处首席代表，全面主持工作，业绩优良。丙重视企业内部管理，注重组织机构的合理设置，在理顺企业内部关系、制定规章制度、企业文化建设等方面有丰富的经验；重视企业内部人才培养，上上下下关系都能搞好。主张通过管理创新推动技术创新和市场创新。丙办事沉稳，喜欢深思熟虑，三思而后行；待人谦和，彬彬有礼，说话办事通情达理，在群体中威望很高。但丙为人求稳，开拓进取精神不是很强。

资料来源：王永泉等（2014）

【讨论题】

1. 请你谈谈三位总经理候选人的性格特点。
2. 如果是你，你会选择谁来做公司的总经理？

第四节 能力与行为

一、能力概述

1. 能力的概念

能力（ability）是指个体成功完成某种活动所必须具备的直接影响活动效率的个性心

理特征。这里主要强调两点,一是能力与个体的活动紧密相连。能力为人们从事某种活动做了准备,同时通过从事活动,个体的能力水平也可以得到不同程度的获得和提升。如果个体可以很快上手某项活动,且能得到较好的活动结果,那么这个个体就被认为是具有能力的。二是能力影响活动效率的直接性。虽然导致活动效率变化的因素有很多,如心理状态、动机水平、工作条件及工作环境等,但这些间接影响因素不叫能力。

进一步,可以从两个层次理解能力:一是个体具有的实际能力(actual ability),即"所能为者"。例如,个体在工作中表现出来的制作符合需求的工作表格、拥有良好的外语表达等能力。二是个体的潜在能力(potential ability),即"可能为者"。潜在能力区别于实际能力,是指个体目前还未拥有,但是通过学习等方式可以获得的能力。例如,员工在工作中遇到了难题,解决这个难题需要的能力超过了他本人目前的能力水平,那么他就有很大可能为解决这个工作难题去学习发展新的能力。潜在能力一般通过员工培训得以获取和发展。

2. 能力的类型

能力其实是在个体解决问题的过程中培养和积淀起来的。能力通常可以分为一般能力、特殊能力和创造能力等类型。

1)一般能力

一般能力(general ability)又称普通能力,指大多数活动所共同需要的能力,是人所共有的最基本的能力,适用于广泛的活动范围,符合多种活动的要求,并保证人们比较容易和有效地掌握知识。一般能力又可以分为智力和情绪智力。

第一,智力(intelligence)。智力是个体分析问题和解决问题的能力,主要包括观察力、注意力、记忆力、思维能力和想象能力等。智力在个体的各项认知过程中发挥着重要作用,智力的水平在一定程度上决定了个体认知、适应及改造世界的广度和深度。智力体现在个体的学习能力、抽象思维能力和环境适应能力等方面。目前已处于德鲁克所说的"知识社会"时代,"知识爆炸"是重要的特征之一。面对这种信息繁杂的情况,智力高的个体能快速捕捉到环境的动态变化,运用自身的学习能力迅速作出反应,对知识进行有效的筛选、学习。所以智力是衡量能力的重要标准之一,智力的高低反映了个体的发展潜力。因此在人才招考、选拔、培养方面,智力发挥着重要作用。学生阶段的考试及工作招聘中的测验,内容大都包括对智力的考察。

第二,情绪智力。智力在个人发展过程中起到了重要作用,但另一种能力——情绪智力的作用也不容小觑。情绪智力简称为情商(emotional quotient,EQ),研究开始于萨洛维和梅耶,他们提出了"情绪智力"这一术语,并将情绪智力结构分成了四个维度,分别是情绪知觉、评估和表达的能力;情绪对思维的促进能力;理解、分析情绪,运用情绪知识的能力;对情绪自我调节的能力。丹尼尔·戈尔曼在萨洛维和梅耶的基础上推广了情绪智力的概念,认为情绪智力是指个体能在多大程度上有效地感知和理解自己和他人的情绪,以及个体能在多大程度上有效管理自己及他人情绪的能力。这个概念强调了情绪智力的两个方面,一是对自己情绪的认知和控制,二是对他人情绪的了解和调节。

戈尔曼认为情绪智力包括五种特质：了解自己的情绪；管理自己的情绪；使用情绪激励自我；识别他人的情绪；管理关系。

关于智力与情绪智力的关系，人力资源管理专家和组织管理专家都经常会这样表述，即智商（intelligence quotient，IQ）决定一个人是否会被雇用，但情商却决定一个人是否会被提升。智商高的个体在面对工作时往往可以快速找到解决办法，而情商高的个体在为人处世等方面显得非常得体。

2）特殊能力

特殊能力是指在某种专业活动中表现出来的能力，是顺利完成某种专业活动的心理条件。特殊能力与进入的领域类型相关，且个体可以同时具备好几种不同的特殊能力，但在某一时间段内，对特殊能力的选择具有侧重。例如，个体在学习阶段，可能发现自己的写作能力较强，在作文课上可以轻松得高分；进入企业，则发现自己对机械的操作能力比较强，机器的使用可以很快上手；等等。

3）创造能力

创造能力是指产生新思想和新产品的能力。一个具有创造力的人往往能摆脱具体的知觉情境、思维定式、传统观念和习惯势力的束缚，在习以为常的事物和现象中发现新的联系，提出新思想，产生新产品。创造力是企业赖以生存的能力之一，创造力体现在产生新思想、新观念的流畅性、变通性和独特性方面。流畅性是指提出的新思想和新观念的数量多少；变通性是指数量背后的视角改变量，是关于创造力质量的指标；而独特性除了要求变化视角和立场，还要是他人没有或很少提到的，也就是具有原创性。

3. 能力相关测量

因为能力是看不见、摸不着的存在，所以为了能够客观衡量能力的高低，科学家开发测试了相关的工具，用科学的方法和标准化的程序对能力进行测量，用数量化的指标来反映个体之间能力的差别，以及同一个体不同阶段及不同类型的能力差别。

1）智力测验

最先采用测验方法来测量人的智力是在20世纪初，法国心理学家比纳和医生西蒙编制了第一个正式的心理测验：比纳-西蒙智力量表。这个量表包括30道题，根据儿童通过项目的多少来评定他们智力的高低。后来斯坦福在比纳-西蒙量表的基础上，修订成了斯坦福-比纳量表，成为目前世界上广泛流传的标准智力测验之一。斯坦福-比纳量表以智力年龄作为测量智力的标尺，规定了某个年龄应该达到的智力水平。这个测验用儿童的智力年龄除以实际年龄后，再乘以100，来表示智商。

$$智商 = \frac{智力年龄}{实际年龄} \times 100$$

也就是说一个五岁的儿童，智力年龄测出来是七岁，那么他的智商就有140，大于100这个均值，属于高智商儿童。

斯坦福-比纳量表采用综合型测量方式，所以为了反应个体智力的不同方面，韦克斯勒把智力量表分成了言语和操作两个部分，见表3-6（彭聃龄，2019）。

表 3-6　韦氏成人智力量表（1955 年版）

	测验名称	测验内容	测验实例
言语量表	常识	知识的广度	水蒸气是怎样来的？ 什么是胡椒？
	理解	实际知识和理解能力	为什么电线常用铜制成？ 为什么有人不给售货收据？
	心算	数学推理能力	刷一间房子 3 个人用 9 天，如果 3 天内要完成，它需用多少人？ 一辆汽车 45 分钟行驶 25 公里，20 分钟它走了多少公里？
	类比	抽象概括能力	圆和三角形有何相似？ 蛋和种子有何相似？
	背数	注意力和机械记忆能力	按次序复述以下的数：1, 3, 7, 5, 4 倒数以下的数：5, 8, 2, 4, 9, 6
	词汇	词语知识	什么是河马？ "类似"是什么意思？
操作量表	拼图	处理部分与整体关系的能力	将拼图小板拼成一个物体，如人手、半身像等
	填图	视觉记忆及视觉的理解性	指出每张画缺了什么，并说出名称
	图片排序	对社会情境的理解能力	把三张以上的图片按正确顺序排序，并说出一个故事
	积木	视觉与分析模式能力	在看一种图案之后，用小木块拼成相同的样子
	译码	学习和书写速度	学会将每个数字与不同的符号连在一起，然后在某个数字的空格内填上正确的符号

2）情绪智力测验

戈尔曼认为，在个体成功的要素中，智力因素固然很重要，但是情绪对职场的成功也具有很大的促进作用。于是针对职场的工作表现，戈尔曼提出了工作 EQ 的架构，包括 4 大项和 18 小项，具体如表 3-7 所示。如果一个人在这 18 项 EQ 能力中占有 5~6 项，而且能平均分布在 4 个大项中，那么他的 EQ 能力就非常突出，在职场上的表现也会相对较好（彭聃龄，2019）。

表 3-7　戈尔曼工作 EQ 架构

自我 （个体的能力）	外界 （社会能力）
自我意识	社会意识
· 情绪自我意识 · 准确的自我评价 · 自信	· 移情 · 服务取向 · 组织意识
自我管理	关系管理
· 自我控制 · 可信赖 · 适应性 · 成就动机 · 主动性	· 发展其他人的能力 · 影响力 · 解决冲突的能力 · 领导的能力 · 改革的能力 · 建立关系 · 团队协作

3）创造力测验

创造力测验与智力测验的区别主要在于是否有固定答案，智力测验有固定答案，测量的结果主要反映个人的记忆、理解力和一般推理能力；创造力测验不强调对现成知识的记忆与理解，而强调思维的流畅性、变通性与独特性，因此没有固定答案。

国际上主要流行的创造力测验有芝加哥大学创造力测验、托兰斯创造思维测验及南加利福尼亚大学的发散性思维测验。其中，芝加哥大学测验包括词语联想、用途、隐蔽图形、完成寓言和组成问题五个项目。托兰斯创造思维测验有三个部分，语词创造、图画创造及声音语词创造，这三部分又包括 12 个分测验。图 3-1 是图画创造中的一项——完成图形，以各处的线条为基础，尝试做出一幅图画（叶奕乾等，2000）。

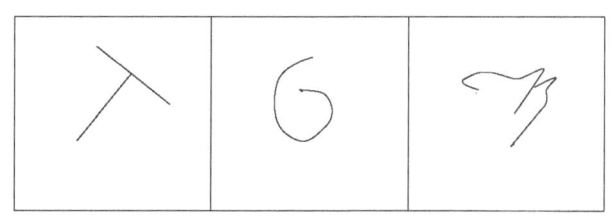

图 3-1　托兰斯创造思维测验

南加利福尼亚大学从言语反应和图形内容反应两个方面来测试被测者的发散性思维，其中言语反应包括以下几个项目。

语词流畅性：迅速写出包括一个指定字母的词，如包含"o"的词，load（负荷）、pot（罐）等。

观念流畅性：迅速列举属于某一种类的事物的名称，如圆的东西，地球、乒乓球、篮球、齿轮等。

联想流畅性：列举近义词，如艰苦的近义词，艰难、困难、困苦等。

表达流畅性：写出每个词都以指定字母开头的四词句子，如 K-U-Y-I，则应写出 Keep up your interest（保持你的兴趣）、Kill useless yellow insects（杀死无用的黄色昆虫）等合乎要求的句子。

非常用途：列举出一个指定物体的各种可能的非同寻常的用途，如报纸用于点火、用作包装箱子的填充物、用作剪纸材料等。

解释比喻：以几种不同方式完成包括比喻的句子，如"一个女人的美丽就像秋天，她——"。后半句可以为"在还没来得及被慢慢欣赏时就消逝了""高雅、空旷、明洁"等。

用途测验：尽可能多地列举每一件东西的用途。

故事命题：为短故事情节命题，如"为准备冬令营商品，一个百货商店的新职员订购了 10 打手套，但忘记了指定手套要成对。现在店里有 100 只左手套"。可为这个故事取题目为"新员工""10 打①手套""只有左手的人"等。

推断结果：列举一个假设事件的不同结果，如"假若人们不再需要食物或睡眠，会出现什么情况"，回答如"干更多的工作""不再需要闹钟""污染减少了"等。

---

① 1 打指 12 个。

组成对象：给定一组图形，如圆、三角形、梯形、正方形、长方形等，让人们运用这些材料，组成各种有意义的图形，具体见图3-2。

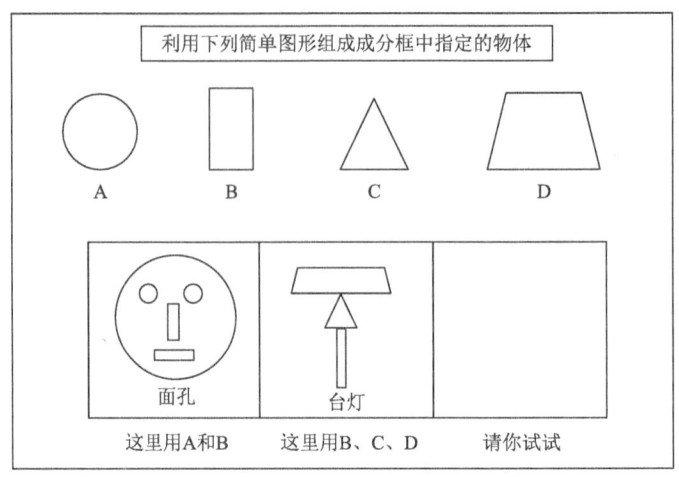

图 3-2 组成图形测验

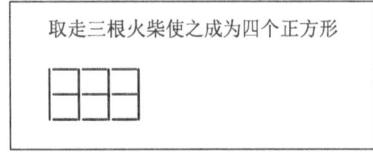

图 3-3 火柴问题测试

略图：把一简单的图形复杂化，组成尽可能多的可辨认的物体的略图。火柴问题：移动指定数量的火柴棍，保留一定数目的正方形或三角形（图 3-3）（叶奕乾等，2000）。

4）特殊能力测验

职业能力倾向成套测验（general aptitude test battery，GATB）是美国劳工部组织专家学者开发的，主要用来衡量个人发展的潜力和方向。GATB包括语言能力（V）、数学能力（N）、空间判断能力（S）、文书能力（Q）、形状知觉（P）、手指灵巧性（F）、手腕灵巧性（M）、运动协调能力（K）等。

GATB 的结果显示的是个体如果想进入某种职业领域，所要具备的职业能力水平。该测验的标准为 100，如果超过 100 就说明这项职业领域所要求的能力水平超过平均水平，如果低于 100 则说明该能力水平低于平均。一般来说，必需的能力都制定了具体的标准，即门槛标准，便于人们进行判断和决策。一些典型职业群的能力倾向最低基准如表 3-8 所示（龙立荣，2016）。

表 3-8 一些典型职业群的能力倾向最低基准表

职业能力群	各种能力倾向的最低分							
	G	V	N	Q	S	P	K	F	M
人文系统的专业，如历史、哲学等	125	125	100						
特别需要言语能力的事务性职业，如文秘	125	110		100					
自然科学系统的专门职业	125		125		100				
需要数学能力的一般事务职业，如会计类	125		110	100					

续表

职业能力群	各种能力倾向的最低分								
	G	V	N	Q	S	P	K	F	M
机械事务职业，如电工、钳工等	90			90			90		
机械装置的操作、运转及警备、保安等	75			90					75
需要一般性判断和注意力的职业	90			90					
美术作业的职业	90				90	90			
设计制图、电气职业			110		110				90
制版、描图的职业				90		90	75		
检查分类的职业，如信件分拣员				90		90			
造型、手指作业的职业					90	90		90	
造型、手臂作业的职业					90	90			75
手臂作业的职业						90			75
看视作业、身体性作业的职业							75	75	75

注：G 代表狭义的一般能力，也就是智力（general intelligence，GI）

二、能力对行为的影响

能力对行为的影响体现在个体活动的方方面面。智力决定着个体对外界环境的认知和改造，情绪智力影响着与他人的人际交往，特殊能力主要体现在对特定领域问题的解决上，创造力则表现了个体思维的开放性和创新性。

1. 智力相关理论与行为

根据智力的个体差异及这些差异产生的原因，有关智力的结构理论大概可以分为二因素理论、群因素理论、三维结构模型、多元智力理论、三元智力理论，以及智力的 PASS 模型等，这里主要介绍斯滕伯格（Sternberg）的三元智力理论。

斯滕伯格认为要从智力的内在成分、与经验的关系及智力的外部作用三个方面来构建智力理论。这三个方面分别对应着智力成分亚理论、智力情境亚理论及智力经验亚理论。三元智力理论如表 3-9 所示（彭聃龄，2019）。

表 3-9　三元智力理论

智力成分亚理论	元成分用于计划、控制和决策 操作用于执行任务 知识获得用于获取和保存新信息
智力情境亚理论	适应、塑造环境和选择新环境的能力
智力经验亚理论	处理新任务和新环境所要求的能力 信息加工过程自动化的能力

在智力成分亚理论中，元成分处于核心地位，因为它决定着人们解决问题时使用的

策略。智力情境亚理论是个体对外界的感知,对于员工来说,工作场所就是他所感知的环境,如果他表现出来的是一种高的工作满意度,那么他就和工作环境达到了一种和谐的状态,因此对工作环境的适应能力高;但如果个体在工作中感受到边缘化对待,这种和谐的状态就会被打破,员工要么主动探求方法改善这种状态,如与同事、上级进行沟通;要么就会脱离这种工作环境,去寻找新的可以达成和谐状态的工作环境。

智力经验亚理论关注个体对新问题及复杂问题的应对能力。当个体遇到新任务、新情境的时候,有的人会利用以往的知识和经验来解决问题,有的人则会因为对任务感到陌生而无从下手。对于复杂问题,个体可以通过信息加工过程的自动化来将其分解,从而更快解决问题。信息加工过程的自动化是指对任务的操作需要极少的精神努力,如在阅读过程中,虽然我们以为阅读较为简单,但其实涉及的信息处理量很大,所以只有达到阅读过程的自动化,才能合理分配注意力资源,达到获取新知识的目的。

2. 情商相关理论与行为

戈尔曼(Goleman)等 2002 年在《打造新领导人》(*Primal Leadership*)一书中,明确提出了领导者的情绪胜任力理论。情绪胜任力是指体现在绩效优异者身上基于情绪智力并且能够直接影响绩效的可习得的情绪智力和社会技能(江启靖,2009)。情绪胜任力并不是天生的,可以通过后天的学习获得提升。

对于领导来讲,情绪胜任力的作用是非常显著和重要的。真正的领导者应该通过展示自身的领导魅力对员工造成影响。优秀的领导一定是注重情绪管理的领导。他不仅要时刻觉察并控制自己的情绪,在员工面前展现负责任的一面,还要关注员工的情绪波动,善于引导员工的情绪,帮助其解决情绪问题,更好地投入工作,同时与员工建立一种良好的关系,形成和谐有效的工作氛围。

3. 创造能力相关理论与行为

阿玛布丽(Amabile)的创造力理论认为,不管在什么领域中,创造力的产生都是三个组成成分联合作用的结果。这三个部分分别是领域技能(domain-relevant skills,DRS)、创造技能(creativity-relevant skills,CRS)和工作动机(task motivation,TM)。这三个方面决定了创造力能否产生,以及产生的创造力水平的高低。领域技能为创造力的产生提供了背景支持,它可以说是创造力的作用对象;创造技能是指个体具备的能对创造进行指导的能力,如认知风格、有效的工作方式、对产生新观念的启发式方法的了解等。工作动机包括个体对工作的基本态度及个体对从事该工作理由的认知两部分。工作动机在这三个方面里起着举足轻重的作用,因为如果其他两个技能欠缺,只要有强烈的工作动机,就会驱动个体去进行学习;但如果动机不足,就算其他两方面水平再高,也难以取得高水平的创造成果。

三、能力理论在管理中的应用

能力不仅对个体行为的发展变化有影响,还体现在日常的工作和管理过程中。针对日新月异的外界变化，能力理论的指导作用越发重要，尤其体现在企业的选拔、招聘、培训等方面。

1. 胜任力模型与管理

1）胜任力基本概念

20 世纪 60 年代，美国著名行为心理学家麦克利兰发现成绩并不能预测个体的成功，他认为衡量个体工作能力的应该是隐含的、持久的个人特质，即胜任力。1982 年博亚特兹出版了《具备胜任力的经理》一书，标志着胜任力真正开始应用到企业中，书中博亚特兹提出管理胜任力应包括目标和行动的管理、领导力、人力资源管理、指导下属和关注他人（金晶，2021）。1994 年斯宾塞夫妇更加完善地阐释了胜任力的定义。他们认为胜任力是能够将一般绩效者区分开来的，可以通过可信的方式度量出来的动机、特质、自我形象、态度或价值观、某领域的知识、认知或行为技能。

2）胜任力模型

第一，冰山模型（iceberg model）。麦克利兰把个体的特质描绘成一座冰山，分为水上冰山和水下冰山两部分，冰山模型如图 3-4 所示（龙立荣，2016）。

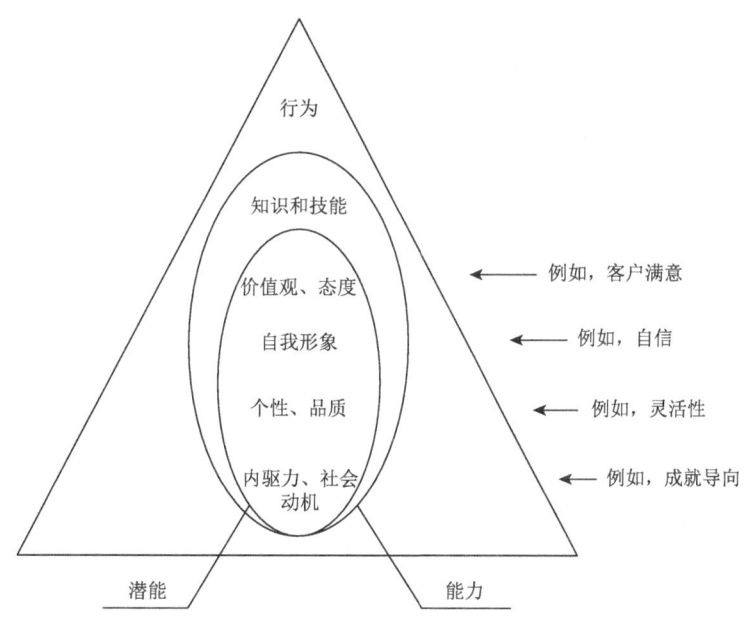

图 3-4　冰山模型

水上冰山部分是指个体容易被感知的特质，具体表现为个体具备的知识和技能。知识指个人在某一特定领域拥有的事实型与经验型信息。这些信息是通过学习活动获取的，但并不意味着掌握知识就能做成某些事。例如，MBA 学员拥有丰富的管理知识，但这并不意味着他们就一定能成为好的管理者。技能指结构化地运用知识完成某项具体工作的能力，即对某一特定领域所需技术与知识的掌握情况。比如，医生能够运用医学知识对患者进行诊断。知识和技能是个体执行工作时所必需的要求，但无法对卓越绩效的工作者及一般绩效工作者进行有效区分，且可以通过学习和培训进行改变和提升。

水下冰山部分是指个体不容易被感知的特质，主要包括价值观、态度，自我形象，品质和社会动机。社会角色指一个人留给大家的形象，如一个医生成功医治好了病人，那病人就会认为这个医生医术高超。自我形象指一个人对自己的看法，即内在自己认同的本我。例如，医生有信心能够完成一项复杂的手术。品质指个性、身体特征对环境与各种信息所表现出来的持续而稳定的行为特征。比如，一个人是内向还是外向。动机指在一个特定领域的自然而持续的想法和偏好（如成就、亲和、影响力），它们将驱动、引导和决定一个人的外在行动。比如，具有较强成就动机的个体会不断为自己设定具有挑战性的目标，激励自己不断进取。个体不容易被感知的这些特质在短时间内很难发生改变，但却是个体行为表现的重要影响因素，也是胜任力的核心特质，并且能够有效在绩效卓越的工作者和一般工作者之间进行区分。

第二，洋葱模型（onion model）。与冰山模型类似，博亚特兹在《具备胜任力的经理》中提出了一个洋葱模型（图 3-5），展示了胜任力的构成要素及各要素的特点（诺姆四达集团，2014）。由图 3-5 可知，博亚特兹把胜任力由内到外概括为层层包裹的结构，最核心的是动机与个性，中间层包括自我形象、态度与价值观，最外层为知识和技能。基于该模型，越趋于外层，越易于培养和评价；越趋于内层，越难以评价和后天习得。

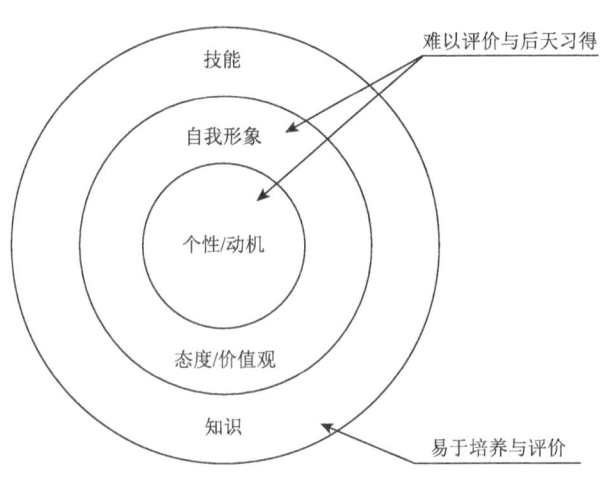

图 3-5　洋葱模型

3）胜任力模型在管理中的应用

胜任力模型为企业的人力资源管理各个方面提供了有效的指导，使企业更好做到对人才的选用育留，具体表现在以下几个方面。

第一，在人才的招聘选拔过程中，胜任力模型对岗位所需的核心特质制定了胜任标准，运用以绩效为导向的行为特征进行衡量，使企业的选拔依据更加科学，更好实现人岗匹配。

第二，在绩效管理方面，与基于岗位的绩效管理不同的是，胜任力模型下的绩效管理更侧重于能力评价和过程评价，可以更加全面地评价员工在工作中的行为表现。

第三，在构建薪酬体系方面，基于胜任力模型的薪酬体系摒弃了传统过分强调绩效和岗位的体系，更加关注可以创造绩效、增强企业核心竞争力的员工胜任力。这种新的薪酬体系有利于员工胜任力的发展及核心竞争力的增强。

第四，员工的成长和发展对于企业来说十分重要，因此员工培训是企业发展的重要手段之一。基于胜任力模型的员工培训能够培养员工的核心能力，既满足了当前岗位对胜任力的要求，也满足了组织长期发展中对胜任力的需求。

胜任力模型的构建以绩效高的员工的特征为基础，通过分析和整合他们所显现出的行为，构建适当的模型来支持企业的人力资源管理实践。胜任力模型因行业、企业的不同而不同，它反映的是从事这一行业的个体所需具备的素质特征，细化到企业层面，就是企业对个体的能力、行为的要求。

2. 能力理论与人力资源管理

1）情绪智力与人力资源管理

情绪智力作为个体的重要能力之一，对个体是否能取得成功起到关键性作用，同时情绪作为一种资本，也可以促进企业的成功。企业通过放大正面情绪的积极作用，减少负面情绪的危害，来促进企业的发展。对情绪资本的利用可以体现在人力资源管理相关方面，具体包括：第一，在工作分析阶段，要充分考虑每个职位对人员情绪管理的不同要求。可根据戈尔曼有关情绪智力的五个方面，与此岗位高绩效员工的表现进行衡量对比，来制定该岗位有关情绪智力的职位描述和任职资格。第二，在招聘与甄选阶段，可通过情商测试题来考察应聘者的情商高低，根据制定的任职资格来考虑应聘者是否合格。第三，情绪智力可通过后天训练得以提高。因此企业可以通过对员工进行培训，让员工学习如何正确认知自身与他人的情绪，以及如何正确控制调节自身及与他人的情绪，提高员工的情绪管理能力。

2）能力的素质模型与人力资源管理

能力的素质模型体现在技能、知识、社会角色、自我形象、品质、动机等方面。通过提取有助于个体取得高绩效的各种素质，形成素质模型，对企业的人力资源管理各方面进行指导。通过建立企业内部各类职位的素质模型，在选拔和招聘过程中可以筛选出个人素质最大程度适合于工作和角色要求的个体，从而为在未来工作中取得高绩效提供可能。另外根据相应的素质模型，可以明确员工为了胜任岗位所要接受的具有针对性的知识、技能培训，使员工将所学的技能迅速在工作实践中运用。人职匹配是充分发挥人力资源潜能的一个重要条件。

3. 不确定环境管理中对能力理论的应用

1）不确定性与创造力

创造力强调"前所未有"，意味着有所变化，创新依赖于环境，对环境的认知是创造力产生的必不可少的条件。所以不确定环境给创造力的发挥提供了温床，在不确定环境中，个体可以摆脱思维定式、传统观念和习惯势力的束缚，用更开放、更大胆的方式去思考，从而提升个体的创新能力。

创新火花时有迸出。例如，美国旧金山的初创企业 Imeve 打造了一款 Avatour 远程通话应用，借助增强现实（augmented reality，AR）和虚拟现实（virtual reality，VR）技术营造了虚拟的会议场景，让多位用户能够同步拜访某个真实的远程地点，从而为商务旅行提供了一种崭新、有效的替代手段。通过使用全景相机，参与虚拟商务旅行的用户可以跟随在现场的会议伙伴，一边参观工厂的流水线，一边随时跟对方的虚拟形象交谈。

2）不确定性与动态能力

在不确定的环境下，动态能力能帮助企业保持住竞争优势。动态能力是指企业对内部和外部的竞争能力进行整合、构建或者重置以适应快速变化的外部环境的能力。在不确定环境下，一方面要提升对外部环境的准确认知，快速感知环境的变化，另一方面也要加强个体间的信息交流，提升个体的学习能力和解决问题的能力，来应对不断变化的环境。

随着市场竞争的加剧，构建一种能更好适应环境和更快整合资源的新型组织是企业能否抓住机遇的关键。海尔基于这种现状，构建了平台组织，创造性提出"人单合一"的商业模式，即企业颠覆了传统的科层制，为员工搭建了一个直接面向顾客的平台，实现了"企业平台化""员工创客化""用户个性化"。这种改变顺应了"互联网+"时代下的去层级、去中心、云化或者不定型组织的趋势。

第五节 态度与行为

一、态度概述

1. 态度的概念

态度（attitude）是社会心理学的一个基本概念。社会心理学自诞生之日起，就一直主导着对人类社会行为的解释，早期的社会心理学家甚至把社会心理学定义为研究态度的科学。目前，态度仍然是社会心理学的一个重要研究领域，受到了研究者的重视。

态度是个体对特定对象（人、观念、情境或事件等）所持有的稳定的心理倾向。这种心理倾向中蕴含着个体的主观评价（赞成或否定），以及由此产生的行为倾向性。它是在社会生活过程中经过学习和经验积累而形成的。对于这个定义，可以从以下四个方面来理解。

第一，态度是一种心理倾向，而不是行为本身。众所周知，态度不能直接观察到，只能从个体的外部行为推知，或通过测量对象的评价得到。因此，态度的形成就是一个主观评价过程。

第二，态度是对象性的。态度并不是无缘无故产生的，需要由刺激物引起，即态度的对象。它可以是人、是物，也可以是价值、制度等。简言之，人们生活的周围世界都是态度的对象。其中，人们对与人有关的社会性事物所产生的态度叫社会态度（social attitude）。

第三，态度具有一致和稳定性。态度不是一时性状态，在个体的社会生活环境发生改变的情况下，个体的态度仍然具有相对的一致性和稳定性。

第四，态度具有组织性和结构性，即个别态度可形成结构化的态度群和态度群集（constellation）。

2. 态度的结构

态度主要由三个部分组成：认知、情感、行为。认知指的是个体对态度对象的认识、理解和评价。情感指的是个体对态度对象的喜爱或厌恶的情感体验。行为指的是个体对态度对象的反应倾向，是行为的准备状态。把态度看成由三部分组成的，有助于我们理解态度的复杂性，以及态度与行为之间的潜在联系（罗宾斯和贾奇，2012）。态度的三个组成部分的相互关系如图3-6所示。在这个例子中，领导在员工身体不适的情况下，关心问候了这名员工。我们可以从三个组成部分来看一看该员工对领导的态度：该员工认为领导关心了他（认知）、他很喜欢他的领导（情感）、他更加努力工作了（行为）。虽然我们一般认为认知导致了情感，而情感又导致了行为，但这些组成部分通常是难以进行区分的。

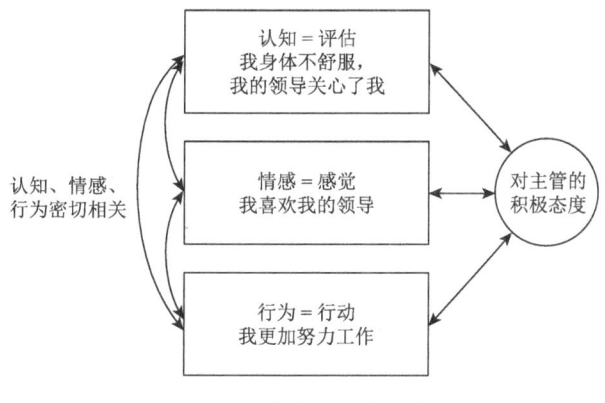

图 3-6　态度的组成部分

3. 态度的功能

态度具有顺应、认知、防御和调节的功能，人们所产生的态度是为特定的心理服务的。

第一，态度的顺应功能。态度能促进个体保持与环境的平衡关系，有意识地协调与态度对象的关系。态度可以促使我们寻求奖励，避免惩罚。

第二，态度的认知功能。态度能够帮助个体理解和解释周围环境。态度是周围事物的一种记忆表征，可以帮助个体快速组织、处理和选择外界复杂信息，为个体的行为反应提供信息参考。个体一般会选择有利于自己的信息，拒绝不利于自己的信息，也可能曲解所接收的信息。

第三，态度的防御功能。态度具有一种防御机制，能促进个体心理冲突的解决，以实现预期的目标从而维护个体的心理健康。实验表明，好成绩或高生产率导致奖励，而公平的奖励引起了工作的满意感，形成对工作的满意态度。

第四，态度的调节功能。态度能帮助个体摆脱自己内部的紧张状态，调节个体行为和人际关系。一项以大学生为对象的疼痛忍耐力实验表明：在相同的实验条件下，由于个体态度的改变，引起了疼痛忍耐力的变化，这证明态度具有调节行为的功能。

4. 态度的形成

社会心理学中有一系列理论来解释态度是怎样形成的，包括学习理论、认知理论和功能理论。此外，态度的形成还需要社会生活和心理条件，并且受到其他复杂因素的影响。

学习理论认为，人们获得态度就像获得习惯、事实、思想意识、思维方式那样。态度的发展和改变受到情绪与事实结合的影响。学习理论通过大量的实验去研究和讨论态度。

认知理论表明，认知对态度形成的影响表现两个方面——态度的平衡性与一致性。个体需要平衡和一致，当认知出现不平衡性和不一致性时，就会产生紧张和焦虑，从而促使人们向平衡和一致的方向转化。

功能理论从态度的功能视角出发，研究态度的形成与发展。该理论认为，人们选择的是符合其特殊心理需要的态度，态度是为心理功能服务的，态度的形成和发展与个体的功利直接相关。由于人的需要测量困难，这一理论在应用方面存在着一定的局限性。

态度形成和发展的影响因素是十分复杂的。首先，任何态度的形成与发展，都需要一定的社会生活和心理条件。态度产生于认知，而认知主要源于直接和间接经验。由于个体的需要水平不断提高，人们不断行动从而满足需要，在此过程中，人们的态度逐渐发展起来。个体的知识经验、实践目的等因素，决定了个体形成何种态度。随着人们社会交往领域的扩大，个体将从别人那里学到更多的东西，并对特殊的人事物形成特殊的态度。其次，遗传因素可能会对态度产生影响。父母的态度、社会文化，以及大众传播媒介、学校教育、交往活动、同伴等影响个体社会化的因素也会对态度形成发挥作用。此外，人际关系、个性心理特征、社会群体和社会组织等因素也会影响态度的形成。

二、态度对行为的影响

有关态度的早期研究假定，人们所持有的态度决定了他们的行为选择。我们的日常经验也表明了这种联系。然而，20世纪60年代末，态度与行为之间的这种假设关系受到质疑，费斯廷格（Festinger）认为行为也可决定态度，并提出了认知失调理论。此外，比姆（Bem）提出的自我知觉理论也认为行为影响态度。最近更多的研究显示，一些调节变量可以影响态度与行为之间的关系。

1. 认知失调理论与行为

认知失调理论（cognitive dissonance theory，CDT）是美国心理学家费斯廷格在1957年提出来的，他认为行为可以决定态度。这个理论主要研究认知各元素之间的关系。认知是态度的一部分，而认知是无止境的，因此，态度也是错综复杂的。在生活中，个体如果察觉到态度之间，或行为和态度之间的不协调，就会产生不安，因此，个体会试图将失调降为稳定状态以减少这种不一致。例如，一名学生总是熬夜，但他知道熬夜对身体不好，他的行为和认知之间就会产生不协调，他可能会早睡以达到认知和行为的平衡。

2. 自我知觉理论与行为

自我知觉理论是由比姆在1972年提出的，主要阐释行为是否影响态度。该理论认为态度是在事实发生之后，用来使已经发生的东西产生意义的工具，而不是在活动之前指导行动的工具。当提及关于某事物的态度时，个体首先会回忆他们与该事物相关的行为，然后根据过去行为推断出自己对这种事物的态度。

该理论还认为，在没有外界环境压力时，我们的行为通常是表达真实态度的。当存在着明显的外部压力时，会认为我们的行为是由外部原因导致的。例如，由于高奖赏而从事某种活动，人们通常会把行为原因归于外部，认为高奖赏是行为的决定性因素，但如果由于低奖赏而从事某种活动，人们就会把行为原因归之于内部。因此，对某种行为给予过分的肯定，会破坏个体对这个活动的内在兴趣。

3. 态度与行为关系的边界条件

态度与行为的关系并非在所有情况下都是一样的，我们还需要关注态度与行为关系的边界条件。研究表明，态度与行为关系的调节变量有：态度的重要性、态度的具体性、态度的可提取性、是否存在社会压力和个体对于这种态度是否具有直接经验。

（1）态度的重要性对态度与行为关系的影响。重要的态度通常与行为表现出高度的一致性，这是因为在个体认知中重要的态度通常是基本的价值观，是自我利益的反映，或是反映了人们的强烈认同感。

（2）态度的具体性对态度与行为关系的影响。具体的态度倾向于预测具体的行为，较为概括的态度会更好地预测一般的行为。例如，具体询问员工未来一段时间内留在组织中的意向，可能比问他对整体工作是否满意更好。但整体工作满意度将会更好地预示一般的行为，如个体是否工作积极。

（3）态度的可提取性对态度与行为关系的影响。态度的可提取性是指态度是否容易回忆起来。容易回忆起来的态度比那些不容易回忆起来的态度更可能预测行为。同时，个体对频繁表达的态度印象更为深刻。因此，个体对于某个对象表达态度越频繁，就越可能记住它，也就越可能影响行为。

（4）是否存在社会压力对态度与行为关系的影响。当社会压力较大时，态度与行为之间更可能出现差异。例如，烟草公司的经营者可能自己不吸烟，而且也相信吸烟与肺癌相关的研究，却不阻止别人在他们的办公室里吸烟。

（5）个体对于这种态度是否具有直接经验对态度与行为关系的影响。如果个体对于态度所反映的事件具有直接经验，则态度和行为之间的关系会更显著。当调查个体对工作场所相关事务的态度时，询问没有工作经历的大学生，会很难预测他们在工作场所中的实际行为；但如果询问一名员工，则可能得到易于预测行为的态度。

三、态度理论在管理中的应用

每个人都有成千上万种态度,但是组织行为学将重点放在与工作相关的态度上。在这里我们介绍主要介绍工作中的态度,工作中态度的转变和不确定管理环境中对态度理论的应用。

1. 工作中的态度

1)工作满意度

工作满意度(job satisfaction)描述了人们对工作特点进行评估而产生的对工作满意与否的态度。如果一个人拥有较高水平的工作满意度,则说明他对工作持积极态度;而对工作不满意的人,则对工作持消极态度。

影响工作满意度的因素有很多,如上级领导的行为、工作中的人际关系、薪酬及晋升、组织在行业中的竞争力、工作场所的休息和休闲设施等。工作满意度与绩效和员工行为也具有相关性。无论是组织还是个体角度,工作满意度与绩效之间都有着积极的正向关系。同时,工作满意度也是组织公民行为(organizational citizenship behavior,OCB)的一个决定因素,感到满意的员工更可能以积极的态度对待组织,所做的工作也比期望的更多。因此,组织通常通过对工作本身及影响工作的相关因素的提升,提高员工的工作满意度水平,为员工努力工作创造条件。

工作满意度的测量方法有多种,但经常使用两种方法。一种是单一整体评估法,即直接要求个体对工作满意度进行打分。另一种是工作要素综合评估法,指通过测量受访者对工作中关键要素的打分评估其工作满意度。较著名的是明尼苏达满意度问卷(Minnesota satisfaction questionnaire,MSQ),分为内在满意度、外在满意度和一般满意度三个方面,包括20个题,如表3-10所示(龙立荣,2016)。

表 3-10 明尼苏达满意度量表

序号	题项	序号	题项
1	独立工作的机会	11	公司政策的实施方式
2	偶尔能做些不同事情的机会	12	我的报酬和工作量
3	成为团体中重要人物的机会	13	晋升职位的机会
4	我的老板控制下属的方式	14	我自己作出决策的机会
5	我的上级做决策的能力	15	在工作中能尝试我自己方法的机会
6	能够做不违背我良心的事	16	工作条件
7	我的工作带来一种稳定的雇佣关系	17	与同事之间相处的方式
8	为其他人做事的机会	18	我工作完成得好而得到的奖励
9	告诉别人该做什么的机会	19	我从工作中获得的成就感
10	能够充分发挥我能力的机会	20	总能保持一种忙碌的状态

2）心理契约

心理契约（psychological contract）被定义为一个人持有的对他自己与另一方之间交换协议的信念。这些信念的形成是当事方之间做出隐含的或明确的承诺的结果，如当公司和员工签订劳动合同时，双方不可能把所有期望的都详细写在合同中，更多的是双方形成一个非正式期望，来规定和约束双方行为，且这些信念更多表现为员工对外显和内在员工贡献（努力、能力和忠诚等）与组织目标（报酬、晋升和工作保障等）之间交换关系的承诺、理解和感知，其在直觉上将员工和组织绑在一起。

心理契约会对员工态度和行为产生影响，从而对企业绩效产生影响。研究发现，员工对心理契约违背行为的认知与积极的员工行为（如工作绩效、组织公民行为、组织承诺）和态度（如工作满意度、组织忠诚度）存在高度负相关；而与不良的员工行为（如离职）存在高度正相关。另外，心理契约会受到个体水平、组织水平和社会水平的影响。

关于心理契约的测量，国内外学者编制了很多种问卷，下面我们列举一个国内研究中较为常见的问卷。李原编制的员工心理契约调查问卷分为员工版（12题，如"这个企业给我提供的工作富于挑战性""自觉帮助企业做额外的工作而不计较有无报酬"）和主管版（6题，如"企业给该员工提供的工作富于挑战性""企业关怀该员工的个人成长和个人生活"）。

3）工作参与

工作参与（job involvement）又称工作卷入，用于测量一个人从心理上对其工作的认同程度，以及认为他的工作绩效水平对自我价值的重要程度。工作参与程度高的员工对他们所做的工作有强烈的认同感，并且很在意自己的那份工作。工作参与是员工绩效的决定变量，高水平的工作参与和组织公民行为和工作绩效正相关，也与低缺勤率和低离职率相关。

关于工作参与的测量，我们列举罗达霍（Lodahl）和克吉勒尔（Kejner）编制的工作参与量表，其中包括20个题项，如"我乐于将绝大多数时间花在与工作有关的事情上""我会加班完成一项工作，即使我没有报酬"。

4）员工敬业度

员工敬业度（employee engagement）是一种与工作相关的、积极的、富有成就感和完满的情绪与认知状态，具有精力充沛、奉献精神和专心致志的特点。敬业不是瞬间状态，而是持续和富有渗透力的情感和认知状态，并不局限于个别事务、事件或行为。

员工敬业度受到文化与目标、成长机会、全面薪酬、生活质量、工作内容、领导关系、人际关系等因素的影响，并对员工行为和绩效产生积极的影响。另外，员工敬业度与顾客忠诚度、利润率、生产率、离职率等因素的相关性高于员工满意度与它们的相关性。

对于员工敬业度的测量，我们列举萨克斯（Saks）设计的测量方法，将员工敬业度的测量分为工作敬业度和组织敬业度2个维度，各有5个题项。工作敬业度的题包括"我真的很投入我的工作"等，组织敬业度的题包括"成为组织中的一员是很吸引人的"等。

2. 工作中态度的转变

我们无时无刻不在接受不同的信息，不断地受到不同的影响，并且调整自己对周围世界的认知和态度,以适应这个世界。别人通过各种方式和途径向我们提供信息的过程,实质上也就是引导我们态度改变的劝导过程。下面我们介绍两种劝导与态度改变过程模型。

1)霍夫兰的劝导模型

霍夫兰和詹尼斯在1953年最先对态度和劝导进行了研究。研究的重点在于信息传达者有哪些特点、传递的信息有哪些特点及信息接收者有哪些特点,这些特点如何进一步影响信息接收者的态度。基于对这些问题的大量研究,霍夫兰等提出了如图3-7所示的态度改变的劝导模型(金盛华,2010)。

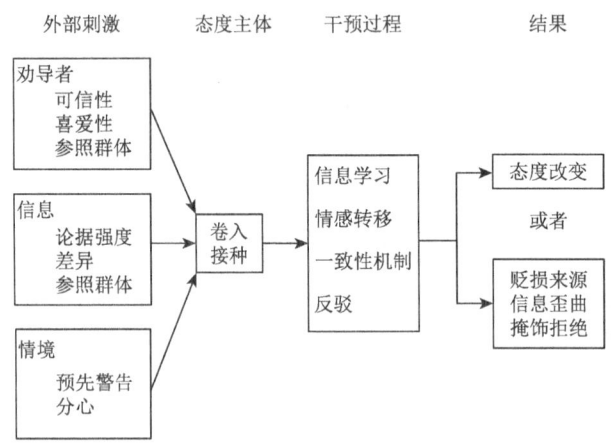

图3-7 霍夫兰劝导模型

劝导者、劝导信息和情境是影响态度改变的主要外部刺激,内部因素则主要是态度主体自身的特点。它们不同的特点会对劝导的效果产生不同影响,这些特点包括:劝导者是否有较高的可信性、是否令人喜爱、是否属于态度主体的参照群体;信息的论据强度、与原有态度之间的差异、信息是否属于态度主体的参照群体;周围的情景是否会使态度主体分心、是否有预先警告出现等;态度主体的卷入程度如何、是否受到态度接种等。

2)佩蒂和卡斯泊的精加工似然模型

传统的劝导模型描述了在何种情况下更容易发生态度改变,以及它是怎样发生的。但是,对于不同劝导信息为什么会导致人们发生态度改变,传统的研究无法解答。劝导的认知观点试图回答这个问题——当个体面对劝导信息时,他在思考什么?个体想法和认知的加工过程是否会影响个体的态度改变?改变的程度是多大?通过大量研究,佩蒂等提出了态度改变的精加工似然模型(elaboration likelihood model,ELM),如图3-8所示(金盛华,2010)。

精加工似然模型认为,根据信息接收者对信息进行加工的动机和能力的不同,存在着两种不同的说服路线,即中心路线和边缘路线。若接收者认为信息重要或者与个人有关,而且没有外界干扰,则会发生中心路线。随后,个体会对信息进行深入、细致的理性加工,在认为信息合情合理后,才被说服并表现出态度改变。当接收者认为信息不重要且与个人无关,或者存在外界干扰时,边缘路线就会发生。个体会在无法对信息进行理性的思索与细致加工的情况下，直接接受说服而发生态度改变，两种路线的具体区别如表 3-11 所示（金盛华，2010）。

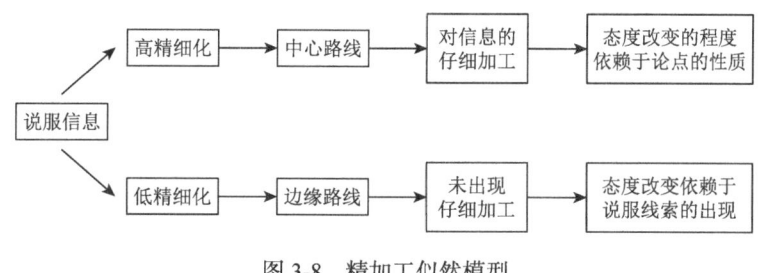

图 3-8　精加工似然模型

表 3-11　态度改变的两种路线比较

路线	路线特点	态度改变过程中的影响因素	态度改变的效果
边缘路线	接收者依据外部线索，而不是通过积极思考信息本身的内容	宣传说服者变量，如可信性和吸引力；信息表面特征；宣传说服次数	态度改变微弱而短暂，根据态度较难推测其行为
中心路线	接收者对信息内容反应积极并作认知加工	信息接收者的认知反应；信息接收者的逻辑判断；宣传说服的质量	态度改变相对强烈，较持久，可由态度预测其行为

3. 不确定环境管理中对态度理论的应用

在不确定的管理环境中，企业与外部不断进行相互作用，员工的心理契约容易受到企业的内外部因素的影响，呈现出明显的动态性。在此，我们将列举三种环境不确定因素对员工心理契约的影响，包括劳动力市场供求状况、经济环境和企业在行业中的排名。

（1）劳动力市场供求状况会对员工的心理契约产生影响。当劳动力市场上某类人才供大于求时，该类员工的可替换性增强，如果员工竞争增强，心理期望则会降低。企业此时需关注与员工长期稳定的心理契约，保持对员工的关注和有形支付，激发员工的归属感和责任感，员工将更加关注与企业之间的长期利益交换，表现出对企业的忠诚和更多的组织公民行为。当劳动力市场某类人才供不应求时，企业只有提高有形支付才能保持彼此之间心理契约的平衡。

（2）经济环境也会对员工的心理契约产生影响。当外界环境恶化甚至爆发经济危机时，大部分企业的经营陷入困境，员工的工作安全感降低，心理期望也会随之降低。若企业此时没有减少给予员工的有形支付，或向员工说明原因，请求员工与企业共渡难关，将增加员工的安全感和归属感，有助于在员工和企业之间建立起牢固而稳定的心理契约。当外界经济环境宽松，就业岗位增多时，员工的心理期望将会上升，企业只有增加组织支付，才能保持彼此之间的心理契约平衡。

（3）企业在行业中的排名情况同样会对员工的心理契约产生影响。如果企业在行业中的排名靠前，具有明显的竞争优势，员工在这样的企业工作，会产生强烈的工作安全感、荣誉感和归属感，有助于员工与企业建立起平衡而稳定的心理契约。相反，当企业在竞争中处于明显的劣势位置时，员工在这样的企业中工作，工作安全感和工作热情都比较低，员工的感知价值也比较低。当员工的感知价值低于员工的心理期望时，员工与企业间心理契约的平衡被打破，员工会对企业产生失望和愤怒的情绪。当员工的转移成本较低时，员工为了寻找工作安全感和更好的职业生涯发展将会关注其他企业，选择跳槽。

第六节　价值观与行为

一、价值观概述

1. 价值观的概念

价值观（values）代表了人们最基本的信念："从个人或社会的角度来看，某种具体的行为模式或存在的最终状态比与之相反的行为模式或存在状态更可取（Weigert and Rokeach，1975）。"这个定义具有判断的成分，反映出个体对对与错、好与坏、认可与不认可的看法。价值观包括内容和强度两种属性。内容属性指的是某种行为模式或存在状态是重要的；强度属性界定的是它有多重要。当一个人根据强度来对诸如自由、快乐、自尊、诚实、服从、公平等价值观进行排序时，就可以得到这个人的价值系统（value system）。

2. 价值观的功能

价值观是组织行为研究中的一个重要概念，对人的动机具有导向作用，并且能够反映个体的认知和需求。了解员工的价值观有助于了解员工的态度和动机，此外，价值观也会影响我们对人和事的理解和判断。

价值观对动机有导向的作用，每个人都有自己特有的价值系统，从而对事物的正误和是否可取有着自己独特的判断。在同样情境下，具有不同价值观的人，其动机模式不同，产生的行为也不同。动机受价值观的支配，只有那些价值判断中可取的想法，才能转换为行为的动机，并引导人们的行为。

价值观反映人们的认知和需求状况，价值观是人们对客观世界的评价和认识。因此，从某种角度来说，价值观反映了人们的人生观和世界观，反映了人的主观认知世界。

3. 价值观的形成

价值观中很大一部分内容在我们早年生活中就已经形成——是从父母、老师、朋友和其他人那里获得的。当我们还是孩子时就被告知，某种行为或结果是好的或者是不好的，没有中间状态。例如，人们告诉你应该诚实和有责任感，你从没有受到过这样的教育：要有一点点诚实，或有一点点责任感。这种绝对的、黑白分明的价值观学习方式，使得价值观保持相对稳定和持久。

当我们对价值观质疑时，情况可能会发生改变，对价值观的质疑可能会强化固有的价值观，也可能会改变原有的价值观。也有证据表明，人格和价值观相关，我们的遗传基因特质也许在一定程度上影响了我们的价值观。

4. 价值观的分类

有很多种理论对价值观进行了分类，在此我们介绍两种分类方法，分别是斯普朗格尔（Spranger）的价值观分类和罗克奇（Rokeach）的价值观分类。

1）斯普朗格尔的价值观分类

最早对价值观进行分类的是美国组织行为学家斯普朗格尔，他将价值观分为了六类——理论型、审美型、政治型、社会型、经济型和宗教型。理论型价值观以知识和真理为中心；审美型价值观以形式、和谐为中心；政治型价值观以权力、地位为中心；社会型价值观以群体、他人为中心；经济型价值观以有效实惠（经济利益）为中心；宗教性价值观以信仰、教义为中心。

2）罗克奇的价值观分类

心理学家罗克奇对价值观的分类也比较常见，即罗克奇价值观调查问卷（Rokeach value survey，RVS）。他将价值观分为两大类，即终极价值观和工具价值观。终极价值观反映人们有关最终想要达到目标的信念，而工具价值观反映了人们对实现既定目标手段的看法，如表3-12所示（龙立荣，2016）。

表 3-12 罗克奇的价值观分类

终极价值观		工具价值观	
舒适的生活	振奋的生活	雄心勃勃	心胸开阔
成就感	和平的世界	能干	欢乐
美好的世界	平等	清洁	使人鼓舞
家庭安全	自由	宽容	乐于助人
幸福	内心的和谐	正直	富于想象
成熟的爱	国家的安全	独立	富有知识
快乐	救世	合乎逻辑	博爱
自尊	社会承认	顺从	礼貌
真挚的友谊	睿智	负责	自控

不同人群在罗克奇的价值观上差异很大。相同职业或工作类别的人倾向于拥有相似的价值观。在一项调查中，研究人员对公司经营者、钢铁业的工会成员和社区工作者进行比较，尽管三组人的价值观有很多部分是重叠的，但也存在明显的差异，如表3-13所示（罗宾斯和贾奇，2012）。

表 3-13 公司经营者、钢铁业的工会成员和社区工作者的价值观排列（仅列出最高的5项）

公司经营者		钢铁业的工会成员		社区工作者	
终极价值观	工具价值观	终极价值观	工具价值观	终极价值观	工具价值观
1. 自尊	1. 诚实	1. 家庭安全	1. 负责	1. 平等	1. 诚实
2. 家庭安全	2. 负责	2. 自由	2. 诚实	2. 和平的世界	2. 乐于助人

续表

公司经营者		钢铁业的工会成员		社区工作者	
终极价值观	工具价值观	终极价值观	工具价值观	终极价值观	工具价值观
3. 自由	3. 能干	3. 快乐	3. 使人鼓舞	3. 家庭安全	3. 使人鼓舞
4. 成就感	4. 雄心勃勃	4. 自尊	4. 独立	4. 自尊	4. 负责
5. 快乐	5. 独立	5. 成熟的爱	5. 能干	5. 自由	5. 能干

与其他两类人相比，社区工作者的价值偏好差异很大，他们认为"平等"是最重要的终极价值观。公司经营者和钢铁业的工会成员的这种价值观排列在较后的位置。社区工作者将"乐于助人"排在工具价值观的第 2 位；其他两组人都将该工具价值观排在较后的位置。由于公司经营者、钢铁业的工会成员和社区工作者对于公司有着不同的兴趣，价值观差异较大，当他们针对企业的经济和政策进行交流时，可能会产生严重的冲突。

二、价值观对行为的影响

人们普遍认为价值观对行为具有预测作用，甚至有些价值观的定义中就包含了价值观引导行为的作用。研究表明，价值观可以通过直接或间接的方式影响行为，另外，人格和情境性因素也会影响价值观与行为之间的关系。

第一，价值观对行为具有直接的预测作用。当个体面对选择时，价值观便开始进入意识并影响决策。例如，在大学选课或进行投票时，个体对各种方案进行权衡，并进行慎重选择。多种价值观对行为也具有综合作用，如在价值观与暴力行为关系的研究中，权力价值观与青少年自我报告的暴力行为呈正相关，而博爱、遵从和安全这些价值观与暴力行为呈负相关。

第二，个体在自发进行决策，而没有考虑价值倾向的情况下，也可能表现出与价值观一致的行为。例如，价值观可以通过习惯去影响行为，独立的价值观使个体形成独立思考和决策的习惯，从而表现出更多独立的行为。另外，态度也是备受关注的中介变量。克里斯蒂安森（Kristiansen）和霍特（Hotte）认为态度是价值观影响行为的中介变量，并提出了"价值观-态度-行为"模型。价值观较为稳定和抽象，而态度较为具体，态度的功能之一就是价值表达。

第三，人格因素和情境性因素是价值观影响行为的边界条件。例如，理想主义者的价值观与行为之间具有更高一致性。此外，文化差异也会影响价值观与行为的一致性，西方人在价值观、态度和行为之间具有更高一致性。东方人由于行动前需要考虑到他人反应，其价值观、态度和行为之间一致性较低。

三、价值观理论在管理中的应用

价值观理论在管理中的应用很多，一般将不同类型人群的价值观进行整理归纳，虽然每个人都有自己独特的价值观，但是群体、环境及文化会对特定人群带来独特影响，并使他们形成一定的价值观。接下来我们介绍两种价值观理论的应用——代际价值观理论与文化价值观理论。

1. 代际价值观理论及管理

目前，代际价值观理论主要是研究者基于最近对工作价值观的大量分析研究，根据年龄和进入劳动队伍的时间将工作价值观分成四类。表 3-14 表明，员工可以根据他们进入劳动力队伍的年代而分成几个群体。由于大部分人在 18~23 岁开始工作，这些时代与员工的工作年龄密切相关（索柏民和王天崇，2017）。

表 3-14　美国劳动力的主要工作价值观

人群	进入劳动力队伍的时间	目前的大概年龄	主导的工作价值观
1. 退伍军人	20 世纪 50 年代或 60 年代早期	65 岁以上	努力工作、保守、遵从、对组织忠诚
2. 婴儿潮一代	1965~1985 年	37~57 岁	成功、成就、雄心、蔑视权威、对职业忠诚
3. X 世代	1985~2000 年	22~37 岁	工作与生活间的平衡、团队取向、不喜欢规则、对关系忠诚
4. 下一世代	2000 年至今	不足 30 岁	自信、经济上的成功、自我依赖但团队取向、对自我和关系忠诚

上述代际价值观分类具有明显的局限性。首先，由于调查对象都为美国人，这种分类并不适用于所有的文化背景。其次，很少有纯粹的、严谨的学术研究去考察每一代人的价值观。最后，这些分类并不严密，两个不同时代的人也可以拥有相似的价值观。

国内代际价值观研究起步较晚，对代群划分主要采用新生代与非新生代的划分方式，一般以 1980 年作为划分的时间隔点，在 1980 年之后出生的群体为新生代。因为他们在成长期受到了很多中国经济社会转型和外来文化的影响，在价值观和生活态度等很多方面与之前的群体存在较大的差异。

虽然该分类有很多缺陷，且个人的价值观千差万别，但代际价值观可以反映人们成长时代的社会价值观。通过对新生代员工工作价值观的测量，发现其包含功利导向、内在偏好、人际和谐、创新导向、长期发展五个方面。与老一代员工强调集体荣誉感而弱化个体、尊重传统不愿打破规则相比，新生代员工更看重工作带来的物质回报，重视自我内在需求偏好的满足，敢于挑战传统和推动组织创新。相对于传统管理方法，新生代员工的管理需因人而异，通过学习和培训来提高他们的业务素质，改善其工作环境，帮助他们制订合理的职业规划，确立正确的职业方向和目标，增加其参与度及对企业的认同感与归属感。

2. 文化价值观理论及管理

在分析文化间差异时，被广为引用的观点是霍夫斯泰德评估文化的框架和用于文化评估的全球领导与组织行为有效性（global leadership organizational behavior effectiveness，GLOBE）。

1）霍夫斯泰德评估文化的框架

霍夫斯泰德曾对 40 个国家中为 IBM（International Business Machines Corporation，国际商业机器公司）工作的超过 11.6 万名员工进行了调查，了解他们与工作有关的价值观。他发现，管理者和员工在有关民族文化的五个维度上存在差异，包括个人主义（individualism）和集体主义（collectivism）、权力距离（power distance）、不确定性规避（uncertainty avoidance）、阳刚气质（masculinity）和阴柔气质（femininity）、长期导向（long-term orientation，LTO）和短期导向（short-term orientation，STO）。图 3-9 描述了这些维度，并展示了具有这些维度特征的国家。

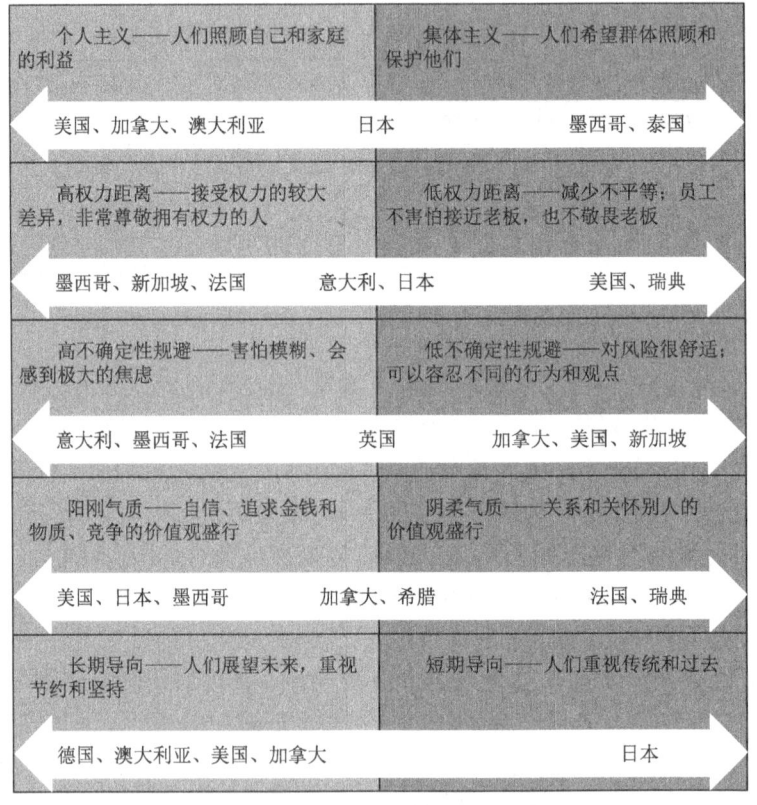

图 3-9　霍夫斯泰德评估文化的框架图

第一，个人主义和集体主义。个人主义是指人们倾向于照顾自己和家庭的利益，喜欢以个人为活动单位而不是作为群体成员进行活动的程度，他们以个人权利为中心。集体主义是指人们期望得到群体中其他人的照顾与保护的程度。

第二，权力距离。权力距离是指一个国家的人民在多大程度上可以接受机构和组织内权力分配不平等。高权力距离意味着人们接受权力的较大差异，对拥有权力的人较为尊敬。在这种文化体制中，等级制度较为严格，阻碍下层向上层流动。低权力距离意味着不平等的情况较少，社会强调平等和机会。

第三，不确定性规避。不确定性规避反映一个国家的人在多大程度上偏好结构化而不是非结构化情境。在高不确定性规避国家，人们害怕模糊，在不确定和模糊情况下会感到焦虑。这种文化中为减少不确定性，会更重视法律、法规和控制。低不确定性规避的国家中，人们不易受模糊性和不确定性的影响，对风险的接受程度较高，可以容忍不同的行为和观点，愿意接受变革。

第四，阳刚气质和阴柔气质。这一维度用来衡量某种民族文化重视传统的男性角色（如竞争、权力和控制）的程度及认为男女平等的程度。阳刚气质意味着这种民族文化对男性和女性角色有不同界定，而且由男性占据社会的主导地位，竞争价值观盛行。阴柔气质意味着这种民族文化对男性和女性的角色持大致相同的看法，认为男女不平等，更加关怀他人。

第五，长期导向和短期导向。该维度反映了社会对传统价值观的接纳程度。生活在长期导向文化中的人们总是想到未来，而且看重节俭、持久与传统。生活在短期导向文化环境中的人们更加重视传统和过去（罗宾斯和库尔，2017）。

2）用于文化评估的 GLOBE

GLOBE 的研究项目从 1963 年开始，一直对领导和民族、文化进行研究。根据来自 62 个国家和地区的 825 个组织提供的数据，GLOBE 团队认为民族文化差异体现在九个维度上，如表 3-15 所示（罗宾斯和库尔，2017）。这九个维度中，一些维度与霍夫斯泰德的理论相似，如权力距离、不确定性规避、性别差异、未来导向等。另外，GLOBE 增加了一些维度，如绩效导向和内群体集体主义。绩效导向指的是社会在多大程度上鼓励和奖励群体成员对绩效进行改进。内群体集体主义是指社会成员在多大程度上以成为小群体的一员而骄傲，如家庭、朋友圈或工作组织。

表 3-15 GLOBE 要点

维度	得分高的国家和地区	得分适中的国家和地区	得分低的国家和地区
权力距离	俄罗斯 西班牙 泰国	英国 法国 巴西	丹麦 荷兰 南非
不确定性规避	澳大利亚 丹麦 德国	以色列 美国 墨西哥	俄罗斯 匈牙利 玻利维亚
自信	西班牙 美国 希腊	埃及 爱尔兰 菲律宾	瑞典 新西兰 瑞士
人性导向	印度尼西亚 埃及 马来西亚	瑞典	德国 西班牙 法国
未来导向	丹麦 加拿大 荷兰	瑞典	德国 西班牙 法国
制度集体主义	希腊 匈牙利 德国	美国 埃及	丹麦 新加坡 日本
性别差异	韩国 埃及 摩洛哥	意大利 巴西 阿根廷	瑞典 丹麦 斯洛文尼亚

续表

维度	得分高的国家和地区	得分适中的国家和地区	得分低的国家和地区
内群体主义	埃及 中国 摩洛哥	日本 以色列 卡塔尔	丹麦 瑞典 新西兰
绩效导向	美国 新西兰	瑞典 以色列 西班牙	俄罗斯 阿根廷 希腊

在管理研究与实践中，GLOBE 被广泛应用于跨国合作、并购和跨国公司管理等情境中。一般情况下，差距最大的文化维度最有可能导致冲突。中国企业并购欧美国家的企业时，群体集体主义维度的分差一般是最大的，企业将面临处理好"集体主义和个体主义"问题的挑战。例如，在明基收购西门子的案例中，李焜耀就评价道："中国人的公司里很容易把公司的成败与个人成就感画上等号。但德国人的工作，就是一个领薪水的机制而已……很难把公司与个人之间画上等号"。因此，在跨国并购中要高度重视并全面看待文化差异的影响。文化差异既可能阻碍和破坏原属两个组织的群体与个人建立信任合作的关系，也可能会带来知识互补和学习的机会，从而丰富企业的知识基础、提升创新能力，因此不能简单地将文化差异认为是消极或者积极的因素。企业可借助 GLOBE 等工具对并购双方的文化差异进行定量评估，识别出最可能导致冲突的文化维度，并做好应对措施（程兆谦，2015）。

在对比霍夫斯泰德和 GLOBE 的文化研究维度后，不难发现后者扩展了前者，而不是取代了前者。GLOBE 的研究在确认霍夫斯泰德五个维度有效性的同时，加入了一些新维度，为人们提供了一种最新的评定方法，用来确定不同国家在每个维度上的级别。由于时代的发展和移民的加入，一个国家的文化价值也在发生变化。例如，GLOBE 调查发现美国的个人主义倾向已经有所下降。可以预见，未来关于人类行为和组织实践的跨文化研究会越来越多地使用 GLOBE 的维度来评估国家和地区间的差异。

重要名词和术语

气质（temperament）
性格（character）
迈尔斯-布瑞格斯类型指标测试（Myers-Briggs type indicator，MBTI）
能力（ability）
智力（intelligence）
情绪智力（emotional quotient）
态度（attitude）
认知失调理论（cognitive dissonance theory，CDT）
自我知觉理论（self-perception theory，SPT）
冰山模型（iceberg model）

洋葱模型（onion model）
工作满意度（job satisfaction）
心理契约（psychological contract）
工作参与（job involvement）
员工敬业度（employee engagement）
劝导模型（persuasion model）
精加工似然模型（elaboration likelihood model，ELM）
价值观（values）
终极价值观（terminal values）
工具价值观（instrumental values）
霍夫斯泰德评估文化维度理论（Hofstede's cultural dimensions theory，HCDT）
全球领导与组织行为有效性（global leadership organizational behavior effectiveness，GLOBE）

复习思考题

1. 人格的概念是什么？应该如何理解？
2. 人格的特征有哪些？
3. 人格的基本理论有哪些？这些理论的基本观点是什么？
4. 简述气质的概念、类型及其对应的不同特征。
5. 气质理论在管理实践中应如何应用？
6. 请你对自己的气质弱点做一个鉴定，并制定一个切实可行的完善方案。
7. "江山易改，本性难移"与"近朱者赤，近墨者黑"是否矛盾？说明原因。
8. 简述性格的概念、特征及类型。
9. 性格理论如何在管理中指导实践？
10. 区分不同能力的类型，你认为哪种能力更为重要？
11. 冰山模型的哪部分更为重要，为什么？
12. 简述态度的概念。
13. 描述态度的结构，并举例说明。
14. 简述认知失调理论和自我知觉理论。
15. 试说出工作满意度、心理契约、工作投入和员工敬业度的定义，以及对员工行为和绩效的影响。
16. 结合所学知识，谈谈自己对不确定环境管理中对态度理论的应用的理解。
17. 谈谈价值观的功能及形成。
18. 试述价值观的分类。
19. 价值观会因代际和文化而不同吗？谈谈具体的不同之处及你的理解。

心理过程及管理

本章摘要 心理过程主要是指认识、意志行动和情感过程。组织行为学除了关心人的行为,还进一步地关心行为背后的内在心路历程。个体在确立自身需求后便需要通过感知、记忆、思维和想象等认知活动,寻找达到目标的方法;然后通过意志与行动将主观构想付诸实践;最终通过对行动结果和原始需求进行比较,得到积极或消极的情绪感受。本章中,我们主要通过学习了解感觉、知觉、社会知觉、情绪、意志等概念,探讨认识过程、情感过程和意志过程对个体行为的影响,进而与管理实践相结合,研究分析如何更好地将理论应用于实践。

第一节 知觉与个体行为

罗宾斯曾说,我们并不是看到现实,而是对自己所看到的东西做出解释,并称它为现实。人脑对客观现实的反映是从感觉与知觉开始的。一切较高级、复杂的心理活动,都要以感觉与知觉作为基础,即在感觉与知觉所获得的材料的基础上才能产生。因此,研究人的心理现象,必须首先研究感觉与知觉。

一、知觉的概念

感觉与知觉是认知过程的两个重要概念,概念界定及二者关系具体如下。

1. 感觉

感觉是直接作用于人们感觉器官的客观事物的个别属性或个别部分在人脑中的反映。感觉除了通常所说的视觉、听觉、嗅觉、味觉和触觉这五种外,还有平衡、运动及机体感觉等。

2. 知觉

知觉是直接作用于感觉器官的客观事物的整体属性或各个部分在人脑中的反映。客观事物的各种属性并不是各自孤立地作用于个人，而是组合成整体，同时或相继作用于人的感官，于是在大脑中就会产生事物的整体映像。知觉活动是一个复杂的过程，该过程一般包括以下几个环节：①从感觉到的信息中选择知觉对象；②对局部资料或不完整的线索、信息进行回忆补充；③对信息与线索进行加工并组织构成完整的对象；④对知觉对象做出适当解释并用名称标志它。知觉的基本特征包括如下几点。

第一，知觉的选择性。知觉的选择性是指将一些对象（或对象的一些特性、标志、性质）从背景中优先区分出来。客观事物具有多样性，但最终只有少数事物被人们作为知觉的对象进行分析。比如，教师在黑板上写字的时候，黑板上的字便是学生的知觉对象，而附近的墙壁、挂图及其他物品都是背景，而在教师讲解挂图的时候，挂图便成为知觉的对象，黑板上的字等便成为背景了。可以通过双关图形来说明知觉对象与背景的相互关系，从而理解知觉的选择性。在知觉这种图形时，对象和背景可以相互转换，对象能成为背景，背景又能成为对象。如图 4-1 所示，你可以把它看成一位少女抑或是一位老妇人，两者可以反复变动，但是你不可以把两者都当作知觉对象，看到两者同时存在。知觉的选择性解释了人对客观事物反映的主动性。

图 4-1　知觉的选择性——少女与老妇人

第二，知觉的整体性。知觉的整体性是指人在过去经验的基础上把由多种属性构成的事物知觉为一个统一的整体的特性。人在知觉客观对象时，习惯于把它作为一个整体来反映。知觉对象是由许多部分组成的，各部分具有不同的特征，但是人们不会把对象感知为许多个别的、孤立的部分，而总是把它知觉为一个统一的整体。它是客观对象的许多部分形成的复合刺激物，大脑皮层对复合刺激物的各个组成部分及其相互关系进行分析，从而反映客观对象各种属性的关系，形成关于对象的完整映像。知觉的整体性与感知的快慢、过去的经验和知识的参与有关，如阅读速度会随着阅读量的增多而逐渐加快。

第三，知觉的理解性。知觉的理解性是指人们在对现实事物进行知觉时，需要借助过去的知识与经验，以便对知觉的对象作出判断、解释。个体在知觉某一事物时，通常要在内心说出它的名称，即将知觉对象归入一定范畴之内，用词来概括。个体之间不同的知识背景和理解力会对同一知觉对象产生不同的知觉结果，一个在某一方面从事多年活动的个体，由于在这方面积累了丰富的知识经验，便对相关对象知觉得更为深刻。比如，工程师在检查机器的时候，要比一般人看到更多的细节。成年人的图画知觉与儿童不同，他能更深刻地理解图画的内容和意义，知觉到儿童所看不到的细节。

第四，知觉的恒常性。知觉的恒常性是指人会在刺激变化的情况下把事物知觉成相对稳定不变的整体。在知觉中，由于知识与经验的参与，当知觉的条件在一定范围内发生改变时，知觉的映像仍然保持相对不变。在视知觉中，知觉的恒常性表现得最为明显，具体包括大小的恒常性、形状的恒常性、亮度的恒常性、颜色的恒常性等。在生活中，我们不会因为朋友改变发型或穿着风格就不认识他，也不会因为唱歌的歌手不同就听不出是什么歌曲。

3. 感觉和知觉的关系

感觉和知觉的共同点在于，二者都是直接作用于感官的当前事物在人脑中的反映，所产生的主观映像都是具体的感性形象。感觉和知觉的联系在于，感觉是知觉的基础，但知觉并非等同于感觉的简单加总，知觉应是感觉与个体的记忆、思维、语言活动等综合作用的结果。感觉和知觉的区别表现在两个方面：一是感觉反映事物的个别属性（如形状、色泽、气味、温度等），知觉则是对事物各种属性、各个部分及其相互关系的综合的整体的反映。二是感觉依赖于客观事物的物理属性，相同的刺激一般引起相同的感觉；知觉则依赖于刺激的物理特性和知觉者本身的特点，如知识经验、心理状态、个性特征。也就是说，知觉不仅受到感觉系统生理因素的影响，而且极大依赖于一个人过去的知识和经验，受到个体的各种心理特点，如兴趣、需要、动机、情绪等的制约。比如，"情人眼里出西施"，即不同的人对容貌的审美观不同，这种不同受情感因素的影响。

二、知觉障碍

个体感官的接收度有限，我们将感官接收一部分信息而忽略其他信息的过程称为选择性注意（selective attention）（麦克沙恩和格里诺，2017）。知觉主体的特性、知觉的对象及知觉对象所处的背景都会影响选择性注意，进而影响知觉的准确性。

1. 客观因素

知觉是对客观事物的反映，人们总是不断地接受各种各样的信息，并且有选择地从中选取那些对我们而言比较重要的信息进行处理。知觉的选择性会受何种因素的影响，首先取决于知觉对象的特征。心理学实验和日常生活经验表明，知觉对象的下述特点对于知觉的选择性有重要影响。

1）知觉对象的特征

知觉对象的颜色、形状、大小、声音、强度和高低、运动状态、新奇性和重复次数等因素，都会影响知觉的结果。具体来说，第一，由颜色引起的知觉差异，已经被我们应用于日常衣着和房间格调的布置上。第二，由形状引起的知觉差异很多，如垂直线段和水平线段等长，但看起来好像垂直线段长于水平线段。最著名的是米勒-莱尔（Lyer）错觉，两条等长线段两端附加箭头，一条线段两端的箭头向外，而另一条两端箭头向内，前者显得更长一些。第三，从强度性上来说，声音响亮、色彩鲜艳的对象往往更易引起人们的注意，刺激的强度、刺激的新颖性对人们知觉的选择会产生很大的影响，使人们清晰地感知到这些事物。那些较为突出而吸引我们的知觉对象，往往会被我们赋予特别的关注和重要性，以至于忽视其他对象。总之，在其他因素不变的情况下，形状大、强度高、新奇、熟悉的事物更容易被知觉。

2）知觉对象和背景的差别

在同一时刻内，被人们清晰感知到的东西就是知觉的对象，而仅被人们模糊感知到的东西就成为该对象的背景。对象与背景之间的差别越大，人们就越容易从背景中把对象区分出来，如我们常常提到的"鹤立鸡群"便是此种现象的典型事例。反之，对象与背景的差别越小，区分对象和背景也就越困难，如士兵穿的迷彩装，因其颜色与周围环境色彩相接近，对象与背景界限不明显，不易被对方察觉便属于此种现象。

3）知觉对象的组合

知觉是对事物整体的反映，但整体不一定只是一个对象。人们在知觉事物时，会根据对象的特征进行组织、整合。这种整合遵循一定的规则，这些规则又统称为知觉组织的简明性原则。心理学的研究表明，知觉对象的组合服从以下几个原则：第一，接近原则，对象在空间上的接近，容易被感知为一个整体，如图4-2所示。第二，相似原则，知觉的对象在形状和性质上相似，容易被感知为一个整体，如图4-3所示。第三，连续原则，几个对象在空间和时间上有连续性，容易被感知为一个整体。第四，封闭原则，几个对象共同包围着一个空间，容易被感知为一个整体。这些原则的重要意义在于使我们的知觉更为简便有效，能够通过对事物的组织更迅速地把握它们。

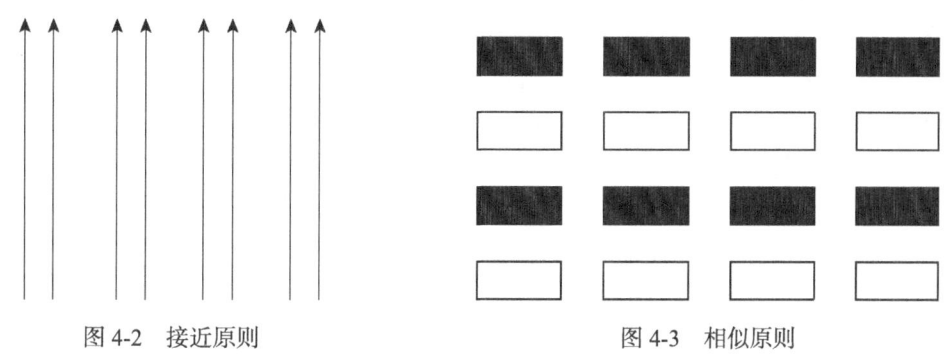

图4-2　接近原则　　　　　　　　　图4-3　相似原则

2. 主观因素

知觉的选择性不仅受客观因素的影响，也受知觉主体自身主观因素的影响。不同的人会对同一事物产生不同的知觉。例如，一位教师在授课，尽管每个学生听到的是同样的声音、同样的语调，看到的是同样的表情、同样的姿势、同样的动作，但每个人的知觉内容并不是完全一样的。这种知觉的个别差异更多地取决于人们各自主观状态的不同。影响人的知觉的主观因素主要有兴趣爱好、需要和动机、个性特征、过去的经验等。

1）兴趣爱好

兴趣爱好的个别差异往往决定着知觉的选择性。这就是说，人们的兴趣往往会使他们把不感兴趣的事物排除到知觉的背景中去，而集中注意于感兴趣的事情。注意的中心往往会受到自己兴趣的影响，如对众多报刊、广告等，人们往往会注意到自己感兴趣的广告或报刊，使之成为知觉的对象，而对自己不感兴趣的广告等则可能根本没有注意到。对于自己有兴趣的内容会比较注意观察，能把握更多的细节，而对不感兴趣的内容往往会忽略。如果某些内容与现在的活动任务的要求正符合，它们就更容易成为你的知觉对象。

2）需要和动机

能够满足人的需要、符合于人的动机的事物，往往会引起注意，成为知觉的对象。

反之，与人的需要和动机无关的事物往往不被人注意。一项有趣的实验研究证实了这一点，实验者将被试对象分成三组，分别剥夺其进食时间为 1 小时、4 小时和 16 小时，然后给被试对象呈现主题模糊的图片，结果发现饥饿程度影响着被试对象对模糊图片的解释。16 小时未进食者把图片知觉为食物的次数最多，其次是 4 小时未进食者。

3）个性特征

人们的个性特征也影响知觉的选择性。例如，不同神经类型的人，知觉的广度和深度有个别差异。多血质的人知觉速度快、范围广，但不细致。黏液质的人知觉速度慢、范围较窄，但比较深入细致。一个外向、好交际的人和一个内向、不善交际的人在介入一个团体活动时会有截然不同的感受：前者如鱼得水，很高兴有一个表现自我的环境；而后者可能很不情愿，对这种环境感到很别扭。这是因为不同的性格发生了作用。

4）过去的经验

人们过去经验的不同也会影响对知觉的选择性。例如，一个外行人和一个机械工程师观察同一部机床，外行人可能仅仅看到机床的表面或一些主要部件，但机械工程师的观察要细致得多，主要是因为机械工程师比外行人有更丰富的知识和经验。当面对一幅大自然的景象时，不同的人会有不同的感受，画家会捕捉光与影的变换，音乐家会聆听不同的声音及其律动，诗人从各种生命的交织中寻找灵感。显然，不同的经验、不同的职业习惯引导着人产生不同的注意和知觉活动，从而产生不同的知觉结果。但应注意的是一个人的经验也会减弱其对事物的兴趣。

5）情绪

人对事物的知觉也受个体情绪的影响，一个人当前的情绪状态会影响他的判断。人们在愉快的状态下，会感到眼前一片阳光明媚；忧郁烦闷时，会感到一切都没有希望。当情绪低落或不安时，整个世界都会改变，与信心十足时完全不一样。幸福和悲伤、愤怒和喜悦及其他一些对立的情绪也会造成同样的效果。

此外，个人的价值观、对未来的预期、身体状况、自身条件等因素也会影响知觉的选择性。总而言之，一个人的知觉是主观和客观因素相互影响、相互作用的结果。由于客观世界是错综复杂、千变万化的，人与人之间在个性、兴趣、需要等方面也各不相同，所以人们对同一事物会产生不同的知觉选择性。由主观因素造成的个体知觉差异性，使人的知觉世界各有千秋。虽然知觉反映了客体的本质属性，但在具体的反映形式和结果上，却体现着个人风格。

3. 知觉情境因素

知觉的情境因素通过影响人的感受性而改变知觉的效果。感受性就是人的感觉灵敏度，人对外界刺激物的感觉能力。人的感受性在环境作用下会发生变化，表现为以下几种形式：第一，适应性。由刺激对感觉器官的持续作用而引起感受性变化的现象叫适应性。比如，夜晚熄灯后刚开始一片漆黑，过几分钟眼睛适应之后就可以逐渐看清周围事物。第二，对比性。同一感觉器官接受不同的刺激而使感受性发生变化的现象称为对比性。比如，先吃甜的再吃酸的食物，会感觉更酸。第三，敏感化。在某些因素影响下，感受性暂时提高的现象称为敏感化。比如，红光下握力会增强。第四，感受性降低。感受性降低与适应引起的感受性变化不同,它是由其他因素引起的。比如,近视者摘掉眼镜之后,听力会下降。

综上所述,人的知觉是知觉主体、知觉对象、外界环境因素相互作用、相互影响的结果,是一个主观反映客观的过程,它一般包括观察感觉、理解选择、组织、解释和反应等环节。由于任何知觉者自身必然具有这样或那样的局限性,知觉对象的特征也会千奇百怪、参差不一,知觉环境不断转换,这些因素作用于人的知觉过程,就会使人的知觉产生偏差,以至形成错觉。

三、对人的知觉:社会知觉

1. 社会知觉的概念

社会知觉这一概念是由美国心理学家布鲁纳(Bruner)于 1947 年首先提出的。从知觉对象看,可以把知觉划分为对物的知觉和对人的知觉。它们都服从于知觉的一般规律。但是,它们又表现出各自的特殊性。社会知觉就是对人的知觉、对人和社会群体的知觉、对社会对象的知觉。它是知觉主体的一种特殊的社会意识,影响着主体的心理活动,调节着主体的社会行为。组织行为学特别注重社会知觉的研究,因为它跟人的行为密切相关。

2. 社会知觉的分类

1)对人的知觉

人生活在社会环境之中,要和他人打交道,认识了解他人是非常重要的。对人的知觉(erson perception)是指个体通过获取其他人的言谈举止、仪表风度等外部特征信息,进而形成对他人的感情、动机、意向、性格等心理活动和个性心理特征的推测与判断。其中他人的外显行为、言谈举止、表情神态、仪表风度,以及知觉者自身的观点是影响对他人知觉的重要因素。

在现代社会里,企业的领导者和管理者能否正确了解他人是关系到能否管理好企业的大问题。对他人认知的线索主要有表情和行为。其中人的表情是一种重要的社会刺激,是表现人的身心状态的一个非常重要的客观指标,也是对他人知觉的一个重要途径。在社会生活中,人们往往根据他人的表情来认知与判断其内心活动和特征。对他人的表情认知与判断一般通过面部表情、目光接触、身体动作和言语表情等多种方式进行。

除此之外,对他人的认知还可以采用观察法、作品分析法、自由写作法、个案调查法等多种形式,尤其是与被认知者直接接触,有助于更真实、全面地了解他人。

2)人际知觉

人际知觉(interpersonal perception)是指对人与人之间相互关系的认知。包括自己和他人的关系,他人和他人的关系。在组织管理中,正确认识人际知觉是非常重要的,因为人与人之间的关系融洽与否,对于能否增强群体凝聚力、建立有效团队具有十分重要的作用。人与人之间关系亲密,会更易于产生和谐的气氛,否则就可能出现紧张的心理气氛。作为管理者应尽可能地了解人与人之间的关系,据此做出必要的调整,以充分调动每个员工的工作热情,实现组织的总体目标。

对人际关系的知觉和判断受多种因素的影响。其一是人际关系本身的特点如何,是简单还是复杂,是真实还是虚伪,是长久还是短暂,这些都会影响人们对人际关系的认知和判断。其二是主体本身的特点,即知识经验、情绪状态、态度倾向、个性特征等会影响人际知觉的效果。

3) 自我知觉

自我知觉(self-perception)是指一个人通过对自己行为的观察而达到对自己心理状态的认识。早在古希腊,哲学家苏格拉底就提出了"认识你自己"的重要命题。著名的《孙子兵法》中也提出,"知彼知己,百战不殆"。可见,真正的智者是不仅对身外的世界有科学的认知,而且对自身(含外形与内部需要、思想、情感等)也有着深刻领悟的人。

对自我的认知与对他人的认知密切相关。这就是俗话所说的"以人为镜,可以知得失"。自我认知的逻辑是"推己及人",即把对他人认知的规律与自我反思相结合,找出"自我"世界的个性及其中蕴含的共性。马克思对此有过比较精辟的概括:"人起初是以别人来反映自己的。名叫彼得的人,把自己当人,只是由于他把叫保罗的人看作是和自己相同的(马克思和恩格斯,1974)。"

自我知觉是指对人与人之间相互关系的认知,包括自己和他人的关系、他人和他人的关系。在组织管理中,正确认识人际知觉是非常重要的,因为人与人之间的关系融洽与否,对于能否增强群体凝聚力、建立有效团队具有十分重要的作用。人与人之间关系亲密,便会更易于产生和谐的气氛,否则就可能出现紧张的心理气氛。作为管理者应尽可能地了解人与人之间的关系,据此做出必要的调整,以充分调动每个员工的工作热情,实现组织的总体目标。

4) 角色知觉

角色是指当一个人在社会性单位中占有某一具体位置时,被期望的一系列行为模式。角色知觉(role perception)是对某个人在社会活动中所扮演的角色的认知与判断,以及对有关角色行为的社会标准的认知。只有具有正确、清晰的角色知觉,才会以合乎身份的态度与行为行事。

一个完整的角色知觉过程应该包括以下四个部分:角色认知、角色行为、角色期望及角色评价。

第一,角色认知。角色认知指的是个体对自己能承担何种角色,以及如何扮演这一角色的认知与思考。

第二,角色行为。角色行为是指一个人按照特定的社会与组织所赋予角色的特定行为模式而进行的行为。热情周到的服务是商店营业员应有的角色行为,而上班做自己的私事、与其他员工闲聊等则是与其角色规范相违背的非角色行为。

第三,角色期望。角色期望是指他人对一个人所应承担角色的希望与寄托。人在一定的客观环境中,必定被寄予一定的希望。一般而言,人们会照自己认定的角色标准,做出某个特定的角色行为。比如,个体一旦承担了领导角色,下属对他就有很大的期望,希望他高瞻远瞩,且遇事沉着应付。

第四，角色评价。角色评价是指他人对一个人的角色扮演的感知和评估。人们习惯于使用是否"称职"、是否"合格"、是否"胜任"等评述性的语言表达自己对某一角色行为的满意程度。

角色知觉中的角色认知与角色行为是指角色扮演者主观方面的因素；而角色期望与角色评价是指他人对角色扮演者的反馈信息，属于客观方面的因素。角色知觉作为复杂的社会认知、社会知觉中的一个方面，只有在主客观因素相互作用下，才能最后形成一个完整、正确的角色知觉。换句话说，角色知觉是一个人在社会实践中动态地实现的过程。

角色知觉的实践过程包括三个步骤，如图4-4所示。具体来说，第一步是发现角色，即把角色主体的认知与参照系（环境中的他人）的角色期望结合起来，明确自己该干什么。第二步是根据行为和评价调整自己的角色行为，即吸收多方面客观的角色评价及反馈意见，并结合角色认知，调整自己的角色行为。第三步是改变自己并成功地扮演角色，即基于角色意识及角色评价，确立自己固定的角色行为模式，最终确认自我角色。

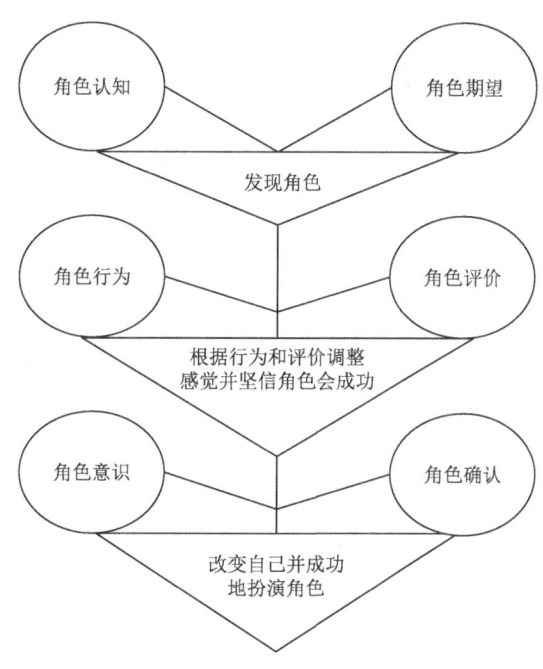

图4-4 角色知觉的实践过程

3. 社会知觉偏差效应

人们的推断行为简化了人们的认知活动，大多数推断是符合客观实际的，这便提高了人们的社会适应能力。然而，由于个体受动机、价值观、经验等复杂的心理属性的影响，在判断他人时可能会出现以偏概全、以点带面之类的错误。这里介绍几种常见的社会知觉偏差规律。

（1）第一印象效应（first impression effect），即两个陌生人第一次见面所形成的个人印象会长期影响人们对该个体的判断。例如，第一次交往发现某个人在某个特定时刻穿着打扮较为邋遢，也许这个人只是刚刚经历了较为沉重的打击，不是他一贯的状态，但是对这个人穿着邋遢的印象会在人们的脑海中持续较长时间，除非有非常强有力的事实否认这个印象。

与第一印象相似的表述是首因效应（primacy effect），首因效应与近因效应（recency effect）相对应。首因效应是指人们往往更重视最先得到的信息，并以此为根据对他人进行判断。如写作文时，精彩的开头往往会给人美好的印象，并且成为影响整篇文章评价的重要因素；近因效应是指最新得到的信息对他人印象的形成有较强作用。如多年不见的好友，在自己脑海中最深的印象就是临别时的场景。

（2）晕轮效应（halo effect）是指对一个人某一个方面属性的印象好坏会影响对其他个人属性和特征优劣的判断，即以点带面效应。一个人的某种品质，或一个物品的某种特性一旦给人以非常好的印象，人们对这个人的其他品质，或这个物品的其他特性也会给予较好的评价。"爱屋及乌"就是晕轮效应在社会生活中的具体体现，晕轮效应简化了人的思维过程，但是容易导致对人或物认识的偏见，出现错误的用人和管理。

（3）刻板印象（stereotype）是指对某些特定人群较为简单化、固定化的看法，并对以后有关该类对象的知觉产生强烈影响。刻板印象反映的是一类人群，如果你属于这类人群中的一分子，人们在知觉时也会将这类人的属性和看法强加给你。例如，在人们的印象中，美国人敢于冒险，德国人严谨仔细，法国人浪漫，但是并非每个德国人都严谨仔细，也不是每个法国人都浪漫。

四、知觉与个体决策的关系

决策是对问题的反映，由于决策作出时的状态和决策实施时的状态之间是有距离的，需要个体考虑多种不同的情况，对未来可能发生的情况进行预测，并将各个决策进行对比，以便作出令人满意的决策。任何决策都需要对所获信息进行筛选、解释与评估，因此决策的过程包括了信息收集、加工、整理和分析的过程。决策者的知觉会对最终的结果产生巨大的影响。接下来，本书将介绍知觉在管理决策中应用的四个方面。

1. 决策的过程模型

由于决策者的特性不同、对决策目标和需求等各方面的理解不同、个体掌握决策资源的多寡及有限的推理能力等的主观与客观因素的存在，个体在做决策时往往会呈现出不同的决策过程。学者总结出了四种决策的过程模型，来帮助组织中的个体了解决策过程，增加决策的正确性。

1）理性决策模型

对于组织来说，最理想的决策方式就是绝对理性，而最优决策者被认为是理性而客观的，他们具有完备且精确的信息，并对具体的环境和问题做出稳定的、价值最大化的选择。理性决策模型遵循七个步骤，如表4-1所示。

表 4-1 理性决策模型的决策步骤

步骤	决策内容
1	确定目标
2	找到问题所在
3	确定决策标准
4	给各项标准分配权重
5	开发所有的可行性方案
6	评估备选方案
7	选择最佳方案

理性决策模型依赖于许多假设,包括决策者拥有完全的信息,能够以一种无偏见的方式识别所有相关方案并选择带来最高效用的方案。实际上,现实生活中的大部分决策都没有遵循绝对优化的理性决策模型。通常,我们会在有限的信息和资源的限定下,选择一个可以接受、合理,能在一定程度上解决问题的方案,而不是最优的方案。

2)有限理性模型

有限理性模型是在西蒙管理思想的基础上提出的。西蒙认为,个体在决策时并不完全受理性引导,也没有机会和实力作出完全理性的决策,只能做到部分理性。事实上,人类信息加工能力的有限性使我们不可能收集并理解最优决策所必需的所有信息。所以,在面对复杂问题时,决策者的做法往往是把问题难度降到一种易于理解的水平,并根据现有的信息进行分析。而且许多问题没有最优解决方案,因为它们太复杂,无法分解为理性决策模型的参数。所以,符合要求即可,也就是说,他们寻求的是那种符合要求的、充分的解决方案。有限理性模型遵循三个步骤,首先,对遇到的问题进行简化处理,使问题变得清晰而单一;其次,寻求标准和备选方案;最后,挑选方案,最终决策代表的是一个符合要求的选择,而不是一个最恰当的选择。

3)隐含偏爱模型

隐含偏爱模型认为,决策者并不是理性客观的,除了在决策过程中会受到个人知识、经验及偏好的影响,在决策过程的早期就已经隐含地选择了一个自己偏爱的方案,这之后的决策过程主要是收集证据来证明他的隐含偏爱方法确实是最优的选项。隐含偏爱模型的主要决策步骤如表 4-2 所示。

表 4-2 隐含偏爱模型的主要决策步骤

步骤	决策内容
1	确定偏爱的方案
2	继续寻找其他备选方案
3	在备选方案中选择有代表性的方案与偏爱的方案
4	建立决策标准和权重
5	选择偏爱的方案

隐含偏爱模型在实际生活中是十分常见的。例如，在逛商场时，你一眼看中了一件商品，但是出于理性的考虑，你对产品的价格、质量、材质、品牌等因素进行评估之后，可能最终你依然还是选择最初的那件商品。

4）直觉决策模型

直觉决策是指一种从经验中提取信息的无意识加工过程，一种不经过复杂的逻辑操作而直接、迅速地感知事物的思维活动。直觉的产生往往在有意识的思维之外，但科学家认为，直觉的产生并非毫无根据，而是一种基于多年的经验和学习而产生的高度复杂和高度发展的推理形式。虽然直觉往往被认为是难以令人信服的，但直觉在一些情景下可以带来非常好的决策效果，直觉决策模型适用的八种情境如表4-3所示。

表4-3 直觉决策模型的适用情境

序号	情境类型
1	不确定性很高时
2	几乎没有先例存在时
3	难以科学地预测影响变量时
4	拥有的信息及资料相当有限时
5	分析性资料用途不大时
6	需要从几个可行方案中选择一个，而每个方案的评价都不错时
7	拥有的材料难以明确指出前进的方向时
8	时间有限，情况紧急时

直觉决策与理性分析并不是背道而驰的关系，优秀的决策者应该做到直觉决策和理性分析相辅相成。理性分析并不应该被过度强调，在特定的时候，依靠经验丰富者的直觉能够提升决策的质量。当然我们也不能过分依赖直觉，因为直觉无法量化，难以事先知道是否正确。优秀的决策者应当利用相关的证据、充分的信息和谨慎的理性分析来对直觉进行补充。

2. 个体决策的偏差

虽然管理者都在努力作出有限理性的决策，尽量避免决策中的偏差，但一些偏差仍然难以避免，下面我们来介绍最常见的八种偏差。

第一，过度自信。在判断和决策时，过度自信是最普遍、最具有危害性的偏差。个体对于自己的情况往往会过于乐观，在工作场所中亦是如此。尤其是那些智力和人际交往能力最弱的人，他们不愿与人交流，难以清楚自己的实际水平，因此容易高估自己的绩效和能力。据调查，企业家的乐观精神和新投资项目的绩效之间存在负相关关系，如果一些企业家对自己的想法过度自信，则可能会导致他们不能认清问题并制定对策。

第二，锚定偏见。锚定偏见是指把信息固定在初始阶段。我们的大脑在接收信息时，往往会对最先收到的信息给予最多的关注；在分析后面接收到的信息时，往往建立在对最开始收到的信息的思考的基础上，它就像锚一样固定了我们的思维。思维一旦固定，就无法对接下来的信息作出全面的判断。

第三，验证偏见。验证偏见是选择性知觉的一个具体例子。在这样的决策过程中，我们寻找能够证实我们偏爱的那种选项的选择性信息，忽视与我们的判断相违背的信息。当找到那些具有表面价值、能够证实先前观点的信息时，我们就会给予极大的重视，而对那些对我们的观点形成威胁的信息持批评和怀疑态度，甚至忽略它们。因此，这样的决策只是一个不断强化想要的答案的过程，收集到的信息一般会偏重支持我们已有的观点。在搜寻信息的过程中，我们甚至会到更有可能具有我们想听到的信息的来源那里去寻求信息。

第四，易获性偏见。易获性偏见是指人们倾向基于容易获得的信息作出判断。一些生动鲜明的、最近发生的事件更容易唤起人们的情绪，这些事件更容易从我们的记忆当中提取出来。因此，我们更有可能高估那些发生可能性不大但却很容易给人留下深刻印象的事件，如空难。在企业中，易获性偏见也可以解释这样的现象：在年度业绩评估时，三个月完成了一个漂亮项目的人往往比九个月来一直按部就班完成所有任务的人更容易受到领导者的重视。短期内的、有较大影响的事件往往能引起管理者的注意，管理者应该尽量避免只关注那些抢在考核前出风头的人而忽视那些始终任劳任怨的认真员工。

第五，承诺升级。承诺升级是指人们固守某项决策，尽管有明显证据表明该决策是错误的。事实上，仔细收集和思考决策模型相关信息的人比花费较少时间进行决策的人更容易犯承诺升级的错误。例如，管理者常常为了证明自己最初的决策是正确的，投入大量资源给一开始就注定失败的决策，很多公司因此而蒙受了损失。

第六，随机错误。随机错误是指人们在处理偶然情况时不恰当的想法，有时人们认为能在一定程度上控制随机事件，倾向于认为自己能够预测随机事件的结果，并用这种想当然的预测作出相应的决策，这就是随机错误。例如，很多人会想尽一切办法来保证自己的好运气。

第七，风险厌恶。除了那些热爱风险、有着坚定赌徒心态的人，大部分人还是更愿意获得确定的东西，而不是一个充满不确定性的前景。这种偏好确定性而厌恶有风险的结果的倾向，就是风险厌恶。

第八，后视偏见。后视偏见是指当结果已知时，倾向于错误地认为自己能够做出准确的预测，通俗来说就是"马后炮"。当我们已经获得关于结果的准确反馈时，似乎很容易认为推断这一结果本来就显而易见。在一些决策者作出决策并导致了失败的结果后，人们在评价时有时会觉得决策者没有察觉到一些在后来看来十分明显的变化，但显然，这样的评价是有失中肯的。最为常见的就是人们对那些风险投资专家的指责。

3. 影响个体决策的因素

接下来我们将从五个方面讨论影响个体决策的因素：问题特征、个体差异、组织限制、社会环境和文化差异。

第一，问题特征。任何决策都源于问题的出现，决策是针对问题做出的回应。对于不同性质的问题，决策者往往会做出不同的反应，问题的某些特征会明显影响到决策过程及决策结果。这里介绍三个主要特征：新异性、不确定性和复杂性。新异性就是指决策者面临的问题是以前从未面对过、基于已有的经验难以直接解决的问题。这有可能造成两种影响：决策过程迟缓与不确定及对决策者的创造力要求较高。若决策者是一个墨守成规的人，则有可能给组织带来一定的消极后果。对于不确定性问题造成的影响，综合来看，如果一个问题本身的重要性更低，人们承担较大风险的可能性就更大；而一个问题带来的不良效果更大，即使它同样能带来更大的收益，人们也不愿意冒更大的风险。此外对于复杂的问题，人们往往需要分析处理更多信息，并且决策准确性更难把握，因此，人们在处理复杂问题时，要花费更多的时间，投入更多的精力。

第二，个体差异。由于个人知觉的不同，每个人能作出的决策也是不一样的。我们介绍个体差异中影响决策的三个主要变量：人格、性别和生理因素。根据已有的研究，人格确实会影响决策，主要的影响因素有责任感、自尊和决策风格。具体来说，责任感会影响承诺升级；高自尊的人有强烈维持自尊的动机，所以利用自我服务偏见来保护自己；决策风格也会影响决策。在性别方面，一项研究发现，女性倾向于比男性花更多的时间来分析过去、现在和未来，更有可能在决策之前反复分析，在决策之后更改决策。在生理因素方面，除了先天因素，不同时期的生理状况因素也会对决策者的决策过程造成影响，如疲劳、酒精及药物的作用。疲劳会使人们在做决策时没有足够的精力去仔细考量可能的后果，在不同的备选方案中仔细甄选；药物和酒精会使决策所需要的时间显著延长，且错误率增加。

第三，组织限制。组织的治理结构、管理体系对于决策者也是一种限制。具体来看，组织对于决策者的要求主要体现在五个方面：绩效评估、奖励体系、正式规则、时间限制和传统惯例。在绩效评估方面，管理者在做决策时，强烈地受到评估他们的标准的影响，如公司给管理者制定的标准是不能听到公司的负面信息，那么管理者会花大量时间确保负面信息不传入上级的耳朵。在奖励体系方面，组织中的奖励体系会通过个人的收入状况向他们表明，什么样的选择是有利的，如组织中受到奖励的个体往往会成为员工表现的风向标。在正式规则方面，大多数组织都设立了规章制度、操作程序及其他规范的原则，这些都限制了决策者的选择。在时间限制方面，几乎所有的重要决策都会有规定的最后期限，这一限制使决策者有了时间压力，决策者通常难以在最终决策之前收集到自己需要的所有信息。在传统惯例方面，组织过去的决策总是影响当面的选择，因此，当前的选择在很大程度上是多年来做出选择的累积结果。

第四，社会环境。决策发生在复杂多变的环境中，因此除了决策者面临的问题种类、决策者的个人风格及组织环境外，决策过程发生的大环境同样对决策有着不可忽视的作用。具体来说，受限制的选择、反馈和他人的影响都是影响决策的因素。首先，受限制的选择包括法律、道德和伦理、组织规范与政策、非正式的社会规范及可选择的范围的限制，这些限制都会对决策产生影响。其次，决策中的反馈指的是个人得到自己所做决策质量的信息。失败结果的反馈往往会使个体决定降低或维持先前的目标，而成功结果的反馈则往往会使个体决定提高未来的目标。最后，他人对个体决策的影响并不仅仅在于对绩效提供反馈，他人的榜样作用、他人的赞赏与批评等都会影响决策过程。对大多数人来说，批评容易造成压力，如果压力过大，则会干扰到决策行为。表扬通常给人带来喜悦，使其感到被接纳和认可，这种心境有助于决策者的行为更为果断和自信。工作场所中的同事明显能对决策者的情绪造成影响，从而对决策者的决策造成影响。

第五，文化差异。我们需要认识到，决策者的文化背景可能对他挖掘问题的角度、分析问题的深度、对逻辑分析和直觉的偏好、组织决策应由管理者个人作出还是由群体共同作出等方面都有显著的影响。

4. 决策中的道德准则与创造性

在组织决策中，道德是重要的准则，这里介绍三个道德决策准则：第一，功利主义准则。在该原则下，决策的制定以其收益和后果为基础，功利主义的目的就在于最大限度地获取收益，这种观点在商业决策中占主导地位。第二，人权主义准则。要求人们作出的决策与基本的自由、权利等相吻合。这一标准可以保护告密者行使其言论自由的权利，如保护他们向媒体揭露组织中的不道德行为。第三，公平准则。公平原则是指在组织中公平无偏袒地施加并执行规则，使利益与损失得到公平的分配。以上三个准则各有利弊。功利主义提高了工作效率、保证了利益最大化，但容易忽视个体的权利。人权主义保护个体免受侵害，保证其自由和隐私，但会造成过于制度化的工作环境并且阻碍工作效率的提高。强调公平准则可以保护少数派和弱势派，但却助长了特权意识，降低了冒险精神、创新精神和工作产出。

除此之外，管理者还需要理解创造性在决策过程中所起到的重要作用。大多数人都拥有创造力，却没有将其释放出来。个体和组织想要激发员工的创造性，可以借助创造力三要素模型（three-component model of creativity，TCMC）。该模型提出，个体的创造性从根本上来说要求专业度、创造性思维技巧及任务内在的激励程度。专业度是所有创造性工作的基础，当个体有能力、知识和熟练度并成为相关领域的专家时，创造的潜力就会显著提高。创造性思维技巧包括与创造力有关的人格特质、类推能力及从不同视角审视熟悉事物的能力。任务内在的激励程度是指人们因感受到某事有趣，对事件自身有较高的参与感、激动感、满足感，事件本身对某人有特定挑战的意义等。当个体感受到较高的任务内在激励程度时，则更可能促使创造的潜力变成创造性的想法。

五、印象管理和归因理论

1. 印象管理及其在管理中的应用

最早探讨印象管理是美国哲学家、心理学家和教育学家威廉·詹姆斯（William James）。在描述人类的行为时，他使用了多重自我的比喻，认为人在不同场合下可以表现出不同的方面，为了取悦不同的对象，人们会巧妙地表现出多重的社会自我，而并不是一个简单而统一的自我概念。施伦克尔（Schlenker）将印象管理定义为"有意或无意试图控制在真实或想象的社会活动中的形象"，以及"一个人试图影响另外一个人对自己感知的做法"。他将印象管理界定为广义和狭义两种。广义的概念是指一种普遍存在的现象，是所有人际互动过程中的基本组成部分；而狭义的概念则认为，印象管理从根本上是不好的、邪恶的，主要是一些试图控制和欺骗他人的行为。简而言之，印象管理就是人们管理或控制自己留给别人或别人对自己的印象，常见的印象管理策略有讨好、自我推销、威慑、以身作则、恳求、声明和非言语策略，目的是让别人积极看待自己的努力。

个体层面的印象管理在组织中的应用十分广泛，主要可以分为两方面。第一，印象管理与招聘。在面试中，印象管理被广泛应用。在校园招聘的面试中，当应聘者想得到工作机会时，最容易使用讨好策略。面试过程中的印象管理还会受到面试结构的影响。例如，基于情境的面试问题与讨好行为呈正相关，在结构化面试中，印象管理策略与面试结果的排名也具有正向相关性。第二，印象管理与绩效评估。与没有进行印象管理的下属相比，那些进行了印象管理的下属在绩效评估的时候能获得更加有利的评分。这可能是由于下属做出了印象管理的行为，使上级感受到了与他们的相似性，因而比较喜欢他们，从而影响了绩效评分。

2. 归因理论及其在管理中的应用

归因理论是指人们对他人作出的判断取决于人们对于某种特定行为的归因。当我们观察某一个体行为并试图解释时，总会判断它是由内部原因还是外部原因引起的。内因导致的行为是个体之所以表现出这样的行为，是由于自身原因；外因导致的行为是个体之所以表现出这样的行为，主要是与所处的外部情境有关。

内外因的判断在很大程度上取决于三个因素：区别性、一致性和一贯性。

第一，区别性，指某一个体是否在不同的情境下表现出不同的行为。例如，今天迟到的员工是不是平时就是一个懒散的人呢？我们需要判断迟到这种行为是否不同寻常。如果这种行为不同寻常，那么我们很可能将其归为外因导致的行为，否则它将很可能被判定为内因导致的行为。

第二，一致性，指身处相似情境的每一个人都以同样的方式予以回应。如果同一条路线上班的员工都迟到了，那我们很可能将迟到行为归因于外部，如果走相同路线的其他员工都准时上班，那迟到行为将很可能被判定为内因导致的行为。

第三，一贯性，指个体长期表现出一致的行为。若一个员工总是迟到，那他的迟到将被视为一种常规的状况，即一贯性较高，那么我们就更倾向于将其归因于内因导致的行为。归因理论的关键因素如图4-5所示（罗宾斯和贾奇，2012）。

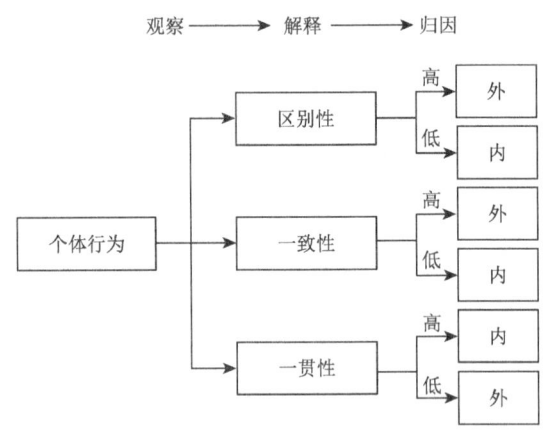

图4-5　归因理论

在归因理论的实际应用中，人们常常存在归因失真的错误和偏见，如归因自利偏向（self-serving bias，SSB）、基本归因错误（fundamental attribution error，FAE）及行动者和观察者归因分歧（actor-observer difference，AOD）。

（1）归因自利偏向。归因自利偏向，是指在归因时，人们愿意把积极的结果归因于自己，把消极的结果归因于情境的倾向。比如，对业绩考核结果的成败归因时，个人喜欢将所取得的好成绩归因于自己的努力、自己的能力，而将较差的业绩结果归因于单位制定的任务标准太高，或者竞争太激烈，单位提供的支持不够，或者领导无方等外部原因，以保护自己的自尊心和面子，求得自身的心安理得。

（2）基本归因错误。基本归因错误是指作为观察者或评价者，在对别人的活动结果进行归因分析时，常常喜欢从他人内部寻找原因，其实影响他人行为结果的因素既有被观察者内部的原因，也有外部的原因。如果将别人的行为表现都归因于内在因素，显然是不公平、不合理的，然而人们就是倾向于这种不合理的归因方式。心理学家罗斯（Ross）将这种解释别人行为原因时高估个人内因作用、低估情境作用的现象称为基本归因错误。为什么管理者倾向于把销售业绩差归因为其懒惰，而不是由于竞争对手更新了生产线呢？

（3）行动者和观察者归因分歧。行动者和观察者归因分歧是指行动者倾向于做外部情境归因，而观察者倾向于进行个人内部性格因素归因，两者很容易产生矛盾和冲突。在对待不满意的结果时，在上级和下级的矛盾中，这种分歧和冲突比较明显。

案例分析

"救火式"的反复培训缘何失效

F公司是国家定点生产某机械产品的国有大型企业，现有员工4200人。多年来，经济效益平稳增长，为当地的经济发展作出了相当大的贡献。但是，自2018年上半年以来，公司经济效益急剧下滑，企业生产经营工作非常被动。公司领导反复思量，一致认为是培训缺乏导致的结果。

为改变企业生产经营中的被动局面，该公司领导决定立即着手对公司全体员工进行培训，从整体上提高员工素质，缩小与企业需求之间的差距。于是，公司上下掀起了大规模的培训运动。从高级技师到普通工人，从部门经理到车间主任再到班组组长……都被纳入了受训范围。培训内容包括基本技术和管理能力。一个月后、两个月后……直到2019年底，公司的整体业绩非但没有任何改观，反而又出现了下滑。该公司领导仔细推敲，得出的结论是培训不力犯的错。

因此，公司领导和人力资源部在深刻反思的前提下，制订出了新一轮的培训方案。不幸的是，F公司在2019年一年之中大型培训进行了三次后，企业的经济效益仍然不见起色。对F公司造成更大打击的是公司内部的不少精英，由于企业经济效益不断滑坡，而自己培训后又无用武之地，所以，在培训结束后纷纷另谋高就。F公司不断上演着"为他人作嫁衣裳"的悲剧。反复培训未果再加上培训后的人才外流，令该公司领导深刻感叹道："都是培训惹的祸"。于是，公司领导伤心之余决定不再做培训。

资料来源：张岩松和周宏波（2011）

【讨论题】

1. 本案例中培训怎么了？真的是培训惹的祸吗？
2. 通过案例分析，你认为归因理论如何影响人的行为？
3. 你认为领导要学会正确的归因方式吗？为什么？

第二节 情绪与行为

一、情绪概述

1. 情绪、情感与心境

情绪（emotions）是指直接指向人或物的强烈的心理感受。不同的人在认识同一客体时的感受千差万别，具有强烈的主观性。人类最基本的情绪包括快乐、愤怒、恐惧和悲哀四种。比如，人们见到老同学老朋友会很快乐，被他人攻击会感到愤怒，见到黑暗或者巨兽会感到恐惧，无路可逃会觉得悲哀。情绪更多与生理需要相联系，当生理需要得到满足时，会产生积极的情绪体验，反之则有明显消极情绪体验。

情感（affect）是人类社会中产生的人对一定事物的态度体验。情感更多与社会需要，与人的心理活动的认识过程相联系。人们通过知觉、思维等反映客观事物，这是心理活动的认识过程。伴随着认识过程，人们还会产生喜、怒、哀、惧、爱、恶等心理体验，这种体验就是情感。情感涉及的范围较广，其中就包含了情绪与心境。心境（moods）是指比较持久的、微弱的、影响人的整个精神活动的情绪状态。心境不是关于某一事物的特定体验，它具有弥散性特点。比如，良好的心境使人有"万事称心如意"之感，不良的心境则让人感到凡事枯燥乏味。"忧者见之而忧，喜者见之而喜"描述的就是心境。图 4-6 展示了情感、情绪与心境之间的关系。

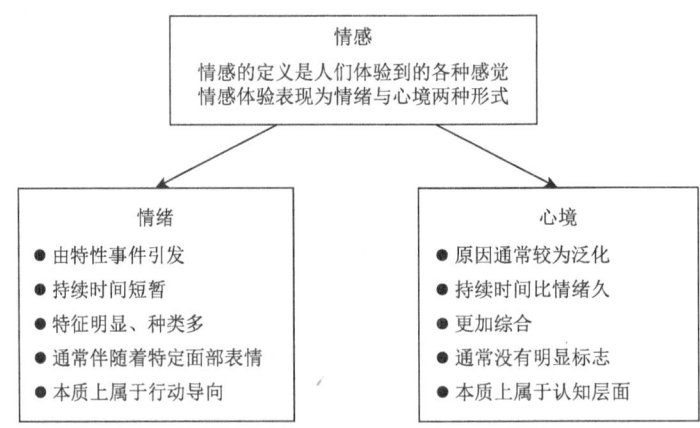

图 4-6 情感、情绪、心境关系

从图 4-6 中可以看出，情感包括情绪和心境，情绪与心境二者之间是有区别的，但是在一定条件下可以相互转换。二者的区别表现在两方面：一是情绪通常可以从面部表情进行判断，属于行动导向，即情绪可能会令我们付诸行动，而心境则属于认知层面，即心境可能会令我们在一段时间内产生思考和忧虑。二是情绪是个体对某件事的反应。当你对某件事感到快乐、愤怒或悲伤时，就会显露出你的情绪。与此不同的是，心境并不直接指向某人或某事，如你因为天气阴霾心境不好时，它可能会在一段时间内持续影响你，你可能会感觉十分糟糕，尽管并没有发生什么不愉快的事情。

二者又是紧密联系的，并且在一定条件下相互转换。例如，得到奖学金可能会让你产生快乐情绪，并且会在未来一段时间内都有好心境。同样地，你心境的好坏也会影响你感知积极或消极情绪的强弱。

2. 情绪的分类

有一些研究者认为，基本情绪的说法是没有意义的，因为即使是一些我们很少体验到的情绪也同样会对我们产生巨大的影响，如震惊的情绪。即便如此，仍然有两种较被普遍认同且值得了解的情绪分类方法。

一种分类是将情绪分为六种基本和普遍性的情绪，即愤怒、恐惧、悲伤、快乐、厌恶和惊讶。很多研究者认同这一分类，一些学者还将这些情绪排列在一个横轴上：快乐—惊讶—恐惧—悲伤—愤怒—厌恶。两种情绪在横轴上相距越近，人们将二者相混淆的可能性也就越大。有时我们会错认为惊讶是快乐，但是我们很少混淆快乐和厌恶。

对于情绪的划分还有另一种方式，以积极和消极的属性为划分依据。积极的情绪表达了正面的评价或感觉，如快乐和感激。消极的情绪则与之相反，如愤怒或内疚。在这里需要注意的是，情绪不可能是中立的，中立就代表没有情绪。我们可以将积极的心情（positive affect）视为一种由 5 种情绪构成的心情维度，其中激动和快乐等情绪处在高端，而厌倦和疲劳处在低端。在消极的心情（negative affect）这种心情维度中，紧张、压力和焦虑处在高端，而放松和平静处在低端。

消极的情绪很可能转化为消极的心境。人们对引发强烈消极情绪的事件的关注时间比对引发强烈积极情绪的事件多五倍。因此，我们可以预料到人们更容易回忆起消极的经历。一个可能的原因是，对于我们大多数人来说，消极的经历相对来说更加有记忆点。的确，相关研究结果也发现了积极性补偿（active compensation）的现象，这个现象意味着当没有不寻常的事件发生时，大多数个体都会体验到一种温和的积极心情。因此，对于大多数人来说，积极的心情比消极的心情更常见。

二、情绪对行为与工作绩效的影响

1. 情绪与不理性行为

著名的天文学家卡尔·萨根（Carl Sagan）曾经指出，过激的情绪可能会导致人们的自我欺骗。这项研究认为，理性与情绪是相互冲突的，如果你表现出情绪化，那么你的行动就很可能是不理性的。一些学者认为，如果悲伤到几欲哭泣的程度，那么这种情绪对人们的职业生涯非常不利，因此应当在有这样的情绪时立即离开现场，以免被他人看到。这些观点说明，不论是显示出情绪还是体验到情绪，都可能让我们显得不理性。然而，越来越多的研究结果显示，实际上情绪对理性思维是非常重要的。

菲尼亚斯·盖奇（Phineas Gage）是一个在佛蒙特山脉工作的铁路工人。1848年9月的一天，他在工作场地安装火药，一个长达3英尺（1英尺≈30.48厘米）粗约7英寸（1英寸≈2.54厘米）的铁棒穿入了他下巴的左下部，并从头顶上穿出。但盖奇却奇迹般地活了下来。虽然他还能阅读和讲话，而且他的认知能力测试结果甚至高于一般人，但是，他却失去了体验情绪的功能。盖奇无法表达情绪的状况最终令他失去了理性思考的能力。尽管他是一个智商较高的人，其心智能力并未遭到那次事故的损伤，但他开始在生活中频繁作出不理性的决策，通常表现为行为混乱甚至有悖于自己的利益。一位专家在评论盖奇的经历时说过："理性并非如我们所认为的或者我们所希望的那样单纯……情绪和感觉并不是理性的敌人，而是坠入了理性之网，对其产生了积极或消极的作用。"

菲尼亚斯·盖奇的例子和很多其他脑部受伤者的研究都说明了情绪对理性思维是非常重要的。为了做出理性的选择，我们必须有体验情绪的能力。这是因为，情绪能够为我们提供很多有关如何理解这个世界的重要信息。作出好的决策的关键是在决策过程中兼顾思考和感觉两个方面。

2. 情绪与工作绩效

情绪与工作绩效的关系，一般情况下情绪高昂工作效率也高，情绪低落工作效率也相应降低。然而二者的关系并非线性关系，还受到工作任务复杂程度的影响。以下介绍两个代表性的研究成果。

1）赫布曲线

心理学研究表明，情绪具有动机的作用，人们不论从事简单劳动，还是从事复杂劳动，都必须有一个适合的情绪激活水平为背景，才可能顺利地完成各种活动。一个昏昏欲睡的人是不可能顺利地完成工作任务的。然而，是否情绪激活水平越高，劳动效率就越高呢？心理学家赫布研究了这个问题，他提出了情绪激活水平与操作效率之间的假设关系曲线，又称赫布曲线，如图4-7所示。图4-7表明以下四点：第一，情绪激活水平很低（深睡），操作效率极低或等于零；第二，觉醒程度逐渐提高，即情绪逐渐被唤醒，操作效率随之逐渐提高；第三，情绪唤醒到一定水平（最佳水平），操作效率达最佳水平；第四，情绪激活水平继续提高，情绪开始起干扰作用，即操作效率开始下降，当情绪过度地紧张时，操作效率即降到极低水平。

2）耶克斯-多德森定律

耶克斯-多德森定律表明，操作效率与情绪激活水平之间的曲线关系，随着工作的难易而发生变化。也就是说，不同性质的工作，取得最大效率所要求的情绪激活水平不同。在一定的情绪背景上，任务越复杂，取得最高效率所需的情绪激活水平越低，如图4-8所示。

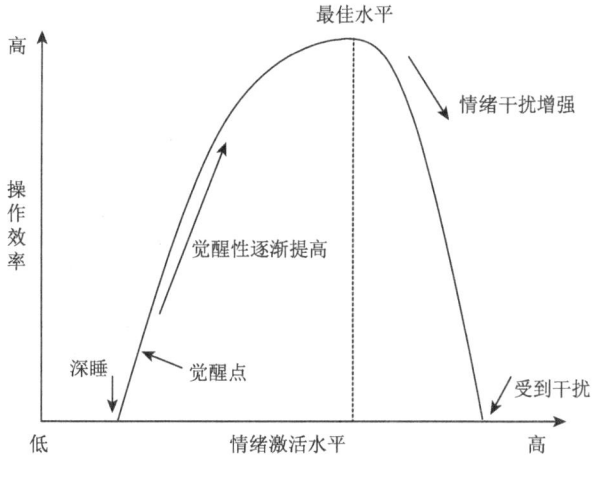

图 4-7 赫布曲线

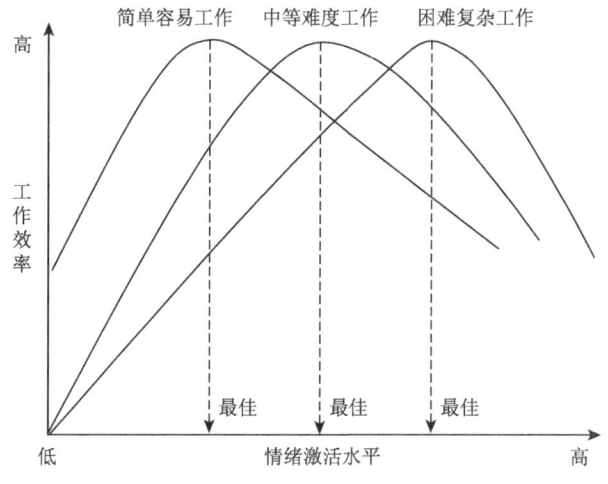

图 4-8 耶克斯-多德森定律

情绪与工作效率的关系除上述一般趋势之外，还有以下几种情况：第一，平常情绪稳定、不易激动者的工作效率比情绪不稳、容易激动者要高。第二，平时情绪稳定者，可因情绪压力而提高工作效率，而情绪不稳定者，受情绪压力的影响，其工作效率会降低。

三、情绪理论在管理中的应用

积极的情绪能够帮助我们提高解决问题的效率，并帮助我们理解和分析新的信息。因此研究情绪理论在管理中的作用具有实践意义，接下来我们将从情商与管理、压力与管理，以及消极情绪的预防与管理三个方面讨论情绪理论在管理中的应用。

1. 情商与管理

随着社会的发展，情商理论逐渐被应用到企业管理实践中，并影响着企业的生存和发展。在企业管理过程中，无论是个人情商还是团队情商都在无形中影响着组织中的人际关系、个体工作绩效及管理者的管理水平等。

1）情商与人际关系

人际关系是人们之间通过某种方式进行接触并相互影响而建立的社会心理关系。研究发现，情商的高低，直接影响到人际关系的亲疏、深浅、稳定性，其对促成良好的人际关系状态有显著影响效应。高情商的人有更高的自我意识及与他人进行人际交流的技巧，能够更有效地根据社会情境线索对自己进行观察、控制、调节，表现出良好的人际心理素质和各种社会交往技能，促进与他人的信息交流、情感传递，并与他人建立积极的、良好的人际关系。

2）情商与工作绩效

高情商的人有更好的自我认知和评价能力、情绪促进思考的能力、自我激励，以及共情和处理人际关系的能力。他们能更好地理解、掌握自身的情绪与情感状态，面对困难时更加自信，积极应对。同时，由于他们能有效识别他人的面部表情、推断他人的情绪，以及具有良好的关系管理能力，为获得同事、组织和领导的信赖与支持，高效地开展工作，创造更高的工作业绩做了良好的铺垫。

3）情商与领导力

在一个组织中，领导者是组织合法任命、拥有组织权力且需要承担相应责任的核心群体，其心理品质不仅影响其个人行为，也影响其他组织成员的感受和情绪。因此，善于识别、控制自己情绪，洞察员工情绪及建立良好的人际关系，越来越成为一位优秀领导者的核心品质。

领导者的高情商如何形成呢？情商除了受到先天遗传因素的影响之外，也可以后天训练形成。例如，索尼欧洲总部曾在主管人员发展计划中纳入情商培训，其中一个练习就是要求主管人员记录在工作中经历的情绪。研究指出，大学生经过人际交往技巧培训后，其情商测试的得分有所提高。因此，针对性的情商训练、经常性的反馈、年龄的增长、领导经验的积累等，对于领导者情商的提高都十分有效。研究发现，领导者拥有高情商对组织绩效有显著正向影响，这是因为一个高情绪智力的领导者，对自我、他人、组织环境等均有更深入而全面的认知、思考和判断，以及有更多符合组织情境的组织反应行为，这对形成更积极的组织氛围、创造更高的组织凝聚力、有效化解组织冲突、促进更高的组织绩效等，都有显著的正面影响。

综上可见，高情商对于人际关系、工作绩效及领导力均具有积极影响。"上帝如果要毁灭一个人，就让他情绪失控。"尽管有研究者认为情商难以测量，有效性值得怀疑，但是其对个人职业成就及在组织行为管理中的价值都是毋庸置疑的。

2. 压力与管理

信息时代下，工作节奏加快，工作时间变长，工作对知识、技能的要求越来越多，工作与家庭冲突加剧，这些都从不同方面对组织中的个体造成了压力。工作压力会直接影响工作绩效与组织成员的身心健康。一方面，适度的工作压力可以促进高水平的工作动机，引发积极的工作行为；另一方面，长时间超负荷的工作压力，容易导致个体精神倦怠、焦虑、情绪低落甚至抑郁。

早在20世纪，国际上便对压力管理开展了学术上的研究，目前关于人们如何更有效地进行压力管理，有两种基本的处理方法：问题聚焦型处理法和情绪聚焦型处理法。问题聚焦型处理法就是与直接消除压力源有关的方法。例如，当员工面对长时间加班带来的压力时，可能就会通过重新寻找一份不需要加班的工作来解决。情绪聚焦型处理法与人们所采用的用于处理和管控因压力而产生的各种情绪的方法有关。例如，当员工察觉到自己正在承受较大的工作压力时，可以通过主动倾诉、沉思、冥想、运动等方式，来减缓由压力导致的各种不良情绪。

本节中，我们主要讨论与情绪相关的压力管理方法，主要有下述几种个体应对策略。

第一，学会调整心态。积极主动的人往往有更加明确的工作目标，对出现的工作压力运用理性与逻辑，辨清形势，找出最有利于解决当时情境压力的策略与方法，保证充足的睡眠，让自身随时处于精神饱满的状态；加强学习，不断提升自身业务能力，增强解决压力和问题的能力。

第二，提高自我控制能力。更多时候，我们的工作压力来自我们对工作事件、资源等的失控感。失控感意味着没有安全感，这是工作压力的重要来源。因此，人们要清楚自己的不足，要尽量避免让自己陷入压力状态的人或情境，即要提高个体对情境的控制能力。

第三，提高自我调整能力。灵活的人就像弹簧一样，压力来时积蓄力量反应，压力走后又能迅速恢复原来状态。自我调整的具体策略包括有氧运动、心理放松法、休闲娱乐、开怀笑等。这些积极活动能充分刺激大脑分泌内啡肽，连接与愉快感觉有关的脑部组织，使情绪发泄，释放压力能量。

第四，双赢思维。在激烈的社会竞争中，我们习惯了防御和进攻、斗争和逃跑。实际上，大多数情况下，竞争与合作是可以互相转换的。良好的人际关系，不仅能促进个体的身心健康，也能防止或者缓解工作压力。大量研究证据已经表明，积极的工作关系网络可能有助于人们更好地应对工作中的压力。如果组织内部成员都能够拥有良好的共情能力，在工作中互帮互助，不仅能够营造良好的工作氛围、增强成员之间的亲密性，还有助于成员保持积极的工作情绪，进而促进工作问题的解决。

3. 消极情绪的预防与管理

一个合格的管理者应当在员工的消极性情绪对工作产生副作用之前，就设法避免。如何避免呢？这便要求管理者在工作中遵循以下几个重要原则。

1）迅速反馈原则

管理者对其下属的工作情况必须及时地给予反馈，尤其是正向的评价，反馈越迅速，效果就越好。下属如果未能及时获得期望的反馈，便会开始感到失望，即使最终得到了期望的表扬，其积极效果也远不如及时的称赞。例如，一位下属高效且保质保量地完成了工作任务，管理者就应该及时地表示赞扬，而不是过后许久才有所表示。积极肯定的迅速反应会产生最佳效果。

2）反馈具体而详尽的原则

对于下属的工作，管理者不仅需要及时反馈，还需要具体而详尽，明确表达自己的想法，让下属充分理解，这样会使下属更加欣赏你，进而带着积极的情绪投入之后的工作中。但是如果表达不清晰，就有可能使下属情绪压抑，进而影响工作效率。例如，某位经理要求下属起草一份投资意向书，下属完成后经理十分满意，临走时说："不错啊，比我都能干了！"下属看着他离去的背影眉头紧锁，不知道经理究竟是什么意思。经理的称赞没有达到预想的效果，反而因为表达不清晰给下属模棱两可的感觉。如果经理可以真诚地表达自己的赞美之情，就会使下属的情绪更加激昂，进而提高工作效率。

3）表意真诚原则

管理者在与下属交流、对其工作进行评价时，必须是真诚且发自内心的。虚情假意的称赞往往会带来相反的效果，唯有真诚的称赞才能使下属产生积极的情绪。一般来说，当谈话者不能恰如其分地表达自己的本意时，倾听者便不得要领，因此，更易产生焦虑现象。

4）正确使用批评的原则

优秀的管理者既要反对虚伪的赞扬，也要防止对他人的过度批评与指责。犯错是每个人都无法避免的，如何纠正错误才是管理者应当思考的事情。一般来说，只有当人们被激励着去做能够实现自我价值的工作时，积极的一面才会出现。这是由于当人们被给予积极的肯定时，会认为这是一种奖励，从而产生进一步工作的积极性与能动性。相反，不合时宜的批评会使人感到难堪，伤害人的自尊心，使人的情绪跌入谷底，给后续工作带来消极影响。但是，恰当的批评也会对人起到促进作用。例如，一名员工无故旷工，作为领导者的你对其进行批评并进行合理处罚，这不仅可以使员工意识到自身的错误并加以改正，还会对其他员工产生警示效果，巩固组织的纪律性。

5）察觉他人积极因素，发现自身动力原则

好的管理者不仅需要管理，还需要对下属进行教育、培养和训练，帮助下属形成预防自身产生消极情绪的能力。只有当一个人拥有发现美的眼睛时，才会拥有充分发展的潜力。那些对周遭充满怀疑、待人狂妄自大的人往往情绪消沉。那些懂得欣赏、乐观向上的人则往往会感觉自己充满能量，在工作中时刻保持积极的情绪，这便会对下一步的工作产生正向影响。

案例分析

小邓的情绪

小邓正在一家大型工程公司的质量部门工作，该公司主要从事金属矿产行业的勘查基建建设。公司成立二十年来，已经建成了数十项大型金属矿产勘查基建建设，完成投资金额近百亿元，所建成的工程质量良好。其中，有数项工程曾获得国家级、省部级和市级优质工程奖，在工程建设行业以"质量优良、技术实力强大"取胜。公司业务应接不暇，发展势头如日中天。

小邓自大学本科毕业以后，一直就职于该公司的质检部。五年来，他直接在施工一线现场督查工程项目的施工质量。职场中几年的摸爬滚打，小邓对工程质量的控制已经轻车熟路，俨然已是一个工程质量控制专家。同时，小邓对待工程质量坚持原则，一丝不苟，曾经多次因及时发现和有效规避重大质量事故而受到公司奖励。

面对小邓所取得的工作成绩，相关领导曾多次找他谈话，表示只要他继续好好工作，公司会考虑提拔他担任质检部下一届的部门主管。受到这些激励后，小邓更是心情愉快，干劲十足。

前些日子，因为市场需求和公司发展的需要，公司有意识地调整了组织内部结构，对某些部门进行了重组，这涉及了部门负责人的退休或者调岗问题。质检部主管向小邓透过风，意思是趁这次公司大调整的时机，他会向领导推荐小邓出任质检部新设立的子部门的负责人。小邓听了很高兴，感觉到自己的付出终于有了回报。

可是，当公司的人事任命公示后，小邓发现任命名单中根本没有他。小邓大失所望，质检部主管知道后也觉得非常意外，因为他当时推荐小邓时，领导似乎已经答应了。

质检部主管隐约感觉上了领导的当，可他又不敢指出领导不讲信用，反倒觉得自己不讲信用，一不小心就失信于小邓了。此外，公示的子部门负责人的人选，让质检部主管很不满意。此人原来只是领导的司机，对质检工作一窍不通。

小邓也发现，公司其他部门也有类似的事件，这让小邓不得不质疑公司的用人机制，难道是因为公司做大做强了，领导们觉得用谁都可以，只要是自己人、只要听话就行了吗？

面对这种状况，小邓感觉到非常委屈与无奈。他一心扑在工作上，兢兢业业，对公司作出了不少贡献，但晋升时却没有他的份儿。由于看不到职业发展的希望，他下定决心，跳槽到了同行业的其他单位，以谋求新的职业锻炼和发展。

资料来源：朱仁崎（2017）

【讨论题】

1. 情绪是什么？情绪与心情有什么区别？小邓出现了哪些基本的情绪？这些情绪在工作中是如何表达的？
2. 根据案例中的信息解释，主要是哪些影响因素导致了小邓这种工作情绪的产生与变化？
3. 小邓这种工作情绪可能对工作态度与行为产生哪些影响？如果是你，将如何对这种工作情绪进行调整？
4. 试着描述你过去一两周或者更长时段内的情绪。你为什么会有这样的感受？你的情绪是如何影响你的行为的？

第三节 意志与行为

一、意志概述

1. 意志的概念

意志（will）是指个体自觉地确定目的，并根据目的来支配、调节自己的行动，克服各种困难,从而实现预定目的的心理过程。由意志支配的行动称为意志行动。当我们在完成某一项任务,帮助他人处理问题或者见义勇为、与坏人坏事做斗争时,都有意志的参与。为进一步理解意志这一概念,需要明确以下两点。

第一,意志行动是人所特有的。动物虽然也作用于环境(如挖洞、伪装保护自己),但动物的行为是无意识发生的,它无法意识到自己行为的目的与后果。人的活动是有意识、有目的、有计划地实现的。人在活动以前,活动的结果已经作为行动的目的而存在于其头脑之中,以这个目的指引自己的行动。所以,如果说感觉是外界刺激向内部意识事实的转化,那么,意志则是内部意识向外部行动的转化。

第二,并非人的一切行动都是意志行动。譬如人为了清除气管内的障碍而咳嗽、被烫后手立即缩回,以及一些下意识的动作(手势、摇头等),这些不是预先确定了目的的行动,就不能称为意志行动。只有预先确定目的、由目的所支配和调节的行动,才是意志行动。比如,家长克制自己的愤怒,耐心教育孩子,这属于意志行动。再如,学生每天坚持背单词,跑步锻炼,这也属于意志行动。

2. 意志行动的特征

意志行动有别于其他行动,其特征主要体现在以下三个方面。

(1)意志行动具有明确的目的。意志行动的一个显著特点就是要体现行动的目的,意志行动就是为了实现这预设目的而发生的,故冲动的行动、盲目的行动都是缺乏意志的行动。目的设置的水平高低,决定了采取何种意志行动,决定了意志行动最后可以达到何种效果。设置得当的目标可以激发个体为实现目的而采取积极的意志行动,如在工作中设立一个略有挑战性的目标,即个体通过努力可以达到,而实现这个目标对个体也有激励作用。如果目标设置不得当,如过于简单,或者一定在程度上损害他人的利益,那么通过意志行动获得的价值和效益将大打折扣。因此,认知是意志的前提。

(2)随意运动是意志行动的基础。随意运动是意志行动的基本单位,指的是一种受意识调节的、具有一定目的方向性的运动,体现个体的目的性和主动性。随意运动是已经学会且较为熟悉的动作,熟悉程度越高,意志行动越容易实现。比如,网球运动员挥拍击球、研究者操作仪器做实验、音乐家演奏、司机驾驶汽车等,都属于随意运动。但是并非所有的随意运动都是意志行动,因为,意志行动除了要以随意运动为基础外,还与克服困难相联系。

(3)意志行动往往与克服困难相联系。意志行动发生的情境是在困难的境遇中。比如,人们平常生活中经历的吃饭喝水等行动虽然也受意识的调配,但因为没有困难作为背景,所以不属于意志行动。只有与克服困难相联系的才称为意志行动,如工作中遇到技术问题,为攻克这个问题加班加点寻找解决方案等。

一般而言,意志行动中所遇到的困难有两种:一种是内部困难,另一种是外部困难。内部困难是指个体因为自身而感到的一些不利因素,如对工作缺乏自信、与同事沟通困难、工作积极性低等;外部困难指由客观条件而造成的某些不利因素,如遭受职场排斥、工作环境差、领导具有辱虐行为等。个体在实现目的的过程中,总会遇到大大小小的各种困难，如何对待这些困难，是逃避还是迎难而上，这就体现了个体意志水平的不同。只有不断克服前进道路上的障碍，个体的意志力量才能加强。

二、意志对行为的影响

意志行动受各方面因素的影响，有的因素会起到促进意志行动的作用，但有的因素会阻碍意志行动的进行。反过来，意志对行动也具有调节和控制的作用。意志力较高的个体可以通过采取更多的意志行动来实现预设的目的，而意志力稍有欠缺的个体则可能在困难面前选择放弃，从而达不到预先的目的。

1. 意志与认知、情绪、个性等心理现象的关系

1）意志与认知的关系

意志与认知的关系表现在两方面：一是意志的产生以认知为前提。目的作为意志的特征之一是具有主观性的，但它的来源是个体对客观现实认知的结果。二是意志也影响着认知过程。因为在认知过程中，个体可能会遇到各种困难，要克服这些困难，就需要做出意志努力。上课集中精力听讲是学生的重要任务之一，但有时课堂上会出现某些特殊状况，从而导致学生出现注意力不集中、开小差的现象，这时候意志力高的同学会很快从这种状态下摆脱出来，重新投入课堂学习；但有些意志力较低的同学就会更加分散注意力，需要更多时间才能把注意力再次集中在课堂学习中。

2）意志与情绪的关系

情绪分为积极情绪和消极情绪。一方面，积极情绪可以促进个体的意志行动，带给个体昂扬向上的状态，让个体更有可能去应对前进过程中的困难，并克服困难实现目的。另一方面，消极情绪则会抑制意志行动的产生，甚至还会削弱个体的意志。消极情绪会让个体感到困难难以逾越，不自觉放大困难的影响，让个体对困难产生畏惧心理，中断意志行动的进行，放弃对目标的坚持。每个人都会产生消极情绪，有的人被消极情绪控制，就会放弃对目的的坚持。但是对于意志力强的个体来说，消极情绪也只是实现目的途中的一种困难，面对它，克服它，使意志行动服从于理智的要求，坚定不移实现自己的目的。

3）意志与个性的关系

意志与个性的关系表现在两方面。一是个性倾向对于个体采取的行动具有指导和促进的作用。当个体对某种活动充满兴趣时，他就更加有力量去应对前进道路上可能会遇到的种种挑战，达成最先设定的目的。当个体对某种活动感到无趣时，首先会从情感上排斥，进而缺乏行动力，就算开始行动，遇到困难时也会缺乏克服困难的勇气和信心。但是如果一个人意志坚强，即使对某项活动没有兴趣，也会坚持不懈地为实现目标奋进。当一个人对组织表现出高度的组织认同时，就会对组织产生责任感和归属感，重视组织利益，当组织运行过程中出现困难的时候，与组织休戚与共的信念会支持着他不畏艰险，共克难关。二是意志在个性的形成和发展中也起着重要的作用。孟子曾说："故天将降大任于斯人也，必先苦其心志，劳其筋骨，饿其体肤，空乏其身，行拂乱其所为，所以动心忍性，曾益其所不能。"意志可以使个体坚定信念，主动接受各种挑战。

2. 意志的心理过程

意志的心理过程是意志对行为的积极能动的调节过程，主要包括采取决定、执行决定两个阶段。

1）采取决定阶段

采取决定阶段是意志行动的开始阶段，它决定了意志行动的方向及采取意志行动的原因。一般来说，采取决定阶段包括动机冲突和目的确定两个环节。

第一，动机冲突环节。动机转化成行动的过程主要有两种，一种是动机单一，或动机之间不形成冲突，即不必在产生的多个动机之间做出选择。例如，员工努力工作的原因就是想加薪，在这种情况下，加薪就是员工的单一动机。但如果员工努力工作除想加薪以外，还有其他原因，如想获得领导赏识、避免加班等，虽然这时候员工努力工作的动机有多种，但是员工不必在这些动机之间做取舍，这些动机结合在一起对员工具有推动作用。另一种是动机冲突。动机冲突是指个体在意志行动中，存在着两个或两个以上相反或相互排斥的动机，从而影响个体行动的选择，导致个体产生矛盾的心理状态。

就动机冲突的形式来说，可以分为以下四种。一是双趋冲突。一个人以同样强度追求同时并存的两个目的，但又不能兼得时产生的内心冲突。例如，一个应届生同时收到两家心仪公司的任用通知，但他只能选择一个，于是就会产生双趋冲突。二是双避冲突。一个人同时遇到两个威胁性的事件，但又必须接受其一便能避免其二时的内心冲突。例如，企业效益不好，员工面临裁员和降薪两个选择，这两个选择都不是员工希望的，因此就会产生双避冲突。三是趋避冲突。一个人对同一目的同时产生两种对立的动机，一方面好而趋之，另一方面恶而避之的矛盾的内心冲突。例如，亲组织非伦理行为（unethical pro-organizational behavior）是一种有利于组织但违反道德规范的行为，在这种情况下，员工一边想通过各种方式亲近组织，得到组织认可，一边又可能会因为不道德的行为感到内疚和羞耻。这种矛盾的心理就是趋避冲突的影响。四是多重趋避冲突。一个人面对两个或两个以上的目的，这些目的对个体同时有好处和坏处，不能单独选择一个而回避另一个，必须进行多重的选择而引起的内心冲突。例如，在选择工作的时候，一个岗位收入丰厚但是社会地位不高，另一个岗位收入微薄但是社会地位高，这种对各种利弊得失的考虑，就会产生多重趋避冲突。

第二，确定行动目的的环节。因为动机只是个体的一种意愿，并不能指导个体行动的选择，所以还需要通过确定目的这一环节对行动过程进行控制和指引。

如何为自己的行动确定一个适宜的目的呢？一般来说，目的的设置要考虑个体自身的情况，难度不能太高或者太低，太高容易打击个体的自信心，太低又会让个体感受不到目的实现的成就感。所以适宜的目的应该是个体通过一定的意志努力可以达成的，达成后可以带给个体心理上的满足感，并且能够弥补动机冲突过程中带来的心理损害的目的。如果在目的设置过程中，发现有多个目的都很适宜，那么个体就需要合理安排这些目的的行动过程，可以选择先实现主要的或者可以很快完成的目的，再去实现那些次要、不紧急的目的；或者也可以先实现次要的目的，然后集中力量实现主要目的。

2）执行决定阶段

目的确定以后，就进入执行决定阶段。执行决定阶段主要考虑应该采取哪种行动来实现预设的目的。一般来说，这个阶段主要包括两个环节，一是选择行动方法和策略，二是克服困难实现目的。行动方法和策略既要在希望达到的目的的引导下选择，还要考虑外部客观因素和个体自身原因，充分利用外界所有的支持因素，发挥个体的能动性。克服困难主要指在目标实现的过程中，要始终保持坚强的意志，应对各种冲突和障碍，妥善处理这期间可能出现的各种问题，最终达成目的。

三、意志理论在管理中的应用

1. 意志强度定律与管理

意志强度定律是指意志强度发展变化的规律，当个体感受到的活动带来的价值越大时，所产生的意志强度也越大，个体就会更频繁地开展这一活动。这种状态下会导致活动的价值越来越小，长此以往，意志的强度也会遭到削弱。

因为人是社会动物，所以衡量一个活动能带来的价值大小，往往是与外界比较的结果。当个体处于"人有我有"的状态时，就会感到满足，这时候的个体就没有了目的，意志就起不到驱动的作用。当个体处于"人无我无"的状态时，因为和外界没有差距感，所以意志对个体也无法发挥促进作用。当个体处于"人无我有"的状态时，为了维持这种状态，个体可能会做出意志努力，而如果个体认为这种状态改变的可能性小，那么个体会陷入自我陶醉，从而放弃意志努力。当个体处于"人有我无"的状态时，巨大的缺失感会驱动个体通过意志努力来改变"人有我无"的现状；而如果个体认为差距过于悬殊，无法达到"我有"，那么个体可能会选择消极怠工，自暴自弃。

正确利用意志强度定理，可以有效指导个体在工作中的发展。在工作中，为了激发员工的工作积极性，可以尝试扩大他的比较范围，例如，让员工不仅和身边同事进行比较，还要与同行业中其他人员进行比较从而找出差距。只有当员工感受到与他人的差距时，为了弥补这种差距，个体才会做出更多的意志努力来平衡内心这种缺失感。同时要确保承诺的可实现性。当员工认为这项承诺会给个体带来收益时，才会采取相应的意志努力，而如果承诺只是一张空头支票，那么员工就会停止付出。另外对员工的激励措施应该多样化，单一的激励手段在经济学的效用递减规律下作用会得到减弱，长此以往，员工对这项激励"免疫"，意志努力的程度会遭到削弱。

2. 意志品质与工作

意志行动因人而异，有的人做事情时可以抵挡住外界干扰，专心做事，而有的人则极易受到外界的影响，注意力发生转移；有的人做事可以持之以恒，而有的人三分钟热度，很快就对事情丧失兴趣；有的人思考后会很快拍板作出决定，而有的人犹犹豫豫反复思量，就是不确定下一步该如何进行……一个人长期性地表现出的行为特点，就是这个人意志品质的象征，因此构成一个人行为特点的稳定因素的总和就是意志品质。意志品质影响着个体对事物的认知，影响着个体行动的产生和进行。个体要养成良好的意志品质，才能成为具有坚强意志的人。意志品质主要包括自觉性、果断性、坚韧性及自制力等。

1)自觉性

自觉性是指一个人在行动中具有明确的目的,能认识行动的社会意义,并使自己的行动服从社会的要求的意志品质。在组织行为学中,这一意志品质主要体现为个体工作行为符合企业发展的需要,能充分把自己的热情和力量投入工作中,积极解决工作中的各种问题,高效履行个人的职业规范。在行动中不易受外界影响,但也能接受各方有益的建议和意见,在思想和行动上表现出既有原则性又有灵活性。与自觉性相反的是受暗示性和独断性。受暗示性是指容易接受别人的影响,不加分析地接受别人的思想和行为。盲目听从同事的建议,或者对领导的指示一股脑接受,不考虑建议和要求是否符合实际,这种员工就是极易受到暗示的人。独断性的人表面上看来似乎是独立采取决定,执行决定,但实际上这种人固执己见,认为自己的决定就是正确的,就算环境发生改变也不会做出相应应对措施,拒绝别人的帮助。所以管理者在决策制定过程中,既要集思广益,考虑他人建议的有效性;又要有主见,避免决策的方向发生偏移。

2)果断性

果断性是指一种善于明辨是非、抓住时机、迅速而合理地采取决定,并实现所做决定的意志品质。具有果断性品质的人行动力很强,能在目标确立后迅速投身行动,而一旦外界环境发生变化,又能够立即停止或者改变计划,不会拖泥带水。与果断性品质相反的是优柔寡断和草率决定。优柔寡断是指个体在做决定的过程中总是瞻前顾后,总希望把所有的影响因素都考虑到,所以可能深陷动机冲突里无法脱身,因而迟迟做不出决定。就算作出了决定,也会不断质疑决定的正确性和可操作性,从而影响这项决定的效果。草率决定和优柔寡断正好相反,草率的个体做决定时既不考虑主客观因素,也不考虑这种决定会带来什么后果,只想快速摆脱做决定时的不确定和冲突状态。草率作出的决定起不到应该有的指导作用,可能还会导致与预期相反的结果发生。

3)坚韧性

坚韧性指对行动目的的坚持,并能在行动中保持充沛的精力和毅力的意志品质。具有坚韧性意志品质的人,一方面善于克服和抵制不符合行动目的的因素的干扰,做到目标专一,始终不渝,直到实现目的;另一方面能在行动中做到锲而不舍,百折不挠,勇于克服各种困难。与坚韧性品质相反的是动摇和顽固。动摇是指个体的立场不坚定,像墙头草一样摇摆不定。如果遇到困难和挫折,会很快放弃对目的的坚持,经常性地半途而废。顽固是指个体的行动只听从自己的想法,就算被证明是错误的,也要选择不回头地"撞南墙"。困难只是道路上的拦路石,如果没有办法直接通过,也可以绕路或者重新开辟道路,而不是选择直接回头放弃;或者这个拦路石是证明前方路途不通,那就应该重新规划路线,而不是"明知山有虎,偏向虎山行"。

4)自制力

自制力指在意志行动中能够自觉、灵活地控制自己的情绪,约束自己的动作和言语方面的品质。自制力体现在两个方面,一方面是自制力强的个体会自觉去执行自己制定的目的,不受外界干扰,心无旁骛。另一方面则是对情绪有很好的控制力,行动前三思,不冲动行事。自制力强的个体往往表现出情绪稳定、注意力高度集中、记忆力强和思维敏捷的特征。与自制力品质相反的是冲动性。冲动性是指不能控制自己的情绪,无法很好地约束自己的动作和言语。易冲动的人做事不考虑后果，遇到刺激极易爆发，且注意力难以集中。在工作中，冲动往往会带来不好的影响和结果。例如，道德型领导不光对自己要求，还会约束员工的行为举止；而辱虐型领导往往给员工带来不好的影响。

重要名词和术语

知觉（perception）
社会知觉（social perception）
首因效应（primacy effect）
近因效应（recency effect）
晕轮效应（halo effect）
刻板印象（stereo type）
印象管理（impression management）
归因理论（attribution theory）
情绪（emotions）
情感（affect）
心境（moods）
意志（will）
动机冲突（motive conflict）
自觉性（consciousness）
果断性（decisiveness）
坚韧性（resilience）
自制力（self-control）

复习思考题

1. 简述知觉及其特征。
2. 影响知觉选择性的因素有哪些？
3. 什么是社会知觉？举例分析社会知觉中的认知偏见。
4. 简述情感、情绪与心情之间的区别与联系。
5. 情绪是如何影响人的行为的？
6. 请论述情绪理论如何在管理实践中发挥作用。
7. 结合实际思考如何培养个体意志。
8. 知情意行的关系是什么？意志在其中起到什么作用？

第五章 组织承诺与个体行为

本章摘要 组织承诺（organizational commitment）是个体与组织之间形成的一种心理联结，可以增强个体对组织的认同感和归属感。组织承诺可以根据因素不同分为多种类型，应用最广的因素结构包括情感承诺、持续承诺和规范承诺三种。另外，影响组织承诺的因素很多，主要分为八个大类：个体特征、激励、工作满意度、工作绩效、工作压力、工作特征、领导与成员关系及组织结构特征。组织承诺的形成机制有六种：员工—组织匹配、期望满足、归因过程、组织公平和组织支持、回顾性文饰作用和组织社会化机制。组织承诺对个体工作行为的影响主要体现在员工离职和工作绩效方面，组织可以通过培养员工的承诺来改变员工的工作行为。

第一节 组织承诺的概念和结构

对于个体与组织之间建立心理联结而言，组织承诺是一个非常重要的概念。无论是在学术界还是在组织实践中，组织承诺都意味着员工愿意为组织工作，并且愿意继续为该组织工作，是个体与其所在组织之间的重要心理纽带。尤其是当组织所面临的环境益发复杂多变时，对组织承诺重要性的关注也日趋增加。

一、组织承诺的概念

组织承诺这一概念被用作员工留职意向的关键预测指标，已成为许多组织中部门经理的关注重点。例如，人力资源经理的主要职责是了解产生员工承诺的因素，并利用这些知识来充分提高员工的忠诚度和生产率。但是，与组织行为学其他主题相似，组织承诺有着变化多样的概念界定、结构和测量工具。

组织承诺概念是由贝克（Becker）提出的，最初被界定为员工随着其对组织投入的增加而不得不继续留在该组织的一种心理现象。这一概念的提出是基于"经济理性"假设，即员工与组织之间是一种经济交换的契约关系，它的出发点是解释员工的离职意向（留职意向）产生的原因。随着员工对组织"单方面投入"的增加，即随着员工对组织在时间、精力甚至金钱上投入的增加,他们一旦离开该组织,就会遭受很大的损失。由于这种知觉到的损失威胁,他们不得不留在现在的组织中。

随着研究的发展,组织承诺更多地被视为一种态度,广泛被使用的定义为个人对某一特定组织感情上的依附和参与该组织的相对程度,具体包括以下三个方面:①信赖并且乐于接受组织目标和价值观;②对组织的各项工作投入尽可能多的精力;③对能够成为该组织的成员充满了自豪感。可见,组织承诺是个人对组织的一种态度或肯定性的内心倾向,借此,加强了组织中的个体对于组织及其将来的成功和发展的关注,在此过程中,个体与组织之间形成了一种束缚力。

二、组织承诺的结构

由于对组织承诺的理解不同,学者对组织承诺的结构解释也不尽相同。有的将其视为单因素概念,有的将其视为多因素的概念。

1. 单因素结构

在早期研究中,组织承诺被认为是单因素概念。波特(Porte)和莫迪(Mowday)认为组织承诺是"个人对特定组织的认同和卷入程度",并于 1979 年提出组织承诺由三部分组成:对组织目标的认同和接受;渴望为组织贡献自己的力量;愿意留在组织中。虽然组织承诺包括了三个方面,但主要还是强调了情感承诺的单一因素,且对该结构的实证研究并不能很好地区分出这三个维度。

2. 二因素结构

Mowday 主要强调了组织承诺中的"态度"成分,而萨兰西克(Salancik)对"行为"承诺进行了研究,认为组织承诺是"个人对某一特定组织的依赖,并依此表现出相应的行为",他进而指出了组织承诺的四条行为标准:行为的清晰性;行为的持久性;行为的自愿性;行为的公开性。此外,雷利(Reilly)明确将 Mowday 提出的概念称为"态度"承诺,而将一些依赖组织的行为意图称为"行为"承诺。由此形成了态度的二因素结构,即"态度"承诺和"行为"承诺。

3. 三因素结构

三因素结构有两种形式,一种是 Reilly 等提出的服从、认同和内化结构,另一种是认可度和实用度较高的情感承诺、持续承诺和规范承诺结构。

Reilly 和查特曼(Chatman)提出了组织承诺的三种不同形式:服从、认同和内化。服从是用来得到回报的一种应付性的行为。认同是指员工被组织的价值和目标所吸引,而想保持与组织的关系,但是这些价值和目标可能并不为他们个人所认可。内化指的是个体自己的价值观和目标与组织相一致,从而主动表现出的行为。服从、认同和内化实际上反映了个体对组织承诺的程度,三种承诺反映出的承诺程度是逐级加深的,然而有研究发现认同和内化难以进行区分。

20世纪90年代,迈耶(Meyer)和艾伦(Allen)对已有的研究进行了总结,他们从贝克的定义中提取出两个因素,又从维纳(Wiener)的研究中汲取了第三个因素,包括:情感承诺、持续承诺和规范承诺,即人们之所以留在组织中是由于他们愿意(情感)、有需要(持续性),或是感到应该如此(规范化)。

情感承诺(affective commitment)是个体对组织的认同程度,包括对组织价值观和目标的认同、愿意维持自己是组织中的一员的身份,乐意为组织作出贡献等。这与Mowday提出的组织承诺概念很相似,强调了员工对组织的深厚感情,而不是物质利益。

持续承诺(continuous commitment)是员工为组织持续工作的愿望,这种承诺具有浓重的利益色彩。由于员工在组织中持续工作,累积了一定的报酬和福利,掌握了特定的技术,也积累了人际关系和组织地位等。持续承诺关注员工顾及离开组织的经济代价和就业机会不得不留在组织中继续工作的意愿。

规范承诺(normative commitment)是指个体受到社会规范、责任等要求的影响,而遵从组织的程度。这一承诺以三个方面为基础:第一,承诺是一种被社会认可的行为;第二,内部压力迫使员工认同组织的目标;第三,受到规范承诺引导的员工会认为留在组织中是正确的。社会不断地向个体灌输和强调这样一种观念或准则:对组织的忠诚是一种适当的行为,会使他们得到欣赏和鼓励,从而使个体内心产生服从这一准则的倾向。与此同时,从组织中获取利益或好处,也会让员工产生一种需要回报的责任感。

4. 五因素结构

情感承诺、理想承诺、规范承诺、经济承诺和机会承诺的五因素结构(凌文辁等,2000),各因素及定义见表5-1。

表5-1 我国员工组织承诺的五因素模型

因素	定义
情感承诺	对组织认同,感情深厚; 愿意为组织的生存与发展做出奉献,甚至不计较报酬; 在任何诱惑下都不会离职跳槽
理想承诺	重视个人成长,追求理想的实现 关注个人的专长在该组织能否得到发挥 组织能否提供各项工作条件,以及学习和晋升的机会,以利于员工实现理想
规范承诺	对组织的态度和行为均以社会规范、职业道德为准则; 对组织有责任感、工作应全身投入,对组织应忠诚热爱
经济承诺	因担心离开组织会蒙受经济损失,所以才留在该组织
机会承诺	留在组织的根本原因是找不到别的更加满意的组织; 或由于自己技术水平较低,没有另找工作的能力

三、组织承诺的测量

对组织承诺的测量通常采用量表法进行,也有些研究者采用其他形式。如Wiener要求员工记录在业余时间与工作相关的自愿行为，通过对行为进行编码来评估组织承诺。这种利用实际生活中的行为测量组织承诺的方法显然更有意义，但这种测量方法对程序规范、时间和操作者的要求都比较高，在实际应用中会受到限制，难以达到很好的效果。在此我们按照不同的维度，介绍两种较为常见的量表（Mowday et al., 1979）。

1. 单维度量表

Mowday 等设计了组织承诺问卷（organizational commitment questionnaire，OCQ），由 15 个题项组成，且有较好的信度，是目前组织承诺研究中使用最多的量表。尽管如此，OCQ 仍然存在很多缺陷。由于 OCQ 没有进行维度的区分，存在一些概念性的混淆。例如，15 项 OCQ 中一个题项是留在组织中是否有收益，从 O'Reilly 的观点来看，这一题项反映了服从的概念（应付性的行为）；从 Meyer 和 Allen 的观点来看，这一题项反映了持续承诺。另外，该量表的区分效度不佳，根据已有研究，它和与工作有关的态度变量相关度较高，与工作卷入的相关度为 0.39 到 0.56。也有一些研究表明，根据题项内容判断，OCQ 中的 6 项负向问题容易附着于离职意向这一因子。因此许多学者在测量组织承诺时，使用的都是 OCQ 中的 9 项正向问题组成的简化量表，如表 5-2 所示。

表 5-2 OCQ 简化量表

序号	题项
1	为了帮助这个组织取得成功，我愿意付出超出通常预期的巨大努力
2	我向我的朋友们宣传这个组织是一个值得为之工作的伟大组织
3	为了继续为这个组织工作，我会接受几乎任何类型的工作分配
4	我发现我的价值观和组织的价值观非常相似
5	我自豪地告诉别人，我是这个组织的一员
6	这个组织真的激发了我最好的工作表现
7	我非常高兴我选择了这个组织，而不是我加入时考虑的其他组织
8	我真的很在乎这个组织的命运
9	对我来说，这是所有可能工作的组织中最好的

2. 三维度量表

由于单维度量表在概念区分上存在不足，需要建立测量组织承诺的多因素量表，以达到更准确的测量效果。但编制量表初期还存在一些问题。Allen 和 Meyer 建立了组织承诺三因素测量量表后，进行过多次的修订和验证，但是还存在不足。例如，有的研究发现持续承诺可以分成缺少机会和个人损失两个方面，而且大多数的研究发现情感承诺和规范承诺的相关性比较高，暗示它们两者之间可能存在一定程度的概念重叠。尽管在测量上存在上述不足，但在涉及多因素组织承诺的研究中，Allen 和 Meyer（1990）的量表还是最常用的量表，如表 5-3 所示。

表 5-3　多因素组织承诺量表

	情感承诺
1	我很高兴在这个组织中度过我余下的职业生涯
2	我喜欢和组织外的人讨论现在的组织
3	我将组织的问题视为我自己的问题
4	我认为我可以轻易地将自己和另一个组织联系起来（R）
5	我不想成为组织家庭中的一部分（R）
6	我没有感到和组织有情感上的依恋关系（R）
7	这个组织对我而言有着很多的个人意义
8	我对组织没有一种很强烈的归属感（R）
	规范承诺
9	我认为现在的人工作换得太频繁
10	我不认为一个人必须始终忠于他的组织（R）
11	跳槽对我来说算不上不道德的行为（R）
12	我继续为这个组织工作的一个主要原因就是我认为忠诚是一种非常重要的品德，因此我有义务留下来
13	即使我有机会在另一个地方找到更好的工作，我也不认为离开我的组织是正确的选择
14	我被教导说应该在价值观方面忠实于自己的组织
15	人们在组织中待得时间越长，状况就越好
16	我不再认为成为一名组织成员有任何意义了（R）
	持续承诺
17	我并不担心在没有另一份现成的工作的情况下离职会发生些什么（R）
18	即使我愿意，要现在离开组织也是非常困难的
19	一旦我决定离开现在的组织，我生活中的很多事情就会被打乱
20	对我来说，立刻就离开现在的组织代价并不大（R）
21	到目前为止，留在组织中是我所希望的，也是必需的
22	我的机会太少以至于无法考虑离开组织这件事
23	离开组织的负面影响之一就是缺乏选择
24	我继续留下来工作的一个主要原因就是离职需要付出大量的个人牺牲，其他组织也许效益不如现在这个好

注：R 表示反向计分题目

在运用该量表进行跨文化研究的过程中也存在一些问题。举例来说，规范承诺的测量项目很难找到精确的本地化翻译。因此，从独特的文化背景中思考组织承诺的概念，然后构建便于中国员工理解的衡量工具，是非常有必要的。

四、其他类似的概念

在工作和生活中，承诺这种心理现象十分常见。Meyer 提出了承诺广义上的定义，即"承诺是一种束缚力，它使个体稳定地表现出和一个或多个目标（target）相关的行为"。

因此，根据目标的不同，承诺也表现出多种多样的形式。其他与组织承诺类似的概念，如职业承诺和主管承诺，同样会对组织中的个体行为产生影响。除了承诺目标不同之外，组织承诺和其他的一些概念也容易混淆，如心理契约和组织认同。在这一部分，我们主要介绍与组织承诺类似的概念，并与组织承诺进行区分。

1. 职业承诺

当承诺的目标是职业时，就产生了职业承诺（occupational commitment）。Allen 和 Meyer 于 1993 年首次将职业承诺用到教师职业后，就掀起了对职业承诺研究的热潮，目前相关的中文文献多研究具体职业的职业承诺，如教师、公务员、医护人员等（王霞霞和张进辅，2007）。职业承诺是指由个人对职业或专业的认同和情感依赖、对职业或专业的投入和对社会规范的内化而导致的不愿变更职业或专业的程度（龙立荣等，2000）。与 Allen 和 Meyer 的组织承诺三因素类似，职业承诺也可以表现为情感、连续和规范承诺，分别是指：对职业的认同和情感依赖；对职业的投入和转职业的难度；由社会规范而导致的不愿变更职业的程度。

职业承诺和组织承诺有时可能是一致的。当某个组织能够提供员工所需的职业发展条件的时候，职业承诺和组织承诺往往能够达到一致。职业承诺和组织承诺有时也并不一致。当组织提供的环境和条件达不到个体的要求，或有更好的组织可以帮助个体实现职业理想时，职业承诺和组织承诺将表现出不一致。

在管理实践中，组织可以提供支持性的条件，满足员工的特殊需求，使得员工的职业承诺和组织承诺一致，以达到留住专业型人才的目的。

2. 主管承诺

当承诺的目标是上司时，就产生了主管承诺（supervisor commitment），在华人学者的研究中也被表示为"对主管的忠诚"（loyalty to supervisor，LTS）或"主管忠诚"（supervisory loyalty）。Chen（2001）提出了主管承诺的定义"一个下属对一个特定主管的认同、依附和奉献的相对强度"，这里的"特定主管"指的是一个员工的"直接主管"，而非"间接主管"，也非所有的主管。同样地，上司承诺也可以表现为情感、连续和规范承诺，分别是指：对上司的认同有情感依赖；变更上司会给自己带来损失；由社会规范（如上司曾有恩于我，我应该知恩图报）而导致的不愿变更上司的程度。

主管承诺和组织承诺有时可能是一致的。例如，在中国文化中，人们往往将承诺人格化，将承诺的对象具体化。例如，在封建社会中，效忠族长就是效忠整个家族，效忠皇帝就是效忠朝廷。在现代社会中，由于一些人情因素，员工往往通过对上司的承诺来表现对组织的承诺。此时主管承诺和组织承诺就会变得一致。西方文化将履行承诺看作基本要求，个体倾向会将组织承诺与抽象的整体组织联系起来。此时主管承诺与组织承诺是不同的。

在管理实践中，有些人的主管承诺强，组织承诺弱，当上司和组织的目标、文化、利益不一致，产生冲突时，他们很可能做出损害组织的行为。因此，对于组织管理者来说，应该营造良好的组织氛围，避免员工将主管承诺凌驾在组织承诺之上。

3. 心理契约

心理契约（psychological contract）是指员工和组织的相关关系中，除了正式的雇佣契约规定的内容之外，还存在大量隐含的、非正式的、未公开说明的相互期望。心理契约具有三个特点：主观性、互惠性和动态性。主观性是指心理契约的内容是一种主观感知，由于个体对自身与组织的关系有着独特的理解和感受，不同的员工对心理契约的理解可能不同。互惠性是指在组织中，"组织承担的责任与义务"和"员工承担的责任与义务"之间的互利交换关系。动态性是指心理契约的变化程度较大，常处于改变和修订的状态。当个体在组织中工作的时间增加时，组织和员工双方都会产生越来越多隐含的、非正式的期望和责任要求。心理契约在态度与行为一节也有涉及，这里我们主要介绍心理契约与组织承诺的关系。

心理契约和组织承诺既有区别又有联系。二者都在描述组织和个体之间的心理联系。也有学者认为心理契约可以被视为组织承诺的内在来源，个体正是在对双方责任的认知和对比的基础上，形成了对待组织的不同承诺方式。二者的区别在于，组织承诺所探讨的核心是员工为什么愿意留在组织中，而员工心理契约更关注员工对于雇佣关系中相互承担责任和义务的知觉和期望。组织承诺的研究内容是单向的，而心理契约探讨的是一种双向的、相互的关系，即员工对组织承担的责任，以及组织对员工承担的责任和做出的承诺。

4. 组织认同

组织认同（organizational identification）起源于社会心理学中的社会认定（social identity）和文化认定（cultural identity）概念，学者对组织认同有不同的定义。Ashforth 和 Mael（1989）从认知角度将组织认同定义为个体对于归属感的认知过程，它体现了个体与组织在价值取向上的一致性（congruence）。Riketta（2005）从社会学角度出发，认为组织认同是个体因具有组织成员身份而产生的一种自我定义，这种身份产生了价值观上的一致和情感上的归属。魏钧等（2007）将组织认同定义为个体源于组织成员身份的一种自我构念，它是个体认知并内化组织价值观的结果，也是个体在归属感、自豪感和忠诚度等方面流露出的情感归依。

组织承诺和组织认同既有联系又相区别。Reilly 和 Chatman 认为组织认同是组织承诺的一部分。但是，还有很多学者认为两者是不同的。Pratt 认为组织认同和组织承诺是有区别的。首先，组织认同不具有经济性的维度，而组织承诺中的持续承诺具有经济性的内容。其次，组织认同要求自我定义而非被动接受组织价值观，而组织承诺则强调员工接受组织价值观并持续工作。

员工与组织的雇佣关系终止时，组织承诺也就无从实现了。但是员工的组织认同可能会持续存在。人们常常对自己曾经工作或学习过的组织具有认同感，且为自己曾是该组织的一分子而感到自豪。在管理实践中，相比于组织承诺，组织更需要培养员工的组织认同，更多地给予员工学习、发展自身的机会，这对组织和员工的发展都有好处。

五、不稳定环境中的组织承诺

高新技术的发展和全球化的竞争使得现代组织处在一种不稳定的环境中。在这种高度不确定的环境中,组织会采用重组、外包、兼并和裁员来获得竞争力,这导致组织的变化速度加快,员工的组织更替也会加快。组织承诺在管理中的重要性是不是在下降呢?组织又该如何提高员工的组织承诺,让员工更好地在组织中工作呢?

第一,我们可以明确组织承诺在管理中仍然重要。组织承诺的回报存在一定的时滞,企业采用高承诺管理方法,注重培养员工的情感承诺,从长远来看,可以获得更好的经济回报。虽然,无论一个组织的制度多么详细,漏洞和死角在管理实践中是不可避免的,但情感承诺较高的员工总会以组织利益为重,有意识地以积极的行为完成工作任务。

第二,在动态环境下,组织无法为员工提供"铁饭碗",员工自然也无法像20世纪70年代那样对组织高度承诺。组织可以通过向员工提供条件,支持其实现个人目标和理想的方式,使员工明白组织目标和他们的个人目标紧密相关,此时员工会具有较高的组织承诺,会为组织目标努力工作。尤其对于一些组织承诺较高的员工,职业承诺比组织承诺更能影响他们在工作中的表现,组织可以通过满足他们的职业承诺,进而建立起情感承诺。除此之外,建立员工的组织认同,而不仅仅是组织承诺,也是不确定环境下组织管理员工的重要思路。同时,组织也应重视组织文化的建设,通过组织对个体价值观的同化作用,来建立起坚实的情感承诺。

第二节 组织承诺的形成

组织想要对员工的组织承诺进行有效的管理,就需要清楚哪些因素会影响员工的组织承诺,以及组织承诺的形成机制,还需要了解国内特定的文化环境中的影响因素。只有这样,才能做到有的放矢,对症下药。

一、组织承诺的前因变量

对组织承诺前因变量的研究众多,Mathieu 和 Zajac(1990)对组织承诺进行了元分析,将影响组织承诺的变量分为八类,包括个体特征、激励、工作满意度、工作绩效、工作压力、工作特征、领导与成员关系及组织结构特征等。每一大类又包括很多变量,因此组织承诺的前因变量是繁多的。但由于组织承诺各成分所包含的内容不同,形成的机制不同,影响因素也不尽相同。

1. 影响情感承诺的因素

影响情感承诺的因素主要有五类:个体特征、工作特征、领导与成员关系、角色特征、组织结构特征。各种影响因素与组织承诺之间的相关性强弱依次为:工作特征、领导与成员关系、角色特征、组织结构特征、个体特征。个体特征等因素与组织承诺的关系受到职业种类、职业群体的需要和偏好的影响。职业发展阶段不同,组织承诺的程度不同(刘小平,1999)。肖尔(Shore)和韦恩(Wayne)的实证研究发现,员工感知到来自组织的支持越大,情感承诺越高。Meyer 和 Allen 则发现年长的员工更有可能对企业产生情感承诺,以及满意度和工作挑战性会影响情感承诺。

2. 影响持续承诺的因素

影响持续承诺的因素有:受教育的程度、所掌握技术的应用范围、改行的可能性、投入的多少、福利因素等。如果个体受教育程度较低,掌握的技术应用范围较窄,那么他改行的可能性也就较低,留在组织中持续工作的可能性就越大。相反,个体受教育程度较高,掌握的技术应用范围较广,那么他就存在较大的改行可能,他的持续承诺也就较低。另外,员工对组织的投入和组织的福利因素也会影响他的持续承诺,投入越多或组织福利越好,他们越可能持续为组织工作。

3. 影响规范承诺的因素

影响规范承诺的因素有:对承诺的规范要求、所接受的教育类型、个体特征等。如果所在组织或社会对承诺的规范程度较高,员工违反承诺将会遭到组织和社会的惩罚,员工将会更加遵守承诺。当员工受到的教育重视规范教育、责任教育或个体拥有相关经历时,可能会有更高的规范承诺。除了对承诺的规范要求,还有其他组织特征影响规范承诺,如分配公平性。

除了这种分类方法,还有研究人员根据影响组织承诺水平的因素来源,将影响因素分为组织层面、个体层面和环境层面。组织对个人的承诺水平,个体的生理特征、心理特征、社会特征,以及个人和组织所处的环境状况都会对员工的组织承诺产生影响。

二、组织承诺的形成机制

目前的研究认为,组织承诺是建立在社会交换原则之上的。组织为员工提供一个理想的工作环境,员工就对组织形成承诺。组织承诺与理想的工作环境正相关,与不理想的工作环境负相关,但实际情况更加复杂。Allen 和 Meyer 认为,情感承诺的形成可以用归因过程、回顾性文饰作用、期望满足、员工—组织匹配等机制来解释,但是持续承诺和规范承诺的形成机制还需进一步研究。

1. 员工—组织匹配

当前学术界研究表明,员工希望从组织中得到的与组织实际可提供的越匹配,他们就会越满意。当个体特征与组织或工作环境特征相吻合时,员工—组织匹配就产生了。Mowday 等认为,组织承诺是员工对组织目标的认同。组织承诺就产生于员工的价值目标与组织的目标之间的匹配。Reilly 等以个体价值偏好和组织价值为衡量指标,研究了两者匹配对员工组织承诺的影响。研究表明,两者之间的价值观匹配是工作满意度、组织承诺和离职行为的有效预测指标,而个体或组织变量单独预测效度较低。

2. 期望满足

期望满足源于与员工—组织匹配相关的一个假设，在员工进入组织后，如果其工作经历与进入组织前的预期相符，则员工对组织的承诺将提高。研究发现，期望满足与组织承诺呈中度正相关，期望未满足对组织承诺有消极影响，但这种影响会因受到与管理者或同事的积极关系调节而减弱。此外，工作的第一年是组织承诺形成发展最重要的时期，期望满足的程度及员工在组织中的经历，将会影响组织承诺。

3. 归因过程

组织承诺和积极的工作经历相关。员工—组织匹配和期望满足的形成机制表明，个体需要、价值观及期望差异可能影响组织承诺。另一个影响变量可能是员工对这些积极经历的归因，如果员工认为是组织让他们拥有了这些积极的经历，那么他们将更有可能对组织产生情感依附。研究表明，在工作经历与员工对组织、工作和直接上司的情感承诺间，归因起到了中介作用。

归因假设可以帮助我们理解在不同的研究中，各种变量与组织承诺的关系大小为何会不尽相同，还可以帮助人们理解各种经历如何影响员工的承诺。

4. 组织公平和组织支持

组织中的个体通常会根据自身是否受到组织公平的待遇，或者组织对自己的福利是否关心等来评估自己的工作经历。因此，组织公平和组织支持将会直接影响组织承诺。如果工作特征或组织政策也可以通过公平性和组织支持来影响组织承诺，那么组织公平和组织支持将起到中介作用。像组织承诺一样，组织公平现在一般被看作多维的构思，相关的研究把它分为结果的公平性（分配公平，distributive justice）、过程的公平性（程序公平，procedural justice）和在实施过程中受到的人际对待的公平性（互动公平，interactional justice）。研究发现，分配公平比程序公平在工资满意度中解释了更多的方差，而程序公平对组织承诺解释了更多的方差，这说明了程序公平对组织承诺影响的重要性。

在组织支持的研究中，艾森伯格（Eisenberger）提出了组织支持感（perceived organizational support，POS）的概念，并将其定义为：员工对于组织重视自己的贡献和关注其幸福感的全面看法。组织支持感可以用来表示员工感受到的组织对自己的承诺，组织的支持能够满足员工的社会、情感需求。研究还表明，较高的组织支持感会使员工产生一种回报组织的心理压力，进而提高员工的工作投入、组织承诺和工作绩效，帮助组织实现目标（周莹，2009）。

5. 回顾性文饰作用

回顾性文饰作用指组织承诺的形成和发展是为了努力使以前的行为或决策正当化。萨兰西克（Salancik）指出一种行为一旦产生，且具备了选择自由度、不可废除性、明确性、公开性和重要性时，这种行为将会被重复。例如，当员工觉得他们是自愿选择了公司、决定无法挽回、其他人也知道这一决定等时，他们很有可能继续留在某个公司。这是人们为确保行为与认知的平衡而做出的积极反应。

6. 组织社会化机制

组织社会化主要是针对新加入组织的员工而言的，具体来说，就是指员工从组织外部的社会人转变为组织内部的成员。相关研究表明，良好的组织社会化能够培养员工的组织承诺。组织社会化是个体与组织相互影响、相互促进的过程。组织社会化策略可分成以组织为主导的社会化策略和以个人为主导的社会化策略。

琼斯（Jones）等认为，由组织主导的社会化策略可以分成两类：制度性组织社会化（如系统地将新进员工集中在一起进行培训）和个体性组织社会化（如组织有意识地给新员工提供"边干边学"的机会）。制度性组织社会化的目的在于使新进组织的员工接受组织预先设定的角色，产生标准化的角色倾向和行为，以维持组织现状。然而，个体性组织社会化能保留新进员工的个人特性，让他们可以根据自己的理解去诠释所承担的角色，最终产生员工行为的差异性和创新性。

以个人为主导的社会化策略有多种形式，比较常见的策略有：反馈与信息收集和建立关系。反馈与信息收集是指新进员工通过主动收集和寻求反馈，来获得所需要的信息，从而加速组织社会化过程（如主动向上级寻求对自己工作表现的评价或指导）。建立关系是指新进员工通过与各方面建立良好关系，寻求各种资源来实现组织社会化。这些关系包括同事关系、上下级关系和导师关系等。已有的研究表明，采用以个人为主导的社会化策略的新进员工更有可能建立起有利于他们在组织中职业发展的社会网络体系。

在以上的形成机制中，有些适用于解释组织承诺的特定因素，有些则适用于多种因素。例如，员工—组织匹配机制主要阐述了员工和组织价值观的匹配会使员工对组织产生情感承诺。期望满足机制不仅能解释情感承诺，而且能解释持续承诺。这两者的共同之处在于匹配使员工产生承诺。不同点在于前者是员工与组织之间的匹配，后者是自我工作经历与自我期望之间的匹配。

三、影响中国员工组织承诺的文化因素

组织承诺概念从西方而来，但在实践中，中国组织早已体现出这个概念。由于经济发展和文化环境不同，中西方对于组织承诺的理解和侧重点也有所不同。国内学者的研究发现，中国企业员工的组织承诺程度很大程度上取决于留在企业得到了或会得到什么，而西方企业的员工主要看目前离开企业会损失什么。对于中国企业中的员工来说，他们比较看重稳定性和长远发展，因此，工作的稳定性和发展前景很关键，离开某个企业是迫不得已的选择。如果继续留在该组织对自己的发展没有什么妨碍或损失，他们一般会选择继续留在该企业。因此，如果一个员工认为企业的前景很好，就算现在的待遇较低，员工也会有较高的承诺。相反，如果员工认为企业的发展前景不好，就算现在待遇很好，也会感到不安全，并随时准备进行工作调动。

在中国传统文化中，理解中国员工的组织承诺，有四点因素是至关重要的：第一，对权威的尊重。这一点造成中国员工对决策集权化和层级结构的认同。第二，"面子"与和谐。中国式的交流模式是间接的，强调在工作中达成一致，不要使个体"丢面子"，

并保持和谐的关系。第三，集体主义。中国文化是集体主义导向的，中国人倾向于把自己视为某一特定群体中的一部分，而且"圈内"和"圈外"是有明显区别的，"圈内"人的沟通会更个人化，更开诚布公。第四，人际关系。在组织中，关系的重要性体现为与上下级和同事之间有良好的沟通，这种良好关系的存在将有利于管理的进行，同时也是上下级间建立起感情的纽带，有利于员工建立和组织的情感承诺。

在中国文化中，出于对权威的尊重，员工对组织的承诺往往表现为对某个人的承诺，这个人通常是员工的上司，也就是我们前面所提到的主管承诺与组织承诺一致的情况。员工也可能通过"权威"和关系来获得资源（如提前了解内部信息、更多的晋升机会等），以及尽量避免逆境可能带来的损失（如因工作失误而应受到的惩罚）。员工的组织承诺与"关系"息息相关。若"关系"受损，则可能导致组织承诺的降低。例如，上级如果伤害了某个下属的"面子"，同时"面子"夹杂着感情因素，会伤害到关系的感情基础，引起员工对组织承诺的降低，甚至可能会引起离职。集体主义更是渗透在从小的教育中，对于"圈里"和"圈外"的分辨，中国人通常比较敏感。"圈里"人之间的相互交流有助于个体建立起对某个群体的承诺，使得个体表现出对内部群体强烈的归属，而对外部群体反应较为冷漠。最后，中国员工的情感承诺往往和规范承诺交织在一起，强调社会性的相互回报，如报恩、报应。在中国组织中，管理者向员工提供"人情"和"面子"，会在员工心中形成一种知恩图报的观念，员工会建立起表现为维护管理者利益行为的承诺，承诺往往直接指向管理者个人，间接地指向组织。

第三节 组织承诺对个体行为的影响

组织承诺可以看成个体和组织之间形成的一种隐形合作关系，个体从组织那里获取情感或物质方面的利益，个体据此与组织之间形成或高或低的心理联结，这种联结影响着个体对组织的态度，进而影响个体在组织中的行为表现。个体在组织承诺影响下表现出的行为结果通常有离职、工作绩效等。

一、组织承诺对离职的影响

组织承诺会对员工的离职行为产生影响。波特等在研究组织承诺与工作满意度之间的关系时发现，组织承诺是预测雇员流失率的较好指标。同时大量有关组织承诺的研究也证实，组织承诺的确能稳定地预测个体的缺勤和离职行为。波特认为离职倾向是员工因在组织内工作不满意后产生的一个退缩行为，这种不满的态度会降低员工对组织的情感承诺，认为组织不再适合自己，因此产生离职的念头，进而产生离职行为。

另外，梅耶等发现组织承诺的三个结构与离职的相关程度也略有不同。情感承诺与离职行为的相关性最强，规范承诺次之，持续承诺与离职行为的相关性程度最弱。情感承诺是个体对组织怀有的一种感情纽带，在这种承诺的作用下，个体会对工作和组织产生强烈的认同感和依附感，就不会因为其他原因对组织感到动摇，产生离职行为。以持续承诺为主的个体，与组织的情感联结弱，留任的主要原因是组织对自身的投资及缺乏外界的就业选择,这种联结极易受到外界影响,使个体可以轻易脱离承诺的"束缚",表现出和承诺不一致的行为。例如,当企业遭遇危机对员工采取降薪策略时,情感承诺高的个体会将自己视为组织的一部分,与组织休戚与共,在接受降薪要求后依然可以保持工作绩效。但规范承诺较高的个体,会因为企业遭遇危机对他个人造成的不利影响而降低工作质量,或者直接选择脱离这个组织。

二、组织承诺对工作绩效的影响

组织承诺对工作绩效的影响并非在所有情况下都一致。大多数研究表明,组织承诺总体上可以促进员工的工作绩效,高组织承诺的个体与组织的联结更加紧密,因此愿意为组织付出,产生更高的工作绩效。但梅耶等研究发现,不同类型的组织承诺与工作绩效之间存在着不同的关系。比如,反映对公司的认同和参与的情感承诺与员工的绩效呈正相关,而反映个体对离职成本评估的持续承诺与绩效的关系则是负向的。此外,规范承诺与情感承诺类似,都与绩效正相关,但是规范绩效的作用是短暂的,一旦个体认为对于组织的"负债感"消失,规范承诺对个体的"束缚"就会变小,对个体行为的影响力就会减弱。

不同类型的组织承诺对绩效的影响效果取决于承诺的性质。情感承诺高的个体,更容易感受到来自组织的支持,这进一步增强了他与组织的情感承诺,与组织建立起了深厚的感情纽带,在这种情况下他就会更加愿意为组织的生存和发展作出贡献,除了完成自身的工作要求以外,还会主动扩大工作范围和数量。这类员工对工作抱有极大的热忱,会主动去完成被指派的各项任务。以规范承诺为主的个体会思考这项工作是否可以偿还组织曾经给予过的恩惠,从而会促进个体努力完成工作。但如果个体主要表现出来的是持续承诺,他会衡量做这项工作是能够带给他利益还是损失,从而选择对他来说效益最大的方式去进行这项工作。

但相比于培养员工的情感承诺,组织在实践中更多采取的是持续承诺。一些公司通过低息贷款、股权激励或推迟奖金发放等财务方式等方式将员工与组织绑定在一起。虽然这种方式会让员工很难下定决心离职,但是在这种情况下员工的忠诚度不一定会提高,也不一定能激发他们为组织努力工作的愿望。于是员工可能陷入这样一种境地:他们不想在原组织里继续工作,但是因为以上各种原因不能从组织中脱离,所以工作中的表现只是维持在最低水平。所以对于组织来说,培养员工的情感承诺要比培养员工的持续承诺更重要,尽管情感承诺的培养相比持续承诺来说可能要困难。因为重视与组织形成稳定情感联系的个体的离职倾向更低,更愿意为组织的发展贡献一份力。

三、组织承诺对个体行为影响的机制

承诺这种束缚力在三因素之间产生的作用是不平等的。情感承诺因为是个体对组织的认可与归属,所以会使他们将自己与组织视为一个整体,因此当组织内外有影响个体行为的事件发生时,他们受到的影响会很小,依然专注于自己的工作,有稳定的行为表现。规范承诺和持续承诺，尤其是持续承诺，因为形成的原因是组织能提供给他可以继续留职的最大利益，所以很容易在外界事件的影响下，选择对自己最有利的选项，而不会像情感承诺那样站在组织的角度思考问题。例如，有猎头向员工发出邀请，持续承诺高的员工会在衡量这两个职位之后选择对自己最有利的一个，离开原组织肯定是因为新职位提供给他的利益更好，而就算留在原组织也不是因为对组织的忠诚，而是新职位没有达到他的要求。

在现实组织中，每个个体的情感承诺、规范承诺和持续承诺不相同，若以高、低两种水平来对每个因素进行简单的划分，将会形成8种（2×2×2）不同的组合，而且即使是相同的组合也有可能表现出不同的行为，结果是相当复杂的。总的来看，关于组织承诺多因素之间交互作用的机理，目前尚不是很清楚，有待进一步的探讨。

因为组织承诺被视为组织行为的积极结果，所以组织承诺对个体行为正面影响的研究数量远远多于对负面影响的研究数量。但近年来的研究发现，情感承诺与理想工作行为的正相关性最强，其次是规范承诺；持续承诺与这些行为无关或呈负相关。日本学者山内认为，组织情感承诺过高的个体往往伴随着高水平的工作压力、经常性的工作—家庭冲突、焦虑，甚至存在"过劳死"的现象，因此要特别关注这一群体的心理和身体健康。另外也有学者发现持续承诺高的个体可能会表现出较强的抵制变革的倾向（Janonienė and Endriulaitienė, 2014）。同时，不仅组织承诺对个体有负面影响，过高的职业承诺或上司承诺同样可能带来不利的影响。例如，一些员工对于上司过于依赖，导致上司承诺过高，所以员工就会自愿采取一些非伦理或其他类似的"愚忠"方式来表达对领导者的支持，回报领导者。

案例分析

海底捞与组织承诺

四川海底捞餐饮股份有限公司（简称海底捞）是一家以经营川味火锅为主，融汇各地火锅特色于一体的大型跨省份直营餐饮民营企业。公司在张勇董事长确立的服务差异化战略指导下，始终秉承"服务至上、顾客至上"的理念，以创新为核心，改变传统标准化、单一化的服务模式，提倡个性化特色服务，将用心服务作为基本经营理念，致力于为顾客提供"贴心、温心、舒心"的服务。在当前餐饮业离职率较高的情况下，海底捞的离职率仅有10%左右，远低于餐饮行业36%的平均水平。

海底捞的员工大都是80后或90后，在农村长大、家境不好、读书不多、见识不广、背井离乡、受人歧视、心理自卑；他们工作待遇低、社会地位低、劳动强度大。然而，就是这一群新生代农民工一直在坚持主动、愉悦地为客人服务，他们营造出的"变态服务"吸引了顾客、业界和学术界的广泛关注。

海底捞强调企业内部员工身份等同，坚持"人人有权利、人人无特权"。张勇说："我们的管理很简单，因为我们的员工都很简单，受教育不多、年纪轻、家里穷的农民工。只要我们把他们当人对待就行了！"这不仅仅停留在文化塑造和空洞的口号宣传上，许多管理制度也在践行和强化这一理念。比如，公司不看学历、不看经历，唯看业绩表现的晋升标准体现了所有员工之间身份等同。而且，公司管理层都从一线服务员晋升，相似的成长经历和人身感悟无形中化解了不同层级员工之间的心理隔阂，增强了彼此之间的心理认同和凝聚力，这进一步强化了海底捞身份等同的企业文化。

海底捞在人力资源管理实践中突破传统的个体单元，选择将员工家庭视为一个有机的管理单元。比如，海底捞员工绝大部分来自张勇老家——四川简阳。为了让背井离乡的员工工作时无后顾之忧，公司出资千万元在简阳建了一所寄宿学校，让留守的员工孩子免费上学。公司设立了专项基金，每年拨款100万元用于治疗员工和直系亲属的重大疾病。海底捞不仅照顾员工子女，还想到了员工父母。公司每个月会将给大堂经理、店长以上干部、优秀员工的一部分奖金，直接寄给其远在家乡的父母，让父母一起分享孩子的进步和荣耀。谁不想孩子有出息？可是衣锦还乡的毕竟是少数，公司寄来的奖金让这些父母脸上有光彩。中国人含蓄，中国的农民更含蓄，心里骄傲不好直说，却说："这孩子有福气，找到一家好公司，老板把他当兄弟"。因此，这些农村老人会一再叮嘱自己的孩子在海底捞好好干；而能够让自己的父母、家人分享自己的成功与快乐，员工也更加自信，更加感恩公司。

资料来源：樊登（2018）

【讨论题】

1. 从组织承诺的角度分析海底捞的员工离职率低的原因。
2. 海底捞是如何培养新生代员工的组织承诺的？

第四节 组织承诺在管理实践中的应用

组织承诺对于个体的工作行为有着显著的影响，高组织承诺的个体不仅拥有较低的离职率，还拥有较高的工作绩效及其他理想的工作行为。与传统的物质奖励不同，组织承诺有利于提高员工对组织的主人翁精神及忠诚度，所以对于组织来讲，通过培养个体的组织承诺来促进组织发展，是一种"多快好省"的办法。对于如何培养提高员工的组织承诺，有如下几种途径。

一、通过招聘甄选合适的员工

招聘到一个合适的员工对于组织来讲可以起到事半功倍的效果，组织可以通过以下几个方面考察员工是否具有与组织建立长期稳定关系的资质，是否可以建设培养起员工的情感承诺。

第一，要注意鉴别出那些有频繁跳槽经历的人，详细考察他们离职的原因是什么。对于频繁离职的个体来说，他们很难与组织形成一种良好的情感承诺关系，持续承诺对他们的影响会更大。他们把所处的企业当作跳板，一旦他们认为所处的跳板已经达到极限，就会去寻求一个新的跳板。这类群体的职业观决定他们很难与组织之间形成稳定的"心理合同"，企业对他们而言是拎包就可以入住或者退出的旅店，无法形成与组织一体的"主人翁精神"。

第二，要考察应聘者和组织之间价值观的匹配程度。员工在组织内工作，如果个体的价值观与组织内倡导的价值观差异很大，那么带给员工的就是一种精神上的压力，这种压力的长期存在会阻碍个体对组织的融入，也会阻碍个体情感承诺的培养。当然招聘到价值观完全与组织匹配的个体的可能性很小，但至少要保证个体对于企业的核心价值观是不反感的，这样员工在进入组织以后，可以通过培训等手段与组织价值观达成高度一致。宝洁公司非常注重通过招聘来甄选可以建立情感承诺的员工。由于没有工作经历的个体会更容易接受公司的价值观，宝洁公司的招聘对象基本上是大学校园中刚刚毕业的学生。在宝洁的申请表格中，专门设有考察应聘者个体价值观取向的问题。宝洁公司的面试官基本上由公司的资深员工组成，他们在一对一的面试中，也会通过一些具体的问题来考察应聘者是不是一个可以"宝洁化"的人。

第三，还可以通过现实工作预览（realistic job preview，RJP）的方法来甄选那些可能建立高情感承诺的员工。现实工作预览是指在人员招聘过程中为求职者提供全面、真实的有关工作和岗位的信息。在面试过程中，面试官可以通过向应聘者讲述本组织中包含有企业价值观的事例，让应聘者自己判断和分析是否与企业匹配，从而选择进入或者退出这个组织。进入组织的员工也因为通过现实工作预览，对组织有了初步的认识和了解，这有利于他们适应组织中的生活，与组织行为一致，为建立高情感承诺打下基础。

二、通过内部晋升来培养情感承诺

偏重从内部晋升是一些组织培养员工情感承诺常用的方法。根据期望理论，员工希望得到个体需要的满足而进入组织，为组织提供各种有益产出以期待组织给予积极评价与激励，使个人需要得到满足。因此，员工会努力融入组织，加强有益于组织的产出，期盼得到权力需要的满足。晋升作为组织的激励方式，一方面能够为员工带来薪酬提升、奖励增加等基础层次需求的满足，另一方面也是员工获得成就需要、权力需要等高层次需求满足的重要途径。所以通过内部晋升的方式，个体对组织的联系更加紧密，更能感到以组织兴亡为己任，对组织的情感承诺也会更加深厚。另外获得内部晋升机会的员工，也会主动承担起传承组织理念和价值观的责任，为其他员工树立榜样。

柯林斯的《从优秀到卓越》一书中提到，大多数卓越公司的最高领导人都是一步一步从企业内部提升起来的，企业的价值观已经成为他们行事的准则之一。他们对组织怀有超乎常人的热爱，这种热忱让他们将自己与组织联系在一起，全身心投入组织的运营和管理中。格力董事长董明珠曾经只是一个基层业务员，凭借自身出色的能力，一路攀登，带领格力走向了新的辉煌。

三、通过培训和宣传来培育情感承诺

培训和宣传是培养员工情感承诺的关键途径。员工在初入企业的时候会感到迷茫，因为对企业知之甚少，不清楚企业的发展方向，也不清楚自己的发展方向，所以很难对组织产生归属感。为了让员工尽早适应组织生活，有必要对新员工进行培训活动，特别是要进行企业价值观培训。通过价值观培训，员工可以学习企业的历史和文化，了解企业的愿景和价值观，提高员工对组织的认同感和情感承诺。同时对于价值观等的培训活动，也可以激发员工的使命感，将个人利益与组织利益结合在一起，为实现组织目标而努力工作。

在阿里巴巴，每个新加入的员工都要进行入职培训，阿里巴巴把这种培训称作"百年大计"。培训内容主要有价值观、产品知识和销售技能三部分，其中排在第一位的就是价值观培训。阿里巴巴价值观的重要性不仅体现在入职培训上，还贯穿阿里员工的整个职业生涯：价值观和业绩一起考核，且考核比重各为50%。

除了对新员工的培训，组织还可以通过举办宣传企业理念的活动来培养员工的情感承诺。例如，日本绝大多数企业都有独自的制服、徽章、歌曲和生活守则。许多企业每天在开工或开始营业的时候举行"朝礼"，除此之外还频繁地举行大大小小的宴会，如欢送会、欢迎会等。到了周末，有的公司还组织旅游活动，如去观樱花、赏红叶等。对职工家属也给予种种优待，如参加晚会、俱乐部、讲习会、展览会或利用公司的各种设施等（傅高义，2016）。一些公司还会定期举行企业运动会，参加的人员包括企业员工及其家属。这些活动都在潜移默化中加深了员工与组织之间的联结，使他们的情感承诺也逐步得到加强。

四、通过沟通和支持来培养组织承诺

每个个体都渴望自己的声音能够被组织听到，所以组织内部各成员之间的沟通就会显得特别重要。通过与上级平等的沟通，员工会感觉受到了重视，得到了来自管理者的工作支持，与组织之间形成了一种信任关系，因此会进一步激发员工对组织的认同感。例如，谷歌每周五下午都会举行一次全体员工大会，会议名称为"感谢老天，今天是星期五了"。全世界的谷歌员工都可以通过视频方式与主会场相连，在各个会场还准备有酒和食物，方便员工进行交流。员工可以任意向管理层提出问题，任何尖锐的问题也都可以得到解答。在这种交流的氛围中，谷歌员工之间形成了相互依赖的关系，对谷歌的情感承诺得到加强。

五、新生代员工的组织承诺管理

根据赵曙明等的观点，新生代员工是指在职场个性、生活方式上与上一代或以往员工有明显的群体差异，并对组织、市场、商业和社会文化产生广泛影响的年轻一代员工，时代造就了他们高知识水平、强学习能力，同时也有较强的自我意识，除此之外也很明显地展示出他们对企业较低的忠诚度。他们忠于自己的发展而不是忠于企业的发展，所以新生代员工的离职率要远高于传统型员工，一旦发现原组织不再符合他们的心理要求，

就会脱离组织选择更好的职业。因此如何留住人才成为管理者需要考虑的关键问题。从针对我国发展现状提出的组织承诺五因素模型入手，建立和培养新生代员工的组织承诺，对于解决目前新生代员工的工作问题具有重要意义。关于新生代员工组织承诺管理的具体建议如下。

1. 营造良好的工作氛围提升情感承诺

营造良好的工作氛围有助于提升新生代员工情感承诺，具体包括以下几点。

第一，要建立以人为本的企业文化。新生代员工有较强的开放性和创新精神，但是心理弹性差，所以具有约束性的传统管理手段不能很好地激发他们的工作积极性。通过建立包容、开放、创新的企业文化，能给予新生代员工足够的信任和支持，让他们更好地接受工作要求。在这种氛围下工作的员工会对组织产生强烈的认同感，这种强烈的情感联结让员工自觉参与组织，为组织发展作出应有的贡献。

第二，要建立高效的沟通和反馈渠道。新生代员工比较注意个人意见的表达，对于工作有着自己的理解和看法。所以建立高效的沟通反馈渠道，不仅可以确保组织能够准确将信息传递给员工，还能够从下收集新生代员工对工作的意见和建议，有助于管理者检验工作的准确性和可接受性。

第三，要增强工作的吸引力。新生代员工创新意识较强，对枯燥乏味的工作忍耐度低，组织把工作设计得富有吸引力对于提高和保持他们的工作积极性具有重要作用。另外还可以对新生代员工进行岗位轮换，让他们接触到组织内各种工作内容和同事，保持对工作的新鲜感。

2. 完善薪酬激励体系提高经济承诺

完善薪酬激励体系有助于提高新生代员工经济承诺，具体包括以下几点。

第一，要建立公平、透明的薪酬体系。薪酬体系的设计一定要体现公平，只有员工对薪酬感到公平时，才会认为自己的价值得到了体现。另外薪酬体系的设计也要体现一定的竞争力，这样会让员工感到离职成本增加，因而经济承诺就会增加。同时薪酬体系的设计还要与个人绩效相挂钩，这样会促进员工的工作积极性，使付出和回报成正比。

第二，要建立自助式福利保障激励。有竞争力的、多样化的和基于绩效的薪酬福利体系可以增强企业的凝聚力及员工的归属感。由于新生代员工价值观的多样化，单一的金钱激励对于他们的吸引力越来越弱，所以组织可以向员工提供可供选择的福利项目，员工根据自身需求选择，更好发挥福利的激励作用。

3. 引导新生代员工的职业生涯管理建立理想承诺

新生代员工大多处于职业生涯初期，对职业该如何发展没有头绪。这对员工个人及企业来说都是一种阻碍。因此组织应该对员工的职业发展进行建议和指导，帮助员工找到自己的职业定位，明确自身发展方向，增强员工的理想承诺。

此外，还应向新生代员工提供持续的培训和学习机会。新生代员工拥有较强的学习能力，有着较强的知识更新和自我成长的需求。所以企业应该根据员工的需求举行各类培训活动，满足新生代员工能力提升的需要。另外传统的培训方法对新生代员工的吸引能力较弱，所以在培训方法的选择上也要多样化和趣味化。

4. 增强个体责任感提升规范承诺

责任感可以使员工承担起组织成功发展的使命，使员工有充分的决心与组织共进退。可以对新生代员工进行企业价值观培训，让员工将企业的愿景与自身发展结合在一起，形成较高的组织忠诚度，从而全身心投入工作。

5. 建立沟通协商机制提升机会承诺

当机会承诺较低时，组织成员流动性就会加大，影响组织的稳定和工作氛围，因此机会承诺的作用是不可忽视的。组织可以通过创新与新生代员工的劳动关系和双方的基本利益协调机制，畅通信息沟通平台和渠道，把握新生代员工的心理和生活状态，及时疏导员工的不良情绪，防止负面情绪引发的不良后果，进而增强和提高其对组织的依赖性和满意度，提升机会承诺。

重要名词和术语

组织承诺（organizational commitment）
情感承诺（affective commitment）
持续承诺（continuous commitment）
规范承诺（normative commitment）
职业承诺（occupational commitment）
主管承诺（supervisor commitment）
心理契约（psychological contract）
组织认同（organizational identification）
员工—组织匹配
回顾性文饰作用

复习思考题

1. 组织承诺的定义是什么？简述 Meyer 的三因素结构。
2. 组织承诺的影响因素和形成机制有哪些？
3. 组织承诺是怎么影响个体的工作行为的？
4. 管理人员应该尽力提高员工的组织承诺，你是否同意这种观点，请说明理由。

第六章

激 励 理 论

本章摘要 管理学者从研究中总结出了一系列经典的激励理论，我们可以将这些理论分为两大类，在激励概述的基础上，分别论述早期激励理论和当代激励理论。第一类激励理论研究人到底具有哪些不同类型的需要，它决定了组织应给员工提供什么方面的刺激或激励因素，这类理论我们称为早期激励理论，主要包括需要层次理论、ERG 理论、双因素理论和麦克利兰的成就需要理论等；第二类激励理论研究人是如何产生特定的行为，即人从动机产生到采取行动满足需要的内在心理和行为过程，这类理论我们称为当代激励理论，期望理论、强化理论、公平理论和目标设置理论最具代表意义。

■ 第一节 激励概述

在企业对人的管理中，必须弄清楚在怎样的条件下，人会乐意地按时工作，在岗位上尽职尽责，工作效率更高。其关键是人都需要激励，需要自我激励，需要同事、群体、领导和组织的激励，企业个体必须明确认识激励的重要性及时代变化。

一、什么是激励

激励（motivation）是组织行为学的重要内容、关键问题。这是因为：①国际、国内竞争的加剧。来自社会、经济、技术的外在压力，都迫使管理方面在方法和技巧上创新，有效利用企业的各种资源，保证企业效率和效能的提高。②为了企业的不断发展，必须关注人力资源。过去组织一般都将人力资源看成取之不尽的储备库，只要有了人，似乎都应该满足工作的需求，其实不然。知识爆炸，科技不断发展，企业必须加大对更新企业人员的知识结构和新知识的获得的投入，加强员工培训。③员工的价值观念发生了重大变化。过去有些管理者认为员工只用金钱激励就可以解决一切问题。对企业的管理人员来说，必须认清一个问题，员工的需要和要求是多方面的，包括工作挑战性、成就、晋升及金钱。

激励既是一个心理学概念，又是一个管理学概念。英语中的 motivation（激励）由 motive（动机）演化而来，基本含义为激发动机。

斯蒂芬·P. 罗宾斯（Stephen P. Robbins）在其1979年编写出版的《组织行为学》教科书中是这样描绘的：我们把激励定义为通过高水平的努力实现组织目标的意愿，而这种努力以能够满足个体的某些需要为条件。组织行为学认为，人的行为是由动机支配的，动机则是由需要引起的。行为的导向是寻求目标，满足需要。动机是为满足需要而进行活动的想法，或者说是被意识到的活动或行为的诱因。它是行为的直接原因，它驱动人们从事某种行为，规定行为的方向。激励理论是建立在需要理论和动机认知理论基础上的。我们将以需要为出发点，探讨人类行为的产生与发展过程。

阿特金森（Atkinson）认为：激励是"此时此刻对行动的方向、强度与持续性的（直接）影响"。

琼斯认为：激励涉及"行为是怎样发端、怎样被赋予活力而激发、怎样延续、怎样导向、怎样终止，以及在所有一切进行过程中，该有机体是呈现出何种主观反应的"。

关系在对（人的）智力、技能和任务的理解，以及在环境中的各种制约条件都持恒相等的条件下，能说明一个人行为的方向、幅度与持续性。

弗罗姆认为：激励是"一个过程，这个过程主宰着人们……在多种自愿活动的备选形式中所做出的选择"。

据统计，激励的定义有上百种。这些定义似乎都各执一词，但基本都涵盖以下三个方面。

（1）激励的出发点是为了满足需要。罗宾斯认为激励是去做某事的意愿，并以行为能力满足个人的某些需要的条件。需要引起动机，动机导致行为。

（2）激励的对象是产生某种行为的个体或群体，目的在于引导该类行为的重复与强化，以期实现组织的目标。

（3）动机激发的过程涉及三个要素：第一，需要——来自个体生理或心理上的缺乏；第二，内驱力——力求实现需要的满足，消除这种缺乏或不足状况的内在驱动力；第三，目标——满足需要和减弱内驱力的事物。也就是说，人们的行为是由什么激发并赋予活力的。人们自身有什么内在的追求或需求，能驱动他们以一定方式表现出某一特定行为，以及有哪些外在的环境性因素触发了此活动。是什么因素把人们正被激活的行为引导到一定方向上去的。

行为科学认为，奖励是社会对人们的良好行为或取得的突出成绩、作出的卓越贡献给予积极肯定，以促使人们将这种行为保持和增强，加快人的自我发展、完善，为社会创造更大更好的效益；惩罚则是社会对人们的不良或不正确行为予以否定，以促使人们的行为变异，增强反应强度和内驱力，警诫他人，以规范人们的行为。显然，奖惩两者虽然方法不同，着眼点不同，但都反映了一个核心内容——激励。所以，激励实际上体现在奖励与惩罚两个方面。

总而言之，激励是在个人需要和组织目标整合的基础上，形成强烈实现目标的意愿，并使其付出努力行为的整个过程。

二、人类行为的产生

人们时刻表现出各种行为：吃饭、睡觉、工作、学习。这些行为是由什么力量驱使的呢？许多心理学家都在寻求答案，但见解大相径庭。总的来说，可分为以下四种观点。

本能说，即先天性的遗传倾向，是物种在适应环境的历程中形成的。

内驱力理论。有机体的各种生理系统经常维持在一定的平衡状态，当平衡遭到破坏时，有机体就产生生理上的内驱力，使机体恢复平衡。

需要理论。这种观点认为需要表现为人对某一外界事物的欲望，人的需要可分为本能的机体需要和社会需要。

动机认知理论。这一理论认为人类的行为，尤其是复杂的行为，不仅受需要的影响，还受个人认知变量的影响。

激励理论是建立在需要理论和动机认知理论基础上的。我们将以需要为出发点，探讨人类行为的产生与发展过程。

三、需要、动机与行为

在管理的实践中，管理者要想通过激励使员工的行为符合组织目标的要求，关键是找出员工的需要是什么。在此基础上提供适当的刺激以引导员工的行为。在这一过程中，存在两方面的问题：一是员工到底有哪些需要。大家都知道金钱刺激是企业中普遍采用的激励方式，但金钱并不是对每个员工都起作用的，对于有些员工，再高的收入也难以调动他的工作积极性，相反，职位提升或是挑战性的工作反而能起到良好的激励作用，这说明人的需要是有区别的。二是以什么样的方式来满足员工的需要，使员工产生组织所希望的特定行为。具有相同需要的员工往往表现出不同的行为，如一个追求职业安全的人，可能因为害怕失败而拒绝承担责任；另一个人同样具有相等程度的安全需要，但他却可能因为担心会被认为是一个低能者而主动寻求责任更重的工作。

1. 需要与行为

组织行为学认为，人的行为是由动机支配的，动机则是由需要引起的。行为的导向是寻求目标，满足需要。动机是为满足需要而进行活动的想法，或者说是被意识到的活动或行为的诱因。它是行为的直接原因，驱动人们从事某种行为，规定行为的方向。

1）行为

行为是人类有意识的活动。行为科学认为，行为既是人的有机体对外界刺激做出的反应，又是人通过一连串动作实现其预定目标的过程。行为产生的原因是心理学家争论的焦点。有人认为行为是个体的生物本能，有人强调行为是由社会环境决定的。德国心理学家卢因融合各派理论之长，认为人的行为是环境与个体相互作用的结果。他于1951年提出了著名的人类行为公式。

$$B = f(P \cdot E)$$

其中，B 表示行为；P 表示个人；E 表示环境；f 表示函数关系。

卢因的理论得到多数人的认同。根据这种理论，可以说人的行为是由动机决定的，而动机是由需要支配的。

2）需要

需要（need）是指客观的刺激作用于人们的大脑所引起的个体缺乏某种东西的状态。这里所说的客观的刺激不只是指身体外部的，也包括身体内部的。例如，人饿了想进食，这是由于人饿时体内血糖成分降低，血液成分失去了平衡所产生的刺激，这种刺激通过神经系统反映到人脑的下丘部分进而传到大脑皮层，使人产生了饥饿的感觉和进食的需要。客观的刺激可以是物质的，也可以是精神的。例如，雷锋精神对人们的影响。精神的刺激可以反映个体的要求，也可以反映社会时代的要求。例如，振兴民族产业的要求反映到人的头脑里产生的责任感和自觉劳动的需要。需要按产生的根源可以分为两大类：一类是先天性的、本能的需要；另一类是社会需要。人类的行为是由需要引发动机的。

3）动机

动机（motivation）的原意是引起动作。心理学上把引起个人行为、维持该行为并将此行为导向满足某种需要的欲望、愿望、信念等心理因素的叫动机。动机是在需要的基础上产生的，但需要并不必然产生动机。动机是内在的愿望和外部具体对象（诱因条件）建立心理联系时产生的，如图 6-1 所示。

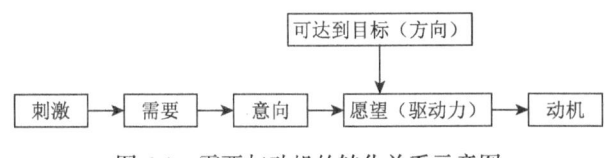

图 6-1 需要与动机的转化关系示意图

动机的功能。人的行为总是由一定的动机引起的。所以，人们还常将引起个人行为、维持该行为并将此行为导向某一目标（个人需要的满足）的过程称为动机。动机具有原发性、内隐性、实践活动性的特征，由此又具有三种机能。

（1）始发机能，动机是个体行为发动的直接原因。

（2）导向、选择机能，动机指导人们做出相应选择，使行为朝着特定的方向、预期的目标进行。

（3）强化机能，行为结果对动机有反作用，动机因良好的结果而加强，使行为加强、重复；反之则减弱、消失。

优势动机。我们知道有某种需要不一定就会产生某种动机，同样，有某种动机不一定就会引发某种行为。在实际生活中，一个人的需要总是多种多样的，这种需要形成一定的需要结构。不同人有不同的需要结构，同一个人在不同的时期也会有不同的需要结构。一个人往往同时存在着各种各样的动机，这些动机之间不仅有强弱之分，而且会有矛盾和斗争，在一定的相互关系的动机体系中，各个动机的强度不同，在同一个人身上所占的地位和所起的作用也不同。有的动机比较强烈而稳定，而另一些动机比较微弱而不稳定，那种最强烈而又稳定的动机，叫优势动机，其他动机叫辅助动机。在图6-2中，B是优势动机或主导动机，A、C、D、E是辅助动机。

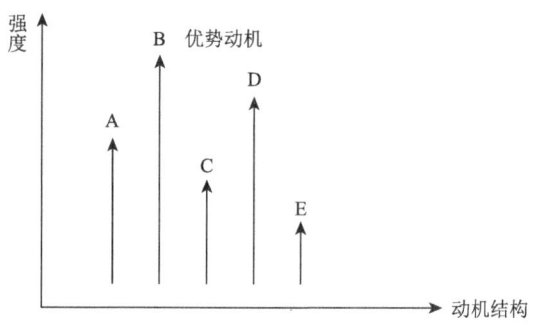

图6-2　动机结构与强度示意图

2. 动机与行为关系

动机是行为产生的直接动力，行为是动机的外在表现。优势动机引发人的行为。由卢因的人类行为公式可知：由于任何一个行为，都是个人因素与环境因素相互作用的结果，对同一个人、相同的动机，不同环境会导致不同的行为；在个人因素中，外在表现和内在动机有时一致，有时不一致，关系复杂；内在动机又有积极、消极之分，各种成分混杂。人的行为是这些因素的"综合效应"。具体表现在以下几点。

（1）同一动机可以引起多种不同的行为。

（2）同一行为可出自不同的动机。

（3）一种行为可能同时为多种动机所推动。

（4）合理的动机可能引起不合理的甚至错误的行为。

（5）错误的动机有时被外表积极的行为所掩盖。

无论动机与行为的关系如何复杂，都明显地揭示出需要、动机、行为之间的传导关系（图6-3）。

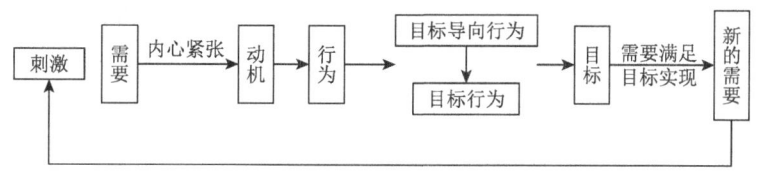

图6-3　需要—动机—行为过程

四、激励的类型、模式

1. 激励的类型

我们知道，需要是获得满足的来源，可分为外在性需要和内在性需要，由于需要来源的不同，激励可分为外在性激励与内在性激励。

1）外在性激励

外在性激励是指当事者员工自己没有办法控制，而是由组织管理者掌握和分配资源来调动员工积极性的一种激励。

物质性激励。通常以工资、奖金及各种福利调动员工的积极性。

社会情感性激励。通常用荣誉、友谊、信任、表扬等社会情感性的因素调动员工的积极性。

2）内在性激励

通过工作本身所能提供的某些因素来调动员工的工作积极性。

工作活动本身的激励。工作的趣味性、挑战性让人感到进步和成长。

工作任务完成的激励。使人有自豪感、成就感、轻松感。

3）两种激励的效果比较。

两种激励的效果比较见表6-1。

表6-1 外在性激励与内在性激励的比较

项目	满足需要的源泉	满足需要的类型	作用时间	所需成本	工作对受激励的意义
外在性激励	组织奖励	物质需要	随报酬的消失而消失	高	工具性
		社会情感需要	较为持久	低	
内在性激励	工作过程及结果	个人及社会情感需要	较为持久	低	激励性

2. 激励过程的基本模式

激励模式的研究大多以需要理论为基础，认为人的行为是由尚未满足的需要引发动机，进而导致行为的。

激励模式的阶段。①需要的产生，在个人内心引起不平衡。②个人将寻求和选择满足这些需要的方法，以恢复他的平衡状况。③个人通过目标行为和工作，去满足需要。④关于个人在实现目标方面的绩效成就，要由个人或别人来进行绩效评价。这可能满足一个人的工作胜任感。⑤根据对绩效的评价而给予奖酬或惩罚。⑥由个人来评价绩效和报酬，在多大程度上满足了最初的需要。⑦如果这个激励过程满足了这个需要，这个人就会有平衡感和满足感。如果这个需要没有满足，激励过程就要重复，可能选择一个不同的行为。激励模式如图6-4所示。

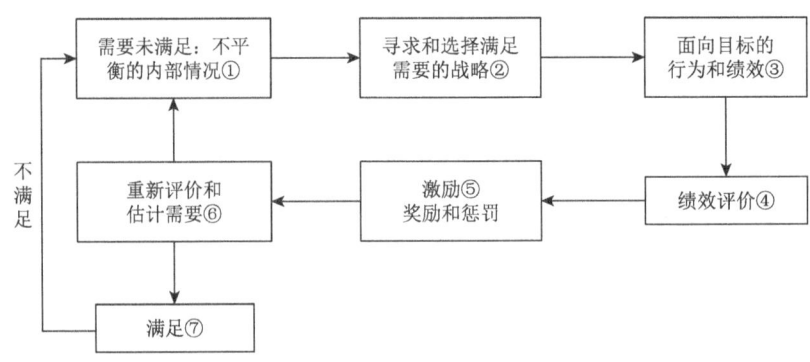

图6-4 激励的一般过程模式

当人们的行为未能达到目的时，他们常常会采用一些消极行为，以防范的态度对待挫折。常见的消极行为有以下几种。

（1）撤退。躲开预期将受到挫折的那些环境。
（2）取代。用别的东西来代替原来追求的目标。
（3）投射。将自己的某种激愤归罪于其他人。
（4）抑制。个人为了减少挫折而对一些复杂问题给予抑制。
（5）强词夺理。找出缩小自己责任的辩解理由。
（6）攻击。对挫折的一种十分常见的反应是攻击。

五、激励理论分类

组织行为学提高激励水平的一条重要研究途径是对激发动机的探索。相应的研究成果大致可以归纳为：内容型激励理论、过程型激励理论和调整型激励理论三大类。

（1）内容型激励理论着重对引发动机的因素，即激励的内容进行研究。主要包括：马斯洛的需要层次理论、赫茨伯格的双因素理论、成就需要理论、ERG 理论等。

（2）过程型激励理论着重对行为目标的选择，即动机的形成过程进行研究。主要包括：弗罗姆的期望理论、亚当斯的公平理论、目标设置理论等。

（3）调整型激励理论也称行为改造型激励理论，着重对达到激励的目的，即调整和转化人的行为进行研究。主要包括：强化理论、挫折理论等。

以上三类激励理论对应于激励的一般过程如图 6-5 所示。

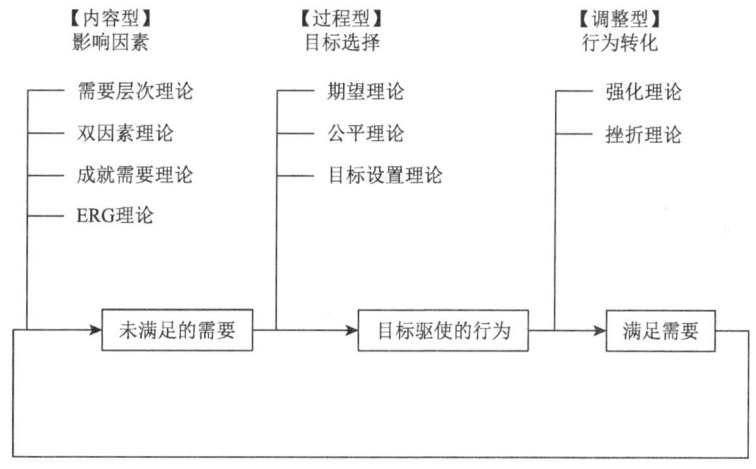

图 6-5　三类激励理论与激励过程

案例分析

奖励之道，人才第三

春秋五霸之首的齐桓公曾被人评价说："能力一般、长相一般、贪财好色、人品很差。"但他有一个优点：会带队伍，会用人才。齐桓公最重用的人才，非管仲莫属。史书上记载，管仲被齐国任用为相后，推行改革，齐国逐渐强盛，成为历史上第一个充当盟主的诸侯。

管仲为齐国作出的贡献是无与伦比的，但奇怪的是，每次管仲做出了成绩，齐桓公第一个表扬和重奖的，不是管仲，而是管仲的启蒙老师，理由是他为国家培养了一个好人才；第二个表扬和重奖的，仍不是管仲，而是发现并推荐管仲的那个人，理由是他为国家发现了人才；直到第三个，才轮到管仲。

为何齐桓公要推行这种"人才排第三"的奖励制度？目的很明确，就是要向齐国人民表明：自己不拉车没关系，只要培养出或找到能拉车的马，就能走得跟它一样快；自己是不是人才没关系，只要培养出或找到人才，就会过得和他们一样好。齐桓公的治国思维在于：当伯乐得到足够的重视，千里马自然就蜂拥而至。

于是，齐国上下尊师成风，敬才成风，人们寻找人才就跟找宝藏一样，但凡有点才华的人走在街上，人人都向他鞠躬，人人都喜欢跟他交朋友。由此，齐国人才辈出，国家也越来越强盛，最终成为中原第一个霸主。

资料来源：张珠容（2014）

【讨论题】

1. 试论齐桓公的治国理政思维及其启示。
2. 试用激励理论分析奖励之道，为什么老师排第一、伯乐排第二、人才排第三？
3. 你怎样解读"当伯乐得到足够的重视，千里马自然就蜂拥而至"这句话？你同意这说法吗？为什么？

第二节　早期激励理论

早期激励理论着重对激励的原因及激励作用的因素的具体内容进行研究。由于需要和动机是推动人们行为的原因，也是激励的起点和基础，研究需要的内容和结构，以及如何推动人们的行为是内容型激励理论的主要任务。早期激励理论包括：马斯洛的需要层次理论；麦格雷戈的 X 理论、Y 理论；奥尔德弗的 ERG 理论；赫茨伯格的激励—保健理论和麦克利兰的需要理论。尽管这些理论受到了众多的批评，而且至今其有效性仍受到怀疑，但它们依然是在激励员工方面流传最广的解释。的确，在此之后发展了很多更有说服力的解释，但我们仍须先了解这些理论，原因在于：①它们为激励理论的发展奠定了基础；②许多实践中的管理者经常使用这些理论和术语解释员工的动机。

一、需要层次理论

1. 需要层次理论的基本内容

最著名的激励理论应该数亚伯拉罕·马斯洛的需要层次理论（hierarchy of needs

theory，HNT）。美国心理学家亚伯拉罕·马斯洛在对默里所著的《人格的探索》一书中列举的人类 20 种不同的需要进行分析归纳的基础上，于 1943 年出版了《人类动机理论》，提出了需要层次理论。马斯洛假设每个人都有五个层次的需要。

生理需要（physiological needs）。食物、水、住所、性满足及其他方面的生理需要。

安全需要（safety needs）。保护自己免受身体和情感伤害的需要。

社交需要（social needs）。包括友谊、爱情、归属及接纳方面的需要。

尊重需要（esteem needs）。内部尊重因素包括自尊、自主和成就感；外部尊重因素包括地位、认可和关注等。

自我实现需要（self-actualization needs）。成长与发展、发挥自身潜能、实现理想的需要。

当一种需要得到满足后，另一种更高层次的需要就会占据主导地位。个体的需要是逐层上升的。从激励的角度来看，没有一种需要会得到完全满足，但只要其得到部分的满足，个体就会转向追求其他方面的需要了。按照马斯洛的观点，如果希望激励某人，就必须了解此人目前所处的需要层次，然后着重满足这一层次或在此层次之上的需要。

2. 需要层次理论的特点

（1）这五种需要像阶梯一样从低到高，但这五种需要不是完全固定的，可以变化，也有种种例外的情况。

（2）生理需要和安全需要属于低级需要，尊重需要和自我实现需要属于高级需要，社交需要则属于过渡性的中间范畴。低级需要相对地满足了，就向高一级需要发展。

（3）人的低级需要是先天就有的，是由人的本能决定的，高级需要是后天得到的，是受环境的熏陶和意识的培养产生的。

（4）低级需要比较客观，容易发觉，是从外界的物质方面获得满足；高级需要难以辨别，不易发觉，是从内在的精神方面寻求满足。每一个层次的需要的满足是相对的，不可能达到完全满足，越到上层，满足的程度越低。

（5）低级需要是有限度的，一旦得到满足就不再成为激发人们行为的动力，高级需要往往不易满足，它对激发人的行为具有持久的作用。

（6）在同一时期内，可能同时存在几种需要，因为人的行为是受多种需要支配的。但是，每一时期内总有一种需要占支配地位。任何一种需要都不会因为新的需要的出现而消失，各层次的需要相互依赖和重叠。高层次的需要发展了，低层次的需要仍然存在，只是对行为的影响减弱了而已。

3. 需要层次理论在管理中的应用

马斯洛的理论得到了普遍认可，特别是实践中的管理者。这主要归功于该理论简单明了、易于理解、具有内在的逻辑性，如表 6-2 所示。

表 6-2 需要层次理论同管理措施密切结合的参考表

需要的层次	诱因（追求的目标）	管理制度与措施
（1）生理需要	薪水、健康的工作环境、各种福利	身体保健（医疗设备）、工作时间（休息）、住宅设施、福利设备
（2）安全需要	职位的保障、意外的防止	雇佣保证、退休金制度、健康保险制度、意外保险制度
（3）社交需要	友谊（良好的人际关系）、团体的接纳、与组织的一致	协谈制度、利润分配制度、团体活动制度、互助金制度、娱乐制度、教育训练制度
（4）尊重需要	地位、名分、权力、责任、与他人薪水的相对高低	人事考核制度、晋升制度、表彰制度、资金制度、选拔进修制度、委员会参与制度
（5）自我实现需要	能发展个人特长的组织环境、具有挑战性的工作	决策参与制度、提案制度、研究发展计划、劳资会议制度

4. 马斯洛需要层次理论的借鉴意义

（1）马斯洛需要层次理论作为一种激励理论，强调人的不同层次的需要是激发动机的因素，在一定程度上反映了人类行为和心理活动的共同规律，有其科学的一面。

（2）马斯洛把人类形形色色的需要概括为五类，与其他心理学家对需要的分类相比，划分比较全面，且马斯洛从人的需要出发研究人的行为，抓住了问题的关键。

（3）马斯洛把生理需要作为需要结构的基础，作为第一需要，认为它是原始的最基本的需要，这是正确的，有一定的参考价值。

（4）马斯洛需要层次理论所指出的需要层次及需要由低级向高级发展的趋向，反映了人的心理发展过程。撇开需要的社会内容，就其心理发展的形式来看，同样适用于我国劳动人民。

（5）马斯洛的需要层次理论指出了在每一个时期都有一种需要占主导地位，而其他的需要则暂时处于从属的地位，这一点对我们的企业管理工作具有启发意义。

（6）马斯洛把需要分为低级需要（即物质需要）和高级需要（即精神需要），为我们的企业管理提出了调动积极性的工作方向和内容。在企业管理中，要分清需要的不同性质，从物质和精神两方面去满足职工的需要。

我们要正确引导员工确立符合自身实际的需要，即一是个人的需要要符合历史发展的方向；二是个人的需要要适应社会的需要；三是个人的需要要考虑到环境的影响和客观条件的可能；四是个人的需要要考虑到你自己个人的可能。

二、X 理论和 Y 理论

道格拉斯·麦格雷戈提出了有关人性的两种截然不同的观点：一种是基本上消极的X 理论（X theory）；另一种是基本上积极的 Y 理论（Y theory）。通过观察管理者处理员工关系的方式，麦格雷戈发现，管理者关于人性的观点是建立在一些假设基础之上的，而管理者又根据这些假设来塑造他们自己对下属的行为方式。

X 理论以下面四种假设为基础：①员工天生不喜欢工作，只要可能，他们就会逃避工作。②由于员工不喜欢工作，必须采取强制措施或惩罚办法，迫使他们实现组织目标。③员工只要有可能就会逃避责任，安于现状。④大多数员工喜欢安逸，没有雄心壮志。

与这些消极的人生观点相对照，麦格雷戈还提出了 Y 理论，它基于这样的假设：①员工视工作如休息、娱乐一般自然。②如果员工对某项工作作出承诺，他们会进行自我指导和自我控制，以完成任务。③一般而言，每个人不仅能够承担责任，而且会主动寻求承担责任。④绝大多数人都具备作出正确决策的能力，而不是只有管理者才具备这一能力。

麦格雷戈的人性观点对于激励问题的分析具有什么意义呢？这一问题在马斯洛需要层次的框架基础上进行解释效果最佳：X 理论假设较低层次的需要支配着个人的行为；Y 理论则假设较高层次的需要支配着个人的行为。麦格雷戈本人认为，Y 理论的假设相比 X 理论更实际有效，因此他建议让员工参与决策，为员工提供富有挑战性和责任感的工作，建立良好的群体关系，这都会极大地调动员工的工作积极性。

遗憾的是，并无证据证实某一种假设更为有效，也无证据表明采用 Y 理论的假设并相应改变个体行为的做法，更有效地调动了员工的积极性。现实生活中，确实也有采用 X 理论而卓有成效的管理者案例。例如，丰田公司美国市场运营部副总裁鲍勃·麦格克雷（Bob Mccurry）就是 X 理论的追随者，他激励员工拼命工作，并实施"鞭策"式体制，在竞争激烈的市场中，这种做法使丰田产品的市场占有份额得到了大幅度的提高（罗宾斯和贾奇，2012）。

三、ERG 需要理论

1. 奥尔德弗的 ERG 理论的基本内容

耶鲁大学的奥尔德弗在马斯洛提出的需要层次的基础上，进行了更接近实际经验的研究，提出了一种新的需要层次理论。奥尔德弗认为，人们共存在三种核心的需要。

（1）生存（existence）需要，是指所有维持人生命的物质和生理欲望，包括衣、食、住、行及组织为成员的这些需求得到满足而提供的报酬、福利和安全条件等，相当于马斯洛需要层次论中的生理需要和安全需要。

（2）联系（relation）需要，是指维持重要人际关系的需要，相当于马斯洛需要层次论中的社交需要和尊重需要中的外部尊重需要。

（3）发展（growth）需要，是指追求自我发展、获得自尊及充分发挥自己能力的需要。相当于马斯洛需要层次论中的内部尊重需要和自我实现需要。

奥尔德弗的三种核心的需要，即生存需要、联系需要和发展需要，因这一理论英文的第一个字母为被称为 ERG，因此也被称为 ERG 理论。

生存需要与我们基本的物质生存需要有关，它包括马斯洛提出的生理需要和安全需要。第二类需要是联系需要，即指我们对于保持重要的人际关系的要求。这种社会和地位的需要的满足是在与其他需要的相互作用中达成的，它们与马斯洛的社交需要和自尊需要分类中的外在部分是相对应的。最后，奥尔德弗把发展的需要独立出来，表示个人谋求发展的内在愿望，包括马斯洛的自尊需要分类中的内在部分和自我实现层次中所包含的特征。

2. ERG 理论与马斯洛需要层次理论的异同

马斯洛需要层次理论与奥尔德弗 ERG 理论的相同点和不同点。相对于马斯洛的需要层次论，ERG 理论提出了一些不同的观点。首先，各种需要可以同时存在，对个体起到激励作用。奥尔德弗认为后工业时代员工的生存需要和发展需要可以同时得到满足。其次，针对马斯洛提出的"满足—前进"理论，即较低层次需要得到满足后才会产生较高层次的需要，奥尔德弗提出了"挫折—后退"理论，认为如果较高层次需要不能得到满足的话，对满足较低层次需要的欲望就会加强。例如，某人想通过完成更具挑战性的工作来满足发展需要，但由于种种原因失败了，他会转而寻求能更好地满足生存需要和联系需要的方式，以求得心理的平衡，如表 6-3 所示。

表 6-3　马斯洛的需要层次理论与奥尔德弗的 ERG 需要理论

	马斯洛的需要层次理论	奥尔德弗的 ERG 需要理论
相似点	1. 人的需要分为五类 2. 这五种需要是由低到高逐步发展上升的，同时也是相互联系的	1. 人的需要分为三类 2. 这三种需要一般来说由低到高逐步发展，同时这三种需要又相互联系
不同点	1. 人类有五种需要，它们是生来就有的，是内在的、下意识的，即使是小孩子也具有 2. 人的需要按照严格的层次，由低到高逐级上升，要有越级上升，则是特殊情况 3. 人的五种需要只存在由低到高的上升情况，不存在由高级的需要后退到低级需要的问题	1. 人类有三种需要，这些需要不完全就是生来就有的，有的需要是后天产生的 2. 人的需要并不一定严格地按照由低到高逐级发展的顺序，可以越级，如人可以在没有归属的情况下，产生自尊需要 3. 人的三种需要，既是由低到向上发展的，也存在一旦遇到挫折就下降的情况，如人得不到好的相互关系，就下降为生存需要

3. ERG 需要理论在管理中的作用

奥尔德弗需要理论克服了马斯洛需要层次理论的局限，避免了将各种需要概念化地纳入某个层次系统的缺陷，认为任何一种需要在任何一个时刻获得满足都可以产生积极的作用。奥尔德弗的需要理论更加符合实际。企业管理者应当正确运用 ERG 理论，最大限度地发挥激励作用。

（1）重视高层次需要的满足。一般来说，低层次需要容易得到满足，对于大多数人来说，生理和安全的需要已不成问题。当然，这并不是说可以忽视基础性工作，可以在生活保障、安全措施等方面放松。然而，对高层次需要的满足将会产生持久的激励动力。作为企业管理者，应尽可能地满足人们交往及成长、发展的需要。

（2）了解不同人的需要。人们在生存、联系和发展需要上是不相同的，不同文化层次、不同年龄和不同职位的人需要的重点不一样。管理者要根据员工需要的内容，设计激励策略，以使员工能满足其最迫切的需要，实现最佳激励效果。

(3)要注意需要的转化。ERG 理论不仅体现了满足上升这一方面，而且体现了挫折倒退这一方面。人们的需要不仅会由低向高上升，而且会逐层由高向低下降，甚至还会出现跳跃。管理者要防止需要反弹，并依据需要转化原理分析员工行为变化的原因，找到解决员工受挫折的办法，使员工避免挫折和后退性行为。

四、双因素理论

双因素理论是美国心理学家弗雷德里克·赫茨伯格于 1959 年提出的。他认为个人与工作的关系是一个最基本的方面，而个人对工作的态度在很大程度上决定着任务的成功与失败。双因素理论也称激励-保健理论（motivation-hygiene theory，MHT）。赫茨伯格在 20 世纪 50 年代后期对一些企业进行了调查。调查时，他设计了许多问题，如什么时候你对工作特别满意，什么时候你对工作特别不满意等。然后，他向一批工程师和会计师征询意见。赫茨伯格在研究了调查结果后提出了激励的双因素理论。

1. 双因素理论的基本内容

赫茨伯格认为，传统的满意与不满意的观点是不正确的。他提出了表示满意程度的四种状态，认为满意的对立面应当是没有满意，不满意的对立面应该是没有不满意。在图 6-6 中，（a）图为传统观点，（b）图为赫茨伯格的观点。

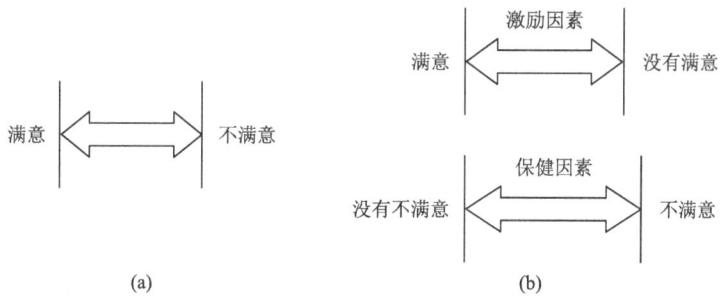

图 6-6 传统观点与赫茨伯格观点的比较

赫茨伯格认为，使职工感到满意的因素与使职工感到不满意的因素是大不相同的。赫茨伯格发现造成职工非常不满意的原因有：公司政策、行政管理和监督方式、工作条件、人际关系、地位、安全和生活条件。这些因素改善了，只能消除职工的不满、怠工与对抗，但不能使职工变得非常满意，也不能激发他们工作的积极性，促使生产增长。赫茨伯格把这一类因素称为保健因素，即只能防止疾病、治疗创伤，但不能提高体质。

赫茨伯格还发现使职工感到满意的原因有：工作富有成就感、工作成绩能得到认可、工作本身具有挑战性、负有较大的责任、在职业上能得到发展等。这类因素的改善，能够激励职工的工作热情，从而提高生产率。如果处理得不好，也会引起职工不满，但影响不大。赫茨伯格把这类因素称为激励因素，这两类因素如表 6-4 所示。

表 6-4　保健因素与激励因素

保健因素（环境）	激励因素（工作本身）
薪金 监督、管理方式 地位 安全 工作环境 政策与行政管理 人际关系	工作本身 赏识 进步 成长的可能 责任 成就

赫茨伯格的双因素理论和马斯洛的需要层次理论是兼容并蓄的。只不过马斯洛的理论是针对需要和动机而言的，而赫茨伯格的理论是针对满足这些需要的目标和诱因而言的，两者的关系如图 6-7 所示。由此可见生理、安全、社交及尊重需要中的地位为保健因素，而尊重需要中的晋升、褒奖和自我实现需要为激励因素。

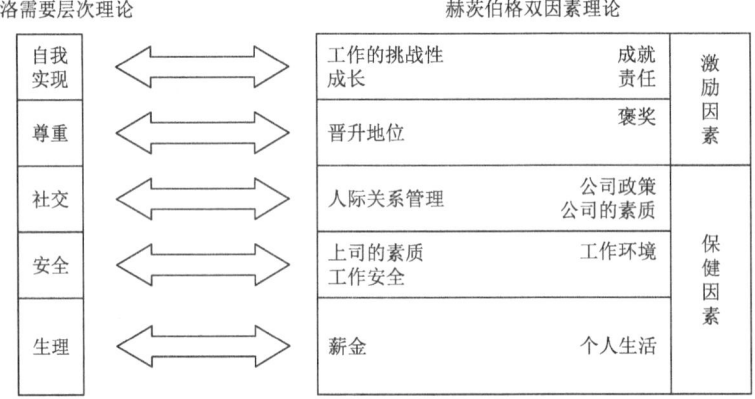

图 6-7　赫茨伯格双因素理论与马斯洛需要层次理论的关系

2. 双因素理论对我们的启发

1）双因素理论的局限

赫茨伯格的双因素理论在国外虽然有很大影响，但也有人对它提出了批评，主要有四点。

第一，赫茨伯格调查取样的数量和对象缺乏代表性。样本仅有 203 人，数量较少，而且对象是工程师、会计师，他们在工资、安全、工作条件等方面都比较好，这并不代表一般职工的情况。

第二，赫茨伯格在调查时，问卷的方法和题目有缺陷。把好的结果归结于自己的努力，而把不好的结果归结于客观条件的限制，人们的这种心理特征在他的问题上无法反映出来。

第三，赫茨伯格认为满意度与生产率之间存在一定的关系，但他所使用的研究方法只考察了满意度，而没有涉及生产率。为了使这一研究更有效，人们必须假定生产率与满意度之间关系十分密切。

第四，赫茨伯格将保健因素和激励因素截然分开是不妥的。实际上保健因素和激励因素、外部因素和内部因素都不是绝对的，它们相互联系并可以互相转化。保健因素也能够产生满意，激励因素也能够产生不满意，例如，奖金既可以成为保健因素，也可以成为激励因素，工作成绩得不到承认也可以使人闹情绪。

2）双因素理论的贡献

尽管有些人对赫茨伯格的双因素理论提出了一些不同看法，但赫茨伯格的贡献是显而易见的。

第一，他告诉我们一个事实，采取了某项激励的措施后并不一定就带来满意，更不等于劳动生产率就能够提高。

第二，满足各种需要所引起的激励深度和效果是不一样的。物质需求的满足是必要的，没有它会导致不满，但是即使获得满足，它的作用也往往是很有限的，是不能持久的。

第三，要调动人的积极性，不仅要注意物质利益和工作条件等外部因素，更重要的是要注意工作的安排，量才录用，各得其所，注意对人进行精神鼓励，对工作中的成绩给予表扬和认可，注意给人以成才、发展、晋升的机会。

3）双因素理论的借鉴

双因素理论值得我们借鉴，但必须结合中国特殊的国情。

第一，我们在实施激励时，应注意区别保健因素和激励因素，前者的满足可以消除不满，后者的满足可以产生满意。

第二，从现实情况来看，工资和奖金并不仅仅是保健因素，如果运用恰当，也可以表现出显著的激励作用。关键在于工资和奖金的发放办法。

第三，应注意激励深度问题。上级的赏识、荣誉感和成就感的满足，使当事人得到深刻的激励，因为它来自工作本身，被称作内在激励。工资、奖金福利、工作条件、人际关系的改善，属于工作的外部条件的改进，即使有一些激励作用，也缺乏深度，持续时间短暂，因此被称作外在激励。

第四，随着温饱问题的解决，内在激励的重要性越来越明显。无怪乎发达国家的企业经理挖空心思地寻找满足内在激励的良方：如何增加工作本身的吸引力？如何使员工在工作中感受到无穷的乐趣？如何使工作更具挑战性，工作胜任后有更大的成就感？

五、麦克利兰的成就需要理论

1. 三种基本的激励需要

美国管理学家哈佛大学麦克利兰教授20世纪60年代提出了三种高层次需要。

（1）权力的需要（power demands）。对权力的需要是指一种想使人按照自己的意愿行事，即想要影响和控制他人的愿望或驱动力。麦克利兰发现，具有较高权力欲的人，通常比较喜欢承担责任，这样的人一般倾向于寻求竞争性的和领导者地位取向的工作环境，力求对他人施加影响。他们往往十分健谈、好争辩、直率、头脑冷静、善于提出要求、喜欢演讲,并且爱教训别人。另外,他们似乎关心权威和对他人的影响力胜过关心有效的业绩表现。

(2)归属的需要(affiliation demands)。具有较高归属激励需求的人通常会从友爱中获得快乐,并总是设法避免因被某个团体拒之门外带来的痛苦。作为个人,他们往往比较注重保持一种融洽的社会关系,渴望他人的喜爱和接纳,希望与周围的人保持亲密关系和相互充分地沟通与理解。他们随时愿意安慰和帮助危难中的伙伴,并喜欢与他们保持友善的关系。高归属需要者通常喜欢合作性而不是竞争性的职位。

(3)成就的需要(achievement demands)。成就需要是指想要超过或达到一系列标准,希望把事情做得比以往更好,愿意为成功而努力的驱动力。具有较高成就需要的人,对成功有一种强烈的要求,同样也强烈担心失败。他们宁愿为个人成就而不是成功后得到的奖赏而奋斗。通过对成就需要的研究,麦克利兰发现高成就需要者不同于其他人之处在于他们想把事情做得更好。他们一般比较喜欢表现自己,能够独当一面,愿意承担工作责任,他们愿意或者喜欢接受难度适中的任务。

2. 激励需要理论对我们的启发

在大量研究的基础上,麦克利兰对成就需要与工作绩效的关系进行了十分有说服力推断。虽然对于权力需要和归属需要的研究相对较少,但结果是较为一致的。其主要结论如下。

(1)麦克利兰对高成就需要者作了重点研究,提出这类人通常具有以下特点:第一,他们能够解决问题承担责任,而不是将结果归于运气或其他人的行为。第二,他们希望及时获得对自己绩效的反馈以便判断自己是否需要改进;第三,他们具有适度的冒险性,中等难度的任务对他们最有挑战性。

高成就者不是赌徒,他们不喜欢靠运气获得成功,他们逃避那些他们认为非常容易或非常困难的任务,他们想要克服困难,但希望成功或失败是由他们自己的行为所致。当高成就需要者认为一项任务成功的可能性有50%时,他们的绩效最高。他们不喜欢偶然性很高的赌博,因为从偶然的成功中他们得不到任何成就满足感。同样,他们也不喜欢成功的概率过高,因为那样对他们的能力没有挑战性,他们喜欢设置需要经过一定努力才能实现的目标,当成功和失败的可能性几乎相等时,是一个人从个人努力中获得成功感和满意感的最佳时机。不少证据表明,高成就需要者在企业中,在管理大公司中的一个独立部门及处理销售业务等方面颇有建树(时巨涛等,2003)。

(2)麦克利兰的研究表明,对身居主管位置的人来说,成就需求比较强烈。但是高成就需要者并不一定就是优秀的管理者,而优秀管理者也未必就是成就需要很高者。

(3)归属需要与权力需要和管理的成功密切相关。最优秀的管理者往往是权力需要很高而归属需要很低的人。

(4)员工可以通过训练来激发他的成就需要。如果某项工作要求高成就需要者,那么管理者可以通过直接选拔的方式找到一名高成就需要者,或者通过培训的方式培养自己原有的下属。

虽然上述早期激励理论广为流传,但应注意的是这些理论基本上都是由美国学者提出来的，事实上，不同文化背景中的人，其需要的内容和结构是不一样的。比如，美国管理者最关心的是成就、尊重及自我实现，而日本和希腊的管理者却关心安全。在北欧的一些国家，社交需要被认为是最重要的。法国、日本和瑞典的研究者都不承认麦克利兰的成就需要，因为那些国家的人的行为往往是群体导向的而非个人导向的。

案例分析

你给我脸，我给你命

开宝七年（公元974年），一个名叫樊若水的文弱书生，从南唐来到北宋都城汴梁，想要谋个官职。此时的宋太祖正做着拿下南唐、实现统一的中国梦，这个来自江南的书生引起了他的注意，毕竟没两把刷子，敢跑来要官做吗？于是，他派人去做一下面试，看看他的学问如何。有着长期举办科举考试的底蕴，考官们的报告很快就送到了宋太祖赵匡胤的龙书案上。结论只有两个字——"学浅"，翻译成现代文就是学问浅薄。

宋太祖有些不太相信，亲自把他找来谈话。为了营造平和的气氛，太祖亲切地问他："你为什么要取'若水'这个名字啊？"樊若水回答说："我自幼喜欢读书，曾经看到唐朝有个大臣叫倪若水，为人刚直，我很仰慕他，所以给自己也取了这个名字。"他这话一出口，旁边侍立的大臣们差点没笑喷了。原来唐朝那个大臣叫倪若冰，古代的书是竖排版，这个"冰"字就是在"水"字的左上角加上那么一点，如果读得不仔细，就难免会把"冰"看成"水"。宋太祖虽然书读得不多，但倪若冰这个人他还是知道的，清楚这个樊若水给搞错了。不过他知道越是心高气傲的人，自尊心越强，不但没有揭穿他，还笑呵呵地说："看来你知道不少古人的事呀，不错不错，我给你改个名字，就叫知古吧！"

于是樊若水就成了樊知古，不仅没有被一顿棍棒赶出金殿，还赐他进士及第，给了官当。樊若水十分高兴，没过多久，他就给宋太祖献上了一份大礼：一个突破长江天险的地图。原来，樊若水的父亲是南唐池州的一个县令，作为县太爷的公子，樊若水从小就仗着读过几天书，不把谁放在眼里。有一年，他到都城金陵（今南京）参加科举考试，想中个进士，好光宗耀祖。没想到还没怎么着，就被主考官毫不留情地刷了下来。他很不甘心，就给皇帝李煜写信，提了一些合理化建议，并顺便奉上了自己的几篇诗作。李煜在古代的皇帝中，谈治国理政不行，但若论诗词歌赋，却可谓顶尖的高手，樊若水的那几首诗哪入得了他的法眼，被他当作笑料扔进了纸篓。

对于一个文人来说，没有比被人瞧不起更大的羞辱了。他一怒之下，出走北宋，想寻求更大的发展，只是他在走之前，做了一件极其重要的事。他来到离金陵只有八十多公里的军事重地采石矶，在那里测量了长江的宽度。《宋史》里说，他先是在那里装作一个钓鱼翁，每天驾着一叶渔舟，在江边垂钓，而到了晚上，他就拿出一团丝绳，一端系在南岸，驾着船，带着绳子扯到北岸。经过几十个来回，就把这段长江的宽度、水流等重要情报收集得差不多了。如今，宋太祖的尊重让他感激涕零，于是献上了自己珍藏已久的礼物。

这一年的10月，宋太祖一声令下，正式打响了对南唐的统一战争，北宋大军几百艘战船浩浩荡荡顺流而下，迅速抵达了采石矶。不过，对南唐来说，局面虽然凶险，但水宽浪急的长江，是他们最坚固的一道防线。然而令他们吃惊的是，不到三天的工夫，采石矶江面上出现了一条"巨龙"，横跨大江南北。这条"巨龙"，是一座巨型的浮桥，先用船沿着长江北岸一直铺到南岸，再用铁链和绳索一绑，上面铺上厚实的木板。踏着这座仿佛从天而降的浮桥，数十万北宋大军如履平地般渡过了长江，南唐军队溃不成军，没过多长时间，李煜打开金陵城门，"肉袒"出降，此后只能在宋朝的天空下慨叹：问君能有许多愁，恰似一江春水向东流。

宋太祖和李煜命运的分野，就在对人的尊重与使用上。世上有小人物，却未必没有大能量，左或右，负与正，只在你如何激发罢了。小人物有大尊严，你给我脸，我给你命。

资料来源：清风慕竹（2015）

【讨论题】

1. 樊若水给我们的启示是什么？
2. 运用需要层次理论论述"你给我脸，我给你命"的核心要旨。
3. 谈谈宋太祖的"管理"艺术。

第三节 当代激励理论

早期激励理论虽然广为人知，但未能完全经得起深入的考验，不过它们也没有被全盘否定。众多当代理论观点都有一个共同之处，那就是它们都在不同程度上以早期理论为基础。当代激励理论主要包括目标设置理论、强化理论、公平理论和期望理论。

一、目标设置理论

目标设置理论（goal setting theory，GST）为目标管理提供了理论依据，同时又发展了目标管理方法，自20世纪60年代末第一次提出来就受到了理论界和管理者的广泛重视。该理论由美国管理学家查尔斯·L. 休斯（Charles L. Hughes）和美国心理学教授洛克提出。

1. 目标设置理论的内容

目标设置理论认为，目标是人们行为的最终目的，是人们预先规定的、合乎自己需要的"诱因"，是激励人们有形的、可以测量的成功标准，对于具有一定难度且具体的目标，一旦被接受，将会比容易的目标更能激发高水平的工作绩效。这种主张称为目标设置理论。达到目标是一种强有力的激励，是完成工作的直接动机，是提高激励水平的重要过程。

（1）目标设置的具体性。这指目标必须能被精确观察和测量（如生产产品的数量单位、次品率、新销路或顾客投诉次数等），要规定实现目标的时间（如一个月、半年或一年)。对目标的表达要避免含糊和一般化,摒弃"尽可能""尽你的努力""在一定时间内"等模糊字眼。

(2)目标设置的难度。目标难度与激励之间有着清楚的关系,目标难度越大,激励和绩效水平越高。当设置的目标具有挑战性时,目标就能激发个体行为。如果设置的目标易于达到,那么人们就会按部就班地工作,目标设置就是无意义的;如果设置的目标难度太高,人们认为高不可攀,望而却步,那么目标也会失去激励作用。有关目标设置的研究表明,设置恰当而具有挑战性的目标能够产生强烈的激励作用。虽然我们不能断言让员工参与目标设置的过程总是可取的,但是,当你预期到员工在接受较困难的挑战性工作会遇到阻力时,让员工参与目标的设置是最适当不过的。

(3)目标设置的可接受性。设置的目标必须为个人所接受,要使个人感到参与了目标的制定过程,感到目标是个人的投资和占有,鼓励下属自己设置目标,把管理者的目标变成下属自己的目标,让下属认同和关心它。

心理学家认为,可以把难度很高、庞大复杂的目标划分为若干个阶段性目标,通过"小步子"的逐一完成,最后达到总目标。这是实现艰巨目标的有效方法。尤克尔(Yukl)和莱瑟姆(Latham)提出了把目标设置、员工参与、注意个别差异和解决目标艰巨性等因素结合运用的目标设置的综合模式,霍尔(Hall)提出了"目标→努力→工作→自尊心、责任感→更高目标"的心理循环模式,休斯则提出管理者要使员工明确和达成个人目标,把组织目标与个人目标结合起来,并使个人目标有实现的可能。

2. 目标设置理论的管理学意义

目标设置理论是组织行为学中较新的一种激励理论,它对管理学的意义是重大的。中度的具有挑战性的目标将激发成就动机,而目标设置理论则认为设置具有一定难度的目标将产生更大的激励作用,这两种说法矛盾吗?回答是否定的。我们的解释包括两个方面:第一,目标设置理论是针对一般大众的,而成就动机的结论仅仅是基于高成就需要者而言的。在北美,高成就需要者只占10%~20%,因此,对于大多数人而言,更容易接受目标设置理论。第二,目标设置理论适用于那些承诺并接受工作目标的人。具有一定难度的目标只有被人们所采纳,才会导致更高的工作绩效(罗宾斯和贾奇,2012)。

(1)目标是一种外在的可以得到精确观察和测量的标准,管理者可以直接调整和控制,具有可应用性。

(2)管理者应帮助下属设立具体的、有相当难度的目标,使下属认同并内化为自己的目标,变成员工行动的方向和动力。

(3)管理者应尽可能地使下属获得较高的目标认同:一是使所有下属人员了解组织目标,并参与目标设置过程;二是支持和鼓励下属认同目标,相信下属人员的能力及承担完成目标的责任;三是对目标的实现采取各种形式的激励,以调动员工完成目标的积极性。

(4)加强和做好目标进程的反馈工作。信息反馈是管理中的重要环节,运用目标理论,通过设置,核查目标,使组织各级人员经常看到组织目标和个人目标,并随目标的实现进程不断予以反馈,实施反馈控制。

（5）促进目标管理。目标设置理论为目标管理技术提供了心理学方面的理论依据，是对目标管理的进一步发展，目标管理正是应用目标设置原理来提高绩效的一种管理技术。要制定组织整体目标和其他层次、部门、团体、单位和个人目标，从各层次了解组织目标要求、工作范围与组织的关系，做到彼此支持、协调、上下左右兼顾，以实现组织预定目标。

这里我们不再花时间去回顾论据，只是归纳一下目标作为激励因素的重要的结论性知识，使工作指向目标的主要原因来自工作动机。敏锐的读者可能已经注意到在目标设置理论和成就动机之间似乎存在着矛盾。

二、强化理论

与目标设置理论相对的是强化理论（reinforcement theory）。目标设置理论认为个体的目标引导其活动，而强化理论则认为人的行为是由外部因素控制的，控制行为的因素称为强化物（reinforcers）。强化理论是由美国心理学家斯金纳提出的。这个理论是从动物的实验中得出来的。斯金纳的强化理论和佛隆的期望理论都强调行为同其后果之间关系的重要性，但佛隆的期望理论较多地涉及主观判断等内部心理过程，而强化理论只讨论刺激和行为的关系。

1. 强化理论的内容

斯金纳认为，无论是人还是动物，为了达到某种目的，都会采取一定的行为，这种行为将作用于环境，当行为的结果对他或它有利时，这种行为就会重复出现，当行为的结果不利时，这种行为就会减弱或消失。这就是环境对行为强化的结果。

强化有几种类型，根据强化的性质和目的可分为正强化和负强化。在管理上，正强化就是奖励那些组织上需要的行为，从而加强这种行为；负强化就是惩罚那些与组织不相容的行为，从而削弱这种行为。不要把正强化仅仅理解为给奖金，对成绩的认可、表扬、改善工作条件和人际关系、提升、安排担任挑战性工作、给予学习和成长的机会等都能起到正强化的作用。负强化的办法也有很多，如批评、处分、降级等，甚至有时不给予奖励或少给奖励也是一种负强化。连续强化是对每一个组织需要的行为都给予强化。间隙强化则是经过一段时间才强化一次，间隙强化还可按强化时间间隔的稳定性分为固定时间间隔强化和变动时间间隔强化。前者如职工每月定期发放工资或学生定期考试，后者如职工不定期升级和学生不定期的抽查考试。间隙强化按反应比例又可分为固定比例强化和变动比例强化，前者如计件工资，后者如按销售货物的难易对销售人员进行奖励。

2. 强化理论对我们的启发

强化理论较多地强调外部因素或环境刺激对行为的影响，忽略人的内在因素和主观能动性对环境的反作用，具有机械论的色彩。但是强化理论的一些具体做法对我们是有用的，强化理论的应用原则可以归纳为下面几条。

（1）要依照强化对象的不同需要采用不同的强化措施。人们的年龄、性别、职业和文化不同，需要就不同，强化方式也应不一样。对一部分人有效的强化，对另一部分人不一定有效（关培兰，2000）。

（2）小步子前进，分阶段设立目标。在鼓励人前进时，不仅要设立一个鼓舞人心而又切实可行的总目标，而且要将总目标分成许多小目标、小步子。完成每个小目标都及时给予强化，不仅有利于目标的实现，而且不断的激励也可以增强信心。

（3）及时反馈。所谓及时反馈，就是通过某种形式和途径，及时将工作结果告诉行动者。无论结果好与坏，对行为都具有强化的作用，好的结果能鼓舞人心，坏的结果能促进其分析原因，及时纠正。

（4）强化理论告诉我们，奖励（正强化）和惩罚（负强化）都有激励作用，但以正激励为主，负激励为辅才会收到更好的效果。

按照强化理论，管理者可以通过强化他们认为有利的行为来影响员工的活动。但是我们的重点应该在于积极强化而不是惩罚，也就是说，管理者应当忽视，而不是惩罚他不赞同的行为。尽管惩罚措施对于消除不良行为的速度快于忽视手段，但是它的效果经常只是暂时性的，并且可能会在之后产生不愉快的消极影响，如功能失调的冲突行为、缺勤或辞职等。强化理论的证据无疑对工作行为产生了重大影响，但强化并不是员工工作积极性存在差异的唯一解释，工作目标、成就需要、工资的不同级别、目标期望等因素都会对员工的工作积极性产生影响。

三、公平理论

公平理论（equity theory）由美国的斯达西·亚当斯于 20 世纪 60 年代提出，这一理论认为员工首先思考自己收入与付出的比率，然后将自己的收入一付出比与相关他人的收入一付出比进行比较。如果员工感觉到自己的比率与他人相同则为公平状态；如果感到二者的比率不相同，则产生不公平感，也就是说，他们会认为自己的收入过低或过高。这种不公平感出现后，员工就会试图去纠正它。公平理论又称社会比较理论，侧重于研究报酬对人们工作积极性的影响。

1. 公平理论的基本内容

公平理论的基本观点是，当一个人做出了成绩并取得了报酬以后，他不仅关心自己所得报酬的绝对量，而且关心自己所得报酬的相对量。因此，他要进行种种比较来确定自己所获报酬是否合理，比较的结果将直接影响今后工作的积极性。在公平理论中，员工所选择的与自己进行比较的参照对象是一个重要变量，我们可以划分出三种参照类型："他人""制度""自我"。"他人"包括同一组织中从事相似工作的其他个体，还包括朋友、邻居及同行。员工通过口头、报刊及杂志等渠道获得了有关工资标准、最近的劳工合同等方面的信息，并在此基础上将自己的收入与他人进行比较。"制度"指组织中的薪金政策与程度，以及这种制度的运作。对于组织层面上的薪金，不仅包括那些明文规定的，还包括一些隐含的不成文规定。组织中有关工资分配的惯例，是这一范畴中主要的固定决定因素。"自我"指的是员工自己在工作中付出与所得的比率。它反映了员工个人的过去经历及交往活动，受到员工过去的工作标准及家庭负担程度的影响。特定参照对象的选择与员工所能得到的有关参照对象的信息，以及他们所感知到的自己与参照对象的关系有关。

（1）横向比较，即他要将自己获得的"报偿"（包括金钱、工作安排及赏识等）与自己的"投入"（包括教育、努力及耗用在职务上的时间等）的比值与组织内其他人作社会比较，只有相等时，他才认为公平，如下式所示：

$$\frac{O_P}{I_P} = \frac{O_C}{I_C}$$

其中，O_P 表示自己对所获报酬的感觉；O_C 表示自己对他人所获报酬的感觉；I_P 表示自己对个人所作投入的感觉；I_C 表示自己对他人所作投入的感觉。

公平理论认为每个人不仅关心由于自己努力工作所得到的绝对报酬，而且还关心自己的报酬与他人报酬之间的关系。他们对自己的付出与所得和他人的付出与所得之间的关系作出判断。他们以对工作的付出，如努力程度、工作经验、教育程度及能力水平等为根据，比较其所得，如薪金、晋升、认可等因素。如果发现自己的付出—所得比和其他人相比不平衡，就会产生紧张感，这种紧张又会成为他们追求公平和平等的动机基础。

（2）纵向比较，即把自己目前投入的努力与目前所获得的报偿的比值，同自己过去投入的努力与过去所获报偿的比值进行比较。只有相等时他才认为公平，如下式所示：

$$\frac{O_{PP}}{I_{PP}} = \frac{O_{PL}}{I_{PL}}$$

其中，O_{PP} 表示自己对现在所获报酬的感觉；O_{PL} 表示自己对过去所获报酬的感觉；I_{PP} 表示自己对个人现在投入的感觉；I_{PL} 表示自己对个人过去投入的感觉。

基于公平理论的观点，当员工感到不公平时，他们可能会采取以下几种做法：①曲解自己或他人的付出或所得；②采取某种行为使得他人的付出或所得发生改变；③采取某种行为改变自己的付出或所得；④选择另外一个参照对象进行比较；⑤辞去他们的工作。

2. 公平理论对报酬分配的建议

具体而言，公平理论对报酬分配提出了以下四点建议。

（1）按时间付酬时，收入超过应得报酬的员工的生产率水平，将高于收入公平的员工。按时间付酬能够使员工生产出高质量与高产量的产品，以增加自己收入—付出比率中的付出额，保持公平感。

（2）按产量付酬时，收入超过应得报酬的员工相比那些收入公平的员工来说，产品生产数量增加不多，而主要是提高产品质量。计件付酬的方式将使员工为实现公平感而加倍付出努力，这将促使产品的质量或数量得到提高。然而，数量上的提高只能导致更高的不公平，因为每增加一个单位的产品将导致未来的付酬更多，因此，理想的努力方向是指向提高质量而不是提高数量。

（3）按时间付酬对于收入低于应得报酬的员工来说，将降低他们生产的数量或质量。

他们的工作努力程度也将降低,而且相比收入公平的员工来说,他们将减少产出数量或降低产出质量。

(4)按产量付酬时,收入低于应得报酬的员工与收入公平的员工相比,产量高而质量低。在计件付酬后,应对那些只讲产品数量而不管质量好坏的员工,不实施任何奖励,这种方式能够产生公平性。大量研究支持了公平理论的观点:员工的积极性不仅受其绝对收入的影响,而且受其相对收入的影响。一旦员工感知到不公平,他们就会采取行动纠正这种情境,其结果可能会降低或提高生产率,改善或降低产出质量,使缺勤率或自动离职率提高或降低。

3. 公平理论的几点思考

公平理论提出的基本观点是客观存在的,但公平本身却是一个相当复杂的问题,这主要是由于下面几个原因。

(1)它与个人的主观判断有关。上面公式中无论是自己的还是他人的投入和报偿都是个人感觉,而一般人总是对自己的投入估计过高,对别人的投入估计过低。

(2)它与个人所持的公平标准有关。上面的公平标准是采取贡献率,也有采取需要率、平均率的。例如,有人认为助学金应改为奖学金才合理,有人认为应平均分配才公平,也有人认为按经济困难程度分配才适当。

(3)它与绩效的评定有关。我们主张按绩效付报酬,并且各人之间应相对均衡。但如何评定绩效?是以工作成果的数量和质量,还是按工作中的努力程度和付出的劳动量?是按工作的复杂、困难程度还是按工作能力、技能、资历和学历?不同的评定办法会得到不同的结果。最好是按工作成果的数量和质量,用明确、客观、易于核实的标准来度量,但这在实际工作中往往难以做到,有时不得不采用其他的方法。

(4)它与评定人有关。绩效由谁来评定,是领导者评定还是群众评定或自我评定,不同的评定人会得出不同的结果。

4. 公平理论对我们的启发

(1)影响奖励效果的不仅有报酬的绝对值,还有报酬的相对值。

(2)激励时应力求公正,使等式在客观上成立,尽管有主观判断的误差,也不至于造成严重的不公平感。

(3)在激励过程中应注意对被激励者公平心理的疏导,引导其树立正确的公平观:第一,使大家认识到绝对的公平是没有的;第二,不要盲目攀比,盲目性起源于纯主观的比较,多听听别人的看法,也许会客观一些;第三,不要按酬付劳,按酬付劳是在公平问题上造成恶性循环的主要杀手。

通过以上的讨论,我们发现公平理论也存在一定的问题,该理论在一些关键问题上并不十分明了。例如,员工如何来界定付出与所得?他们对二者又是怎样衡量的?不过,尽管存在诸多问题,公平理论仍不失为一个颇具影响力的理论,它有助于我们进一步深入研究员工的激励问题。

四、期望理论

1964年,美国心理学家维克托·弗罗姆在他的著作《工作与激励》一书中,首先提出了期望理论(expectancy theory)。这种理论一出现,就受到了管理专家和实际管理工作者的普遍重视。目前,人们已经把期望理论看作最主要的激励理论之一。

1. 期望理论公式

期望理论的基础是,人之所以能够从事某项工作并达成组织目标,是因为这些工作和组织目标会帮助他们达成自己的目标,满足自己某方面的需要。

弗罗姆认为,某一活动对某人的激发力量取决于他所能得到结果的全部预期价值乘他认为达成该结果的期望概率。用公式可表示为

$$M = V \times E$$

其中,M表示激发力量,这是指调动一个人的积极性,激发出人的内部潜力的强度;V表示目标效价,指达成目标后对于满足个人需要的效果和价值;E表示期望值,这是指根据以往的经验进行的主观判断,达成目标并能导致某种结果的概率。

这个公式实际上提出了在进行激励时要处理好三个方面的关系,这些也是调动人们工作积极性的三个条件。

(1)努力—绩效的关系。人总是希望通过一定的努力能够达到预期的目标。如果个人主观认为通过自己的努力达到预期目标的概率较高,就会有信心,激发出很强的工作力量。

(2)绩效—奖励的关系。人总是希望取得成绩后能够得到奖励。这种奖励是广义的,既包括提高工资、多发奖金等方面的物质奖励,也包括表扬、自我成就感、得到同事的信赖、提高个人威望等精神方面的奖励,还包括像被提拔到较重要的工作岗位上去等物质与精神兼而有之的奖励。如果他认为取得绩效后能够获得合理的奖励,就有可能产生工作热情,否则就可能没有积极性。

(3)奖励—满足个人需要的关系。人总是希望自己所获得的奖励能满足自己某方面的需要。然而由于人们在年龄、性别、资历、社会地位和经济条件等方面存在着差异,他们对各种需要得到满足的程度就不同。因而对于不同的人,采用同一种办法给予奖励能满足的需要程度不同,能激发出来的工作动力也就不同。

弗罗姆把这三方面的关系用如图6-8所示的框图表示了出来。

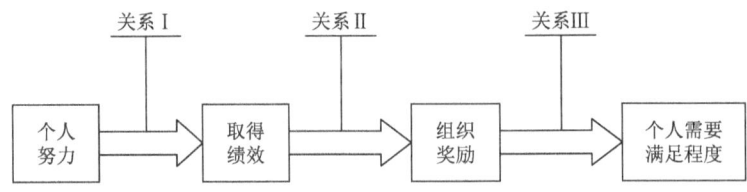

图6-8 期望理论三方面的关系

2. 期望理论的四个步骤

一个人从事工作的动机强度取决于他认为自己能够实现理想的工作绩效的信念程度。如果这一目标得以实现（达到了一定的绩效水平），他是否会获得组织所给予的充分奖励？如果组织给予了奖励，这种奖励能否满足他的个人目标？让我们来进一步看一下期望理论中所包含的这四个步骤。

第一，员工感到这份工作能提供什么样的结果。这些结果可以是积极的，如工资、人身安全、同事友谊、信任、额外福利、发挥自身潜能或才干的机会等；也可以是消极的，如疲劳、厌倦、挫折、焦虑、严格的监督与约束、失业威胁等。也许实际情况并非如此，但在这里我们强调的是员工知觉到的结果，无论他的知觉是否正确。

第二，这些结果对员工的吸引力有多大？他们的评价是积极的、消极的还是中性的？这显然是一个内部的问题，与员工的态度、个性及需要有关。如果员工发现某一结果对他有特别的吸引力，也就是说，他的评价是积极的，那么他将努力实现它，而不是放弃工作。对于相同的工作，有些人则可能对其评价消极，从而放弃这一工作，还有人的看法可能是中性的。

第三，为得到这一结果，员工需采取什么样的行动。员工只有清楚明确地知道为达到这一结果必须做些什么时，这一结果才会对员工的工作绩效产生影响。比如，员工需要明确了解在绩效评估中"干得出色"是什么意思。使用什么样的标准来评价他的工作绩效。

第四，员工是怎样看待这次工作机会的？在员工衡量了自己可以控制的决定成功的各项能力后，他认为工作成功的可能性有多大。

3. 期望理论对我们的启发

1）正确认识期望理论

第一，对于其中的效价应当理解为综合性的。它可以是精神的，也可以是物质的；可以是正的，也可以是负的，还可以为零；它不仅包含了某一结果的绝对值，而且包含了相对值；它不是指某一单项效价，而是指各种效价的总和。

第二，同一项活动和同一个激励目标对不同的人，效价是不一样的，即使对同一个人，在不同的时候，效价也是不一样的。

第三，期望概率不是指客观的平均概率，而是指当事人主观判断的概率，它与个人的能力、经验及愿意做出的努力程度有直接关系。

第四，效价和大家平均的个人期望概率相互影响。平均概率小，效价相对增大；平均概率大，效价相对减小。

2）期望理论对我们实施激励的启示

第一，管理者不要抓一般的激励措施，而应当抓多数组织成员认为效价最大的激励措施。

第二，设置某一激励目标时应尽可能加大其效价的综合值。

第三，适当加大不同人实际所得效价的差值，加大组织期望行为与非期望行为之间的效价差值。例如，奖金平均分发与分成等级、拉开距离分发，其激励效果很不一样，只奖不罚与奖罚分明其激励效果也不大一样。

第四，适当控制期望概率和实际概率。期望概率既不是越大越好，也不是越小越好，关键是要适当。实际概率应使大多数人受益，最好实际概率大于平均的个人期望概率，让人喜出望外，而不要让人大失所望。

第五，期望心理的疏导。在激励过程中，经常会发生员工期望心理过强的情况，如何及时地疏导其期望心理，以防止出现强烈的挫折感，就成为领导者的难题。

因此，期望理论的关键在于：弄清个人目标及三种联系，即努力与绩效的联系、绩效与奖励的联系、奖励与满足个人需要的联系。作为一种权变模式，期望理论认为没有一种普遍适用的原理能解释员工的激励问题。另外，即使知道员工希望满足何种需要，也不能保证员工能感知到良好的工作绩效可以使他们的需要得到满足。期望理论也存在一些问题。首先，它强调报酬和奖赏，我们需要假设组织所提供的奖赏与个体的需要保持一致。这一理论的基础是自我利益，它认为每一名员工都在寻求获得最大的满足感。其次，期望理论强调管理者应知道为什么某些结果对员工有吸引力，而另一些结果则无吸引力。在此基础上我们对员工评价积极的结果给予奖赏。再次，期望理论注重被期望的行为。可是员工知道期望他们的是什么吗？他们如何对此进行评估？最后，期望理论关心的是知觉，而与实际情况不相关，个体对工作绩效、奖赏、目标满足的知觉决定了他们的努力程度，而不是客观情况本身（罗宾斯和贾奇，2012）。

案例分析

百思买的最佳实践

传统的工作都是嘉奖长时间的工作而不是有效率的工作。如果有一个工作场所，员工可以做他们想做的，无论什么时候工作都行，只要如期完成工作，这样不是更合理？这就是百思买所采取的方法（Ressler and Thompson, 2008; Thottam, 2005）。这种激进的工作场所试验，很显然对激励员工有重大意义，对于公司来说，也是一次有趣的、启发性的探险之旅。

2002年，时任首席执行官布拉德·安德森（Brad Anderson）（现在是公司的董事会副主席）介绍了一种精心设计的方案，叫作以结果为导向的工作环境（results-oriented work environment，ROWE）。ROWE源于百思买两位人力资源经理卡利·雷斯勒和乔迪·汤普森的灵感。她们当时接到一个任务，就是将明尼苏达州公司总部行之有效的弹性工作制度引进来，并且为公司里的每一位员工量身定制。雷斯勒和汤普森说："我们意识到弹性工作制非常成功，因为员工敬业度明显提高，生产率也随之提高，但问题是人们认为弹性工作制的参与者并没有在工作。"这对于有些管理者来说是很正常的反应，他们认为采用弹性工作制的员工并不是在"真正地工作，因为这些员工并没有在传统的工作时间里坐在办公室工作"。于是这两位女士就通过颁布一项政策来改变现状，"管理者只根据工作结果而不是工作时间来评估员工"。

要了解 ROWE，首先要知道它并不是要改变工作进度，而是要改变组织中的工作文化，这必然比改变工作进度要困难得多。在首席执行官安德森的许可和支持下，她们踏上了这段对公司的工作场所进行重大改变的旅程。

要执行 ROWE，第一阶段就是对公司总部进行一次文化审计，这帮助公司在员工如何看待工作环境方面建立一个基线。四个月之后，再次进行文化审计。在这次审计期间，百思买的高管会了解 ROWE 的方方面面。很显然，争取到他们对该计划的赞同和认可是至关重要的。第二阶段是向公司的所有员工解释 ROWE 的哲学，并且训练管理者如何在实行 ROWE 的工作场所保持控制力。第三阶段，每个部门的工作团队可以自由探索如何实施该计划。每个团队找到一种不同的方法来保持灵活性并避免升级至混乱状态。例如，公共关系部门的工作团队使用传呼机来确保紧急情况下员工总是能够被联系上。财务部门的一些员工使用软件将语音邮件转变为任何地方都能收到的电子邮件，以便于他们在家工作。ROWE 实行四个月后，雷斯勒和汤普森又进行了一次文化检查，以观察每个员工是如何工作的。

那么，百思买的最后成果是什么？生产率提高了 41%，员工自愿离职率从 12% 下降到 8%。她们还发现，当员工的工作敬业度提高后，年平均销售量提高了 2%。员工声称，这种自由改变了他们的生活。"他们不知道自己是否减少了工作时间——他们已不再刻意计算工作时间，但他们的生产率确实提高了。"正如雷斯勒和汤普森所说，"工作不是你要去的地方，而是你要做的事情"。

资料来源：罗宾斯和库尔（2012）

【讨论题】

1. 描述 ROWE 的组成要素，你认为这个计划的优缺点可能是什么？
2. 运用本章的一个或多个动机理论，解释 ROWE 为什么行之有效？
3. 如果员工执行这样的计划，管理者在激励员工时可能会面临什么挑战？
4. 这个计划会让你觉得如鱼得水吗？为什么？
5. 你怎样解读"工作不是你要去的地方，而是你要做的事情"这句话，你同意这说法吗？为什么？

重要名词和术语

需要（need）
动机（motivation）
需要层次理论（hierarchy of needs theory，HNT）
X 理论（X theory）
Y 理论（Y theory）
生存（existence）
联系（relation）

发展（growth）
激励-保健理论（motivation-hygiene theory, MHT）
权力的需要（power demands）
归属的需要（affiliation demands）
成就的需要（achievement demands）
目标设置理论（goal setting theory, GST）
强化理论（reinforcement theory）
公平理论（equity theory）
期望理论（expectancy theory）

复习思考题

1. 什么是激励？激励包括哪几个问题？
2. 人的行为是如何产生的？
3. 动机的功能是什么？
4. 动机与行为的关系如何？
5. 简述激励过程的基本模式。
6. 什么是内在性激励与外在性激励？
7. 如何灵活有效地应用需要层次理论？
8. 赫茨伯格的双因素理论与马斯洛需要层次理论有什么异同？
9. 双因素理论有哪些优缺点？我们应如何借鉴？
10. ERG理论与马斯洛需要层次理论的异同点是什么？
11. 麦克利兰激励需要理论的主要内容是什么？对我们有何启发？
12. 目标设置理论的内容及其管理学意义是什么？
13. 期望理论提出在进行激励时要处理好哪些关系？
14. 实施激励时如何应用弗罗姆的期望理论？
15. 如何理解公平理论中的横向比较和纵向比较？
16. 强化理论的主要内容是什么？应如何应用强化理论？

第七章

激励：从概念到应用

本章摘要 工作激励方面的研究已经越来越关注将激励概念与工作结构变革联系起来的方法。对工作设计（job design）的研究显示，工作中某些元素的组合方式能够提高或降低员工的努力程度，也揭示出了这些元素到底由什么构成。我们首先介绍工作特性模型和工作再设计；然后讨论管理跨文化激励，激励独特的员工队伍，以及设计合适的奖励制度；最后，我们探讨向员工支付什么（通过建立薪酬结构来确定），如何支付（通过浮动工资方案等来确定），提供什么福利项目和选择（如灵活的福利项目）。

■ 第一节 工作特性及设计

一、工作特性模型

工作特性模型（job characteristics model，JCM）是由理查德·哈克曼和格雷格·奥尔德汉姆（Greg Oldham）提出的，他们认为我们可以用五种核心工作维度对任何工作加以描述。

1. 技能多样性

技能多样性（skill variety）指的是一个人需要具有许多技术能力。例如，修理车库的老板或者管理员的工作包括修理电气、重新组装引擎、修理车身、与客户交流等，这样在技能多样性上的要求就很高。

2. 任务完整性

任务完整性（task identity）指的是一项工作要求完成一整套完整的清晰的任务。一个设计家具的木工需要选择木料、组装并且完成，这种工作就具有较高的任务完整性。这个维度上得分较低的工作如操作一个工厂的车床，却只生产桌子腿。

3. 任务重要性

任务重要性（task significance）指的是一项工作对其他人的生活或工作造成的影响。在医院病房应付病人各种需求的护士工作就有着高度的任务重要性，而在医院扫地的工作就不太具有任务重要性。

4. 自主性

自主性（autonomy）指的是一项工作给予员工的自由度、独立度和安排工作或决定工作程序的自主性。一个销售人员每天自行安排工作，并且不需监督就能够自己选择对每一位客人最有效的销售手段，这种工作就是高度自主的工作。如果一个销售员每天被分派给定的销售任务，并被要求对每一位潜在顾客都按照标准的销售说辞进行销售，那么工作自主性就很低。

5. 反馈

反馈（feedback）指的是执行工作活动时所产生的有关绩效信息的直接和清晰程度，组装IPod并且测试它们是否能够良好地工作，是具有高度反馈的工作，在工厂中由工人组装IPod，由质量控制官进行测试和调试，那么这些工人就会得到高度反馈。

工作特性模型中的技能多样性、任务完整性和任务重要性，组合起来能够形成一个有意义的工作岗位，该岗位的员工也会感到自己的工作重要、有价值并且要必须把工作干好。也要注意，高度自主性的工作会让员工感到自己对工作结果承担个人责任，如果工作能够提供反馈，那么员工会清楚地知道他们的表现如何。从激励的角度来看，工作特性模型提出，个体在了解工作活动的实际结果、体验到对工作结果的责任感、体验到工作意义的任务上做出了优异的成绩时，就会感到内在的奖酬，且这三个心理状态越是齐全，员工的激励、绩效和满意水平就会越高，并且缺勤和离职的可能性就会越低。拥有高度个人成长需求的个体在其工作内容比较丰富时会体验到关键的心理状态，并且比起那些低度成长需求的人来说，他们可能会用更加积极的心态去回应，去工作（罗宾斯，2016）。

有很多证据都支持工作特性模型，由技能多样性、任务完整性、任务重要性、自主性和反馈组成的这一套工作特征的确能够带来更高、更令人满意的工作绩效。请思考一下你自己的工作。你是否有机会去完成不同的任务，还是每日的工作都没有差别？你是否能够独立地完成工作，还是总需要主管或者同事监督？你的答案对你的工作激励程度有怎样的意义？

二、工作如何再设计

1. 工作轮换

如果员工因为日常过于重复的劳动而感到厌烦，一种解决方式就是工作轮换（job rotaion），即周期性地让员工调离一项任务，而从事相同组织层级中要求有相似技能的另一任务，也称为交叉培训（cross training）。工作轮换的优点在于，它能降低员工的厌烦心理，激励员工，并且帮助员工更好地理解自己的工作对组织作出了怎样的贡献。还有一个间接的好处是，拥有广泛技能的员工能够令管理层在安排工作、适应变化、安排空缺等方面更有灵活度。然而，工作轮换并非没有缺点，如培训成本会上升、将已经熟悉原先岗位的员工调至新岗位时会降低工作效率等。当工作团队成员必须接受新员工时，工作轮换也会干扰工作，而且主管也必须花更多的时间回答员工的问题并且监督重新调职的员工的工作等。

2. 工作丰富化

工作丰富化（job enrichment）指的是通过提高员工方案执行和评估工作的程度来扩展工作内容。具有丰富内容的工作，其任务结构能够令员工完整地执行工作活动，提高员工的自由度和自主性，增强他们的责任感并且对个体提供反馈，这样他们就能够评估并纠正自己的表现。

管理者如何丰富员工的工作内容？工作特性模型为我们提供了一些指导原则：①任务组合是将碎片式的任务结合到一起，形成一个新的大型工作模块。②形成自然工作单元指的是令员工的任务成为可识别的有意义的整体。③建立客户关系能够提高员工及顾客（可以是组织内部员工和组织外部顾客）之间的直接关系。④纵向工作扩展能够将以往只有管理层才拥有的责任和控制权授予员工。⑤开启反馈渠道能够令员工了解他们工作的效果如何，以及他们的绩效是有所提高、有所退步还是保持不变。

三、其他工作安排

在工作再设计和让员工参与决策之外的激励方法有采用弹性工作制、工作分担制或者远程办公等方式。这些安排可能对多元化的员工群体来说非常重要，这些员工可能包括双职工家庭、单亲家庭或者需要照顾患病、年老家属的员工。

1. 弹性工作制

弹性工作制越来越受到人们的欢迎，1980~2005年，美国全职员工中采用弹性工作制的比例上升了一倍多，目前大约有43%的美国全职员工每日采用弹性上下班制。然而这并非美国的专利，如在德国，有29%的公司采用弹性工作制。

人们认为弹性工作制能够带来很多好处，如降低缺勤率、提高工作效率、降低加班费用、改善员工与管理层的关系、缓解工作场所周边的交通堵塞、根除上班迟到现象、增强员工的自主性和责任感，这些都能够提高员工的工作满意度。那么，弹性工作制到底有哪些事实佐证呢？

大多数绩效研究证据都支持弹性工作制。它倾向于减少缺勤率并能经常提高工作效率。这可能有几方面的原因。员工能够根据自己个人的需要来安排工作时间，这样能够降低工作迟到现象，他们也能选择在自己工作效率最高的时间内工作。弹性工作制也能够帮助员工平衡工作和家庭生活，这是评判在一家公司工作对家庭产生怎样的影响的最广为接受的标准。

弹性工作制的最主要缺点是它并不适用于所有的工作岗位。它仅适用于员工并不经常接触外界人员的事务性岗位。对于接待员、零售商店的销售员等岗位来说，弹性工作制并不是一个恰当的选择，因为这些岗位要求员工提供各种各样的服务，并且必须在既定的时间段内一直守在工作岗位上（罗宾斯，2016）。

2. 工作分担制

工作分担制（job sharing）指的是两三个人共同分担一个传统意义上每周40个小时的工作。一个人可能从上午8：00工作到12：00，而另一个人从下午1：00工作到下午5：00，或者他们可能都工作一整天，但两人互相轮换。

现在约有19%的大型组织采取工作分担制。工作分担制没有被广泛采用的原因是很难找到恰当的合作伙伴去分担一项工作，而且从历史上看人们对个体不能对工作和雇主做出完全的承诺持负面看法。

工作分担制能够为组织的一个岗位带来两个人的才智。拥有两个分担工作的员工的银行经理认为工作分担制能够"发挥两个人的才智却只付给一个人工资"。它还能够吸引具有高级技能的人才，如抚养孩子和供养退休老人的女性可能无法全职工作。很多日本公司都逐渐重视工作分担制，但这却是出于不同的原因。因为日本管理者很少解雇员工，工作分担制就成了在人员过多的情况下避免解雇员工的人道主义解决方式。

从员工的角度来看，工作分担制能够让工作灵活一些，提高激励和满意度，在每周40小时的工作时间无法被接受的情况下提供新的选择。但是，从管理层的角度来看，工作分担制最大的缺点是很难找到可以搭档的员工并成功协调其中的复杂性。

3. 远程办公

远程办公（telecommuting）可能对大多数人来说都是理想的选择，如不需要每日反复上下班、灵活的工作时间、穿着随意、不必受到同事的打扰等。被称为远程办公，是指它通过电脑连接公司的办公室网络，每周至少在家工作两天。（一个很相近的术语是虚拟办公室，它指的是在家工作的时间相对更久）

对于管理层来说，远程办公可能带来的好处包括可供选择的人才更多、工作效率更高、离职率更低、员工士气提高，还有降低了办公室租金。远程办公和主管绩效评估也有正相关性，但远程办公与离职的意图之间有何联系迄今还未有人研究。对于管理层来说，远程办公最大的缺点是无法直接监督员工工作。此外，在当今崇尚团队工作的时代，远程办公令管理层很难协调团队工作。从员工的角度来看，远程办公能够提供相当大的工作灵活性，但是得到这个便利条件并非没有任何成本。对于那些有着强烈社交需求的员工来说，远程办公会增加他们的孤独感，从而降低工作满意度。所有的远程办公者都容易进入一种心不在焉的状态。不在办公桌前的员工、在会议中缺席的员工及那些不能每日分享信息和互动的员工在升职加薪方面都会处于不利地位。

4. 工作环境

工作特性模型告诉我们，当工作本质上很吸引人时，大多数员工都会受到激励并且感到满意。然而，如果你感到无法融入同事关系，就算工作特征再有趣也无法保证你感到满意，而良好的社交关系也有可能使最令人厌烦和繁重的工作变得有意义。研究显示，社会环境和工作环境与工作设计的其他因素同样重要。例如，工作轮换制、员工授权、员工参与等公司制度对工作效率都有正面的作用，可能有一部分原因就是这些制度使大家在很好的环境中工作。

一些提高工作绩效的社交特征包括互助、社会支持及业余时间的联系等。社交与积极的情绪有着较强的相关性，它能令员工更好地阐明自身的工作角色及他们应该如何表现。社会支持能够令员工更好地获得同事的帮助。积极的社会关系能够带来积极的反馈，并形成员工互助的良性循环。

工作环境也有可能影响员工的满意度。闷热、吵闹和危险的工作环境不如具有室温控制、相对安静和安全的工作环境令人感到满意。这就是为何大多数人宁可在咖啡店工作，也不愿意去金属铸造厂工作。由于这些物理环境会令员工感到身体不适，往往会导致低满意度。

如果想要评估为何员工没有展示出最佳工作状态，你需要考察工作环境是否有助于此？员工是否能得到必需的工具、器械、材料和供给品？员工是否处于有利的工作环境？同事之间是否能互相帮助？工作规定和程序是否有利于工作？员工是否能得到足够的信息来做决策？工作时间是否足够？请考察这些问题，如果条件不具备，绩效就无法提高（罗宾斯，2016）。

案例分析

汤姆、迪克和哈利

假如你现在负责一个部门，并有三个下属——汤姆、迪克和哈利。保证这个部门成功发展的关键在于使这些员工尽可能地保持着积极进取的状态。下面是对每一位下属的简要介绍。

汤姆是那种令人难以理解的雇员。他的缺勤记录比平均水平要高许多。他非常关心他的家庭（他有一个妻子和三个小孩），而且认为他的家庭应该是他生活的中心。形容汤姆的最好的描述就是说他是那种嬉皮士阶层的残留分子，而且他对那种文化的价值观深信不疑。由此，公司能够提供的东西对他的激励非常小。他认为，工作仅仅是为他的家庭的基本需要提供财务支持的一种手段而已，除此之外很少有什么别的意义。总的来说，汤姆对本职工作尽职尽责，但所有试图让他多干活的尝试都失败了。汤姆是一个友好而可爱的人，但对公司而言他仅是个够格的员工。只要他的工作一达到业绩要求的最低标准，他就希望能去"干他自己的事"。

迪克在许多方面与汤姆正好相反。与汤姆一样，他也是一个讨人喜欢的家伙，但与汤姆不同，迪克对公司的规章制度和报酬制度都积极响应和执行，而且对公司有很高的个人忠诚度。迪克的毛病在于他做事的独立性不是特别强。他对那些指派给他的任务完成得非常好，但他的创新精神不足，在自己干活时依赖性比较强。他还是一个相当内向的人，在同部门外的人士打交道时显得信心不足。这在某种程度上会给他的业绩带来一些伤害，因为他不能够在短时间里把自己或本部门推销给别的部门或公司的高层管理机构。

相反，哈利是一个非常自信的人。他为金钱而工作而且会为了更多的钱而更换工作。他的确为公司努力工作，但也期望公司能回报他。在他目前的岗位上，他觉得对一周60个小时的工作没有什么不满，如果薪水是这样的话。尽管他也有一个家，并且在供养他的母亲，但如果他已经多次要求，而他的雇主还不给他提薪的话，他会毫不犹豫地辞职而去。他确实是自己的驾驶员。哈利的前任直接上司彼得指出，尽管哈利确实为公司干得很出色，但他的个性实在太强了，对于他的离去他们还是感到欣慰。哈利的前任老板说，哈利似乎总在不断地要求。如果不是为了更多的钱，那么就是为了更好的福利待遇，似乎他从来也不会满足。

【思考题】

1. 如何激励汤姆？
2. 如何激励迪克？
3. 如何激励哈利？
4. 本案例对企业如何做好激励工作有哪些启示？

第二节　当代激励问题

了解和预测员工动机是管理学研究中最热门的领域之一。我们之前已经介绍了几种激励理论。但是，即便是当代的员工动机理论也受到工作场所中的一些重大问题的影响，如在严峻的经济形势下如何激励员工、如何管理跨文化激励、如何激励独特的员工队伍，以及如何设计合适的奖励制度。

一、管理跨文化激励

马斯洛的需要层次理论认为，人们由生理需求开始，按照顺序逐级上升。这种需求层次，如果还具有某种应用价值的话，是与美国文化相一致的。在日本、希腊、墨西哥等不确定性规避特征很明显的国家，安全需求就会处在需求层次的最底层。像丹麦、瑞典、挪威、荷兰和芬兰等女性化维度得分高的国家，社会需求处于需求层次的最底层（Hofstede，1980）。因此可以预测，当国家的民族文化在女性化维度上得分高时，群体工作具有更大的激励作用。一个明显具有美国化偏向的动机概念是成就需求。把高成就需求视为一种内在激励因素的观点，首先假定存在两种文化特征——乐于接受中等程度的冒险（不包括不确定性规避维度得分高的国家）和强调高工作绩效（几乎仅仅适用于那些具有高成就需求特点的国家）。在美国、加拿大、英国等国家，可以发现这两项因素（Hofstede，1980）。但在智利和葡萄牙等国家，这些特征几乎不存在（罗宾斯，2016）。

在美国，公平理论拥有大批追随者，美国风格的奖励体系立足于这样一个假设：员工对于奖励分配具有高度的敏感性。在美国，公平感意味着薪酬与绩效之间的密切联系。但是，近来有证据表明，在集体主义文化中，特别是在一些中欧和东欧的前社会主义国家中，员工期望奖励不仅能够反映他们的工作绩效，而且能够反映他们的个人需求（Giacobbe-Miller et al., 2006）。另外，与计划经济相一致，员工会有一种"理所应得"的态度，也就是说，他们希望的结果总比他们的付出要多（Mueller and Clarke, 1998）。这些发现表明，在某些国家，美国风格的薪酬制度可能需要进行调整，以使员工感觉到公平。

虽然在动机方面存在这些跨文化差异，但是也有非常明显的跨文化一致性。例如，对所有员工来说，无论他们的民族文化是什么，工作的趣味性都十分重要。一项研究调查了比利时、英国、以色列和美国的员工，发现在工作目标当中，"有趣的工作"位列第一。另外，这一因素在日本、荷兰和德国的员工当中位列第二或第三（Harpaz, 1990）。另一项研究比较了美国、加拿大、澳大利亚和新加坡的研究生对工作的偏好，发现位居前三位的因素是成长、成就和责任，而且这些因素的排列顺序也相同（Popp et al, 1986）。两项研究都表明，员工对内在因素的看重具有一定的普遍性。还有一项对日本工作场所动机倾向的研究表明，赫茨伯格的模型适用于日本员工（Brislin et al., 2005）。

二、激励独特的员工队伍

激励员工从来都不是一件易事！员工带着不同的需求、性格、技能、能力、兴趣和态度进入组织。他们对雇主的期望不同；关于雇主对员工有何期望，他们也持不同观点。对于希望从工作中获得什么，员工的想法也截然不同。例如，有些员工在个人兴趣和追求方面获得了更高满意度，他们只想获得薪金而已，他们对于使工作更有挑战性和趣味性或在绩效比赛中获奖不感兴趣。还有一些员工获得了很高的工作满意度，因而受到激励并愿意付出更多努力。考虑到这些差异，当今的管理者如何有效激励独特的员工群体？重要的一点是了解这些特殊群体（其中包括多元化的员工、专业人员、灵活就业的员工，以及只具有低技能并获得最低工资的员工）不同的激励要求。

1. 激励多元化的员工

面对今天员工队伍的多元化，为了最大限度地激励每名员工，管理者必须考虑工作的灵活性。例如，研究表明男性比女性更强调工作中的自主性，女性则比男性更看重学习机会、方便而灵活的工作时间及良好的人际关系（Billings and Sharpe, 1999）。对于 Y 世代员工来说，拥有独立性及体验不同经历的机会是非常重要的，但是，老员工可能会对高度结构化的工作机会更感兴趣（Ramachandran, 2006; Kanfer and Ackerman, 2004）。面对各种各样的需求，管理者必须相应地提供多样化的奖励措施。作为多元化员工队伍的一种应对措施，不少组织提供了工作—家庭平衡计划，当人们能够兼顾工作和家庭时，就会产生积极的结果。营造一个有可能帮助员工实现工作—家庭生活平衡的工作环境，组织会获益匪浅，另外，很多组织还提供灵活的工作时间以满足不同需求，如压缩工作周、弹性工作时间和工作分享（罗宾斯和库尔，2012）。

2. 激励专业人员

专业人员不同于非专业人员，他们对自己的专业技术领域有着强烈和持久的承诺（Alpert，1992；Barley and Kunda，2006）。他们更多时候是对自己的专业而不是对雇主忠诚。为了始终跟上这个领域的发展，他们需要不断更新自己的知识。由于他们对职业的承诺，很少有人会把自己的工作时间限制在每周五天、每天朝八晚五的模式中。

哪些因素可以激励专业人员？在他们看重的清单中，金钱和晋升通常处于次位。为什么？他们大多收入不菲，而且热爱自己的工作。相反，工作的挑战性常常被排在较高的位置。他们喜欢寻找办法来解决问题。他们在工作中得到的主要奖励来自工作本身。专业人员还十分看重支持与激励。他们希望别人重视自己所从事的工作。虽然这一点可能适合所有员工，但对专业人员来说，他们尤其看重自己的工作，把工作视为核心的生活乐趣。非专业人员则通常拥有工作之外的其他兴趣，以满足在工作中没有实现的需求。

3. 激励灵活就业员工

哪些因素可以激励这些非自愿的临时工呢？一个明显的答案是提供成为长期员工的机会。由于长期员工通常是从大量的临时工中挑选出来的，短期员工常常工作十分努力，以期成为长期员工。另一个不太明显的答案是提供培训机会。临时工能否找到新工作在很大程度上取决于他的技能水平。如果员工看到目前的工作可以帮助自己提升市场看好的技能，则会提高工作积极性。从公平理论的角度看，如果长期员工与临时工从事同样的工作，长期员工不但工资多而且享受的福利待遇好，那么临时工的绩效水平会受到影响。因此，让这些员工分开工作，或将他们之间的相互依赖程度降至最低，可能会帮助管理者减少潜在的问题（Broschak and Blake，2006；Kraimer et al.，2005；Connelly and Gallagher，2004）。

4. 激励低技能并获得最低工资的员工

假设你毕业后的第一个岗位是负责管理某个全部由缺乏技能且工资最低的工人组成的工作群体。给这些员工在绩效基础上加薪是不可能的，因为你的公司根本支付不起。另外，这些员工的受教育程度和技能水平都较差。你会采取什么样的激励方式？

我们通常会掉入这样一个陷阱，即认为只有金钱才能激励这些人。尽管金钱是十分重要的激励物，但也并不是说金钱是这些人追求的唯一目标，是管理者可以运用的唯一工具。要激励这些工资最低的工人，管理者可以利用员工认可计划。很多管理者还认识到口头表扬的重要性，不过需要确保这种"拍拍你的后背以示表扬"是真诚的，而且有正当的理由（罗宾斯和库尔，2012）。

5. 设计合理的奖励制度

员工奖励制度在激励恰当的员工行为方面发挥着重大作用。

账目公开管理。无论规模大小,许多公司都通过公开财务报表(即账目)的方式让员工参与工作决策。他们与员工共享信息,使员工更积极地作出有利于工作的决策,更好地理解自己的工作内容和工作方式对公司的意义,最终影响公司利润,这种方法称为公开账目管理(open-book management,OBM)(Schuster et al.,1996)。许多组织都在使用这种方法。账目公开管理的目的是通过让员工看到自己的决策对财务结果的影响,从而使他们像公司主人那样思考问题。但是,大多数员工并不具备理解财务数据所需的知识和背景,因此首先要教他们如何阅读和理解这些财务报表。一旦员工具备了相应的知识,管理者就需要定期与他们共享这些数据。通过共享信息,员工开始了解他们的努力和绩效水平与公司运营业绩之间的关系。

员工认可计划(employee recognition program,ERP)。员工认可计划包括对员工的关注,以及对员工出色的工作表现给予关注、赞扬和感谢(Williams and Livingstone,1994;Dickinson and Gillette,1994;Cadsby et al.,2007)。这种计划可以有多种表现形式。管理者也要让员工了解,尽管他们所从事的工作各不相同,但对公司来说都是不可或缺的。虽然这些方案看上去可能很简单,但却能够有效地向员工表示组织对他们的重视。

绩效工资方案,我们在第三节中论述。

案例分析

"曾左"与"左曾"

曾国藩与左宗棠都是清朝的中兴名臣,朝野上下习惯以"曾左"合誉。

尽管曾国藩年长于左宗棠,且奖励提拔过左宗棠,但左宗棠高傲自负,并不把曾国藩放在眼里,因而对"曾左"的排列顺序也耿耿于怀。有一天,左宗棠故意问自己的左右侍从:"你们可知道'曾左'之说?"众人回答:"怎么能不知道,这是天下人对曾大人和左大人的尊称啊!"左宗棠又问:"为什么人们都称'曾左',而不称'左曾'?"此刻众侍从面面相觑,唯有一个侍从大胆直言道:"因为曾公眼中有左公,而左公眼中无曾公。"

左宗棠听后,深思无语。他忽然明白了:自己与曾国藩的差距,主要在胸怀。一个人的胸怀能容得下多少人,才能赢得多少人。可以说,胸怀决定身价。不错,衡量低端人才的第一标准是才能,衡量中端人才的第一标准是品德,衡量高端人才的第一标准是胸怀。胸怀如海人自贵。有多大的胸怀,才会有多大的人缘,才会有多大的舞台,才会有多大的事业。

资料来源:蒋光宇(2015)

【思考题】

1. 如何理解曾国藩的胸怀?
2. 如何理解有多大的胸怀,才会有多大的人缘,才会有多大的舞台,才会有多大的事业的深刻含义?

第三节 利用奖酬激励员工

工资并不是导致工作满意的首要因素，但它确实能够对员工产生激励作用，而企业经常低估它在留住顶尖人才方面的重要性。2006年的一项研究发现，45%的雇主认为工资是流失顶尖人才的关键因素，71%的最佳员工认为工资是流失顶尖人才的首要原因。既然工资如此重要，那么管理层必须作出战略决策。在薪酬方面，组织是处于市场领先水平还是平均水平，抑或低于平均水平？如何识别和确认个体员工的贡献？在这一节中，我们主要考虑：①向员工支付什么（通过建立薪资结构来确定）；②如何支付（通过浮动工资方案等来确定）；③提供什么福利项目和选择（如灵活的福利项目）；④如何建立员工认可的方案。

一、支付什么：建立薪酬结构

付薪方式有多种。最开始确定薪资水平的过程可能相当复杂，需要兼顾内部公平——工作对本组织的价值（通常通过工作评估的方式来确定），以及外部公平，即与同行业其他公司的薪酬相比，本组织所提供的薪酬的外部竞争力（通常通过薪酬调查来确定）。显而易见，最佳的薪酬体系就是既按工作的价值付酬（内部公平），又保持在劳动力市场上的相对竞争力。不过，有的组织更愿意支付高于市场水平的薪酬，从而成为薪酬的领导者；而有的则会低于市场水平，因为它们没有能力支付市场水平的薪酬，或者它们想要将薪酬成本压低到市场水平之下（也就是说，会因为高薪酬公司的吸引而有较高的离职率）。薪资高，就可能得到更优秀、积极性更高、愿意在本组织工作更久的员工。一项涵盖了126个大型企业的研究发现，如果员工认为自己获得了有竞争力的工资，他们的工作士气会更高，工作更有成效，顾客的满意度也更高（Sabramony et al., 2008）。但薪资通常是组织运营成本中最高的一项，这意味着薪酬过高也会使本组织的产品或服务价格过于昂贵。这是一个组织在清晰权衡后必须做出的战略决策。

二、如何支付：通过浮动工资方案奖励员工

很多组织——包括企业及学校和其他政府机构，正在把完全基于服务年限和教育文凭的薪酬体制改成浮动工资方案（variable-pay program, VPP）。浮动工资方案是把一部分薪酬基于对员工个人绩效等方面的考虑。计件工资、绩效工资、奖金、利润分享、收益分享和员工持股计划都是浮动工资方案的具体形式。因此，收入会随绩效的变化而上下浮动（Kuhn and Yockey, 2003）。很长一段时间以来，销售人员和管理人员的薪资都是采用浮动工资方案的形式支付的。

正是浮动工资的不断波动才使得它对管理者具有吸引力。它把组织中的部分固定劳动力成本转化为可变成本，因而在效益降低的情况下可以节省费用。2001年和2008年美国经济进入萧条时期，与维持非绩效报酬体系的组织相比，采用浮动工资方案的公司可

以更快地降低劳动力成本。另外，把工资与绩效联系起来，会让人感到自己的收入取决于贡献的多少，而不在于头衔的高低。长期来看，绩效低的人发现自己的工资始终不变，而高绩效者的工资则随着贡献相应增长。接下来让我们更详细地考察不同类型的浮动工资方案。

1. 计件工资

计件工资一直长盛不衰。在计件工资方案（piece-rate pay plan，PRPP）中，按照工人完成的每一个生产单位支付固定报酬。如果一名员工没有基本工资，而仅仅根据自己的产量得到报酬，就是一种纯粹的计件工资方案。

2. 绩效工资

绩效工资方案（pay-for-performance program，PPP）指的是根据对绩效的测量来支付员工工资的浮动薪酬方案（Williams and Livingstone，1994；Dickinson and Gillette，1994；Cadsby et al.，2007）。绩效工资是建立在绩效评估的基础之上的。绩效工资的主要优点在于那些被评为高绩效者的员工可以获得更多的加薪或晋升。如果设计得当，绩效工资方案可以使员工觉得自己的绩效与获得的报酬是息息相关的（Jenkins et al.，1998；Rynes et al.，2005）。计件工资方案、奖励工资制度、利润分享和包干奖金都是这种方案的具体例子。这种工资方案与传统薪酬计划的差异在于，它并不根据员工工作时间的长短来支付薪酬，而是在薪酬中反映绩效的测量结果。这种绩效测量可能包括个体生产率、工作团队或群体的生产率、部门生产率、组织总体的利润水平等诸如此类的事项。

绩效工资很可能最符合期望理论的观点。个体应当能够感觉到自己的绩效与所获得的奖励之间存在一种强有力的纽带，这样才能使激励效果最大化。如果仅仅根据非绩效因素（如资历、职务或全体员工加薪）来分配报酬，可能会降低员工的努力水平。从激励角度看，如果员工的工资中有一部分甚至全部是以绩效测量为基础的，就会吸引员工关注这些绩效测量，并为此付出努力，而努力之后获得的报酬又会强化这种联系。如果员工个体、工作团队及组织的绩效水平降低，报酬也会随之降低。因此，绩效工资能够刺激员工保持较高的努力和强烈的动机。

绝大多数大型组织都采取绩效工资方案，IBM 的绩效工资方案按照员工的年度绩效评估来为他们增加基础工资。20 世纪 90 年代以来，由于经济严重不景气，越来越多的日本公司取消了资历工资而采取绩效工资。"绩效工资制是完成公司高层所设定的目标的重要方式，而不仅仅是一种工资改革方式。"为了激励和留住最优秀的员工，越来越多的公司正在日益拉大高绩效员工与低绩效员工之间的工资差距。

绩效工资方案是否有效？在大多数情况下，研究表明它确实有效。例如，一项研究发现，使用绩效工资方案的公司比不使用绩效工资方案的公司拥有更好的财务业绩（Sprinkle，2000）。另一项研究表明，基于结果进行奖励的绩效工资方案，对销售额、顾客满意度及利润都有积极影响（Banker et al.，2017）。如果组织使用工作团队，那么管理者应当考虑基于群体的绩效激励方案，这样的方案可以强化团队努力。但是，不论这些计划是基于个人还是团队，管理者都需要确保它们明确、具体地指出个体的报酬与绩效水平之间的关系。员工也应当清楚地知道绩效（自己的绩效及组织的绩效）是如何转化成自己的收入的。

尽管绩效工资方案具有直觉上的吸引力，但它们有一定的局限性。一般说来，它们都是基于年度绩效评估的。因此，绩效工资的有效性就与绩效评估的有效性有直接关系。另一个局限就是，加薪空间会受到经济状况或其他状况的约束，而这些约束与员工个人的绩效没有什么关联。

3. 奖金

对很多工作来说，年度奖金（bonus）是总薪酬的重要组成部分。在《财富》杂志"CEO100强"榜单中，他们的奖金（平均101万美元），总体上超过了基本工资（平均86.3万美元）。奖金计划的覆盖范围正在日益扩大，把低层员工也包括进来了；当公司利润提高时，很多公司定期以数千美元的奖金奖励生产工人。绩效奖金的激励效果应该比绩效工资更好，因为奖金奖励的是员工最近的业绩而非历史业绩（在绩效工资方案中会成为基本工资）而且，在经济不景气时，公司能够通过削减奖金来减少薪酬成本（罗宾斯和库尔，2012）。

4. 技能工资

技能工资（skill-based pay，SBP）也称能力工资或知识工资，是岗位工资的一种替代方案，它根据个体掌握的技能或能够从事的工作数量来确定工资水平（Murray and Gerhart，1998；Shaw et al.，2005）。

从雇主的角度来看，技能工资方案的吸引力在于它们增强了员工队伍的灵活性：当员工的技能可以互换时，填补职位空缺就变得更容易。技能工资还能促进整个组织内的沟通，因为员工对彼此的工作有了更好的了解。

技能工资方案的缺陷是什么？员工会学习该方案要求他们学习的所有技能。当员工在一种学习、成长和不断加薪的环境中发现自己力不从心时，可能会有挫折感。技能工资方案没有涉及绩效水平，它只关注某个员工是否掌握了某项技能。

5. 利润分享方案

利润分享方案（profit sharing plan，PSP）是根据某个围绕公司盈利能力而设计的特定公式在全公司范围内分配薪酬的一种方案。薪酬可以直接以现金支付，也可以为股票期权（尤其是针对高层管理者），并不是所有利润分享方案都涉及现金支付，其中大部分收入来自公司业绩的股票期权。在组织中实施利润分享方案会对员工的态度产生积极影响：实行利润分享方案的员工有更强烈的主人翁感（Chi and Han，2010）。

6. 收益分享

收益分享（gain sharing）是一种基于公式计算的群体激励计划，利用群体生产率从一个时期到另一个时期的改进来决定员工可以分配到的总金额（Gomez-Mejia et al.，2000；Dixon et al.，2004）。大约45%的《财富》1000强公司都采用了收益分享的分配方案；在收益分享方案中,即使公司没有盈利,员工也有可能获得奖励。因为收益是归于员工群体的,所以高绩效员工会督促低绩效员工更加努力工作,从而提高整个群体的绩效(Welbourne and Ferrante, 2008)。

7. 员工持股计划

员工持股计划(employee stock ownership plan,ESOP)是公司制定的一项员工福利措施,允许员工以低于市场的价格购买本公司的股票。关于员工持股计划的研究表明,员工持股能提高员工的满意度(Buchko, 1992)。但是员工持股对绩效的影响没那么明确。员工持股计划具有提高员工满意度和工作动机的潜力。为了使这种潜力转变为现实,员工需要在心理上产生一种主人翁的感觉(Pierce and Furo, 1990)。也就是说,除了在公司中拥有经济利益之外,员工还需要定期了解公司的经营状况并有机会对其施加影响,以显著改进公司的绩效(Zhang et al., 2008)。对高管人员实施员工持股计划能够减少不道德行为。当公司 CEO 不拥有股份时,他们更有可能操纵公司的利润表,以使自己的业绩在短期内显得卓越,即使这种操纵最终会使公司股票价格下跌。但当 CEO 拥有大量股票时,他们就会准确公布公司的收益,因为他们不想承受股票价格下降带来的负面后果。

总之,浮动工资方案可以提高员工的动机和生产率吗?答案是肯定的。研究总体上表明,有利润分享计划的组织比没有此类计划的组织具有更高的营利能力(Art and Turner, 2004)。同样,在大多数案例中也发现,收益分享会提高生产率,并常常对员工的态度产生积极的影响(Welbourne and Gomez-Mejia, 1995)。另一项研究发现,计件绩效工资计划虽然能促进生产率提高,但是在风险规避型员工身上观察不到这种积极的影响。因此,经济学家埃德·拉齐尔(Ed Lazear)的观点似乎是对的,拉齐尔曾经说道:"工人对价格的反应确实如经济理论预测的那样。社会学家和其他一些人认为,货币激励手段可能会降低产出水平,但相关数据明确反驳了这种观点"。不过,这并不意味着每个员工都会对浮动工资计划产生积极的反应(Cadsby et al., 2007)。

案例分析

感谢不需要理由

得到来自雇主的表扬和认可会对员工产生激励作用,这也许是显而易见的事情。但遗憾的是,当需要对员工说"谢谢"时,很多公司却做不到这一点。根据盖洛普公司全球实践部负责人科特·科夫曼(Curt Coffmhn)的观点,71%的美国工人"不敬业",这在本质上意味着他们对组织关心甚少。"我们正在使用的人力资本只有潜在总量的1/4。我们该警醒了。"随着美国经济从产业资本向知识资本转型,员工认可方案变得越来越流行,这种方案是激励员工并让他们感觉到自身价值的一种有效方法。但是,在科夫曼看来,员工认可方案在很多情况下被搞砸了,变成"弊大于利"。

50 岁的塔克曾经是加利福尼亚州一家网络公司的员工。这家公司高调地制定了一项奖励方案来激励员工。工作做得好会有什么奖励呢?会得到一个上面写有"做得很棒"的徽章,每年还可以获得一件作为年度认可标记的 T 恤。一旦某个员工得到 10 个徽章,就可以交换一种更大更好的东西——镇纸。塔克说她宁可要加薪。"公司现在的这种做法只是在装腔作势。除此之外，没有其他任何深层次的意义。"她说，更糟糕的是，徽章的发放非常随意，并且与绩效无关。那么T恤呢？塔克说该公司具有严格的着装规定，以至于即使员工想要穿这种T恤都不行。毋庸置疑，这个员工认可方案只是一个空架子，并不具有激励作用。

即使是那些给员工提供高价值奖赏的认可方案有时也会适得其反，尤其当并非真诚地提供奖赏时。埃里克是一家卡车运输公司的员工，他回忆起本公司一名副总裁实现一个重大财务目标时的情景。这位副总裁就在埃里克隔壁的办公室办公，他得到了一辆凯迪拉克作为自己的办公用车，同时还获赠一块价值10 000美元的劳力士腕表。这两件礼物都很贵重，但是公司颁发这两件礼物的方式却让这位副总裁感到一丝酸涩。他走进办公室，发现劳力士表被装在一个廉价的纸盒里，静静地放在他的办公桌上，还附有一段简短的留言，告诉他说他将会收到一张纳税申报表，以便他缴纳这块手表的税款。埃里克这样描述这位副总裁："他走进我的办公室，说'你能相信这件事吗？'"两个月后，那位副总裁就卖掉了那块表，"那表对他完全没有意义"。

这样的经历得到了很多员工的共鸣。他们认为，真诚地拍拍后背比从管理层那里收到没有意义或者不能传递尊敬与真诚的礼物更有价值。但是，真诚地拍拍后背也很难实现。盖洛普公司的一项调查发现，61%的员工声称自己在过去一年中都没有从管理层那里获得一句真诚的"谢谢你"。这样的发现令人不解，因为言语奖励不需要公司付出，并且也能迅速而方便地实现。当然，言语奖励有时候也需要与员工重视的物质利益相互配合，毕竟，还是要用金钱说话。除此之外，当表扬员工工作做得好时，管理者要保证这种赞扬是针对具体成绩的。通过这种方式，员工不仅能感觉到组织对他们的重视，而且也将知道什么行为会获得奖励。

资料来源：罗宾斯和库尔（2012）

【讨论题】

1. 如果表扬员工工作做得好是一种显而易见、相当容易实现的激励工具，你认为公司和管理者为什么不经常使用这种方式呢？
2. 作为一名管理者，当你发现员工表现很好时，你会采取哪些措施来激励他们？
3. 给员工太多的言语表扬有不利的一面吗？具体会有什么缺点？作为一名管理者你将如何减少这些不利影响？
4. 作为一名管理者，你如何确保员工认可的公平性和公正性？

三、灵活福利：建立福利组合

灵活福利（lexible benefits）通过让员工自己选择报酬组合来最好地满足员工当前的需求或状况，从而为员工提供个性化的报酬。灵活福利正在取代已被广泛使用了50多年的"一种福利计划适用于所有人"的方案（Barringer and Milkovich, 1998; Cole and Flint,

2004)。传统的福利方案是为20世纪50年代的典型员工设计的——男性员工和作为家庭主妇的妻子,以及两个孩子。现在只有不到10%的员工还符合这种刻板印象。在今天的员工队伍中,25%是单身;1/3是双职工家庭但没有孩子。可见,传统的福利方案不太能够满足今天更为多元化的员工队伍,而灵活福利却可以满足员工的不同需求。它们可以量体裁衣,以反映员工在年龄、婚姻状况、配偶福利状况、孩子数量和年龄等方面的差异。

福利计划。模块计划、核心加选项计划和弹性费用账户是三种最流行的福利计划。模块计划是预先设计好的福利模块或福利包,每个模块都针对某个特定员工群体的需要。例如,对于无子女的单身员工来说,设计的模块可能只包括核心福利项目。针对作为单身家长的员工而设计的模块,可能会包括额外的人寿保险、伤残险及涵盖家庭成员的医疗保险计划。核心加选项计划由一组核心福利项目及员工可以从中自行挑选的一系列额外福利项目组成。通常,每个员工都会获得相应的"福利额度",以便"购买"那些能满足他们需要的额外福利项目。弹性费用账户允许员工将一部分税前收入存入该计划提供的账户中,用以支付特定的福利项目,如医疗保险和牙科费用。弹性费用账户可以增加员工的税后实际收入,因为在这些账户上支付的费用无须交税。

四、内部奖励:员工认可方案

组织越来越认识到重要的工作奖励既可以是内部的,也可以是外部的。员工认可方案就属于内部奖励,而薪酬体系所提供的获酬则是外部奖励。

员工认可方案范围广泛,既可以是自发的、私人的感谢,也可以是被广泛宣传的正式方案。在这些正式方案中,某些特定的行为类型会得到鼓励,而且员工如何获得认可的程序也是明确规定的。一些研究表明,物质激励的短期效果更好,而非物质激励的长期效果更好(Markham et al., 2002;Peterson and Luthans, 2006)。

几年前,一项针对多种工作环境中的1500名员工的调查,希望得到员工对工作场所的认可程度的回答,答案是认可、认可、更多的认可!

认可方案的一个显著优点就是成本低,因为赞扬是免费的(Stajkovic and Luthans, 2001)。难怪员工认可方案会如此受到青睐。2002年对391家公司的一项调查发现,84%的公司都有认可员工成就的方案。40%的公司正在采取比一年前更多的行动来实施员工认可方案。

尽管被广泛应用,但批评人士指出,员工认可方案具有被管理层以政治手腕操纵的极大嫌疑。如果应用在绩效因素相对客观的工作上,如销售中,员工可能会觉得认可方案是公平的。但是,在大多数工作中,"好"绩效的标准并不明确,这使得管理人员可以操纵这种方案,认可他们最喜欢的那些员工。如果这种方案被滥用,就会破坏它的价值,造成员工士气低落(罗宾斯和贾奇,2012)。

重要名词和术语

工作设计(job design)

工作轮换（job rotaion）
交叉培训（cross training）
工作丰富化（job enrichment）
工作分担制（job sharing）
远程办公（telecommuting）
公开账目管理（open-book management，OBM）
员工认可计划（employee recognition program，ERP）
浮动工资方案（variable-pay program，VPP）
计件工资方案（piece-rate pay plan，PRPP）
绩效工资方案（pay-for-performance program，PPP）
技能工资（skill-based pay，SBP）
利润分享方案（profit sharing plan，PSP）
收益分享（gain sharing）
员工持股计划（employee stock ownership plan，ESOP）
灵活福利（lexible benefits）

复习思考题

1. 什么是工作特性模型？它如何激励员工？
2. 工作再设计的主要方法是什么？在你看来，每种方法在什么情境下比其他方法更适用？
3. 解释以下三种工作安排选择方案：弹性工作制、工作分担制和远程办公。每种选择方案的优点和缺点分别是什么？
4. 管理者在激励员工时会面临哪些经济挑战和跨文化挑战？
5. 管理者在激励当今的员工队伍时会面临哪些挑战？
6. 描述账目公开管理、员工持股计划和绩效工资方案。
7. 什么是员工持股计划？它们如何提升员工积极性？
8. 灵活福利如何激励员工？
9. 内部奖励在激励员工方面有哪些好处？
10. 我们大多数人必须为了谋生而工作，工作是我们生活中的一个核心部分。为什么管理者还要如此担心员工动机问题？
11. 个体是否会受到过度激励？请予以讨论。

第八章 群体行为基础

本章摘要 群体是为了实现某一特定目标而组成的集合体,群体中个体的行为大于单个人行为的总和。组织是由许多正式群体和非正式群体组成的,群体发展具有阶段性,群体在组织中发挥着特殊的作用,认识群体对解释组织行为具有重要意义。工作群体是有属性的,这些属性能够塑造群体成员的行为,并且帮助解释和预测群体内的个体行为与群体绩效,群体的一些属性包括角色、规范、地位、规模、凝聚力和士气。群体决策就是由多人组成的群体进行的决策,可以提供更全面、更完整的信息和知识。群体决策中的群体思维和群体偏移两种副产品会影响到群体客观评估各种选择方案和制订高质量解决方案的能力。头脑风暴、名义小组技术、电子会议及德尔菲法也是一些很有效的办法,它们能够减少传统的互动群体方式所固有的一些问题。

第一节 群体行为与群体类型

群体是一种社会现象,它是介于个体与组织之间的一种特殊"关系体",是众多个体为了某种需要而结合在一起的一种"集合体"。群体中所有个体的行为并不等同于单个个体行为的简单累加。这是因为,个体在群体中的行为与他们独自一人时的行为十分不同。所以,要想对组织行为有更全面的了解,就需要研究群体。

一、如何理解群体行为

1. 什么是群体

群体(group),可以定义为两个或两个以上相互作用、相互依赖的个体,为了实现某一特定目标而组成的集合体。群体可以是正式的,也可以是非正式的。正式群体是由组织创立的工作群体,它有着明确的工作任务和工作分工。在正式群体中,个体应从事的行为都是由组织目标规定好的。

2. 为什么人们会加入群体

个体加入群体的原因多种多样。大多数人都属于好几个群体，这说明不同的群体能给人们带来不同的利益。人们加入群体大多出于如下需要：安全、地位、自尊、归属、权力及实现目标。

（1）安全。"人多力量大"。加入群体可以减轻"孤立无援"时的不安全感，我们会感到更强大、更自信，也多了一份对外来威胁的抵抗力。新来的员工尤其容易产生孤独感，所以他们求助于群体以获得指导和支持。不过，应该看到，不论是新来的员工，还是工作多年的"老"员工，都很少有人喜欢独来独往。人类通过与他人交往和成为群体中的一员而得到了安全感。

（2）地位。加入群体所带来的荣誉。被他人所看重的群体接纳，将使其成员有被承认、受重视和地位高之感。

（3）自尊。"在加入公司之前，我觉得自己一无是处，但在这个兄弟般环境相待的群体中，我感到自己重要多了。"这句话表明，群体能增强人们的自我价值感，也就是说，加入一个群体，除了拥有了不同于圈外个体的地位之外，还增强了个体的自尊。如果我们被一个受到高度好评的群体所接纳，则会极大地增强我们的自尊。

（4）归属。群体可以满足我们的社会需要，人们喜欢与群体的其他成员进行相互交流。这种工作中的相互作用是满足他们归属需要的主要手段。事实上，几乎对所有人来说，工作群体都相当有助于满足人们的友谊和社会需要。

（5）权力。群体的吸引力之一就在于它象征着权力。个人力量难以达到的目标往往通过集体行动可以实现。当然，这种权力不仅仅用于对他人提出要求，还可以作为反击的资本。为了保护自己免受管理层提出的不合理要求的损害，员工也常常会联合起来。非正式群体还能为个体提供额外的机会以行使权力并管理他人。对于那些希望影响他人的个体来说，当他们不处于组织中的正式职权岗位上时，非正式群体能够提供权力。作为一个群体的领导，你可以对你的群体成员提出要求并使他们服从于你，而用不着必须处于组织中的正式管理岗位上。对于高权力需要的人来说，群体是满足这一需要的有力工具。

（6）实现目标。仅仅依靠一个人的力量很难完成任务，常常有一些任务需要几个人共同参与，需要汇集多方面的才干、知识和权力才能完成工作。在这种情况下，管理层就需要靠正式群体的运作。

3. 群体的发展阶段

群体的发展是一个动态过程，大多数群体都处于不断变化的状态。一般而言，群体的发展经历了 5 个阶段：形成、震荡、规范、执行及解体。

（1）形成（forming）阶段。群体的目标、结构及领导关系等问题，都尚处于不确定状态。群体的成员都在不断摸索以确定何种行为能够被接受。当成员开始感觉到自己是群体的一部分时，这一阶段就算结束了。

（2）震荡（storming）阶段。这是一个群体内激烈冲突的阶段。成员接受了群体的存在，但抑制着群体对他们施加的控制。另外，在谁控制该群体的问题上也存在着冲突。这一阶段完成后，群体内部出现了比较明确的领导等级。

（3）规范（norming）阶段。在这个阶段，亲密的群体内关系开始形成，成员有了一种强烈的群体身份感和认同感。当群体结构已固定化，并且对什么是正确的成员行为也已达成共识时，规范阶段就结束了。

（4）执行（performing）阶段。此时群体的结构完全功能化，并得到认可。群体内部致力于从相互了解和理解到共同完成当前工作等一系列问题上。对永久性工作群体来说，执行阶段是其发展历程的最后一个阶段。

（5）解体（adjourming）阶段。有些群体，如临时委员会、任务小组、团队及仅有一些为数不多的工作可做的群体，还存在着一个解体的阶段。这一阶段中，群体面临着它终结之日的到来，高水平的工作绩效不再是群体首要关注的问题。现在它关心的是如何做好善后工作。在此阶段中，群体成员的反应也各不相同。有些人陶醉于群体的成就之中，心满意足；有些人则为即将失去在群体生活中所获得的和谐与友谊而闷闷不乐。

大多数人在组织某一群体时都会经历上述每一阶段。群体成员被挑选出来后，他们第一次相见。这个时期，人们以"局外人的眼光"来评估此群体能做些什么及如何去做这些事情。随后就是对领导权力的争夺，谁将领导我们？一旦这个问题解决了，群体内部对权力等级关系也就达成了共识。此时，群体开始确定工作任务的各具体方面，以及由谁、何时来完成任务。每个成员都对群体的共同目标取得了一致意见，这是做好工作的基础。一旦群体的工作项目完成并报告了上级，群体也就宣告解散。当然，偶尔也会有一些群体在第一阶段或第二阶段就驻足不前，一般情况下这导致了令人失望的工作绩效。

那么，根据前面论述，是否可以推断，当一个群体经历到第四阶段时，就会变得很有效了呢？有些人认为所处的阶段高了，工作群体的效率也会提高，但实际上并非如此简单。尽管这种假设有时是对的，但是，群体是否具有高效率这一问题十分复杂。在某些条件下，冲突的水平高时会导致群体有高绩效，也就是说，当群体处于第二阶段时，要比处于第三阶段或第四阶段时工作干得更好。

另外，群体的各个发展阶段之间也并非泾渭分明。事实上，有时群体的几个阶段是同时发生的。比如说，一方面群体正处于震荡阶段；另一方面它同时又在执行任务。而且，在少数情况下，它甚至会倒退回先前的阶段中去。因此，我们不能想当然地认为，群体总是精确地沿着这一历程发展，或者认为群体的第四阶段总是最有利的。应该把这一模式看作一般性的框架，这样可以提醒你注意群体是一个动态性的实体，从而有助于理解在群体发展过程中出现的有关问题。

二、群体的类型

1. 正式群体和非正式群体

按群体构成的原则和方式，可以把群体分为正式群体（formal group）和非正式群体（informal group）。正式群体是指有明文规定的、由一定社会组织认可和组织结构确定的、职务分配很明确的群体。非正式群体是指没有明文规定、没有正式结构、不是由组织确定，而是在成员的某种共同利益的基础上，为满足社会交往的需要，在工作环境中自然形成的群体。

正式群体大致还可分为命令型群体（command group）和任务型群体（task group）。命令型群体是指直接对某主管负责、向某主管报告工作的下属，与主管之间的构成的群体。任务型群体是指为完成某项工作任务或课题而在一起工作的群体。它也是由组织结构决定的，由来自组织各个部门、各个层次的人员组成。

非正式群体又大致可分为利益型群体（interest group）和友谊型群体（friendship group）。利益型群体是指为了某个共同关心的特定目标而走到一起来的人们，如失业自救群体是由一群为摆脱失业寻找就业机会相互提供帮助而走到一起的人们组成的。友谊型群体是指那些因为兴趣、观点等相同或相近而走到一起的人们，如摄影小组、书画协会等群体。

2. 松散群体、联合体和集体（集合体）

按联系的紧密程度及发展的水平进行划分，可以把群体分为松散群体、联合体和集体（集合体）。松散群体是指人们只在时间和空间上结成群体，但群体成员之间并没有共同活动的内容、目的和意义，如同一车厢的乘客、同一病房的病人、同一商店购物的顾客等。松散群体进一步发展可能成为联合体。联合体的特点是参加这种群体的成员有着共同活动的目的，但这种共同活动都只有个人意义。集体是群体发展的最后阶段，其重要特征在于，集体的存在不仅对个人有意义，而且对整个社会有意义，真正的集体应该兼顾个人、集体和国家三者的利益。因此，集体具有组织性和心理上团结一致的特点。任何集体都是群体，但不是任何群体都可称为集体。

3. 开放型群体和封闭型群体

按群体的开放程度划分，可以把群体分为开放型群体和封闭型群体。开放型群体的成员变动频繁、来去自由，成员间的权力与地位不稳定，与外界联系较密切，内部联系相对松散。封闭型群体的成员相对稳定，变动较小，内部权力与地位明确，成员等级关系严格。

4. 参照群体和一般群体

按群体在社会上发挥作用的大小，可以把群体划分为参照群体和一般群体。参照群体又称标准群体或示范群体。参照群体在社会上发挥着表率作用，其标准和目标成为人们的向往和追求。相对于参照群体而言，一般群体是指那些大量存在于社会上的众多的不足以成为人们行为楷模的普通群体。

5. 大群体和小群体

按群体规模的大小，可以把群体划分为大群体和小群体。这种划分具有相对的意义。车间相对于工厂是小群体，而相对于班组是大群体。一般地，大群体包含许多小群体。

小群体更多的是指成员有直接的、个人间的、面对面的接触和联系的规模较小的群体，这些群体的成员容易在感情上和心理上接近。

6. 假设群体和实际群体

按群体是否实际存在，可以把群体划分为假设群体和实际群体。假设群体是指实际并不存在，只是为研究、分析问题的需要划分出来的群体，所以也叫统计群体。假设群体可以按照不同的特征来划分，如按年龄划分，一个单位的成员可以划分为青年人、中年人、老年人三种群体。同年龄的人可能没有直接交往过，甚至互不相识，但共同的年龄特点可能使他们有共同的社会心理特征。实际群体是指客观存在的群体，群体成员之间有着直接或间接的联系，因共同的目标而结合在一起，如同一班级的学生、同一班组的工人。

第二节 群体属性

工作群体是有属性的，这些属性能够塑造群体成员的行为，并且帮助解释和预测群体内的个体行为与群体绩效，群体的一些属性包括角色、规范、地位、规模、凝聚力和士气。

一、群体属性1：角色

1. 什么是角色

角色（roles）指对占据某一社会组织中特定位置的个人所期望的一套行为模式。每一成员在群体中都表现出自己特定的行为模式，我们称之为角色。一般来说，每个人都扮演着多重角色，在组织中，员工需要明确组织期望他们做的是什么样的行为，当个体面对两种相互分歧的角色期望时，他经历着"角色冲突"。组织中的员工经常会碰到这种情况。比如，一个年轻的大学教师希望他在给学生成绩时，高分应尽量少，以保持"标准严格"，而他的学生们却希望他能尽量多给高分以提高全班平均成绩。如果这位教师既想取悦他的同事，同时又不想让学生们失望，便陷入了角色冲突的困境。

2. 群体角色的种类

几乎在任何一个群体中，都可以看到成员有三种典型的角色表现，即自我中心角色、任务角色和维护角色。这些不同的角色会对群体绩效产生不同的影响。

（1）自我中心角色。自我中心角色是指成员处处为自己着想，只关心自己。这类人包括：一是阻碍者，指那些总是在群体通往目标的道路上设置障碍的人；二是寻求认可者，指那些努力表现个人的成绩，以引起群体注意的人；三是支配者，这类人试图驾驭别人，操纵所有事务，也不顾对群体有什么影响；四是逃避者，这类人对群体漠不关心，似乎自己与群体毫无关系，不做贡献；等等。研究表明，这些角色表现会对群体绩效带来消极作用，造成绩效下降。

（2）任务角色。任务角色的表现有：一是建议者，指那些给群体提建议、出谋划策的人；二是信息加工者，指为群体收集有用信息的人；三是总结者，指为群体整理、综合有关信息，为群体目标服务的人；四是评价者，是帮助群体检验有关方案、筛选最佳决策的人。

（3）维护角色。维护角色的表现有：一是鼓励者，热心赞赏他人对群体的贡献；二是协调者，解决群体内冲突；三是折中者，协调不同意见，帮助群体成员制定大家都能接受的中庸决策；四是监督者，保证每个人都有发表意见的机会，鼓动寡言的人，而压制支配者。

任务角色和维护角色都对群体绩效起积极作用。每一个群体不仅要完成任务，而且要始终维持自己的整体。研究发现任务角色、维护角色和群体绩效呈正相关关系，如图8-1所示。

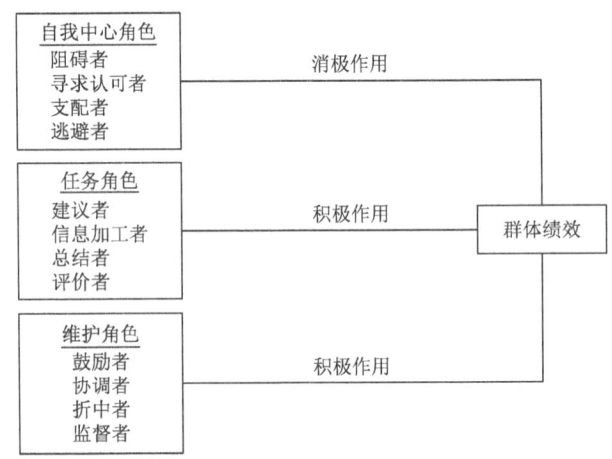

图8-1 群体成员角色种类

3. 如何理解角色行为

我们这里使用角色一词，是指人们对在某个社会单元中占据特定位置的个体所期望的一套行为模式。如果我们每个人只选择扮演一个角色，并且自始至终、稳定一致地扮演该角色，那么对角色行为的理解就简单多了。遗憾的是，不管工作内外，我们都需要扮演多种不同的角色。正如我们看到的那样，要理解一个人的行为，关键在于弄清他现在所扮演的角色。理解群体成员的角色行为，需要了解角色知觉、角色期待、角色冲突等概念和现象。

（1）角色的同一性。角色同一性指的是个体对一种角色的态度与该角色实际角色行为模式保持一致性。也就是说，当人们清楚地意识到环境条件需要自己做出重大改变时，就能够迅速变换自己所扮演的角色行为。比如，一位教学第一线的教师向教务管理部门提意见，反映教师的不满情绪；当他被调到教务管理部门工作几个月后，他的态度就会发生变化，开始亲近管理阶层，替教务部门讲话。但如果他以后又回到原来的位置，扮演普通教师的角色时，他又会疏远管理层，站在教师的立场上讲话。

（2）角色知觉（role perception）。个体对于自己在特定情境中应该如何表现的认识和了解就是角色知觉，也就是一个人对于自己在某种环境中应该做出什么样的行为反应的认识和理解。我们从周围的刺激中获取知觉，比如说朋友、书籍、电影、电视。例如，我们到医院看医生时，就会对医生的工作产生一种印象。当然，在不少手工业和专业领域中存在的学徒制，主要目的就是让初学者观察"专家"的行为，从而学会按照人们期望的方式行动。

（3）角色期望（role expectation）。角色期望是指别人认为你在某个特定情境中应该如何行事，也就是群体或他人对个体所扮演角色的期望行为模式。通常，法官的角色被视为地位尊贵、举止得体；而橄榄球队的教练则被视为富有侵略性、灵活机动及善于激励手下的球员（罗宾斯和贾奇，2012）。

在工作场所中，我们从心理契约（psychological contract）的视角来考察角色期望。心理契约是在雇主和员工之间存在的一种不成文的协议。这种协议确定了双方之间的期望，也就是管理层对员工的期望，以及员工对管理层的期望。实际上，正是心理契约界定了对每个角色的行为期望。一般来说，管理层被期望能够公平、公正地对待员工，给员工提供可接受的工作条件，向他们提供绩效反馈以使他们了解自己的工作表现。另一方面，员工被期望工作态度良好、听从指挥及对组织忠诚。如果心理契约中隐含的角色期望没有实现，那么会发生什么呢？如果管理层没能履行协议，我们可以预计，会对员工绩效和工作满意度产生消极影响；如果员工没能实现自己的角色期望，结果通常是受到某种形式的处分，甚至是被解雇。

（4）角色冲突（role conflict）。如果遵守某种角色要求会导致难以符合另一种角色要求，那么结果就是出现角色冲突。在极端情况下，主体所面临的两种或多种角色期望是相互矛盾的。也就是说，个体面临多种角色期待的矛盾和差异，于是在个体身上发生了角色冲突。大多数员工同时处于职业群体、工作群体、部门群体和地区群体中，当一种身份的角色期望与另一种身份的角色期望冲突时，这两种身份就会产生冲突。在兼并和收购中，员工可能会由于原公司成员的身份和新公司成员的身份而感到苦恼。跨国经营的组织也会导致双重身份：员工会把本组织区分为本地分部与整个组织。

4．群体角色的构成

如果以任务角色的表现为横轴，以维护角色的表现为纵轴，可以把群体分为四种类型：任务群体、团队群体、人际群体和无序群体。管理者需要既扮演任务角色又扮演维护角色。一般是先着重任务角色，待群体有几次成功经验后，就可以削弱任务角色而更多地注意维护角色，如图8-2所示。

在一个群体中，如果成员扮演任务角色的多而扮演维护角色的少，则被称为任务群体。这种群体很适合应付紧急任务，但很容易瓦解。作为管理者，应该多扮演维护角色以帮助群体发展为团队群体。

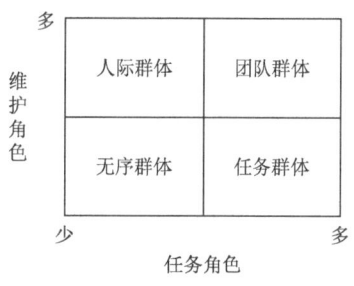

图8-2 以任务角色和维护角色为维度的群体类型

在团队群体中，任务角色和维护角色都很多。对于长期目标来说，团队群体是最有绩效的，这种群体的领导可以放心大胆地充分授权给下级。

如果群体成员扮演维护角色的多，扮演任务角色的少，我们称其为人际群体。在这种情况下，管理者就需要扮演任务角色，以免群体成员自我陶醉，忘乎所以，从而耽误任务的完成。

在无序群体中，多数成员只顾自己，而很少关心任务及人际关系。无序群体是最没有绩效的。

二、群体属性2：规范

1. 什么是群体规范

所有的群体都拥有规范（norms），规范即群体成员所共同接受的标准。规范规定了该群体的产出水平、缺勤率、工作节奏的快慢及工作中相互帮助的程度。群体规范又称群体行为规范，它是群体所形成或确定的，群体成员应当遵守的共同的一些行为准则。

虽然各个群体都有自己独特的规范，但对于多数组织中的群体来说，其规范还是有许多共同之处的，它们主要强调的是：努力与绩效、服饰及忠诚度。可能群体规范最关心的就是本群体的工作努力程度和绩效水平了。工作群体一般都明确地向其成员指出，他们工作应达到何种努力程度；产量应是多少；什么时候要显得很忙；什么时候允许磨洋工；等等。这些规范极大地影响着每个员工的工作绩效。因此，那种单纯基于员工个人能力和动机水平而做出的绩效预测，其结果往往是不准确的。一些团体有正式的服饰规定。即使没有这些正式规定，群体规范也能使人认识到在工作时应如何着装。大学高年级学生在进行第一次求职面谈后，很快就学会了这种规范。当然，对于能被接受的着装来说，组织不同，要求也不同。经理们都不喜欢员工贬低自己的组织，专业技术人员及行政管理岗位上的主管都知道，大多数老板把那种老想跳槽的人视为异己。所以，如果他们对现任工作不满意的话，会把另寻他职的活动进行得十分隐蔽。这表明，忠诚规范广泛存在于各组织中。

2. 群体规范的类型

严格来看，不同群体的规范就像人的指纹一样，绝无重合的可能，每个群体的规范一般都具有独有的特征。这里我们只是就大多数工作群体的某些共同特点，概括划分出其一般类型。

（1）与群体绩效活动有关的规范。这类规范会明确告诉群体成员，应该如何工作、应该达到什么样的工作数量和质量、应该与别人怎样协作、应该如何与别人沟通等。这类规范会对员工和员工所在群体的绩效产生重大影响，并在很大程度上可以调节和修正仅仅根据个体知识、能力、态度等做出的绩效预测。

（2）与群体形象有关的规范。这类规范主要告诉群体成员应该如何着装，应该在什么场合做什么事、说什么话、以什么方式去做事，应当何时忙、何时闲，应该如何对组织或群体表现出忠诚感等。

（3）与非正式群体的社交约定有关的规范。这类规范主要告诉群体成员，应该与谁交友、应该参加哪些社交活动、应该与谁共进午餐等。这类规范形成于非正式群体中，主要用于约束调整其内部成员的人际相互作用形式和关系。

（4）与资源分配有关的规范。这类规范主要告诉群体成员，不同的工作如何与报酬挂钩，工资和奖金如何计算分配，困难和容易的任务应如何搭配，工作用品、设备和工具该如何分发等。这类群体规范主要用于调整群体成员之间资源或利益的分配关系（时巨涛等，2003）。

3. 群体规范的作用

为什么群体规范对群体成员的行为有重要影响？它对群体能够产生哪些作用呢？概括来看，群体规范对群体的作用主要有以下四种作用。

（1）有利于增强群体成员之间的凝聚力。群体规范通过保护群体的权利，强化那些能够增加成功机会的规范，把群体成员的意见和行为协同起来，实现共同的目标。增强群体的整体性和内聚力，对群体起到维持作用。

（2）有利于增加群体成员行为的可预测性。群体规范通过建立共同准则和行为基础来促进群体平稳运行，降低人们预期行为中的不确定性，使群体和群体成员能够相互预测彼此的行为，简化群体的工作方式，并作出适当的反应从而提高群体的效率。

（3）有利于减少人际摩擦，改善人际关系。群体规范通过界定和引导群体成员间的适当行为，能减少成员中令人尴尬或难堪的人际关系问题，从而尽可能地减少人际摩擦，防止对抗，提高成员的安全感和满意感，保持群体的安定团结。当某些成员的行为举止与群体规范相矛盾时，多数成员会根据群体规范对这种行为作出一致的判断或批评。这种带有情绪色彩的共同意见，对个人行为具有约束作用，使其不至于违反群体规范。

（4）有利于澄清群体身份，表现群体的核心价值观。群体规范通过清楚地界定"我们的群体是什么""我们的群体应该是什么""我们的群体接受什么行为？反对什么行为？"等关键问题，来表达群体的核心价值观，并使群体成员能够以此指导自己的行为，正确处理与群体外部人群的相互关系，强化和维持群体的存在。群体规范越能被群体成员一致接受，群体成员之间的关系越密切，群体也越团结（时巨涛等，2003）。

4. 群体规范的特征

规范是由群体成员建立的行为准则，规范可以是成文的（如职业道德手册），也可以是不成文的。

（1）规范起着约束成员行为的作用。群体的成员，都被期望着遵循大家提出的规范，任何违背规范的行为都将受到排斥和口头攻击。一般群体对所谓的"叛徒"会采取如下措施：开始，其他成员会苦口婆心劝其回到集体怀抱。但如果背叛者执迷不悟，那么他就会被群体拒绝，其他成员对其不加理睬，从心理上冷淡他。对"叛徒"的惩罚，可以使得群体的规范更加明确。任何群体都有规范，否则，群体将难以存在下去。

（2）群体规范通常是逐渐形成和改变的。群体成员在认识到什么行为将影响完成群体目标后，他们就会为这些行为确定一个期望的标准。当然，有些规范是很快就能确定的，如一个委员会群体可以立即规定每一个成员都得准时到会，不得无故缺席。

（3）并非所有的规范对所有的成员都同样适用。高层成员不一定要像低层成员那样严守规范。但是，即使是高层成员也必须顾及忽视群体规范带来的后果。例如，如果管理人员不遵守准时出席会议的规范，那么，作为回报，其他成员可能不再准时上班。

5. 群体规范的强化与削弱

学习群体规范的强化与削弱，应该掌握群体规范的影响因素，建立和发展群体规范的影响因素主要包括以下内容。①个体的特征。群体成员智力越高，他们就越不愿意建立和遵循规范。例如，比起工厂里流水线作业的班组，一个科研小组更不容易形成行为的规范，因为后者往往更倾向于视自己为具有独特价值观、人格、动机的个体。②群体的构成。同质群体比异质群体更容易确认规范。③群体的任务。如果任务较常规、清楚，那么规范容易形成。④地理环境。如果成员工作地点离得近，相互作用机会多，则容易形成规范。⑤组织规范。多数群体规范与组织规范是一致的，但如果群体成员不赞成组织的规范，他们就会发展与组织相对抗的规范，如怠工、罢工等。⑥群体的绩效。一个成功的群体将维持现有的规范并发展与其一致的新规范。一个失败的群体将不得不改变有关的规范，而重建一些可能导致好结果的规范。

作为管理者，应强化那些符合组织目标的规范，而削弱那些不符合组织目标的规范。阿尔文·赞德（Alvin Zander）提出一套可以达到这两个目的的指导原则。如果要强化群体的规范，可以遵循如下原则：①向群体成员解释群体的规范和他们的愿望基本一致，不需要牺牲多少东西；②奖励那些遵循群体规范的成员；③帮助成员了解他们是怎样为完成群体目标做贡献的；④在建立规范时，给所有成员发言的机会，因为只有自己建立的规范，人们才愿意遵守；⑤让成员知道，不遵守群体的规范将受到驱逐（但也原谅悔过的成员）。

如果要削弱群体的规范，可以采用如下手段：①找出志同道合的成员，与他们联合起来；②与志同道合的成员讨论你的观点和计划，与他们建立联合阵线；③防止内部分歧，坦言你的所作所为，不怕压力；④宣传与你合作的好处与报偿。

6. 群体压力和从众行为

从众（conformity）是一个人们非常熟悉的团体心理学名词，也称为遵从。从众就是指群体成员在团体中受到团体的影响和压力，使其在直觉、判断及行为上倾向于与群体中多数人行为保持一致的现象。

1）从众行为产生的原因

当一个人在群体中与多数人的意见有分歧时，会感到群体的压力。有时这种压力非常大，会迫使群体的成员违背自己的意愿产生完全相反的行为。社会心理学中把这种行为叫作"顺从"或"从众"。

美国心理学家阿希（Asch）设计了一个典型的实验，证明在群体压力之下会产生顺从行为。把7～9人编成一组，让他们坐在教室里看两张卡片（图8-3）。一张卡片上画着一条直线，另一张卡片上画着三条直线。让大家比较三条直线的卡片上哪条直线与另一张卡片上的直线长短相等。在正常情况下被试对象都能判断出 x = b，错误的概率小于 1%。但阿希对实验预选作了布置，在 9 人的实验组中对 8 个人都要求他们故意作出一致的错误判断，如 x = c。第 9 个人并不知道事先有了布置。实验中让第 9 个人最后作判断。组织了许多实验组进行这样的实验。统计分析表明，第 9 个人中有 37%放弃了自己的正确判断而顺从群体的错误判断。

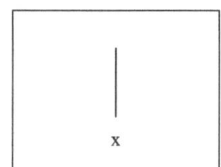 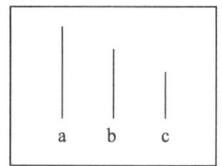

图 8-3　阿希实验的卡片

在阿希的实验之后，一些心理学家进一步分析了导致顺从现象产生的因素。这些因素包括环境因素和个性因素。从环境因素来看，如果某群体的意见一贯比较一致，群体比较团结，或者群体气氛比较专制，那么，该群体的成员就容易在群体压力之下产生顺从行为。从个性因素来看，如果一个人的地位较低，智力较差，情绪不稳定，缺乏自信心，则在群体中经常依赖别人，也较容易产生顺从现象。

2）管理从众行为

从众行为同时具有积极性和消极性，引导和运用从众趋利避害成为管理者的研究课题和应该掌握的艺术。

从众行为的二重性。一方面，积极作用：从众行为在一定程度上可以帮助管理者实现预定的目标，从众行为能够使个体达到心理平衡，从众行为有助于领导意图的贯彻执行。另一方面，消极作用：容易给个体带来惰性，容易使决策出现偏差，容易造成重大的事故隐患。

从众行为的引导。形成一种积极向上、开拓进取的舆论氛围，给予员工适当的压力。权威人物先发言表达，使个体产生从众行为。有意暗示他人讲出领导意图，然后加以肯定。树立典型的榜样人物。

从众行为的消除。创造一种宽松的气氛，淡化群体规范的作用。提高个体认知能力，增强自信心。尽量避免大规模的群体集会。领导者要在舆论一边倒的时候敢于挺身而出。在与群众利益关系密切的问题上，应尽量避免从众。建立明确的规章制度。控制"自然领袖人物"的影响力，适当时候给予适度制裁。

三、群体属性 3：地位

地位（status）指的是在一个群体中所处的威望等级、位置或是阶层。在所能了解到的最早的人类群体中，科学家发现其中地位等级制度已经存在，他们之中有部落首领和他的部下、贵族阶级和农民阶级、富有阶层和贫民阶层的区分。地位系统是理解行为的一个重要因素。当个体感觉到自己所期望的地位与现实地位不一致时，地位就成为激发他采取一系列有关行动的动力因素。地位与某些个人特征有一定的关系，如教育程度、年龄、技能和经验。在这些方面的水平越高，群体赋予这个人的非正式地位也越高。任何在群体内受到重视的东西也能提高个人的地位。值得注意的是，群体内地位的非正式性并不意味着这种地位不重要，或者对谁具有这种地位群体内没有一致意见。群体的成员可以毫不困难地将每个人列入地位类别之中，并且对于谁处于高层、谁处于低层、谁又处于中间层次通常都意见相近。相信组织具有一致的正式地位系统，对于员工来说十分重要。也就是说，应当使个人感知到的地位与组织授予他的地位效益具有一致性。例如，主管人员的收入还不如他的下属，一个理想的职位却被一个层次更低的人给占去了，或者由公司出资提供的乡村俱乐部会员资格给了部门经理而不是副总经理，就是出现了这种不一致现象。员工希望他们所拥有和所获得的与其地位相配。假如二者之间存在不一致，员工就可能抵制上级主管的权威，晋升所产生的激励作用将会降低，组织通常具有的秩序与和谐也会受到干扰。在不同的群体中，地位取决于不同的因素，这将影响到群体的绩效。一般认为，如果成员在群体中的地位取决于能力而不是资历，取决于成就而不是官衔，那么，成员就会为了争取更高的地位而充分施展自己的才能、做出最大成就，如此，对整个群体的绩效将产生积极作用，使群体绩效得以提高。地位取决于许多因素，如工资、头衔、资历、实权等。其中一个因素的改变就可以引起地位的改变。例如，如果群体中的成员其他情况相似，但有一个人工龄最长，那么，他很可能享有更高的地位。当然，地位取决于什么因素还有赖于群体成员是否承认它们。如果群体成员不承认资历，那么年龄大的人也未必享有更高的地位（尽管他会认为这不公平）。这主要取决于组织的内部人事晋升政策机制如何，如果唯以工作成绩为考核指标，那么，资历、年龄等就失去了在群体中地位的砝码，甚至成为其个人的一种负担。

四、群体属性4：规模

群体规模的大小是否会影响群体的行为呢。回答是肯定的，但这种影响还取决于群体注重的是什么样的结果，也就是说群体规模对群体行为和绩效的影响力取决于群体所考察的变量。

1. 群体人员的上限和下限问题

国外学者对于群体规模的研究往往是在实验室条件下进行的，只是孤立地比较不同规模的群体在完成一些实验课题时的工作效率。这样的研究先是确立小群体人数的下限和上限问题，即最少应为几个人和最多应为几个人的问题。心理学家詹姆斯曾对符合小群体特征的9129个群体进行了分析。他指出，在多数情况下，小群体的人数为2~7人，他认为这是小群体模型的最佳人数。由此可见，詹姆斯主张小群体的下限为2人。

一些学者认为，小群体的下限应为3人，2人不能算是一个群体，因为2人之间的纯感情关系，使得当2人之间发生意见分歧或冲突时，不可能自行解决，必须有第三者参加进行仲裁。至于小群体的上限应为多少人，则意见更加分歧。多数人认为7人为最佳，但也有不少人主张20人、30人甚至40人。此外，还有人提出，小群体的最佳人数应为7±2，即最多9人，最少5人。

2. 群体人员的奇数和偶数问题

群体规模研究的另一个问题是群体应是奇数还是偶数的问题。主张群体应为奇数的人认为，当群体成员发生意见分歧时，奇数群体可以采取投票表决方式使问题得到迅速解决，不会无休止地争论下去。主张偶数群体的人认为单靠表决会影响群体中人与人之间的关系，那不是解决问题的好办法；当意见分歧的双方势均力敌时，应进一步进行协商，这样既可在深入讨论的基础上使问题得到解决，又可避免群体出现矛盾。上述关于群体的下限和上限、偶数和奇数的争论虽然有一定的参考意义，但由于都是抽象地对群体规模进行研究，不能作为工作组织中组建各种群体的具体指导原则。

3. 群体规模与工作效率的关系

研究表明，在完成任务方面，小群体要比大群体更快。然而，对于解决问题来说，则大群体总是要比小群体做得好。大群体（拥有12名以上成员的群体）对于获得各种不同方面的信息十分有利。因此，一方面，如果群体的目标是搜寻事实，那么规模较大的群体更有效率；另一方面，小群体则在利用这些信息处理问题上做得更好。一般说来，7人左右的群体在采取行动方面具有高效率。当整个群体的生产成果并不归功于任何单独个体时，个人的投入与整体的产出之间的关系就不那么清晰明朗了。这种情况下，个体可能会成为一个"搭便车者"，而以群体的成果自我夸耀。换句话说，当个体认为自己的贡献无法衡量时，往往会伴随效率的降低，所以，管理者在采用工作团队方式时，应当同时提供能有效衡量个人绩效的手段的群体规模的上限和下限

一些学者还专门研究了不适当地扩大群体规模可能产生的问题：随着群体规模的扩大，群体资源的总量也在增加，但这些资源并不一定都是有用的资源。例如，人多有时会很难使意见得到统一。随着群体规模的增大，群体成员的不同点也增多，因而成员各自的特长就难以发挥。群体人数增多，成员参加活动和得到壮大的机会减少。群体人数越多，就越需要做大量的组织工作，以协调成员的活动。群体人数增多，则群体成员之间的冲突也会增多。群体人数越多，则成员之间彼此了解的程度就会越低。

群体规模应视群体任务的性质而定，任何工作群体都应有其最佳人数，也应有其上限和下限。群体人数与人均效率的关系如图8-4所示，当人数为 n 时，人均效率最高。在群体规模的最佳值 n 附近做微小的变动，对人均效率的影响不是很大，但若变化的范围超过一定的"度"，则人均效率会大幅下降。应当指出，不同的工作任务、不同的工种、不同的机械化程度及不同的工作熟练水平等，决定着不同的群体应有不同的最佳人数，不同的上限和下限。

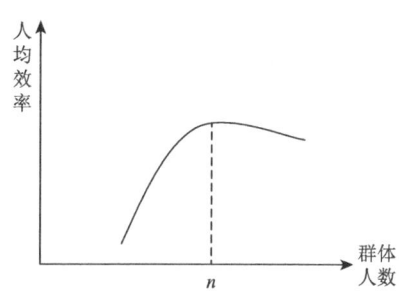

图8-4 群体人数与人均效率的关系

综上所述可以看到，群体规模的研究应遵循一定的原则。应根据工作任务的性质研

究群体人数的下限,这个下限应保证能顺利完成工作任务;应确定群体规模的最适当人数,这个人数能保证群体的工作效率达到最佳程度;群体规模的上限应确定在这样的人数上,即如果超过了这个上限,群体的工作效率会下降。

五、群体属性5:凝聚力

1. 什么是群体凝聚力

群体凝聚力是指群体成员之间相互吸引并愿意留在群体之中,为群体承担义务的愿望的强烈程度,也就是一个群体对于它的组成成员的内在吸引力。在现实中,一般来讲,每个人都有要求归属于某一群体的感情和希望成为其中一员的愿望,以满足安全、友谊、爱和尊重的需要。如果这些需要得到满足,会产生良好的社会动机,从而转化为积极的行动。一个人如果长期生活在一个团结、友爱、互惠的群体中,就会逐渐对群体产生一种依恋的情绪。群体的每个成员都感到彼此互相吸引,并为作为群体的一员而自豪,这就说明群体有一种凝聚力,或叫内聚力。群体内聚力(group cohesiveness)即群体成员相互吸引及共同参与群体目标的程度,成员之间的相互吸引力越强,群体目标与成员个人目标越一致,我们说这个群体的内聚力程度越高。

2. 群体凝聚力的表现形式

(1)自然凝聚力。一般来讲,人们都有归属的需要,如果他是单个人生活,就会萌生一种怅然若失的感觉,而回到群体中,就会充满信心和力量。这就是说,群体自然而然对个人产生了一种吸引力,人生活在一定的社会关系网络中,就必然会与社会发生各种各样的相互关系,人需要交际,需要友谊和爱。一个人对于社会来说确实太小了,力量太微弱,他必然要依赖一定的群体,才能更好地生活。简而言之,人有社会属性,不能脱离群体而单独生活,每一个人都需要别人。这就是团结的自然凝聚力。

(2)工作凝聚力。每个人都有希望获得良好工作的愿望,都希望在工作中发挥自己的特长。同时,在现阶段,劳动还是人们谋生的一种手段,人们必须依赖工作而求得生存和发展。因此,群体所承担的任务和通过工作所要达到的目标,都会对群体成员产生强烈的吸引力。

(3)领导凝聚力。成功而有威望的领导者本身就是一种吸引力,在一个群体中,领导经常和群体成员发生着各种各样的关系。群体所承担的任务,需要领导去组织、指挥,需要成员来执行、完成。因此,领导者的行为直接影响群体的凝聚力。一个民主型的领导,使群体内部意见得到良好的沟通,群体人际关系和谐,成员心情舒畅,凝聚力就强。一个专制型的领导,群体内部不易沟通,群体成员就会感到压抑,对工作也会感到乏味和无聊,因而群体的凝聚力也差。放任型的领导,对群体成员无所约束,群体的凝聚力也差。

(4)情感凝聚力。一个群体的成员长期在一起工作和学习,朝夕相处,群体内各成员之间、成员与领导之间、领导与领导之间彼此了解,就可能建立融洽、接纳的人际关系,群体就有一种吸引力。显然,这种吸引力是以情感为基础产生的,属于情感凝聚力。

协调融洽的人际关系，不仅满足了人们的各种心理需要，而且减轻了人们的紧张感。如果人们在工作中心情舒畅，在工作中就会同心协力以达到组织目标。相反，人际关系不好，人与人之间关系紧张，相互猜忌，彼此戒备，必然会内耗丛生，矛盾重重，影响工作任务的完成。

3. 影响群体凝聚力的因素

目标和利益的一致性。如果群体的目标和利益与各个成员个人目标和利益相一致，人们就会自动承担义务，为群体目标而奋斗。

（1）外部的威胁。外部威胁的存在可以增加群体凝聚力，因为这时群体成员不得不同舟共济、相依为命。与外界的竞争可以导致凝聚力增强，而群体内成员的竞争则将导致凝聚力下降。

（2）群体规模的大小。小群体比大群体有更高的凝聚力，因为小群体为成员提供了更多的相互交往的机会。群体越大，异质越多，态度和价值观差异也增大，所以大群体凝聚力低。另外，在大群体中，需要更多硬性的工作标准，这也影响了群体成员之间形成自然的非正式的关系和交往。

（3）奖酬体制。以群体为单位奖酬比以个人为单位奖酬，会导致更高的凝聚力。以群体为单位的奖励制度可以使成员意识到他们的命运连在一起，因此增加合作精神。相反，鼓励群体成员之间竞争的奖励制度（如把所有奖金都奖给最佳工作者）将削弱群体凝聚力。

（4）班组的组合。以人际吸引、价值观和目标的一致为基础组成的班组有较高的凝聚力。在一个经典研究中，范泽尔斯特根据无记名选择工作伙伴的结果，把木工和砖瓦工重新编组，发现这种以人际吸引为基础的班组比随机组成的班组有更高的工作满意感。

（5）与外界的关系。一般来说，与外界隔离的群体有更高的凝聚力。这些群体往往认为自己与众不同、独一无二。隔离也使得群体成员产生同命运感及共同抵御外界威胁的需要。

（6）群体的绩效。一个成功的群体更容易发展凝聚力。成功使得成员产生优越感，彼此增进好感。失败则往往使成员互相埋怨，把别人当替罪羊，这种冲突将减弱凝聚力，甚至导致群体瓦解。

（7）领导作风。领导者的民主作风可以充分地激发起群体成员的主动精神与创造性，在民主的气氛下，领导都有意识地创造优秀的群体规范，这样可以大大地增强群体凝聚力。

此外，不同的信息交流方式，群体成员的不同个性特征、兴趣和思想水平等，都会影响群体的凝聚力。

4. 凝聚力群体的作用

（1）满意感。高凝聚力群体的成员比低凝聚力群体的成员可以得到更大的满足。他们认为作为群体的一员很值得，也很愿意参加群体的活动，并忠诚于群体。凝聚力也使得成员更加遵守群体规范。

（2）沟通。高凝聚力群体中的成员比低凝聚力群体中的成员沟通的机会要多得多。因为凝聚力高的群体成员间往往有共同的价值观和目标，互相之间愿意交流，因此有更多的沟通机会。这样的沟通又反过来加深了相互关系和了解的程度，促进了凝聚力的增加。

（3）群体意识。凝聚力高的群体容易形成群体意识。在凝聚力过强的群体中，是不能容忍异议的。对这样的群体来说，具有价值的是大家一致，而不是作出高绩效。群体意识的另一个表现为高凝聚力群体成员一致对外。凝聚力使得群体成员产生优越感，这种优越感导致了成员对外界的敌视和排斥。

（4）生产率。关于群体凝聚力和生产率之间关系的研究得出了矛盾的结果。有些研究发现凝聚力高，生产率也高，而另一些研究则发现凝聚力高的群体生产率还不如凝聚力低的群体。还有些研究报告表明生产率和群体凝聚力之间没有关系。决定凝聚力对生产率影响的主要因素是群体的目标与组织目标是否一致。如果二者相一致，则高凝聚力群体会作出高绩效；如果二者相违背，则高凝聚力群体会作出低绩效。总的来说，高凝聚力群体比低凝聚力群体更倾向于维护他们的目标。

最具典型的研究是社会心理学家沙赫特（Schachter）的实验。

沙赫特等在严格控制的实验条件下检验了群体凝聚力和对群体成员的诱导（宣传）对于生产率的影响。实验的自变量是凝聚力和诱导，因变量是生产率。除了设立对照组进行对比以外，沙赫特等把实验组分成四种条件，即高低凝聚力和积极与消极诱导，实验条件如图 8-5 所示。

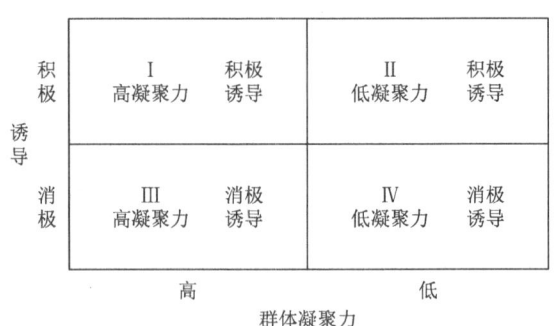

图 8-5　群体凝聚力与诱导关系的图解

结果说明，两种诱导产生了明显不同的效应，极大影响了凝聚力与生产率的关系。无论凝聚力高低，积极诱导都提高了生产率，而且高凝聚力组生产率相对更高。消极诱导则明显降低了生产率，高凝聚力组的生产率更低。这说明高凝聚力条件比低凝聚力条件更易受诱导因素的影响，实验结果如图 8-6 所示。

5. 群体凝聚力与管理

凭直觉，我们会认为，在完成相同的任务时，那些内部冲突较多、群体成员之间缺乏合作精神的群体，不如那些群体成员协调一致、相互喜欢的群体有效。但是，从管理的角度来看，群体凝聚力高，一定对群体有利吗？也就是说，提高群体凝聚力有助于提

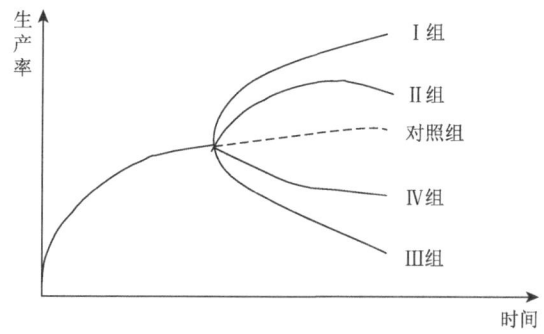

图 8-6　沙赫特实验有关凝聚力与生产率关系的结果

高群体生产率吗？研究表明，一般来说，凝聚力高的群体比凝聚力低的群体更有效，但凝聚力与群体效率的关系比较复杂，我们不能简单地说凝聚力高就好。

（1）不能从二者的相关关系推出它们的因果关系。我们既可以认为高凝聚力是高生产率的起因，又可以认为高凝聚力是高生产率的结果。一方面，群体成员之间的友好关系有助于减弱紧张情绪，提供一个顺利实现群体目标的良好环境，从而提高群体生产率；另一方面，高生产率群体的成员作为成功群体的一分子的感觉，有助于提高群体成员对群体的忠诚感，从而提高群体凝聚力。群体凝聚力与群体生产率是相互影响的，不能简单地说高凝聚力会导致高生产率。

（2）二者的关系受群体目标与组织目标一致性的影响，即群体凝聚力与群体生产率取决于群体目标与组织目标是否一致。显然，群体的凝聚力越强，群体成员就越容易追随其目标。如果群体目标与组织目标高度一致（如高产出、高质量、积极与群体外员工合作），那么凝聚力高的群体就比凝聚力低的群体生产率高。如果群体目标与组织目标不一致，凝聚力高的群体反而比凝聚力低的群体生产率低。而且，凝聚力低但群体目标与组织目标一致的群体，其生产率高于凝聚力高但群体目标与组织目标不一致的群体。

因此，群体目标与组织目标一致性指标比凝聚力指标对于群体生产率的影响更为重要，只有在群体目标和组织目标相一致的基础上，增强凝聚力才有利于提高群体生产率。

六、群体属性6：士气

1. 什么是士气

"士气"原是一种军事术语，用以表示作战时的团体精神，在这里则用来表示群体的工作精神。美国心理学家史密斯（Smith）认为"士气"就是对某个群体或组织感到满足，乐意成为该群体的一员，并协助达成群体目标的一种态度。因此"士气"不仅代表个人需求满足的状态，而且还包括认为这个满足得之于群体，因而愿意为实现群体目标而努力的情绪。

2. 士气的特征

美国心理学家克雷奇（Krech）等则认为，一个士气高昂的战斗群体应具有以下7种特征。

（1）群体的团结来自内部的凝聚力，而非起于外部的压力。
（2）群体的成员没有分裂为互相敌对的小团体的倾向。
（3）群体本身具有适应外部变化的能力及处理内部冲突的能力。
（4）群体成员之间具有强烈的认同感和归属感。
（5）群体中每个成员都明确地意识到群体目标。
（6）群体成员对群体的目标及领导者抱肯定和支持的态度。
（7）群体成员承认群体的存在价值，并具有维护其群体存在和发展的意向。

3. 士气与生产率的关系

在组织管理中，人们通常认为，士气与生产效率的关系是非常密切的，并且渴望职工不仅具有高昂的士气，同时也能保持较高的生产率，然而，这种理想的状态一般是很难实现的。经过大量的研究发现，士气的高低与生产率之间并不存在正比例的关系，职工的士气只是提高生产率的必要条件之一，而不是充足条件。要提高生产率，除了提高士气以外，还需要具备其他许多条件，如机械设备、原材料供应、职工的素质、人员的调配等。

1962年，美国心理学家戴维斯（Davis）首先用图示的方法将士气与生产率的关系作了如下的说明，如图8-7所示。

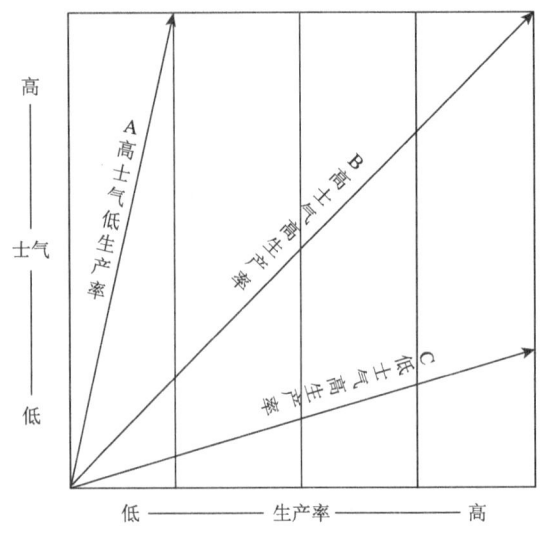

图8-7 士气与生产率的关系图

戴维斯认为，士气和生产率的关系可能出现三种情况，即高士气低生产率（A线）；高士气高生产率（B线）；低士气高生产率（C线）。

实际上许多研究者认为，士气与生产率之间存在着四种关系，即士气高，生产率也高；士气高，生产率低；士气低，生产率高；士气低，生产率也低。

（1）士气高，生产率也高，是由于职工在群体里既获得了满足感，又体会到组织目标与个人的需求相一致，正式组织与非正式组织的利益相协调，使职工无所顾忌地去实现组织目标。

（2）士气高，生产率低，是由于职工在群体里虽然获得了满足感，但是组织目标却不能与个人的需求相联系，于是出现所谓"和和气气地怠工"，而缺乏紧张工作的气氛的现象。如果出现高士气的群体与组织目标相抵触，则可能构成生产的障碍。

（3）士气低，生产率也低，是由于职工在群体里得不到满足感，而且组织目标与个人的需求也不能发生联系，职工对生产没有兴趣，于是出现"当一天和尚撞一天钟"的现象，即所谓的"磨洋工"。

（4）士气低，生产率高，是由于管理者过分地强调物质条件和金鱼刺激，使职工暂时获得了某些物质的需要，而达到较高的生产率，然而由于忽略了职工的心理需求，生产率高的情况也只能是暂时的。这种情况除了特殊的群体之外，如果长期下去，势必引起职工的反感，而使生产率降低。

我国自古以来就十分重视对士气的研究，这主要是因为，士气是一支军队、一个群体或一个单位精神面貌的象征，是直接关系到战斗的胜负和工作成败的重要因素。古时有"夫用兵之道，在于人和""上下同心，其利断金"的说法，都说明将帅同心、士卒奋勇是决定战争胜负的基本因素。

4. 影响士气的因素

一个管理者要提高工作和生产的效率，保持高昂的士气是不可缺少的必要条件。如果职工的士气低落，那要想长期地维持很高的生产水平，将是难以想象的。因此，管理者无不关心提高职工士气的问题。一般地说，影响职工士气的因素有以下几种。

（1）对组织目标的赞同。从某种意义上来说，士气就是群体成员的一种群体意识，它代表一种个人成败与群体成就休戚相关的心理，这种心理只有在个人目标与群体目标协调一致时（即个人赞同组织目标时）才会发生。

（2）合理的经济报酬。金钱虽然不是人们追求的唯一目标，但是金钱可以满足人们的许多需求。有时，它还代表一个人在组织中的成就和贡献及在社会中的地位，所以经济报酬和奖励一定要公平合理。否则，不合理的工资和奖金制度，将会挫伤职工的积极性，引起不满，降低士气。

（3）对工作的满足感。对工作的满足感，是指工作本身能够令人满意。这种满足感主要包括工作本身合乎个人的兴趣、适合个人能力、具有挑战性、有利于施展个人的抱负。所以，安排工作要激发职工的士气，就必须尽可能地考虑到职工的智力水平、文化程度、兴趣爱好、专业特长和个人抱负等，这样才能使个体具有施展才能和实现抱负的机会。

（4）管理者良好的品质和风格。领导者和管理人员的品质和风格，对下属的工作精神影响很大。俗话说："将帅无能，累死三军。"就是说，高明的领导者应该善于体恤士卒，能够与下属同甘苦、共患难，这样就可以做到"师无令则行"。近代心理学研究也表明，凡是士气高昂的战斗性群体，其领导大都比较民主，乐于采纳大家的意见，体谅下属，关心职工的疾苦。否则，官僚主义高高在上，或我行我素，听不得别人的意见，就会怨声载道，造成信任危机，轻则使工作受阻，重则将众叛亲离。

（5）同事间的和谐与合作。一个士气高昂的群体，必然具有很高的凝聚力，成员之间有强烈的认同感、一致性和合作精神，彼此之间很少发生冲突和敌对现象。心理学认为这种合作体谅别人的群体容易发展成有效群体，故称为合作性群体；相反，则可能发展成竞争性群体。从群体动力学的观点出发，领导者实施管理，奖励职工，最好采取集体奖励，以促进合作精神，提高士气。

（6）良好的意见沟通。在群体中，人与人之间的相互作用，不仅靠意见的沟通来实现，同时也受意见沟通的影响。上下级之间、同事之间如果沟通受阻，则可能引起职工的不满而使士气低落。莱维特通过实验指出：单向沟通的意见接受者，因无机会核对其意见的正确性，容易陷于情绪不安的状态之中。这种情况通常表现为命令式的管理，职工没有反映意见的机会，时间长了则容易使职工产生抗拒心理，降低士气。改善上下级之间的沟通关系，采用双向沟通的办法，经常让职工参与决策和群体讨论，则可以提高职工的工作精神。

（7）良好的工作环境。适宜的工作环境对人们的身心健康具有重大的影响，人们也只有具备了健康的身体和良好的心情，才能提高工作效率。近年来，工业心理学、医学心理学等对环境与健康、工作与疲劳进行了大量的研究，认为不良的工作环境容易使职工产生生理上或心理上的疲劳，甚至引起某些慢性疾病，从而降低工作效率。为了有利于职工士气的提高，管理者应该致力于建立良好的工作环境和心理环境，使职工在工作时心情舒畅。

经常进行群体士气的调查，可以及时地了解职工对组织、领导、环境和管理工作的态度，从而为改进组织管理提供必要的信息。此外，群体士气的调查还可以成为下情上传、上下沟通的重要手段，从而提高职工对管理工作的信赖感，以加强上下级之间的合作与谅解。因此，西方企业的管理人员大都十分重视对职工士气的调查。

案例分析

黑纹鼠折射两种人

肯尼亚大草原上有一种鼠，叫黑纹鼠。每当秋天来临，这种鼠便会在首领的带动下向着繁殖的地方迁徙。

黑纹鼠在迁徙途中会发生两种奇怪的现象。一种是它们行进到迁徙路程的一半时，群体中会发生多只鼠追咬几只鼠并将其咬死的情况；另一种也是多只鼠咬几只鼠的情况，只不过发生在它们到达目的地后。有人猜想发生这种现象是自然界的优胜劣汰，也有人说这是黑纹鼠的天性……

这两种现象其实都与迁徙路上的首领有关。每年开始迁徙的时候，新首领会上任，可新上任的首领由于资历不够，鼠群中有些强壮的鼠，就表现得十分不听话，首领有时对它们发号施令根本不灵。可当迁徙之路走到快一半的时候，新首领渐渐掌握了鼠群，这时，这个首领便会收拾当初那几个不听话的鼠，指挥着其他鼠向它们发起攻击，直到把它们置于死地。

当首领确定绝对地位后，渐渐开始发号施令。这时，鼠群中总有几只鼠寸步不离首领左右，当首领对哪一只鼠不满意的时候，这几只鼠便会蜂拥而上攻击这只鼠，直到首领满意为止。可快要到达目的地的时候，鼠群又要更换新首领了，原来的首领开始没落，渐渐离开这个群体。可它走了以后，原先对它俯首称臣的那些鼠却遭了殃，曾经受过它们欺侮的鼠联合起来攻击它们，也同样会置它们于死地。

黑纹鼠迁徙路上发生的两种现象值得我们深思，它让我们懂得：在人生路上，往往有两种人生命之路不顺，一种是自认为强大不服从命令的人，另一种是为讨好攀高唯命是从的人。

资料来源：程刚（2014）

【思考题】

1. 如何理解黑纹鼠的行为？其对群体行为的启示是什么？
2. 如何理解群体行为？试用群体行为理论分析不服从命令的人和讨好攀高唯命是从的人。

第三节 群体决策

决策是行动的基础，没有决策就没有合乎理性的行动。群体决策是由多人组成的群体进行的决策，群体决策是决策行为理论的重要组成部分。一个人对于客观世界的观察、认知和理解与个人的文化背景、知识结构、社会地位及自身能力等密切相关，各种制约因素使得个人对客观世界的认识不可避免地会带有很大的局限性。克服个人认识上的盲区对决策可能造成的不利影响的方法之一，就是由多个人参加决策的过程。由于不同的人对于客观世界的认识总是有差异的，每个人认识的方面不同，多人的相互作用就有可能大大减小认识上的盲区。

一、群体决策的优缺点

1. 群体决策的优点

群体可以提供更全面、更完整的信息和知识。群体通过综合多个个体的资源，给决策过程输入了更多的信息和知识。除了更多的投入以外，群体还能够给决策过程带来异质性，集思广益，增加观点的多样性。这就为考虑和讨论多种方法和方案提供机会，增加了决策的合法性与科学性。群体提高了决策的可接受程度。许多决策都是由于在制定之后不被人们接受而夭折的。但是，如果群体成员参与到决策过程中，他们可能会热情地支持该决策，并鼓励别人也接受它。

2. 群体决策的缺点

当然，群体决策也有缺点。首先，群体决策很耗费时间。与个人单独决策相比，群体通常需要更多的时间来获得解决方案，决策成本较高，决策速度慢。其次，群体内部存在从众压力。群体成员希望被群体接受和重视，这可能会导致不同意见受到明显压制。再次，少数人控制，群体讨论可能会由一个人或少数几个人控制局面。如果这个（些）

人只具有中等或偏下的能力，则会削弱该群体的总体绩效。最后，群体决策可能会因为责任不明确而导致决策效果不佳。对于个人决策，谁来承担责任显而易见。但在群体决策中，任何成员的责任都被减轻了，导致责任不清。

一般情况下，群体决策与个体决策相比，优点和缺点如图 8-8 所示。

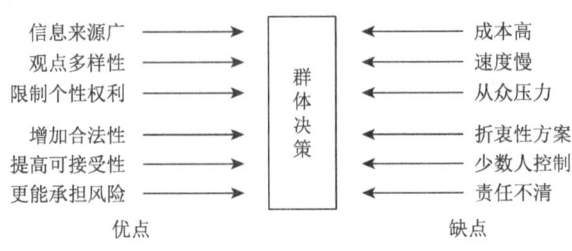

图 8-8 群体决策的优点与缺点

3. 效果与效率

到底是群体决策更有效还是个体决策更有效？这取决于你如何界定效果。就准确性而言，群体中判断最准确的成员所作出的决策通常要比群体决策更加准确，而群体决策通常比群体中普通成员所作出的决策更加准确。但就速度而言，个体决策更胜一筹。如果你的标准是最终方案的被接受程度，那么群体决策是首选。

不过，在考察决策效果的同时，不能不考虑决策效率。就效率这一点来说，个体决策几乎总是胜过群体决策的。如果处理的是同一个问题，群体决策所用的时间几乎总是比个体决策多。当然，也存在很少的例外情况。例如，如果在进行一项决策时需要了解多方面的信息，那么单个决策者就要花大量时间来查阅资料和向别人咨询。由于群体中有来自多个领域的成员，他们了解多方面的信息，查找信息所花的时间就可以大大减少。但是，我们已经指出，群体决策在效率方面的优势毕竟只是例外情况。一般情况下，群体不如个体效率高。因此，在决定是否采用群体决策时，应该权衡一下群体决策在决策效果上的优势能否超过它在效率上的损失。

总之，在决策过程的许多步骤中，群体是一个出色的工具，它在信息收集的深度和广度上有很大优势。如果群体成员来自不同的背景，那么他们应当能想出更多的办法，做出更深刻的分析。由于群体决策利于将多个人的认识与意见汇总在一起，往往考虑得比较全面、深刻，具有正确性较高的优点。当最终方案制订出来后，也会获得群体内更多成员的支持和执行。不过，群体决策的这些优势可能被一些不利因素所抵消。例如，群体决策很耗费时间，由于多个人的意见存在分歧，通常需要经过讨论来获得决策结果，比较花费时间，容易引发内部冲突，令群体成员感到从众压力，导致群体决策的平均效率比较低。因此，在某些情况下个体决策要优于群体决策。

二、决策群体的组成

群体决策要尽可能多地集中智慧，但人数又不能过多。解决这一矛盾的方法，就是决策群体的组成要坚持互补性的原则，以提高群体决策的效率。具体说，有以下几点。

1. 知识结构上的互补

在一个决策群体中,应该尽可能包括具有不同知识背景的人员。知识背景不同的人对客观世界的理解不同,看问题的角度不同,能力结构不同,思维方式也不同;他们的互补不仅能够使得对客体的认识盲区大大减少,而且使决策群体中的成员能够相互启发,激发出创造性的新思想。

2. 性格、气质和决策风格上的互补

由于不同性格、不同气质的人各有优缺点,在情绪、意志等方面的表现各有千秋,组成决策群体时还应注意成员在性格、气质方面的互补。

在决策风格上有人把人分为六类:经济型——决策中更注重经济效益;审美型——决策中更注重和谐和个性;理论型——决策中更注重事实的确认和根源的分析;社会型——决策中更注重人际关系;政治型——决策中更注重权力、影响和声望;理想型——决策中更注重理想和献身精神。

这些分类都不是绝对的。金无足赤,人无完人,每个人都有其独具的特色,群体决策就是要使大家相互补充,形成一个整体更优的集体,以取得更明智的决策结果。

3. 年龄、性别、所处层次的合理分布

决策群体的组成还应注意年龄、性别、所处层次的合理分布。这种合理分布有利于决策群体加强与不同年龄、不同性别、不同社会层次、社会集团的广泛联系,随时采集各方面的意见和建议,发挥各类成员的优势,取长补短,以不断改进其决策。另外,在决策群体中包含组织内部不同层次的成员也有利于调动组织成员的积极性,提高士气。

4. 决策群体的人数

研究表明,5~11人组成的中等规模的群体决策最有效,能得出更为正确的决策意见。4~5人的群体较容易使成员感到满足。2~5人的较小的群体较易得到一致的意见。比较大的群体可能得到较多的意见,但意见的增多与群体人数的增加并不存在正比关系。

三、群体思维与群体偏移

群体决策的两种副产品可能会影响到群体客观评估各种选择方案和制订高质量解决方案的能力。第一种副产品是群体思维(group think)。它与群体规范有关,指的是这样一种情境:群体中的从众压力使得该群体难以批判性地评估那些不同寻常的、由少数派提出的或者不受欢迎的观点。群体思维是一种影响了许多群体的疾病,它严重影响到群体绩效。第二种副产品是群体偏移(group shift),它指的是群体成员在讨论备选方案和制定决策时往往会放大自己最初的立场或观点。在某些情况下,谨慎态度占了上风,形成了保守偏移。但是在更多时候,群体会迈向冒险偏移。接下来,我们将详细地介绍这两种现象。

1. 群体思维

你是否有过这样的经历:在会议中、课堂上或非正式群体中,想表达自己的看法,但最终还是放弃了。之所以这样做,原因之一可能是害羞,但也可能是群体思维所致。它一般发生在群体成员热衷于保持一致意见的情况下,这种一致性规范妨碍了群体采取行动来客观评估各种备选方案,而不同寻常的、由少数派提出的或者不受欢迎的观点更是难以被充分表达,由于群体压力,个体的心理效率、现实检验及道德判断会被削弱(Park,1990;Park,2000)。

群体思维往往表现出以下症状:"将帅无能,累死三军。"

(1)如果存在与群体成员做出的假设截然相反的意见或事实,群体成员会对它们持反对的态度。无论证据与他们的基本假设之间存在多大抵触,他们都会如此。

(2)如果有人怀疑群体的共同观点,或者对大部分群体成员支持的选择方案质疑,那么群体成员会对他们施加直接压力。

(3)那些持有怀疑态度或不同看法的人,往往通过保持沉默,甚至在心中尽量弱化自己看法的重要性,来设法避免与群体观点不一致。

(4)存在一种无异议错觉。如果某个人不说话,大家往往认为他默认了这看法。换句话说,缺席者也会被视作赞成者。

群体思维现象似乎与阿希从那个实验中得出的结论相符。如果个体的观点与绝大多数群体成员不一致,则在群体压力下,他可能会屈从或退缩,或者调整自己的真情实感或内心信念。作为群体的一员,我们发现自己更乐意与群体保持一致,即成为群体中积极的一分子,而不是成为干扰力量,即使这种干扰力量对于改善群体决策效果十分必要。

群体思维会影响到所有群体吗?事实证明,并不是这样。当存在以下三个特点时,群体思维最容易出现:明确的群体认同;成员愿意维护群体的正面形象;成员觉得群体的正面形象受到了严重威胁。可见,与其说群体思维是一种使持异议者屈从的机制,不如说它是群体维护其正面形象的工具。对于美国宇航局来说,它的群体思维问题源自它试图强化自己的这种身份:不会做错事情的精英组织。

管理者可以采取哪些措施来尽量弱化群体思维呢?首先,他们可以监控群体规模。随着群体规模的增长,成员会变得越来越畏缩和犹豫。尽管没有个神奇数字可以作为群体思维的分水岭,但是当群体超过10人时,个体可能会感觉到更少的个人责任。其次,管理者应该鼓励群体的领导者扮演公正无偏的角色。领导者应该积极地从所有成员那里获取投入,避免只表达他们自己的想法,尤其是在讨论的初期。再次,管理者可以任命一名群体成员扮演"吹毛求疵者"。这名成员的角色是对大部分成员所持的立场公开质疑,并提出不同的观点。最后管理者可以利用各种练习来刺激群体成员在既不会威胁到群体,又不会强化群体身份保护的情况下积极讨论各种大相径庭的备选方案。其中一项练习是让群体成员推迟谈论一项决策可能会带来的效果,从而使他们先关注该决策所蕴含的危险或风险。要求成员先关注一项备选方案的负面影响,会使得群体更可能减少对不同观点和意见的抑制,而且更可能做出客观评估。

2. 群体偏移

在群体讨论中往往会出现这种现象：群体讨论使群体成员最初持有的立场迈向更极端的方向。例如，保守的立场会变得更为保守，激进的观点会变得更为冒险。群体讨论往往会放大群体的最初观点。

事实上，群体偏移或群体极化可以看作群体思维的一种特殊形式。该群体的决策反映了在群体讨论中形成的主要决策规范。群体作出的决策是偏向更加谨慎还是更加冒险，这取决于该群体在讨论之前就已经确定的主导规范。

为什么群体作出的决策可能偏向冒险呢？人们对此有多种解释。有些学者认为，在群体讨论中成员之间越来越熟悉，而随着相处变得融洽，他们也会变得更加勇敢和大胆。另一种看法是，群体决策分散了责任。群体决策使得任何人都不必最终独自承担后果，所以他们更为冒险、人们采取极端立场也有可能是因为他们想要展示自己与群体外部的不同（Krizan and Baron, 2007）。处于政治和社会运动边缘的人采取越来越极端的立场仅仅是为了证明他们真正致力于这项事业。

关于群体偏移的研究发现对我们有什么意义？我们应该认识到，群体决策容易放大每个群体成员最初的立场，使成员更倾向于冒险；群体决策究竟会向更保守还是更冒险的方向偏移，这取决于群体成员在讨论前的倾向性。

案例分析

"羊群行为"和房价泡沫（及泡沫的破裂）

有时候我们很容易以各种方式忘记人和动物并没有什么大不同。经济学家凯恩斯在他的评论中提到了这一点："可能，我们大部分的决策是希望产生一些积极作用，但决策所产生的完整影响需要很长时间才能显现，因而这些决策只能被视为动物精神的结果——也就是一种无意识的、自发的行为冲动，而不是冷静思考，也不是通过定量方式和权衡利弊之后制定的决策。"（Leoni, 2008; Reiczigel et al., 2008）

这种"动物精神"如果放到群体层面是尤其危险的。一只动物如果决定冲下悬崖，那结果对于它来说可能是悲剧性的，而放到群体层面上，这个决策可能会导致一群动物都冲下悬崖。

你也许会感到惊讶，这对组织行为有什么意义？考虑一下最近的房价泡沫及其破裂。随着房价到达历史高点，人们好像只根据所观察到的他人行为来进行决策，而不考虑风险。房主和投资者蜂拥着购买房产，因为所有人都在这么干。银行都忙着提供不用着急偿还的贷款，同样是因为所有银行都在这么干。"每个银行都不想落后，每个人都降低了自己的承保标准，不管谁都是这样，"地区银行（regions bank, RB）的高管人员迈克尔·门克（Michael Menk）说道，"我们是银行家，我们必须随大流。"

耶鲁大学经济学家索罗伯特·席勒（Robert Shiller）把这称作"羊群行为"（也就是随大流行为），并且通过对以往研究的引用，证明了人们在决定自己应该怎么做时常常依赖群体的行为。近期的一项行为金融学研究证实，投资决策过程中确实存在这种羊群行为。该研究同样还表明,当分析师自己缺乏足够准确或可信的信息时,他们往往会跟随其他分析师的脚步。

资料来源:罗宾斯和贾奇(2012)

【讨论题】

1. 有些研究表明,随着群体规模的增加,羊群行为也会增加,你觉得为什么会这样?
2. 一位研究者认为,之所以会出现"羊群行为",是因为它能够带来好处。你认为这种行为有什么好处?
3. 席勒认为,羊群行为不仅可以解释房价泡沫的产生,还可以解释房价泡沫的破裂。他认为"当看到其他人将房价炒到一个低得离谱的水平时,理性的人也会变得极其悲观",你同意他的观点吗?
4. 组织如何解决羊群行为所导致的问题?

四、群体决策与风险心理

决策行为本身可能是有风险的。作为个人决策,它对决策方案的风险性偏好很大程度上取决于个人的冒险性如何。然而在群体决策过程中,情况就要复杂得多,主要是群体动力在起作用。群体决策中的风险心理性的主要表现形式为"冒险转移"现象。

一般认为,群体决策由于集思广益、博采众长,比个人决策更为合理,更为有效。但是研究表明,群体决策与个人决策相比,往往更倾向于冒险。最近几十年来,有近百项实验研究了这种情况。这类实验研究一般是把个人决策与群体决策的冒险水平加以比较。实验分为两组:第一组记录个人决策的冒险水平;第二组是由3~5人组成的决策小组。选择最佳决策方案时,一般都要求全组作出一致同意的决策;决策的课题设计要便于数量评定。

大量的研究表明,冒险转移现象是相当普遍的,在大学生群体及领导群体中都观察到这种现象。此外,几十项心理学和社会学的实验也证明,法国人、美国人和波兰人在采取群体决策时都存在这种现象。冒险转移现象的发现令人感到意外。日常的观点一般认为群体决策应更小心谨慎,更倾向于保守,但国外的科学研究材料都证明群体行为有相反的趋向。因此,这个问题引起许多学者浓厚的兴趣,要进一步探讨冒险转移现象的原因。各国学者提出了不同的假设,主要有下述五种。

(1)责任分摊的假设。每一种包括风险的决策都与一定的责任相联系。风险越大,失败的概率越高,决策者肩负的责任也越大。责任往往引起决策人的情绪紧张,焦虑不安,不敢贸然采取有较高风险的决策。群体之所以采取有更大风险的决策,是因为决策后果的责任可由群体全体人员分摊,万一决策失败,追究责任时不致独承其咎,这样就减轻了个人的心理负担。

(2)领导人物作用的假设。在群体中总会有领袖人物和有影响的人物,他们在群体活动中起着特殊的作用。他们为了显示自己的才能与胆略,往往会采取冒险水平较高的大胆决策。同时,由于对群体成员具有较大的影响力,在决策中有较大发言权,他们会用各种方式证明他们采取的决策是有根据的；因而他们的决策会被群体所接受，变成群体的决策。日常生活中确实也可以观察到这样的情况。

（3）社会比较作用的假设。在许多群体内，提出有根据的冒险决策会得到好评。因此，群体中的个人在提出自己的决策意见时，往往要与别人的意见进行比较。如果个人的意见在冒险水平上低于群体其他成员的平均水平时，会感到不安，担心群体可能对他有不良的印象。基于这种考虑，个人在参加群体决策时提出意见的冒险水平往往要高于单独作决策时的冒险水平。这就是说，群体内各成员的相互比较可能产生冒险转移现象。

（4）效用改变的假设。这种假设是用效用理论的术语来解释群体决策的冒险转移现象。从这种假设来看，在群体中通过讨论彼此交换意见，会影响到个人选择方案效用的改变。同时，彼此相互影响也会改变冒险的效用，发生趋同现象，也就是说，群体中各成员对于冒险价值的主观意义会逐渐类似。但这种假设并不能全面解释冒险转移现象，也不能解释为什么冒险的效用会增加，而不是减少，或者说，为什么在大多数情况下向增加冒险的方向转移而不是向保守的方向转移。

（5）"文化放大"假设。这种假设认为，若一个国家或社会的文化中占主导地位的价值观是崇尚冒险，则这种价值观会被"放大"，从而扩散与反映到该文化中的群体决策中来。美国社会正是如此，此假设可用于解释美国群体决策中的冒险转移现象。但在我国，对文化中有关冒险还是慎重的价值观及群体与个人决策的冒险水平都尚缺乏调查，此假说也有待进一步验证。

综上所述，五种假设虽然都试图解释群体决策的冒险转移现象，但各自都不能解释全部实验材料。看来，很可能这种现象相当复杂，其发生受多种因素的制约，在不同的具体情况下可能不同的因素在起主导作用。因此，这五种假设每一种都有一定意义，但不能以偏概全，而应相互补充。

群体决策中可能会有冒险转移现象，但不能认为群体决策向冒险方向转移是必然的规律。实际上，如果群体成员有较高的水平、团结一致、掌握充分的信息等，一般会作出适当的决策。特别应当指出的是，近些年来组织行为学的研究发现，群体决策也有向保守方向转移的倾向，尽管这方面的研究资料尚不多见。因此，有人提出，要用两极化倾向的概念代替冒险转移，因为在某些情况下，个体决策也倾向于保守。

我们已经讨论了群体决策及其优缺点，现在我们要讨论群体决策技术。这些技术可以减少群体决策的一些负面因素。

五、群体决策与创造心理

群体活动具有复杂性，其中就表现在群体决策中的创造性上面。在顺利的情况下，一群人在一起劳动比单干能产生更多的创新观念。但也有相反的描述，美国有组织行为学家认为群体的活动往往强求一致，扼杀了成员的个性和创造性。美国的一句谚语说："马如果经过委员会的安排就会变成骆驼。"重要的是，如何充分利用群体动力的积极一面，不但发挥群体效能在力量上的 1+1＞2 的品质，而且使该品质也能在激发群体创造性上得以发挥。群体决策的最常见形式就是组成互动群体（interacting groups）。采用这种形式时，成员之间面对面进行交流，依赖言语和非言语互动来相互沟通。不过，我们在讨论群体思维时已经指出，互动群体为了使成员达成一致意见，常常会对成员施加压力。头脑风暴、名义小组技术、电子会议及德尔菲法也是一些很有效的办法，它们能够减少传统的互动群体方式所固有的一些问题（罗宾斯和贾奇，2012）。

1. 头脑风暴

头脑风暴（brain storming）旨在克服互动群体中会抑制创造力的从众压力。鼓励成员提出各种备选方案，不允许对这些创意提出批评。一次典型的头脑风暴讨论中，有6～12人围坐在一张桌子旁。一名群体领导者用清楚明了的语言讲明问题，让所有参与者都有清晰的了解。然后，在规定的时间里让大家自由发言，尽可能想出各种解决问题的方案。任何人不得对方案提出批评，而且将所有的备选方案都记录下来，以便随后进行讨论与分析。一种想法会刺激其他想法的产生，而为了鼓励成员进行与众不同的思考，无论提议是多么稀奇古怪，都禁止对它进行批评。

头脑风暴确实会产生许多创意，但并不见得是一种很有效率的方式。研究一致表明，单独思考的个体会比利用头脑风暴讨论的群体产生更多的创意。为什么？其中一个原因是生产阻滞（production blocking）。换句话说，当群体中的成员正在思考时，会有很多成员在一旁说话，这阻碍了思考过程，并最终妨碍了成员的创意分享（Kerr and Tindale, 2004）。接下来要提到的两种技术比头脑风暴更好一些，会帮助群体获得更好的解决方案。

2. 名义小组技术

名义小组技术（nominal group technique，NGT）指的是，在决策过程中对群体成员的讨论或人际沟通进行了限定，这就是"名义"一词的来历，与召开传统会议一样，群体成员都要出席会议，但成员首先进行单独决策。具体来说，在一名群体领导者提出一个问题之后，该群体采取以下几个步骤。

（1）成员组成群体，但是在群体讨论之前，每个成员单独写下自己对解决该问题的创意。

（2）这个沉默阶段结束后，每个成员向群体提交自己的一个创意。在所有成员的所有创意都被提交和记录之前，不允许成员进行讨论。

（3）群体开始讨论每种创意，对它们进行阐述和评估。

（4）每个成员都不出声，独自对这些创意进行排序，排名最高的那个创意将决定最终的解决方案。

名义小组技术的主要优点是：它让群体成员正式参加会议，但又不像互动群体那样限制个人的独立思维。研究总体表明，名义小组群体胜过头脑风暴群体。

3. 电子会议

电脑辅助群体或电子会议（electronic meeting）这种群体决策方法是把名义小组技术与复杂的电脑技术结合起来，只要技术条件具备，这种做法十分简单。人们围坐在马蹄形的桌子旁，每个人面前除了一台电脑终端之外别无他物，群体的总人数不超过50人。

组织者通过大屏幕把问题呈现给各成员，而成员把自己的意见输到电脑中，每个人的意见及投票情况都会在大屏幕上显示出来。因为是匿名的，所以成员可以充分表达自己的真实态度，而不用担心受到惩罚。这种方法决策迅速，因为它消除了闲聊机会，而且讨论也不会跑题；大家可以在同一时间互不妨碍地相互"交谈"，不会打断别人。不过，早期证据表明，电子会议并没有实现刚才提到的大部分优点。与面对面交流的群体相比，使用电子会议的群体实际上效果较差，需要更多时间来完成任务，而成员的满意度也较低。然而，如今人们利用电脑作为沟通媒介的热情表明，这种技术将继续存在，并且很可能在将来获得更广泛的运用。

4. 德尔菲法

德尔菲法（delphi method）是一种集中各方面专家的意见，预测未来事件的方法，也可称为有控制的反馈法。采用这种方法要求：征求意见的问题需明确具体，问题不可过多，如实地反映专家意见，问题不能带有编拟者的主观倾向性。这种方法的好处在于一方面，被调查者彼此不见面，不了解真名实姓，避免产生相互之间的消极影响；另一方面，经过几次反馈，意见比较集中，便于决策者下决心。我国一些研究机构也曾用德尔菲法对国内的情况进行预测，效果很好。这种方法的程序如下。

（1）就预测内容写成若干条含义明确的问题，规定统一的评估方法。

（2）根据情况，选择有关方面的专家数十人，将上述问题邮寄给他们，征求他们的意见。各专家互相之间不沟通，对专家的姓名要保密，避免因专家意见彼此不同而产生消极影响。

（3）将专家的意见收集起来，对每一问题进行统计处理，找出答案中专家的意见分布情况。

（4）将统计结果再反馈给专家，每个专家根据统计结果，考虑其他专家的意见，对自己的建议进行修改，但全部过程都需保密。

（5）将修改过的意见再寄给专家。这样经过几次反复，取得比较一致的意见。

六、群体决策与群体思维

在集体讨论过程中可能会产生一些失误，影响决策的质量。有时会看到这样的现象，一些由经验丰富、知识渊博的专家组成的群体，会作出一般人凭常识也不会作出的荒谬决策。

1. 群体思维或小集团思想的提出

群体思维（group think）或小集团思想。美国心理学家杰尼斯（Janis）详细地研究了这个问题。他分析了各种政治和军事决策，发现了一种称为"群体思维"的现象，或者称为"小集团思想"。所谓"小集团思想"，用杰尼斯的话来说，是"参与一个统一群体中的人们的一种思想作风，在这个群体中，认为追求思想一致比现实地评价各种可能行动方案更为重要"。这一群体的成员认为保持群体的统一、创造和谐的气氛有特殊意义。

由于把这样的目的摆在首位,往往不能理智地分析各种可能的备选方案,使决策质量受到很大影响。

2. 群体思维或小集团思想的特点

(1)顺从性思维。在这种群体中顺从作风占主导地位。如果某一群体成员不接受领袖人物或多数人的意见,会受到孤立、嘲笑或排斥。在这种条件下即使群体成员对采取的决策有怀疑也不敢公开发表意见,因此,"小集团思想"会造就一批俯首帖耳的顺从者。

(2)有倾向性地选择信息。在具有"小集团思想"的群体中,其成员往往会封锁怀疑群体决策正确性的信息,尤其是对群体领导人封锁这种信息。这样,会严重影响群体决策的质量。

(3)盲目乐观情绪。在这种群体中往往过高估计成功的概率,过低估计失败的概率,认为本群体的决策一定会成功,其结果却往往适得其反。

(4)相信群体无所不能。这种群体的成员往往认为,一切都决定于他们的行动,过高估计自己拥有的物质手段、自己和组织的专长,而对外部条件、敌方力量估计过低。例如,在第二次世界大战期间,美军指挥机关认为日本不敢攻击珍珠港军事基地,结果,日本偷袭珍珠港使美军遭受严重损失。

(5)首创精神的假象。这种群体认为自己在解决经济或政治问题上具有首创精神,人们或社会组织的命运取决于它的决策。而实际上,这种信念只不过是一种假象。

3. 群体思维或小集团思想的评析

群体思维或小集团思想,一方面会提高群体的凝聚力和群体成员的自我满意感;另一方面却会降低决策的质量,使群体决策的效果比个人决策的效果更差。应当指出,杰尼斯"小集团思想"的概念并不是以实验研究为基础的,而是在分析了美国及历史上若干重大决策成败的案例之后所得出的结论,这种研究方法并不是十分可靠的。此外,杰尼斯过分夸大"小集团思想"在群体活动中的作用,而没有充分估计其他因素的作用。尽管如此,"小集团思想"的特点确实在某些决策群体中出现。这提醒我们要注意这种现象,并采取适当的措施克服和防止这种现象的不利影响。一般来说,在组织群体活动时应鼓励发表各种不同的意见,群体的领导者在作出最后决策之前应持中立态度,此外,还可以听取不属于群体的各种专家的意见等。

重要名词和术语

群体(group)
规范(norms)
正式群体(formal group)
非正式群体(informal group)
命令型群体(command group)
任务型群体(task group)

利益型群体（interest group）
友谊型群体（friendship group）
角色（roles）
角色知觉（role perception）
角色期望（role expectation）
角色冲突（role conflict）
从众（conformity）
地位（status）
群体内聚力（group cohesiveness）
群体思维（group think）
群体偏移（group shift）
互动群体（interacting groups）
头脑风暴（brain storming）
名义小组技术（nominal group technique，NGT）
电子会议（electronic meeting）
德尔菲法（delphi method）

复习思考题

1. 群体的定义是什么？有哪些类型的群体？
2. 什么是角色？群体中的角色表现有哪几种？
3. 如何对群体规范进行领导与控制？
4. 群体的规范和地位如何影响个体的行为？
5. 群体规模如何影响群体绩效？
6. 群体内聚力和效率之间是什么关系？
7. 群体决策（与个人决策相比）有哪些利与弊？
8. 影响群体凝聚力的因素有哪些？凝聚力的作用是什么？
9. 什么是群体士气？如何激发和管理士气？
10. 试析冒险转移现象发生的原因。

工作团队

本章摘要 团队能够创造团结精神，使管理层有时间进行战略性思考，提高决策的速度，促进员工队伍多元化，提高组织绩效。重点阐述团队三个方面的内容：一是团队的含义和特点，团队形成的四个途径，团队与群体的差异性及团队的类型；二是从规模、角色互补、能力、对目标的认同、管理者协调、责任心、公平的绩效评估、相互信任等八个方面阐述影响团队的因素；三是采用团队形式的好处、高绩效团队的特征。

第一节 团队的特点与类型

一、团队的含义及其特点

什么是团队？团队与传统部门有何差异？团队在当代如此盛行，原因何在？当组织为了更加有效果和有效率的开展竞争而进行结构重组时，他们将团队当作更好地利用员工才能的一种方式。众多管理层经验说明，在多变的环境中，团队比传统的部门结构或其他形式的永久构成更为灵活，反应也更加迅速。团队除了能够快速地配置、组合、解散和重新聚焦外，还有另外一个不容忽视的作用，就是激励。团队能够促进员工参与一线的工作决策，这是管理层增强组织中的积极性和民主气氛的一种有效手段（罗宾斯和贾奇，2012）。

1. 团队的含义

关于团队（team）的定义，目前有多少教科书就有多少种解释，下面介绍几种比较有代表性的定义。管理学家罗宾斯认为：团队就是由两个或者两个以上的，相互作用、相互依赖的个体，为了特定目标而按照一定规则结合在一起的组织。一些学者对团队的定义为：团队是由员工和管理层组成的一个共同体，有共同的理想目标，愿意共同承担责任，共享荣辱，在团队发展过程中，经过长期的学习、磨合、调整和创新，形成主动、高效、合作且有创意的团体，从而解决问题，达到共同的目标。也有学者认为：团队是由一群不同背景、不同技能、不同知识的人组成的一种特殊类型的群体，它以成员高度的互补性、知识技能的跨职能性和信息的差异性为特征。首先，一个团队内应具有执行不同职能的成员，从而使这个团队成为跨职能的群体团队；其次，成员之间有高度的相互依赖性，往往处于复杂的互动之中；最后，由于成员间在背景、能力、训练、掌握的资源方面的差异，一个团队的成员在技能、知识、专长及信息的分配上是不平均的。

本书综合以上团队含义，将团队定义为：团队是由一群有共同目标、能自主管理、具有互补知识技能的基层和管理层人员按照一定的规则组成的一个协同工作组织。

团队的构成要素总结为5P。①人（people）：组织的目标是通过人员来具体实现的，人是构成团队最核心的力量，2个及2个以上的人就可以构成团队。②目标（purpose）：每个团队必须有一个既定的目标，为团队成员导航，没有目标这个团队就没有存在的价值。③定位（place）：团队的定位包含两层意思，一层是指团队的定位，团队在企业中处于什么位置，由谁选择和决定团队的成员，团队最终应对谁负责，团队采取什么方式激励下属等；另一层是指个体的定位，作为成员在团队中扮演着什么角色，是订计划还是具体实施或评估等。④权限（power）：团队中领导人的权力大小跟团队的发展阶段相关，一般来说，团队越成熟领导者所拥有的权力相应越小，在团队发展的初期阶段领导权相对比较集中。权限关系主要是指整个团队在组织中拥有什么样的决定权，组织的基本特征是什么。⑤计划（plan）：计划有两方面的含义，一是目标最终的实现，需要一系列具体的行动方案，把计划理解成目标的具体工作的程序；二是提前按计划进行可以保证团队的进度顺利。

2. 团队的特点

团队以目标为导向。心理学家马斯洛说：杰出团队的显著特征，是具有共同的愿景与目标。因此建立团队的首要因素，便是建立团队共同的清晰明确的目标，团队成员坚信目标所包含的意义和价值，并且将个人的目标与团队的目标紧密结合起来，明确自己的目标在团队目标中的地位和作用，共同努力去实现团队的目标。

团队有共同的规范和方法。没有规矩不成方圆，车子不按照车道驾驶，马路上会一片混乱，组织中缺乏规范更会引起各种不同的问题，报销缺乏制度、休假没有清晰的规定、奖惩没有标准，不仅会造成困扰、混乱，也会引起猜测、不信任，当然写下制度规矩很容易，如何推行彻底则很困难。领导者应该遵循"制度管人、流程管理"的原则，建立合理、规范的流程，并且促使团队成员认同规范，遵从规范。

团队以基于信任的协作为基础。团队应该是团队成员间以相互信任为基础的一种协作关系。团队的成员之间对彼此的能力、人品有信心，即使其中某个成员为了团队的目标和利益，对其他成员进行了批评，对方也能够从大局出发，从善意的理解出发，彼此包容和原谅，而不是打击报复，相互怀疑对方行为的动机。有了相互的信任，就不至于浪费太多的精力相互猜忌和防范，就可以降低团队运行的成本，提高团队运行的效率。基于信任的协作能最大限度发挥成员的能力优势与潜力，团队成员关系越稳定，团队内耗越少，既有利于团队目标的实现，也有利于团队成员间和谐友好地相处，充分发挥团队合力。

团队有顺畅的沟通渠道。沟通是互通有无、交流工作心得、了解工作的开展、解决存在的问题的重要途径。通过沟通，团队成员对团队的总体进展更加清楚，对团队工作与目标的差距更加明确，有利于团队任务高水平、如期完成。顺畅的沟通渠道，一方面可以增强彼此的信任感，消除误会，提升人气和凝聚力；另一方面还可以相互启发、督促，提高工作效率。

团队成员在技术或技能上形成互补。团队目标的实现，需要团队成员具有完成团队目标的基本能力和技能，对各自所承担的工作负责。在团队内部，相互之间能力的差异性和互补性很重要，这种互补性可以发挥整个团队的智慧，减小成员之间的相互竞争。

二、团队形成的途径

团队形成的途径有以下四种。

1. 角色界定

剑桥产业培训研究部前主任梅雷迪思·贝尔宾博士和他的同事经过多年在澳大利亚和英国的研究与实践，提出了著名的贝尔宾团队角色理论。贝尔宾博士将团队角色定义为：个体在群体内的行为、贡献及人际互动的倾向性。贝尔宾团队角色理论的主要内涵是高效的团队工作有赖于默契协作。团队成员必须清楚其他人所扮演的角色，了解如何相互弥补不足，发挥优势。成功的团队协作可以提高生产力，鼓舞士气，激励创新。贝尔宾博士认为没有完美的个人，但有完美的团队，利用个人的行为优势创造一个和谐的团队，可以极大地提升团队和个人绩效。一支结构合理的团队应该由八种角色组成，后来修订为九种角色。这九种团队角色具体如下。

（1）智多星（plant）。智多星创造力强，充当创新者和发明者的角色。他们为团队的发展和完善出谋划策。通常他们更倾向于与其他团队成员保持距离，运用自己的想象力独立完成任务，标新立异。他们对于外界的批判和赞扬反应强烈，持保守态度。他们的想法总是很激进，并且可能会忽略实施的可能性。他们是独立的、聪明的、充满原创思想的，但是他们可能不善于与那些气场不同的人交流。

（2）外交家（resource investigator）。外交家是热情的、行动力强的、外向的人。他们善于和公司内外的人打交道，与生俱来是谈判的高手，并且善于挖掘新的机遇、发展人际关系。他们可能并没有很多原创想法，但是在听取和发展别人想法的时候，外交家效率极高。就像他们的名字一样，他们善于发掘那些可以获得并利用的资源。由于他们性格开朗外向，无论到哪里都会受到热烈欢迎。外交家为人随和，好奇心强，乐于在任何新事物中寻找潜在的可能性。然而，如果没有他人的持续激励，他们的热情会很快消退。

（3）审议员（monitor evaluator）。审议员是态度严肃的、谨慎理智的人，他们与生俱来有对过份热情的免疫力。他们倾向于三思而后行，做决定较慢。通常他们非常具有批判性思维。他们善于在考虑周全之后作出明智的决定。具有审议员特征的人所作出的决定，基本上是不会错的。

（4）协调者（co-ordinator）。协调者最突出的特征就是他们能够凝聚团队的力量向共同的目标努力。成熟、值得信赖和自信都是他们的代名词。在人际交往中，他们能够很快识别对方的长处，并且通过知人善任来达成团队目标。协调者虽然并不需是团队中最聪明的成员，但是他们要拥有远见卓识，并且能够获得团队成员的尊重。

（5）鞭策者（shaper）。鞭策者是充满干劲的、精力充沛的、渴望成就的人。通常，他们非常有进取心，性格外向，拥有强大的驱动力。他们勇于挑战他人，并且关心最终是否胜利。他们喜欢领导并激励他人采取行动。在行动中如遇困难，他们会积极找出解决办法。他们是顽强又自信的，在面对失望和挫折时，他们倾向于显示出强烈的情绪反应。鞭策者对人际不敏感，好争辩，可能缺少对人际交往的理解。这些特征决定了他们是团队中最具竞争性的角色。

（6）凝聚者（team worker）。凝聚者在团队中凝聚一切积极因素，努力实现共同目标。他们性格温和，擅长人际交往并关心他人。他们灵活性强，适应不同环境和人的能力非常强。凝聚者观察力强，善于交际。作为最佳倾听者的他们通常在团队中备受欢迎。他们在工作上非常敏感，但是在面对危机时，他们往往优柔寡断。

（7）执行者（implementer）。执行者是实用主义者，有强烈的自我控制力及纪律意识。他们偏好努力工作，并系统化地解决问题。广而言之，执行者是典型的将自身利益及忠诚与团队紧密相连，较少关注个人诉求的角色。然而，执行者或许会因缺乏主动而显得一板一眼。

（8）完成者（completer finisher）。完成者是坚持不懈的、注重细节的代表。他们不太会去做他们认为完成不了的任何事。他们由内部焦虑所激励，但表面看起来很从容。一般来说，大多数完成者都性格内向，并不太需要外部的激励或推动。他们无法容忍那些态度随意的人。完成者并不喜欢委派他人，更偏好自己来完成所有的任务。

（9）专业师（specialist）。专业师是专注的，他们会为自己获得的专业技能和知识而感到骄傲。他们首要专注于维持自己的专业度及对专业知识的不断探究上。然而，由于专业师将绝大多数注意力都集中在自己的领域，对其他领域所知甚少。最终，他们成了只对专一领域有贡献的专家。很少有人能够一心一意钻研，或有成为一流专家的才能。

贝尔宾是通过一系列模拟练习得出上述角色的。以上 9 种性格各有其优缺点，相互补充、促进，共同形成了一个团队合力。贝尔宾通过练习证明出成功的团队是通过不同性格的人结合在一起的方式组成的，另外，成功的团队中必须包括担任不同角色的人。在此基础上，贝尔宾提出了团队建设的五个原则。

（1）每个团队既承担一种功能，又承担一种团队角色。

（2）一支团队需要在功能及团队角色之间找到一种令人满意的平衡，这取决于团队的任务。

（3）团队的效能取决于团队成员内的各种相关力量，以及按照各种力量进行调整的程度。

（4）有一些团队成员比另一些更适合某些团队角色，这取决于他们的个性和智力。

（5）一个团队只有在具备了范围适当、平衡的团队角色后，才能充分发挥其技术资源优势。

2. 价值观途径

团队形成和建设的核心是在团队成员之间的共同价值观和某些原则规范上达成共识，因此，建设团队的主要任务是建立上述共识。魏斯特（West）提出了形成共识的五个方面，并以此作为指导团队建设的原则。

（1）明确：必须明确建立团队的目标、价值观及指导方针，而且经过多次讨论达成共识。

（2）鼓动性价值观：这些观点必须是团队成员相信并且愿意努力工作去实现的。

（3）力所能及：团队共识必须是团队确实能够实现的，不现实或无法达到的目标是没有用的。

（4）共识：所有团队成员都支持这一观点是至关重要的，否则他们可能发现彼此的目标相反或无法调和根本冲突。

（5）未来潜力：团队共识必须具有在未来进一步发展的潜力。拥有固定的、无法改变的团队共识是没有意义的，因为人员在变、组织在变，工作的性质也在变，经常需要重新审视团队共识，以确保它们仍然能够适应新的情况和新的环境。

3. 任务导向途径

以任务为导向的建设途径，强调团队要完成的任务。按照这一途径，团队必须清楚地认识到某项任务的挑战，然后在已有的团队知识的基础上研究完成此项任务所需要的技能，并发展成具体的目标和工作程序，以保证任务的完成。该途径强调团队为了有效地完成自己的任务而需要发展或积累的技能或资源。人际关系、建立共同目标和团队价值观是有效完成任务所必需的工具。卡特森伯奇（Katzenbach）及史密斯指出在表现出色的团队中，这一途径尤显重要。为此他们在现实组织环境中找出了建设高效团队的八条基本原则，建设以任务为导向的团队。

（1）确定事情的轻重缓急，并确定指导方针。

（2）按照技能和技能潜力，而不是个人性格选拔团队成员。

（3）对第一次集会和行动予以特别关注。

（4）确立一些明确的行为准则。

（5）确定并且把握几次紧急的、以任务为导向的目标。

（6）定期用一些新的事实和信息对团队成员加以考验。

（7）尽可能多地共度时光。

（8）利用积极的反馈、承认和奖励带来的力量。

4. 人际关系途径

该途径通过在成员间形成较高程度的理解与尊重，来推动团队的工作，T-小组训练就是这类途径的早期方法。这类途径主要是在心理学的实验依据基础上通过开展良好的交流、沟通类型的实验与培训加以实现。该途径强调团队工作的人际交往性质，目的是确保团队成员能够以诚实的私人方式进行相互交往。其基本原则是：公开、坦诚地讨论团队内部的关系与冲突会形成相互依赖的气氛，并因此建立起有效的团队工作。

上述四种途径虽各有偏重，如价值观途径强调的是长期团队的培养，任务导向途径则适用于短期团队的培养，但它们的一个共同之处为均是孤立地对团队建设进行研究，抛开团队环境研究团队建设。团队在运行时必然处于一定的组织（或群集）之中，团队建设不仅仅是团队自身的事情，作为组织间协调的参与者，它还要从组织（或群集）的角度去考虑其建设问题，否则，其建设的结果未必适应组织（或群集）的需要，从而也就失去了其合作的最大价值进而失去合作机会，这同样是团队建设的重大失败。

三、团队与群体的差异

西方管理学学者眼中的团队，与中国文化提倡的"集体"并不是一回事。中文的"集体"是一个相当宽泛的概念，很难操作，而团队是一个非常具体的、可操作的概念。对于群体与团队的区分，比较流行的管理文献中一般趋向使用"团队"一词，学术性的文献则趋向使用"群体"一词。实证研究结果表明，与松散的组织相比较，团队可以更加有效地完成任务，尤其是那些复杂的任务。群体具有潜在的竞争优势，但并不总是有效的。团队是一种特殊类型的群体，所有影响群体的因素都会影响团队。但是，并不是所有的群体都是团队，团队的绩效还受其他类型的群体所不具有的因素的影响。团队作为一种特殊类型的群体，与其他类型的群体相比，主要的区别在于以下几点。

（1）目标不同。前者是为了获得协同效应，即团队追求的是大于个体成员绩效总和的绩效，而后者只是个体成员绩效的简单加总。

（2）互动性质不同。前者的各成员之间是一种积极的、有创造性的互动配合，而后者各成员之间的配合只是例行公事性的配合。

（3）责任不同。前者的责任既是具体化到每个成员身上的，又是团队共同的责任，而后者的责任是个体化的。

（4）技能不同。前者的各成员的技能是高度互补的，而后者是随机的。因此，仅仅把工作群体换一种称呼，改称团队，而不从深层次上对组织进行改造，并不能自动提高组织的绩效。

四、团队的类型

根据团队的存在目的，可以对它们进行分类。常见的团队类型有问题解决型团队、自我管理型团队、跨职能型团队和虚拟团队。

1. 问题解决型团队

20世纪80年代团队刚刚盛行时，大多数团队一般由来自同一部门的5～12名员工组成，成员讨论如何提高产品质量、提高生产效率及改善工作环境等问题，这种团队被称为问题解决型团队（problem-solving teams，PST）。在问题解决型团队里，成员就如何改进工作程序和工作方法互相交换看法和提出建议。但是，这些团队几乎没有权力根据这些建议单方面采取行动，因此在调动员工参与决策的积极性方面显得不足。应用最广泛的一种问题解决型团队就是质量圈。一些企业的生产车间、班组等，大多属于问题解决型团队，即员工可对改进工艺流程以提高劳动生产率和产品质量等问题提出建议，是团队发展的一种初级形式。

2. 自我管理型团队

问题解决型团队的做法行之有效，但是在调动员工参与决策过程的积极性方面还显不足。这种欠缺导致企业努力建立新型团队，即一种真正独立自主的团队。它们不仅注意问题的解决，而且执行解决问题的方案，并对工作结果承担全部责任。自我管理型团队（self-managed team，SMT）也称自我指导团队，由具有专业技能、人际关系技能、发现解决问题的能力和决策能力的成员组成，团队内部实行自我管理、自我负责、自我领导、自我学习的运行机制，共同实现团队目标。自我管理型团队通常由10～15人组成，他们承担着以前自己的上司所承担的一些责任。一般来说，他们的责任范围包括控制工作节奏、决定工作任务的分配、安排工间休息等。彻底的自我管理型团队甚至可以挑选自己的成员，并让成员相互进行绩效评估。学术界对自我管理型团队的研究表明，自我管理型团队有突出的优势，当然也存在不足。自我管理型团队的优势主要表现在，团队成员的工作灵活性和技能能够不断得到提高；有助于降低员工的缺勤率和离职率；有助于提高团队成员的忠诚度和工作满意度。

3. 跨职能型团队

跨职能型团队（cross-functional team，CFT）是由来自同一层级但是不同工作领域的员工组成的，他们来到一起的目的是完成一项任务，任务完成后又回到各自的部门。跨职能型团队能够使组织内部（甚至组织之间）不同领域员工之间交换信息，激发新的创意，解决面临的问题，完成复杂项目，因此，是一种有效的团队管理方式，但是跨职能型团队在形成的早期阶段需要耗费大量的时间，因为团队成员需要学会处理复杂多样的工作任务。在成员之间，尤其是那些背景、经历和观点不同的成员之间，建立起信任和真正的合作关系也需要一定的时间。

许多组织采用跨越横向部门界限组建任务团队的形式已有多年。例如，在20世纪60年代，IBM为了开发卓有成效的360系统，组织了一个大型的任务攻坚队，任务攻坚队的成员来自公司的多个部门。任务攻坚队其实就是一个临时性的跨职能型团队。跨职能型团队在实现团队成员隐性知识共享的过程中扮演着重要角色。这种团队还有助于每一个成员增加其他专业领域的知识。来自不同职能领域的团队成员能够为团队带来客观的视角和全新的思维，有助于形成创造性的问题解决方案。团队要按照跨职能的方式来组织，这样可博采众长，集思广益，有效地开展流程变革和改进。

4. 虚拟团队

一些学者认为虚拟团队（virtual team）是由分散于不同的时间、空间和组织但一起工作、共同完成任务的一群人组成的团队。例如，有学者认为，虚拟团队由一些跨地区、跨组织、通过通信和信息技术的联结、努力完成组织共同任务的成员组成，虚拟团队是现代通信技术与努力完成组织任务的人等方面的结合体。虚拟团队是为满足组织快速协调各地区成员的需要而产生的。通信技术快速发展和因特网的出现，为虚拟团队的形成创造了良好的外部条件。虚拟团队有四个突出的特征：一是团队成员有共同的目标；二是团队成员空间的离散性；三是采用电子化的沟通方式；四是宽泛的组织边界。

虚拟团队能够完成其他团队能够完成的所有工作，如分享信息、作出决策和完成任务。而且，虚拟团队可以包括同一组织中的成员，也可以包括其他组织中的成员。虚拟团队成员可以在几天时间里共同解决问题，也可以花几个月时间完成一个项目，甚至可以长期合作。

案例分析

哪个员工最合适？

在一个项目团队里需要上任一名经理，目前有四个员工符合岗位需要，但是没有决定哪一个更加适合。

A是一个30岁的年轻人，学历水平较其他候选人高，参加工作六年，对自己严格要求，能出色完成下达的任务，但有时行事较冲动。B今年35岁，能高效准时完成各项任务，且拥有较好的人际关系，对身边同事很了解，善于调动同事的工作积极性。C现年47岁，有25年的工龄，他的优势是在压力境况下也能出色完成各项工作，对环境适应力强，但缺乏一定的行政能力。D今年25岁，工作积极性很高，被认为非常具有工作潜力，而且工作能力也得到大家的认可。

【思考题】

请选出你认为适合的人选，并给出理由。

第二节 影响团队绩效的因素

一、规模

由于团队是一种特殊形式的群体，我们先考察群体规模对群体绩效的影响。事实表明，小群体完成任务的速度比大群体快，且善于完成生产性任务。但是，如果群体的目标是调查事情的真相，那么大群体更有效。因此，成员在7人左右的群体在执行任务时，会更为有效。有关群体规模的研究可以得出两个结论：第一，成员总数为奇数的群体比成员总数为偶数的群体更好，因为成员总数为奇数时，可以降低投票时发生僵局的可能性。第二，5~7人的群体在执行任务时，比更大一些的群体或更小一些的群体都有效，因为这样的群体允许发表各种不同意见，同时又可以避免与大群体相关的一些弊端，如多数人占据绝对统治地位、形成小帮派、禁止某些成员参与决策、在决策时拖延时间等。因此，最好的工作团队规模一般比较小。

二、角色互补

我们知道，人们的人格特质各有不同，如果员工的工作性质与其人格特质一致，那么其绩效水平容易提高。就工作团队内的位置分配而言，也是如此。团队有不同的需求，挑选团队成员时，应该以员工的人格特点和个人偏好为基础。一系列研究已经证明，在团队中，人们通常扮演着9种潜在角色，如表9-1所示。

表9-1　团队内的9种角色

1. 创造者—革新者：产生创新思想
2. 探索者—倡导者：倡导和拥护所产生的新思想
3. 评价者—开发者：分析决策方案
4. 推动者—组织者：提供结构
5. 总结者—生产者：提供指导并坚持到底
6. 控制者—核查者：检查具体细节
7. 支持者—维护者：处理外部冲突和矛盾
8. 汇报者—建议者：寻求全面的信息
9. 联络者：合作与综合

下面简要描述这9种角色的位置，并考察他们对于塑造高绩效团队（high performance team，HPT）的意义。

（1）创造者—革新者。一般来说，这种人富有想象力，善于提出新观点和新概念，他们独立性较强，喜欢自己安排工作时间，按照自己的方式、节奏进行工作。

（2）探索者—倡导者。他们乐意接受、支持新观点，在创造者—革新者提出新创意之后，他们擅长利用这些新创意，并找到资源支持新创意。他们的主要弱点是不一定总有耐心和控制才能，使别人追随其新创意。

（3）评价者—开发者。他们有很高的分析技能，在决策前，如果让他们去评估、分析几种不同方案的优劣，是很合适的。

（4）推动者—组织者。他们喜欢制定操作程序，以使新创意成为现实。他们会设定目标，制订计划，组织人力，建立起种种制度，以保证按时完成新创意。

（5）总结者—生产者。与推动者—组织者相似，他们也关心活动成果，但他们的着眼点在于：坚持必须按时完成任务，保证所有的承诺都能兑现。他们引以为荣的是自己生产的产品合乎标准。

（6）控制者—核查者。这种人最关心的事情是规章制度的建立和贯彻执行。他们善于核查细节,并保证避免出现任何差错。他们希望核查所有事实和数据,希望保证任何细节没有错漏。

(7)支持者—维护者。这种人对做事的方式有强烈的信念。他们在支持团队内部成员的同时,会积极地保护团队不受外来者的侵害。他们对于团队而言非常重要,因为他们能够增强团队的稳定性。

(8)汇报者—建议者。他们是很好的听众,而且不愿把自己的观点强加于人。他们愿意在作出决策之前得到更多信息。因此,他们鼓励团队在作决策之前充分收集信息,对决策方面起着非常重要的作用。

(9)联络者。最后一种角色与其他角色有重叠。联络者倾向于了解所有人的看法,他们是协调者,是调查研究者。他们不喜欢走极端,而是尽力在所有团队成员之间建立起合作关系。他们认识到,其他团队成员可以为提高团队绩效作出各种不同的贡献,尽管可能存在差异,他们会努力把人的活动整合在一起。

如果强迫人们去承担以上各种角色,多数人能够承担得起任何一种角色,但一个人非常愿意承担的通常只有两三种。管理人员有必要了解个体能够给团队带来贡献的个人优势,根据这一原则来选择团队成员,并使工作任务分配与团队成员偏好的风格相一致。把个人的偏好与团队的角色要求适当匹配,可以使团队成员和睦共处。开发这种框架的研究者认为,团队不成功的原因在于具有不同才能的人搭配不当,导致在某些领域投入过多,而在另一些领域投入不够。

三、能力

要想有成效地运作,一个团队需要三种不同技能类型的人。第一,需要具有技术专长的成员。第二,需要具有解决问题和决策的技能,能够发现问题,提出解决问题的建议并权衡这些建议,然后作出有效选择的成员。第三,团队需要若干善于聆听、反馈,具有解决人际关系问题技能的成员。

四、对目标的认同

有效的团队有一个大家共同追求的、有意义的目标,它能够为团队成员指引方向,提供推动力,让团队成员愿意为它贡献力量。成功团队的成员通常会用大量的时间和精力来讨论、修改、完善一个在集体层次和个人层次上都被大家接受的目标。这种共同目标一旦为团体所接受,就像航海学知识对船长一样——在任何情况下,都能起到指引方向的作用。

五、管理者协调

目标决定了团队最终要达成的结果,但高绩效团队还需要领导和结构来提供方向和焦点。例如,确定一种大家认同的方式,就能保证团队在达到目标的手段方面团结一致。

在团队中，对于谁做什么和保证所有的成员承担相同的工作负荷的问题，团队成员必须有一致的意见。另外，团队需要解决的问题还有：如何安排工作日程；需要开发什么技能；如何解决冲突；如何作出和修改决策；决定成员具体的工作任务内容，并使工作任务适应成员个人的技能水平……所有这些，都需要团队的管理者协调团队结构来发挥作用。有时这些事情可以由管理者直接来做，也可以由团队成员通过扮演探索者—倡导者、推动者—组织者、总结者—生产者、支持者—维护者、联络者等角色自己来做。

六、责任心

当个人在群体中的贡献无法直接衡量时，就可能成为社会惰化的一员。成功的团队必须使其成员在集体层次和个人层次上都承担责任，并各自地和共同地为团队的目的、目标和行动方式承担责任。团队成员彼此应该明确：哪些是个人的责任，哪些是大家共同的责任。

对于一个团队来讲，成功的关键是成员对于团队目标和利益的忠诚和责任心。任何一个团队都有它自身的目标。同时，其成员又有着各自的兴趣和目标。那些不成功的团队的一个共同症状就是：团队成员只关注自己所在的专业领域和自己在该领域的表现，却不关注团队整体的表现。这导致团队成员只是热衷于从事那些有助于提升自己形象的事情，却无视团队的整体利益。

七、公平的绩效评估

与群体整体行为有关的最重要的发现是社会惰化。社会惰化是指一种倾向，即一个人在群体中工作不如单独一个人工作时努力。这个发现表明：作为一个整体的群体的生产力，小于群体成员个体生产力的总和。这与一般人认为的群体精神会激励其成员更加努力地工作，从而提高群体的整体生产力的观点是背道而驰的。研究表明，个人绩效与群体规模的增大是呈负相关的。就总的生产力来讲，4人群体的整体生产力大于1人或2人的生产力之和，小于3人的生产力之和，群体规模增大了，群体成员个体的边际生产力却降低了。导致社会惰化的原因是：第一，群体成员在认为其他人懒惰、无能或没有尽到应尽的职责时，就会降低自己的努力程度，以使自己感到更公平；第二，群体活动的结果不能归结为具体某个人的作用，即个人认为自己的贡献无法衡量时，也会降低自己的努力程度。因此，管理人员要想提升群体或团队的绩效，就必须提供有效地衡量个人努力程度的手段，在此基础上进行公平的绩效评估、利润分享、奖酬等。

八、相互信任

高绩效团队的一个特点是团队成员之间相互高度信任。也就是说，团队成员彼此相信各自的个性特征与工作能力。最近的研究把信任这个概念区分为五个维度。①正直：

诚实，可信赖。②能力：具有技术技能和人际关系知识。③一贯：可靠，行为可以预测，在处理问题时具有较强的判断力。④忠实：愿意维护和保全别人的面子。⑤开放：愿意与别人自由地分享观点和信息。研究发现，这五个维度是相对稳定的，其顺序通常是：正直、能力、一贯、忠实、开放。而且，正直程度和能力水平是一个人判断另一个人是否值得信赖的两个最关键的特征。一般地，人把正直看得很重，因为如果对别人的道德和基本的诚实缺乏把握，信任的其他维度就没有意义了。此外，能力水平也被看得很重，因为团队成员为了顺利地完成各自的任务，需要与同伴相互配合。

管理人员和团队领导对于团队的信任气氛具有重大影响。因此，管理人员和团队领导之间首先要建立起信任关系，然后才是团队成员之间的相互信任关系。下面总结了可以用来培养信任感的方法。

（1）表明你既是在为自己的利益工作，又是在为别人的利益工作。我们每个人都关心自己的利益，但是，如果别人认为你利用他们，利用你的工作，利用你所在的组织为你个人的目标服务，而不是为你的团队、部门、组织利益服务，你的信誉就会受损。

（2）成为团队的一员，用言语和行动来支持你的工作。当团队或团队成员受到外来者攻击时，维护他们的利益，这样做能说明你对你的团队是忠诚的。

（3）开诚布公。人们所不知道的和人们所知道的都可能导致不信任。如果你开诚布公，就可能带来信心和信任。因此应该让人们充分了解信息，向他们解释你作出某项决策的原因，对于现存问题则可坦诚相告，并充分发布相关的信息。

（4）公平。在进行决策和采取行动之前，先想想别人对决策和行动的客观性和公平性会有什么看法。在进行绩效评估时，应该客观公平、不偏不倚、奖罚分明。在分配奖励时，应该注意平等性。

（5）说出你的感觉。那些只是向员工传达冷冰冰事实的组织管理人员与团队领导容易遭到员工的冷漠与疏远。说出你的感觉，别人会认为你是真诚的、有人情味的，他们会借此了解你的为人并更加尊敬你。

（6）表明指导你进行决策的价值观与团队成员的价值观是一致的。不信任来源于不知道自己面对的将是什么。花一定时间来思考你的价值观和信念，让它们在你的决策过程中一贯地起到指引作用。一旦你了解了你的主要目的，你的行动相应地就会与你的目的相一致，而你的一贯性能够赢得信任。

（7）保密。人们信任那些可以相信和信赖的人。因此，如果别人告诉你一些秘密，他必须确信你不会同别人谈论这些秘密，或者说，不泄漏这些秘密。如果人们认为，你会把私人秘密透露给不可靠的人，他们就不会信任你。

（8）表现出你的才能。表现出你的技术和专业才能及良好的商业意识，能引起别人的仰慕和尊敬。应该特别注意提高你的沟通、团队建设和其他人际交往的技能。

案例分析

团队中的冲突领导力

有一天，销售团队中的两个员工因为一个重要客户的归属问题发生了冲突。他们两个人一同来到经理的办公室，要经理就该客户究竟由谁管理做个决定。下面是几位领导的讨论。

李经理：我的做法是直接作出决定，将那个客户的归属直接交给其中的一个员工。并对另一名员工承诺，会以其他方式给予补偿，这样我就能平衡他们之间的利益。

Chris：你能说说这样做的理由吗？

李经理：因为这样做可以让团队更和谐，不伤和气。

Chris：的确，这样做是有这样的好处。张经理，你会怎么做？

张经理：我会把他们打发走，并对他们说，"这是你们之间的事，你们自己解决"。我的理由是，员工应该具备独立处理冲突的能力。不应该将冲突拿到经理这里来。否则既会牵扯经理的精力，也不利于团队成员的成长。

Chris：有道理。王经理，你会怎么做呢？

王经理：我会跟他们说，"你们先沟通，寻找解决办法。实在解决不了再来找我。但在找我之前，我希望你们已经完成全面的交流，并真正理解了彼此的立场和期望"。"当然我有个要求，就是沟通过程中，不要有人身攻击。"我每次都会在最后加上这句话。

Chris：你的理由是什么？

王经理：我觉得冲突管理的技巧不仅是每一个经理都应该掌握的，也是每一个员工都应该掌握的，因为我们的工作和生活都无法完全避免冲突。如果员工一有冲突就来找我，那会占用我很多时间和精力，影响我的工作效率，同时也不利于提升员工应对冲突的能力。还有，如果这种冲突不是发生在团队内部，而是发生在员工和客户之间，员工没有独立处理冲突的能力的话，团队的利益就会受到影响，因为在那种情况下，员工不可能拉着客户，一起来找我这个经理对冲突进行处理。但是，如果我完全不对冲突进干预，则可能发生另一种情况，那就是会让冲突升级，从而可能引发冲突双方彼此攻击，而不能够将"冲突"作为一个共同的问题去面对，去寻找解决方案。在我的团队中，我鼓励直面冲突，但却不放任冲突的发展。鼓励直面冲突的目的是帮助冲突双方明了彼此的利益或任务边界；不放任冲突的发展则是要控制冲突不上升到破坏双方合作关系的程度。

【讨论题】

请结合影响团队的 8 个因素，分析案例中处理团队冲突应该注意的问题，并结合案例中几位领导的讨论总结有效团队管理的要点。

■ 第三节　使群体成为高绩效团队

一、采用团队形式的好处

（1）团队精神。团队的成员希望也要求相互之间的帮助和支持，以团队方式开展工作，促进了成员之间的合作并提高了员工的士气。团队规范在鼓励其成员追求卓越的同时，还创造了一种增加工作满意度的氛围。

（2）使管理层有时间进行战略性的思考。采用团队形式，尤其是自我管理工作团队形式，使管理者得以脱身去作更多的战略规划。当工作以个体为基础进行设计时，管理者往往要花费大量时间监督他们的下属和解决下属的问题，而很少有时间进行战略性的思考。采用工作团队，能让管理者把注意力转移集中到诸如长期发展计划等重大的问题上来。

（3）提高决策速度。把一些决策权下放给团队，能使组织在作出决策时有更大的灵活性。因此，采用团队形式，决策常常更加迅速而准确。

（4）促进多元化和创意。由不同背景和经历的个人组成的群体，看问题的广度比单一性质的群体要大。同样，由风格各异的个体组成的团队所作出的决策，往往要比单个个体所作的决策更有创意。

（5）提高绩效。上述各因素组合起来能使团队的工作绩效明显高于单个个体的工作绩效。团队方式可以减少浪费，减轻官僚主义作风，并提高工作效率。

二、高绩效团队的特征

团队的形式并不能自动地提高生产率，它也可能使管理者失望。近来一些研究提出了高绩效团队的七个主要特征。

（1）清晰的目标。高绩效的团队对所要达到的目标有清楚的了解，并坚信这一目标包含重大意义和价值。而且，这种目标的重要性还激励着团队成员把个人目标升华到群体目标中去。在高绩效的团队中，成员清楚地知道团队希望他们做什么工作，以及他们怎样共同工作以完成任务。

（2）相关的技能。高绩效的团队是由一群有能力的成员组成的。他们具备实现理想目标所需的技术和能力，而且相互之间有能够良好合作的个性品质，从而能出色地完成任务。后者常常被人们忽视，但却尤其重要。有精湛技术的人并不一定就有合作技巧，高绩效团队的成员往往必须兼而有之。

（3）相互信任的氛围。通过团队学习而形成的组织文化，对形成相互信任的群体内氛围很有影响。如果组织崇尚开放、诚实、协作的办事原则，同时鼓励员工的参与和自主性，就比较容易形成信任的环境，从而能帮助管理者建立和维护信任的行为。

（4）良好的沟通。通过畅通交流信息，管理层和团队成员之间会有健康的信息反馈机制，并经常进行以获取超过个人水平的见解为目的的"深度会谈"，鼓励成员将他们认为最困难、最复杂、最具冲突性的问题放到团队中来讨论，自由地表达各自的观点并加以验证，使彼此真诚相对，让每个人以真实的想法在交流中碰出火花。

（5）不断地探索和调整。在以个体为基础进行工作设计时，员工的角色由工作说明、工作程序、工作纪律及其他一些正式文件明确规定。但对于高绩效的团队来说，其成员角色具有灵活多变性，总在不断地进行调整。这要求成员有充分的准备，持续面对和应付团队中时常变换的问题和关系。

（6）恰当的领导。有效的领导能够让团队成员跟随自己共同度过最艰难的时期，因为他能为团队指明前途所在，他向成员阐明变革的可能性，鼓舞成员的自信心，帮助他们更充分地了解自己的潜力。高绩效团队的领导者往往担任的是教练和后盾的角色，对团队提供指导和支持，但并不试图去控制它。

（7）内部支持和外部支持。从内部条件来看，高绩效的团队应该拥有一个合理的基础结构，包括适当的培训、一套公平合理的用来评估员工绩效的测量系统，以及一个起支持作用的人力资源系统。从外部条件来看，管理层应该给团队提供完成工作所必需的各种资源。

重要名词和术语

团队（team）
问题解决型团队（problem-solving teams，PST）
自我管理型团队（self-managed team，SMT）
跨职能型团队（cross-functional team，CFT）
虚拟团队（virtual team）
高绩效团队（high performance team，HPT）
智多星（plant）
外交家（resource investigator）
审议员（monitor evaluator）
协调者（co-ordinator）
鞭策者（shaper）
凝聚者（team worker）
执行者（implementer）
完成者（completer finisher）
专业师（specialist）

复习思考题

1. 什么是团队？团队的特征有哪些？
2. 简述团队的形成途径。
3. 简述团队与群体的差异。
4. 团队的类型有哪些？
5. 影响团队绩效的因素主要有哪些？
6. 简述高绩效团队的主要特征。

第十章

沟通管理

本章摘要 沟通是信息凭借一定符号载体,在个人或群体间从发送者到接收者进行传递,并获取理解的过程,是人们了解他人思想、情感、见解和价值观的一种双向的互动过程。沟通是人和人之间进行信息传递的一个过程,对一个组织的生存发展具有重要的意义。本章学习沟通的概念、过程和要素,了解不同分类依据下沟通的类型及特点,理解沟通的功能。掌握人际沟通的过程和方式,了解有效沟通(effective communication)的障碍和技能。

■ 第一节 沟通的类型与功能

一、沟通的概念及过程

1. 沟通的概念

沟通是人和人之间进行信息传递的一个过程。在这个过程中,信息发送者和信息接收者都是沟通的主体,信息发送者同时也是信息源。信息沟通可以语言、文字或其他形式为媒介,沟通的内容除了信息传递,也有情感、思想和观点的交流。

在沟通过程中,心理因素无论是对信息发送者还是对信息接收者都会产生重要影响,而沟通的动机与目的也往往直接影响信息发送者与信息接收者的行为方式。沟通过程可能是顺畅的,也可能会遭遇障碍。这些影响沟通效果的障碍既可能产生于心理因素,也可能产生于不良的沟通环境中。人们对沟通的理解和认识多种多样,但大多缺乏对沟通含义的完整认识,例如以下观点。

观点1:沟通不是太难的事,我们不是每天都在进行沟通吗?
观点2:我告诉他了,所以我已经和他沟通了。
观点3:只有当我想要沟通时,才会有沟通。
这些观点从不同角度反映出对沟通的片面理解。
持第1种观点的人认为,我们天天都与人打交道,这是家常便饭,难在何处?然而,正是因为把沟通看得过于简单而忽视了其复杂性和难度，在处理沟通问题时容易简单化，不做充分准备，沟通失败也就在所难免。

持第 2 种观点的人认为，只要我告知对方了，就完成了我的沟通任务，至于对方是否理解我的意思，会产生怎样的结果，都与我无关。正是这种观点导致生活、学习和工作中事与愿违的情况时有发生，与此相关的抱怨随处可闻。殊不知沟通并不是单向的，而是双向的。只有当接收者正确理解了信息的含义时，才是真正意义上的沟通。

持第 3 种观点的人认为，只要我默不作声，就没在沟通。事实上，我们知道，沟通除了有语言的，还有非语言的。一位演讲者站在台上时，他并不想传递"我感到紧张"这一信息，但观众从他急促地搓着手、眼睛不时地看天花板等紧张的神态中，能够清晰地获得这一信息。

简单地说，沟通应该涵盖以下五个方面（康青，2015）：想说的、实际说的、听到的、理解的和反馈的（图 10-1）。如图 10-1 所示，A 和 B 分别表示信息发送者和信息接收者，而此处的"说"和"听"具有宽泛的含义，分别指"说、写、做或其他信息传递形式"，以及"听到、看到或接收到的"。

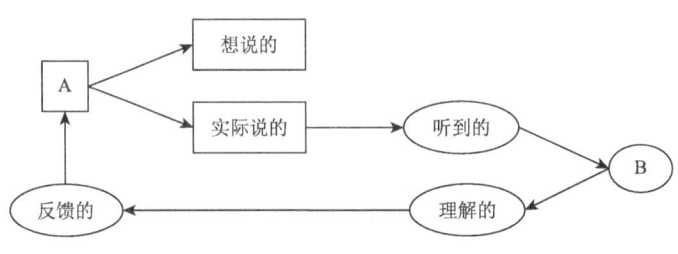

图 10-1　沟通的内涵

事实上，你想说什么与实际说了什么是有差异的。例如，有时人们说自己的表述有些词不达意，就是这种情况。同时，听众听到的与其理解的意思也存在差异，听众会从其自身不同的角度出发去理解所听到的信息，然后作出反馈。这种差异会从其反馈中表现出来。理想的情况是，听众所反馈的对该信息的理解恰好是你的初衷或你所期望的，但现实往往会不尽如人意。因此，沟通并不像我们想象的那样轻而易举，相反，它是一门技巧性很强的学问。只有正确认识沟通，不断加强学习和训练，才能真正领略沟通的真谛。

沟通可以定义为通过一套公共符号系统进行思想交流的过程。简单地说，沟通就是人与人之间进行信息交流的活动。如果从组织管理的角度出发，可以把沟通定义为：沟通是人们了解他人思想、情感、见解和价值观的一种双向的互动过程。

2. 沟通的过程

沟通是一个信息传递的过程，信息在编码和解码过程中，会受到人的知识、技能、态度和社会文化系统的影响，这就是信息沟通的基本过程。这个过程包括八个关键部分：①发送者；②编码；③信息；④传递；⑤解码；⑥接收者；⑦噪声；⑧反馈。发送者把头脑中的想法进行编码从而生成信息,信息实际上是发送者进行编码后产生的一种物理产品。在这个过程中,沟通必须包括两个方面:意义的传递与理解。

沟通简单地说就是传递信息的过程。在这个过程中至少存在一个发送者和一个接收者,即发出信息的一方和接收信息的一方。现将沟通过程解释如下。

(1)发送者需要向接收者传送信息。这里所说的信息包括很多,如想法、观点、资料等。

(2)发送者将这些信息译成接收者能够理解的一系列编码。为了有效地进行沟通,这些编码必须能符合媒体的要求。

(3)将上述编码传递给接收者。由于选择的编码种类不同,传递的方式也不同。传递的方式可以是书面的(信、备忘录等),也可以是口头的(交谈、演讲、电话等),甚至还可以通过身体动作来进行(手势、面部表情、姿态等)。如果媒体是网络,就可选择电子信箱、网上无缝对接交流平台等多媒体方式发送信息和沟通。

(4)接收者接收这些编码。接收者根据这些编码传递的方式,选择相对应的接收方式。例如,如果这些编码是口头传递的,接收者就必须仔细地听,否则,编码将会丢失。

(5)接收者将这些编码译为具有特定含义的信息,即解码。由于发送者翻译能力的差异,以及接收者接收和翻译水平的不同,信息的内容经常被曲解。

(6)接收者理解信息的内容。

(7)由于沟通过程中存在许多干扰和扭曲信息传递的因素(通常将这些因素称为噪声),沟通的效率较低。

(8)发送者通过反馈来了解他想传递的信息是否被对方准确无误地接收。因此,发送者了解信息被理解的程度是十分必要的,反馈的环节贯穿于整个沟通过程中。

二、沟通的要素

1. 信息源

在进行沟通之前,信息发送者在脑海中产生某些想法并且希望把这种想法传达给别人。这些想法就是沟通所要传输的本质内容,也是测量沟通是否有效的重要指标,即看接收者是否准确无误地接收到了这些本质内容。

2. 信息编码

用适当的方式对上述的想法进行组织,编译成适当的文字、图像或其他的传输符号,信息编码是待传输信息的物质载体。编码(encoding)的目的是把我们想要表达的信息以别人能够理解的形式呈现出来,它受发送者的技能、态度、知识和社会文化系统的影响。

3. 渠道

完成编码之后,接下来就是传输渠道(channel)的选择:是口头传达还是书面传达,是通过正式渠道还是非正式渠道,在什么时间、什么场合比较合适等。信息发送者要设法确保沟通渠道的畅通,使信息有充分的机会传递给接收者。

有很多因素影响沟通过程中沟通渠道的选择，其中比较重要的因素包括渠道丰富性和信息自身的特性。渠道丰富性（channel richness）是指各种渠道在传递信息时的能力。丰富性程度高的沟通渠道有如下特征：能够自动提供多种信息线索；能够即时反馈；沟通双方能够直接接触。例如，面对面交谈的渠道丰富性最高，因为它在沟通过程中传递的信息量最大，能够提供大量的信息线索，如体态、面部表情、手势、语调等；沟通双方能够通过言语和非言语方式进行即时反馈，沟通双方还能够进行直接的接触。而有些沟通渠道的丰富性程度比较低，如公告和一般文件等。

对渠道的选择还取决于信息是常规的还是非常规的。常规的信息通常是非常直接的，模棱两可的程度很低。非常规的信息较为复杂，模棱两可的程度高，存在潜在的误解可能性。在沟通的过程中，管理者可以选择丰富性程度低的渠道对常规的信息进行有效沟通。对非常规的信息来说，在沟通过程中只有选择丰富性程度高的渠道才能达到理想的沟通效果，如图10-2所示。

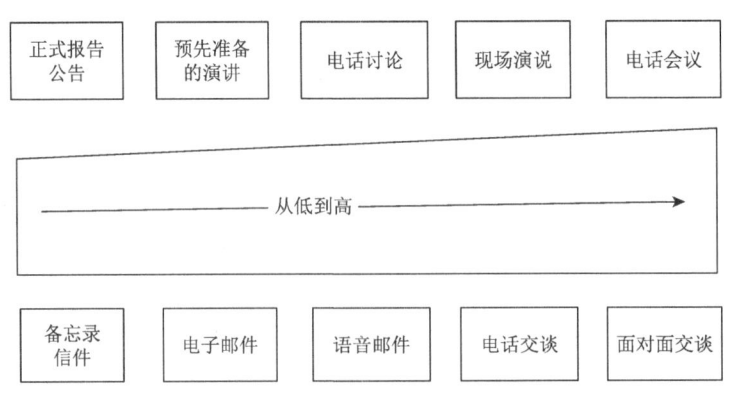

图 10-2　各种沟通渠道的丰富性程度

4. 信息接收

消息被发送之后，无法保证一定能被信息接收者接收。可能因为时间上的差距，接收者没有接收到该信息；也有可能因为传递方式选择不佳，影响了信息传递的质量；还可能因为接收者的心情不好而拒绝接收。无论哪种情形，接收者是否接收到信息将直接决定沟通能否继续进行。

5. 解码

解码（decoding）是信息接收者解释信息含义的过程。接收者运用知识或经验来解释信息符号。接收者对信息的解码同样受到自己的技能、态度、知识和社会文化系统的制约。一个人的知识、态度和文化背景不仅影响着他传送信息的能力，同样也影响着他接收信息的能力。在一些情况下，接收者需要咨询权威，如字典或密码本。在解码之前，接收者比较被动，但在解码阶段，他变得活跃起来。接收者对信息符号的解释可能与信息源的意图一致，也可能不一致，当两者之间出现不一致时，沟通就会失败，接收者会误解信息传递者，这是应当避免的。

6. 接收者

接收者（receiver）是信息指向的客体。接收者可能是个人、群体或组织的代表。接收者决定是否对信息进行解码、是否努力理解这一信息和是否作出回应。此外，期望的接收者可能根本没有接收到任何信息，而不期望的接收者却可能收到信息，这取决于信息源所采用的媒介和符号及是否引起接收者的注意。

7. 反馈

反馈在组织中扮演着越来越重要的角色。因为很多人已经意识到，沟通在更多的时候一个双向的过程。通过反馈，信息发送者可以了解和掌握信息接收者对所传递信息的理解程度和使用程度；是否有重要信息在传递过程中遗失了，必须再次予以补充说明；提醒自己把握好沟通的时机，并对沟通的方式进行改进。同时，信息接收者也可以通过反馈加深对信息的理解。此外，反馈还能促进信息发送者和信息接收者之间的情感交流。

三、沟通的类型

1. 按沟通的组织系统分类

按照沟通的组织系统，可以把沟通分成正式沟通与非正式沟通。

1）正式沟通

正式沟通指通过组织明文规定的渠道进行的与工作相关的信息传递和交流，它是组织内沟通的主要形式。例如，组织与组织之间的公函往来，组织中上级的命令、指示按系统逐级向下传送，下级的情况逐级向上报告，以及组织内部规定的会议、汇报、请示、报告制度等。正式沟通的优点是效果较好，有较强的约束力，易于保密，重要的信息一般都采用这种沟通方式。其缺点是由于依靠组织系统层层传递，速度较慢，而且不够灵活。

2）非正式沟通

非正式沟通指在正式沟通渠道以外进行的信息传递和交流。例如，职工之间私下交谈、传播小道消息等。它不受团体监督的约束，自行选择渠道和内容，一般是建立在团体成员人际关系上的，通过人际关系的疏密程度来决定沟通的形式内容，具有不稳定性、随机性和不负责任等特点。非正式沟通的优点是沟通方便、内容广泛、方式灵活、速度快，而且由于在这种沟通中比较容易表露思想、情绪和动机，能提供一些正式沟通中难以获得的信息。

A. 非正式沟通的特点

组织除了正式沟通外，也需要并且客观上存在着非正式沟通。非正式沟通的主要功能是传播职工所关心的信息，体现职工的个人兴趣和利益，与组织正式的要求无关。与正式沟通相比，非正式沟通有下列特点。

非正式沟通的信息交流速度较快。由于这些信息与职工的利益相关或者是他们比较感兴趣的，再加上没有正式沟通那种程序，信息的传播速度大大加快。

非正式沟通的信息比较准确。据研究，它的准确率可高达95%。一般说来，非正式沟通中信息的失真主要是因为形式上的不完整，而不是因为它们是无中生有的谣言。人们常常把非正式沟通（俗称小道消息）与谣言混为一谈，这是缺乏根据的。

非正式沟通的效率较高。非正式沟通一般是有选择地、针对个人的兴趣传播信息。正式沟通则常常将信息传递给本不需要它们的人，管理人办公桌上往往堆满了毫无价值的文件。

非正式沟通可以满足职工的需要。由于非正式沟通不是基于管理者权威，而是出于职工的愿望和需要的，这种沟通常常是积极的、卓有成效的，并且可以满足职工的安全需要、社交需要和尊重的需要。

非正式沟通有一定的片面性。非正式沟通中的信息常常被夸大、曲解，因而需要慎重对待。

B. 非正式沟通的管理

不管人们怎样看待和评价非正式沟通，它都是客观存在的，并且扮演着重要的角色，管理者应该怎样对待非正式沟通呢？

管理人员必须认识到它是一种重要的沟通方式，否认、消灭、阻止、打击都是不可取的。

要明确非正式消息的性质。领导者在听到组织中的各种传言时，首先要区别它是属于政治性的传言还是属于社会问题的传言，是会对工作造成消极影响的传言，还是有一定积极作用的传言。对于会影响安定团结和工作积极性的传言应予以重视，摸清传言的来源，并采取有效措施加以消除。

用正式消息驱除小道消息。许多小道消息不胫而走，传播甚广，主要原因是正式沟通不足，使得那些热衷于小道消息的人有机可乘。此外，还使得一部分人只能通过凭空想象来猜测真实的情况。因此，对于与真实情况不符的传言，应通过正式沟通渠道发送信息驱除。

正确对待传言者。对于不同的传言者要注意区分其性质，正确对待。对于一般的传言者要加强引导和教育，提高他们正确区分真假消息的能力，提高抵制不正确小道消息的自觉性。对于饶舌型的小道消息的传播者，因其传播的消息会引起严重后果，应予以重视，并采取相应措施制止。对于有意制造谣言并大肆传播者，应进行严肃处理。

总之，作为组织领导者要同时认真对待正式沟通和非正式沟通问题，充分利用其各自的优势，真正发挥沟通在组织管理中的良好作用。

2. 按沟通所使用的语言方式分类

按沟通时所凭借的媒介和使用方法，可以将沟通分为书面沟通、口头沟通、非语言沟通和混合沟通。

1）书面沟通

书面沟通（written communication）指用书面形式进行的信息传递和交流，它使口头商定的内容成为正式的文本形式。书面沟通主要指备忘录、信件、组织发行的期刊、报告、手册、公告及其他任何传递书面文字或符号的沟通方式。

书面沟通的特点是正式、准确、具有权威性、可以备查。它具有下列几个优点：①为读者提供以适合自己的速度、用自己的方式阅读材料的机会；②易于远距离传递；③易于储存，并在做决策时提取信息；④比较规范、准确。当然，书面沟通也存在不足。缺点是缺少必要的感情色彩、传递和反馈时间慢，以及加大传递信息的理解难度等。比如，通知、合同、协议、规定、布告、书信、函件、备忘录及利用计算机网络和移动电话短消息服务传递信息等。

2）口头沟通

口头沟通（oral communication）指运用口头表达的方式来进行的信息传递和交流。常见的口头沟通包括演说、正式的一对一讨论或小组讨论、非正式的讨论及小道消息传播。

口头沟通的特点是亲切、反馈快、弹性大、双向口头沟通。口头沟通能快速传递和快速反馈。口头沟通的优点：①信息发送和反馈快捷；②双方情感交流心理距离更近；③易于传递敏感的或秘密的信息；④适用于那些不能用书面媒介的信息；⑤适合于传递感情和非语言暗示的信息。口头沟通的缺点是信息再次传递的人越多，被曲解的可能性就越大，并在事后难以准确查证。

3）非语言沟通

非言语沟通（nonverbal communication）是指通过肢体动作、说话的语调或重音、面部表情及信息发送者和接收者之间的身体距离来传递信息。对肢体动作进行的学术研究称为肢体语言学（kinesics）。肢体语言学家认为人的每一个肢体动作都有意义，没有一种动作是随意出现的。因此，肢体动作是沟通研究中十分重要的一部分。对信息接收者来说，沟通过程中的非言语信息十分重要，甚至比言语信息更重要。在信息发送者的言语信息与非言语信息出现矛盾时，非言语沟通传递的信息更真实。

在组织沟通过程中，比较重要的非言语沟通方式包括体态语言、语调和身体距离。体态语言包括手势、面部表情和其他肢体动作。手势在有些场合仍然是十分有效的沟通方式。语言不通的人往往借助手势来表达自己的意思。聋哑人主要以手势为交流工具。英国学者阿盖尔指出，手势在人们社会活动中的作用表现在如下方面：有时可以代替语言，如聋哑人的交谈；可以被用来强调某一问题，或通过这种非言语方式描述事物；手势还可以为说话者提供缓解紧张的机会，也就是说手势象征着说话者的情绪状态。

面部表情是最常用也是最有效的沟通区域。人们在与他人进行沟通时，是热爱、是憎恶、是厌恶、是冷漠等，都很容易从面部表情中解读出来。心理学家的研究发现人的面部表有2万多种，如一副咆哮的面孔所传递的信息显然与微笑不同。许多国家都把眼睛形容为"心灵的窗户"。因此，不少国家的民众对目光接触的重视远超过对言语沟通的信赖。在阿拉伯国家，人们告诫其同胞"永远不要和那些不敢正视你的眼睛的人做生意"。在美国，如果求职者在应聘时不看主考官的眼睛，就别想获得就业机会。加拿大人、澳大利亚人等认为，沟通时目光的直接接触所传递的是一种诚实、真诚和坦率的信息。然而在日本文化中，人们认为听对方说话时看着对方的眼睛是不礼貌的，合适的选择是听别人说话时低垂眼帘，以示尊重，这使那些与日本人沟通，却对日本文化知之甚少的西方人感到困惑。

下面列出一些体态语的基本意义，我们必须牢记体态语结合到具体的环境中才有意义。

- 说话时捂上嘴（说话没有把握或撒谎）。
- 摇晃一只脚（厌烦）。
- 把铅笔等物放到嘴里（需要更多的信息、焦虑）。
- 没有眼神交流的沟通（试图隐瞒什么）。
- 脚置于朝着门的方向（准备离开）。
- 擦鼻子（反对别人说的话）。
- 揉眼睛或捏耳朵（疑惑）。
- 触摸耳朵（准备打断别人）。
- 触摸喉部（需要加以重申）。
- 紧握双手（焦虑）。
- 紧握拳头（意志坚定、愤怒）。
- 手指头指着别人（谴责、惩戒）。
- 坐在椅子上往前移（以示赞同）。
- 双臂交叉置于胸前（不乐意）。
- 小腿在椅子上晃动（不在乎）。
- 背着身坐在椅子上（支配性）。
- 背着双手（优越感）。
- 脚跟交叉（收回）。
- 搓手（有所期待）。
- 手指叩击皮带或裤子（一切尽在掌握之中）。
- 无意识地清嗓子（担心、忧虑）。
- 有意识地清嗓子（轻责、训诫）。
- 双手紧合指向天花板（充满信心、骄傲）。
- 跷二郎腿（舒适、无所虑）。
- 眨眼过于频繁、不停地做吞咽动作、冒虚汗、频繁地耸肩（撒谎）。

同样，面部表情也能反馈对方所说的信息，如眉毛的动作可以提供以下的信息。

- 全部抬起（不信任）。
- 半抬起（惊讶）。
- 正常（没有意见）。
- 半低垂（疑惑）。
- 完全低垂（生气）。

4）混合沟通

在现实沟通行为中，往往是口头沟通、书面沟通和非语言沟通结合在一起使用的。在沟通效果的调查中，对口头沟通、书面沟通或两者混合使用的信息效果进行打分，结果表明，混合沟通得分最高、效果最好，而书面沟通的效果最差。

3. 按沟通中信息流动的方向分类

按照沟通中信息流动的方向，可以把沟通分为上行沟通、下行沟通和横向沟通。

1）上行沟通

上行沟通（upward communication）是群体或组织中流向更高层级的沟通。员工利用它向上级（管理层）提供信息反馈，汇报工作进度，报告当前存在的问题。上行沟通使得管理者能够了解员工如何看待其工作、同事和整个组织。管理者还通过这种沟通来获得关于如何改进工作条件的观点和建议。为了进行有效的上行沟通，你可以设法减少使上司分心的因素（如果可以的话，尽量选择在会议室里与你的上司进行沟通，而不是在上司的办公室里）；以标题而不是段落来与上司沟通（你的目的是引起上司的注意，而不是与他进行漫谈）；用切实可行的内容（你认为将会发生什么及如何解决等）支持自己的标题；准备一份议程，以确保你上司感到对这一问题的关注是值得的。

2）下行沟通

在群体或组织中，从一个层级向另一个更低层级进行的沟通称为下行沟通（downward communication）。当群体的领导者和管理者向群体成员分配目标、提供工作指导、解释规章制度、指出需要注意的问题及提供工作绩效反馈时，使用的都是下行沟通。不过，下行沟通未必非要采用口头或面对面的形式。一位团队领导者向各成员发送电子邮件，提醒他们工作任务的截止日期将至，就是在使用下行沟通。在进行下行沟通时，管理者必须对决策的原因作出解释。一项研究发现，如果对变革的原因进行充分解释，则员工认同变革的可能性会提高一倍。尽管这看起来更像是一个常识，但很多管理者仍然觉得他们没有时间向员工解释，或者认为解释将引起混乱。然而，有证据明确表明，解释能够增强员工对决策的认同和支持。下行沟通的另一个问题是它的单向性，通常，管理者会将信息告知员工，但很少征求他们的建议和看法。

3）横向沟通

同一工作群体的成员之间、不同工作群体但属同一层级的员工之间、同一层级的管理者之间，或任何等级相同的人员之间的沟通都称为横向沟通（horizontal communication）。如果群体或组织中的垂直沟通十分有效，那么为什么还需要横向沟通呢？原因是横向沟通能够节省时间和促进协调。有些横向关系是由组织正式规定的。但更多的时候，它们是为了绕过垂直层级、加快工作速度而产生的非正式捷径。因此，从管理层的角度来看，横向沟通具有有利的一面，同时也有不利的一面。如果所有沟通都严格遵循正式的垂直结构，则会阻碍信息传递的效率和精确性。在管理层知情和支持的情况下进行的横向沟通是有益的。但是，在下列情况中，横向沟通会导致恶性冲突：当正式的垂直渠道被破坏时；当成员绕过或避开自己的直接领导而擅自行事时；当上司发现下属在自己不知情的情况下已经制定决策或采取行动时。

4. 按沟通是否反馈分类

按照沟通是否反馈，将沟通分为单向沟通和双向沟通（周三多等，2018）。

1）单向沟通

单向沟通（one-way communication）指没有反馈的信息传递。单向沟通比较适合下列几种情况：一是问题较简单，但时间较紧；二是下属易于接受解决问题的方案；三是下属没有足够的信息了解问题，在这种情况下，反馈不仅无助于澄清事实反而容易混淆视听；四是上级缺乏处理负反馈的能力，容易感情用事。

2）双向沟通

双向沟通（two-way communication）指有反馈的信息传递，是发送者和接收者相互之间进行信息交流的沟通。它比较适合于下列几种情况：一是时间比较充裕但问题比较棘手；二是下属对解决方案的接受程度；三是下属能对解决问题提供有价值的信息和建议；四是上级习惯于双向沟通，并且能够有建设性地处理负反馈。单向沟通和双向沟通的比较见表10-1。

表 10-1　单向沟通和双向沟通的比较

因素	结果
时间	双向沟通比单向沟通需要更多的时间
信息理解的准确程度	在双向沟通中，接收者理解发送者意图的准确程度大大提高
接收者和发送者的自信程度	在双向沟通中，接收者和发送者都比较相信自己对信息的理解
满意	接收者比较满意双向沟通，发送者比较满意单向沟通
噪声	由于与问题无关的信息较易进入沟通过程，双向沟通的噪声比单向沟通的噪声要大得多

5. 按沟通使用的工具分类

按照沟通使用的工具将沟通分为运用传统手段的沟通和运用现代沟通工具的沟通。

1）运用传统手段的沟通

它指的是运用诸如口头交谈、书面文件、开会等传统方式进行的沟通。具体方式前面分类中已经讲述，在此不再赘述。

2）运用现代沟通工具的沟通

它指的是运用现代的信息网络（包括电话、邮件、微信、短信等）进行的沟通。工作场所的许多创新都是以新技术为基础的——计算机信息处理系统、新型的远程通信系统、互联网、内联网、外联网及前述各项技术的组合。管理者现在可以通过计算机与世界各地沟通，发送、接收备忘录和其他文件，还可以在旅途中完成这些工作，通过无线通信保持联络。许多员工在家工作，不必每天都到办公室。信息技术的发展不仅加快了沟通的速度，而且带来了全新的沟通方式。为了在高度竞争的全球市场中保持竞争优势，组织必须更有效地产生、传播和实施新的理念。以计算机、电话和电视为媒介的沟通技术对组织内部的沟通产生了重大影响。

组织中日益重要的沟通网络是电子群体的兴起，电子群体由电子通信名单、聊天室、QQ群、微信群和其他电脑网络系统构成。电子化沟通形式使没有面对面接触但仍然构成群体沟通网络成为可能。随着自媒体时代的到来，新技术沟通方式越来越多，信息技术在加快现有沟通方式的速度的同时也创造出新的组织沟通类型，不仅为管理者带来了利益，也带来了新的挑战。

四、沟通的功能

沟通是指可理解的信息或思想在两个或两个以上的人群中传递或交换的过程，整个管理工作都与沟通有关。企业与外部人员的交流、组织者与被组织者的信息传递、领导者与下属的感情联络、控制者与控制对象的纠偏工作，都与沟通相联系。

1. *沟通是协调各个体、各要素，使企业成为一个整体的凝聚剂*

每个企业都由数人、数十人，甚至成千上万的人组成，企业每天的活动也由许许多多的具体工作所构成，由于各个体的地位、利益和能力不同，他们对企业目标的理解、所掌握的信息也不同，这就使得各个体的目标有可能偏离企业的总体目标，甚至完全背道而驰。如何保证上下一心，不折不扣地完成企业的总目标呢？这就需要互相交流意见，统一思想认识，自觉地协调各个体的工作活动，以保证个人目标与组织目标的和谐结合。

2. *沟通是领导者激励下属、实现领导职能的基本途径*

一个领导者不管他有多么高超的领导艺术，有多么灵验的管理方法，他都必须将自己的意图和想法告诉下属，并且了解下属的想法。领导环境理论认为领导者就是了解下属的愿望并为此而采取行动，为满足这些愿望而拟订与实施各种方案的人；下属就是从领导者身上看到能实现自己愿望或目的的人。这些"目的"被"看到"或"了解"都需要沟通这个基本工具和途径。

3. *沟通是企业与外部环境建立联系的桥梁*

企业必然要和顾客、政府、公众和竞争者等发生各种各样的关系，它必须按照顾客的要求调整产品结构，遵守政府的法规法令，担负自己应尽的社会责任，获得适用且廉价的原材料，并且在激烈的竞争中取得一席之地，这使得企业不得不和外部环境进行有效的沟通。而且，由于外部环境永远处于变化之中，企业为了生存就必须适应这种变化，这就要求企业不断地与外界保持持久的沟通，以便把握住成功的机会，避免失败的可能。

在社会或家庭中，缺少沟通交流会导致生气、不满、沮丧和紧张的关系。在商业领域也同样会出现这种情绪，从而会降低一个组织的工作效率，降低的幅度取决于这种情绪的强烈程度或是带有这种情绪工作的人的工作性质。组织内部沟通的最终目的是激发人们的行动以达到成功，否则行动将会按原路直接返回沟通的起点。在群体或组织中，沟通有四种主要功能：控制、激励、表达情绪和提供信息。

案例分析

苏格拉底的三个"筛子"

有一次，苏格拉底的一位门生匆匆忙忙地跑来找苏格拉底，边喘气边兴奋地说："告诉你一件事，你绝对想象不到……"

"等一下!"苏格拉底毫不留情地制止他,"你告诉我的话,用三个筛子过滤过了吗?"他的学生察觉情况不妙,不解地摇了摇头。

苏格拉底继续说:"当你要告诉别人一件事时,至少应该用三个筛子过滤一遍!第一个筛子叫作真实,你要告诉我的事是真实的吗?"

"我是从街上听来的,大家都这么说,我也不知道是不是真的。"

"那就应该用你的第二个筛子去检查,如果不是真的,至少也应该是善意的。你要告诉我的事是善意的吗?"

"不,正好相反。"他的学生羞愧地低下头来。

苏格拉底不厌其烦地继续说:"那么我们再用第三个筛子检查看看,你这么急着要告诉我的事,是重要的吗?"

"并不是很重要……"

苏格拉底打断了他的话:"既然这个消息并不重要,又不是出自善意,更不知道它是真是假,你又何必说呢?说了也只会造成我们两个人的困扰罢了。"

【思考题】

案例对于沟通尤其是非正式沟通有何启示?

第二节 人际沟通

一、人际沟通的过程

1. 人际沟通的定义

在解释什么是人际沟通之前,有必要探讨一下"沟通"一词的来源。英语"communication"这个词,语言学多译为"交际",而心理学界和管理界多译为"沟通"。事实上,交际和沟通是有一段距离的。我国语言学家王宗炎教授认为,说了话,对方懂了,这是交际,也是沟通;说了话,对方莫名其妙,这不是沟通,只是交际——不产生效果或产生反效果的交际。比如,在中国南方一些地区,听见别人打喷嚏,有人会说:"吉星!吉星!"可是如果向一个英国人说这样的话,可能对方会毫无反应,因为英国人求助的不是星宿,而是上帝"God bless you!"[①]这种沟通上的问题不仅存在于跨文化中,在我们的日常生活中也很常见。由于个人的历史、背景、个性的差异,要做到人与人的充分沟通的确不是一件十分容易的事。那么,人际沟通究竟是什么呢?顾名思义,人际沟通(interpersonal communication)指的就是人与人之间信息和情感的相互传递过程。这一概念有几个关键所在。

第一,人际沟通必须是互动的过程,也就是说是一个双向的过程,即在发出信息和情感的同时还要收到一定的信息和情感。人际沟通的实质是人与人之间的思想互动、行为互动及感情互动有机结合的互动过程。"酒逢知己千杯少,话不投机半句多",这句话

---

① 即上帝保佑你!

所体现的正是人际交往的互动现象。互动是人际关系产生和发展的基本原因。企业里的员工若无互动，也就没有人际关系。互动是建立良好人际关系的基本方法，它还使人际关系处于不断变化之中。仇敌握手言和，好友反目成仇，都是互动带来的结果。由此可见，要有效地进行人际沟通，必须谨慎从事，不同的互动会有不同的结果：合作会形成融洽的人际关系，而对立则往往会使人际关系变得紧张和恶劣。

第二，人际沟通是信息和情感传递的过程。人际沟通的强度与效应，主要取决于以下几个因素：①双方对信息的接受和理解程度。很多沟通的中断和冲突的发生，大都是由双方没有完全正确理解对方的动机、意图及目标等，甚至误解了对方造成的。因此我们在沟通时，一方面要善于表达自己想要交流的内容，另一方面还要善于听取和理解对方所提供的信息。②沟通中信息的性质和作用。人际沟通是以双方具有共同的语言、共同的思想情感为基础的。一个人的处世态度、世界观、价值观及行为方式等深刻地影响着沟通的性质和作用。所以我们在沟通的过程中应注意寻找双方的共同之处，并通过沟通不断吸收对方的长处，扩大沟通内容。③沟通中的情境与个性特点的影响。双方信息交流在顺境和逆境中进行的效果是大相径庭的。如果双方是在互不信任、用词含糊、信息失真、存在对立情绪的情景中沟通，那么自然不会取得良好的效果。同时，一个人的个性和气质也影响着信息的交流和意见的沟通。例如，一个性格急躁的人，当他正生气时，你过去与他交流工作经验，他一定会很不耐烦地对待你。因此，我们在沟通的时候还必须注意沟通的时机。④沟通的环节。信息传递的环节越多，越容易造成信息积压或流失，甚至增加失真的可能性，因而产生误会的可能性也就越大。此外我们在人际沟通的过程中，还要注意情感与信息的统一，努力使自己的情感与输送的信息内容协调一致，以达到情感对信息内容的加强和深化。

2. 人际沟通的阶段

人际沟通的目的是建立、维持和发展人际关系，人际沟通的过程就是人际关系的动态过程（陈春花和曹洲涛，2020）。人际沟通的过程包括三个层次：信息层次、情感层次和行为层次，以及四个阶段——定向阶段、探索情感交换阶段、情感交换阶段和稳定情感阶段，如表10-2所示。

表10-2　人际沟通过程的四个阶段

层次	阶段	沟通内容
信息层次	定向阶段	人们根据自己的价值观、审美观、需求和动机的心理定式选择沟通对象，双方有接触的愿望，积极搜寻有关对方的信息。在这一阶段，彼此产生一定的认识，形成一定的印象。人们只作表面的或浅层的"自我暴露"，竭力掩饰自己的不足之处或可能被对方反感之处。如果双方互有好感，有继续相处的意愿，信息沟通就进入下一阶段
情感层次	探索情感交换阶段	在定向阶段的基础上，沟通双方对所交流信息的译码和对沟通对象的动机、需求、兴趣、性格、世界观、价值观、定式的感知，都伴随着情感体验。双方主动地、由浅入深地暴露自己个性，并都能够较自由地相互赞许或批评对方的行为
情感层次	情感交换阶段	
行为层次	稳定情感阶段	在前三个阶段的基础上，沟通双方信息互动高度频繁，信息量剧增，沟通方式丰富多彩，"自我暴露"彻底，这一阶段的外部行为表现为相亲相爱、近距离交往等。为了保持良好的关系，人们甚至也要根据沟通对象对自己的评价期望调整自己的行为

二、人际沟通的方式

1. 面对面沟通

1）面对面沟通的优点

（1）亲切。面对面地沟通，对方的音容笑貌、身体语言等都显示出来，给人以亲切感，即使有些话不中听，当面也比较好化解。面对面也能更好地感受到对方的想法和肢体语言，有利于更好地交流。

（2）双向性，交流更充分。在面对面的场合，如果一个人讲话，往往比较尴尬，如果有另外一个人配合，就能比较顺畅。双方可以根据对方的话头，进行针对性强的交流，如果观察到沟通对象有误会或疑问的地方，还可以及时补救。

（3）避免书面沟通障碍。书面沟通受到文字的制约，许多文化水平不高的人，书写能力较差，很难准确表达自己的想法，但通过面对面语言沟通不存在这种问题，大大减少了沟通的困难，而且面对面沟通更直接有效。

2）面对面沟通的缺点

（1）成本较高。很多时候面对面沟通的双方距离遥远，经济代价、时间成本可能都比较高，有时候甚至因为双方时间不合适让沟通变成不可能的事情，特别是跨国界、跨地区的面对面沟通。

（2）有些沟通不宜面对面。对于一些比较难以启齿、羞愧、尴尬或者有可能引发激烈冲突、让人伤心的事情，或者一些口头语言无法表达的情形，越是见面，越不容易开口。

3）面对面沟通的技巧

（1）面对面沟通涉及许多技巧，合理地运用这些技巧，可以使沟通顺利地进行。

（2）使用目光接触。没有目光接触的沟通就失去了面对面的意义和价值，与电话沟通（telephone communication）或网络 QQ、微信沟通等没有差别。如果长时间不关注沟通对象，会让人感觉到不礼貌、有轻蔑感；如果长时间盯着对方，也同样让人觉得不舒服。所以，要使用目光接触，但还要注意时间和度。

（3）避免分心的举动或者手势。在面对面沟通中，如果进行一些偏离沟通主题的活动或动作，会让对方感到自己的谈话无趣，因此会草草结束谈话。常见的一些分心举动或手势有：频频看手表、打电话、剪指甲、看别处、打呵欠、伸懒腰、东张西望等。

（4）赞许点头和展现恰当的面部表情。面对面沟通需要沟通双方的互动和相互认可，否则会缺乏持久性。点头是对对方的认可，因此，对于对方的观点不时赞许地点头或者展现赞赏、感兴趣的面部表情，会让对方产生友好和鼓励感。

（5）提问或复述。认真地倾听对于提高沟通双方的沟通效果是必不可少的技能。为了使对方感觉到倾听者的认真，使沟通延续并深入下去，通过提问可以引出双方感兴趣的新问题，也会让对方对整个谈话充满兴趣，有利于双方沟通的良性互动。同时，在沟通的过程中将自己所理解的观点与谈话方进行交流，可看自己是否完全理解了对方的意思。复述有两个功能：一是对谈话方的观点进行梳理、澄清，概括出沟通的逻辑和观点；二是可以借助这个机会，控制沟通的主动权，巧妙转换自己感兴趣的主题，借机表达自己的看法和观点。尤其是当对方偏离沟通主题时，这种方式可以很委婉地过渡到主题。

（6）不打断讲话方。若沟通时对方表达能力不是很强，表达不清楚，比较啰唆、喋喋不休，或者偏离主题但自己还没有意识到时，另一方不耐烦，比较主动地让对方停止讲话，或者中途打断对方的发言，容易引起讲话方的反感，造成一种很尴尬的局面。遇到这种情况，应该想办法转移对方的注意力，委婉改变主题。

4）面对面沟通中应当注意的误区

（1）一开始就煽情和下结论。在沟通中，应尽量回避这种做法，特别是在演讲中，要先破冰，也就是通过三言两语，拉近与听众的距离，先获得大家的心理认可，再来传达你想表达的信息，这样才能达到沟通的效果，否则会适得其反。

（2）强推自己的结论。很多场合下，与人沟通时我们会用一系列的反问，来逼迫对方接受我们的观点，最后人家干脆不理你了，彻底放弃沟通。

（3）喜欢控制整个沟通过程。在与人争论或者搞辩论时，最容易陷入这样的误区，双方都盯着对方，但是心里都在想如何让旁边的观众认同，对手对他来讲并不重要，重要的是听众，这样会导致争论变成争听众，一心想的是压倒对手而不是说服对手。

2. 电话沟通

1）电话沟通适用的条件

（1）电话是信息时代人与人之间方便、快捷的沟通手段。特别是移动电话的迅速发展，为电话沟通提供了便利和更好的通话质量。比较适合电话沟通的情况有以下几种。

（2）距离远，一时无法面对面沟通。由于电话具有跨越地域限制的优势，如果无法面对面沟通，可以通过电话实现远距离的实时沟通和交流。

（3）见面不好开口沟通的问题。有些时候，有些话当面反而不好沟通，如果借助电话，可以避免一些尴尬，这种情况下，为了避免冲突和激化矛盾，采用有距离的电话沟通也是一种选择。

（4）暂时不能见面或不宜打扰。还有一些情况，由于不便长时间地打扰，也可以选择这种方法。

2）电话沟通的好习惯

（1）打电话也是能够反映出人的涵养和素质的。由于没有经过正规的训练，许多人的电话沟通让人感到不礼貌或不舒服，既没有体现电话沟通的文明，也没有表现电话沟通的经济性和效率。要体现文明打电话，以下四点是基本的要求。

（2）嘴离话筒的距离。当我们的嘴离话筒在保持一拳左右（5～6厘米）的距离时，发出的声音是最美妙、动听的。

（3）表情与声音。当我们拿起话筒说话时，带着笑意的声音、得体、机智敏捷是在电话沟通中应有的主要素质。

（4）礼貌用语。尽量使用"请、请稍等、谢谢、对不起、再见"，避免使用方言、非正式的或草率的语言。

合适的通话时间。要努力养成一次通话在 3 分钟之内结束的习惯，并要对私人电话加以节制。

主动打电话和被动接听电话是有差别的，需要区别对待。主动打电话时，要注意以下几点。

（1）事先列出要点，以免匆忙中有所遗漏。比如，确认对方的电话号码、单位及姓名，以减少时间和金钱的浪费，并准确无误地与对方通话；记下要办事情的次序，以使通话简明扼要，而不至于遗漏要点；备好必要的文件和材料；打长途时，事先要准备有关材料，以节省通话时间

（2）说明自己是谁，让对方充分了解电话沟通的对象。电话打通后，要确认对方身份再通话；如果是自己打错电话，礼貌的做法是发自内心地道歉，可以说：噢，电话打错了，对不起！在给身份地位高的人士打电话时，直呼其名是不礼貌的，应说：您好，我是某公司销售部的 X 先生，不知是否方便？将自己的姓名、单位告诉对方，请求对方把电话转接到要找的办事单位和人员时，应说：对不起，请转 X 部 X 先生，问候致礼。

（3）通话中必须暂时离开时，应该向对方说明理由。

（4）对方谈话要点，必要时可以复述一遍，以免错误。要简明扼要，声音柔和，遵守 5W1H 原则（时间 when、地点 where、人物 who、原因 why、事情 what、如何处理 how）；需要对重点进行重复，要听取对方所谈事情。

3. 非言语沟通

语言是人类特有的现象，是人类思维的最高形式。应该说，使用语言的言语沟通是沟通最重要的形式，具有表达严谨、清晰的特点。

然而，除了言语沟通外，非言语沟通也可以作为言语沟通的重要补充或辅助手段，帮助传递信息。有时候，言语沟通和非言语沟通传递的信息是一致的，非言语信息使得言语信息更加生动、更好理解；有时非言语信息与言语信息不一致，由于非言语信息更少受到意识的左右，传递的信息更加符合沟通者的真实心理内容。如果沟通的对方能够把握非言语信息中的真谛，就能更好地控制自己的行为，达到沟通的目的。

4. 网络沟通

随着网络技术的发展，基于网络的沟通方式层出不穷。人们可以通过互发电子邮件来代替传统信件；可以通过一些即时通信工具代替打电话，如 QQ、微信等，从某种意义上说，网络可以模拟许多现实生活中的沟通方式。尽管这些方式是模拟的，不是真实的情境，但在许多情况下，可以充分发挥其优势，为我所用。

1）网络沟通的优点

第一，不受地域的限制。基于网络的沟通行为比传统的打电话或写信、发电报具有更加广阔的适用范围。鼠标或手机一点击，在世界上任何一个有互联网的角落都能连接上，地球真正成为一个村落。如果沟通者拥有很强的外语能力，还可以留下自己的评论。

第二，沟通范围更大。传统的沟通方式，很难想象在同一时刻与不同地域的数百人一起对话、一起讨论一个问题、分享一篇报告，并且还能立即知道其他人的反应。

第三，沟通的成本更低廉。现在，信息交流相比其他的传统沟通方式都更便捷和成本更低廉，尤其是互联网时代的出现，使我们人与人之间的沟通，变得更加高效、生动和低廉。

2）网络沟通的缺点

第一，人是社会性的人，除了完成某些任务外，还需要面对面交流，而网络使人与人之间面对面交流的机会越来越少，沟通行为更多地依赖于虚拟的网络和手机，低头族越来越多，很多人陪伴手机的时间要高于其他任何人和事。比如，逢年过节是中国人联络感情的好时机，而现在电子贺卡代替了明信片、电子邮件代替了人与人之间的书信，连买的礼品也可以网上订购并代为送货。沟通方式的单一化损失的不仅仅是情感，还有正义感、良知和公德心。

第二，网络使人们相互之间的信任感降低了。网络先天的虚拟性决定了其不可避免的虚幻性，沟通者可以化装成自己希望变成的人，可以更换姓名、性别、个人经历、特长和爱好等，并且不容易被识别。当沟通缺乏信任这个基石时，交流内容的可信度自然就降低了。

三、有效沟通的障碍

在信息沟通的过程中，各个环节常会出现一些障碍，这些障碍往往会降低沟通效果，达不到预期的目的，严重时甚至可能使沟通过程中断。因此，认识沟通障碍（communication barriers），防止和排除沟通障碍，是十分重要的。沟通障碍主要来自信息发送者、信息传递过程和信息接收者三个环节。

1. 来自信息发送者的障碍

1）表达障碍

信息发送者进行信息传递最重要的原则是想办法让信息接收者听懂并理解。如果信息发送者在采用某种方式传递信息时，对信息的内容和含义表达得含糊不清，或隐晦难懂，就很容易出现表达障碍，如下面的案例。语言是信息的载体，准确地选择语言是实现沟通目标的必要前提。准确的语言选择不仅包括选用最恰当的词句、使用正确的语法，也包括采用书面沟通形式时清晰的字迹、简明的图表。由此可见，影响信息传递表达能力的因素，除了自身的语言文字水平外，还有责任心等非文字方面的因素。所以信息传递者要消除表达障碍，必须努力提高自己的语言表达能力和责任心。

沟通小故事：秀才买柴

一秀才买柴，曰："荷薪者过来。"卖柴者因"过来"二字明白，担到面前。问曰："其价几何？"因"价"字明白，说了价钱。秀才曰："外实而内虚，烟多而焰少，请损之。"卖柴者不知说甚，荷薪而去。

2）语义障碍

语义障碍主要指由对语义的不同理解引起的障碍。语言，特别是中国语言是极为丰富的,有同形异义、同形异音、一词多义、方言土语等现象,对于同样的词语,由于理解上有差别,会给沟通造成障碍。因此,对于信息发送者来说,不能仅从自己的角度来选择用语,来理解事情,更重要的是要从信息接收者的立场来考虑用语,这样才能保证发送的信息能够完全被正确地理解,使信息沟通顺畅。组织中人与人之间的信息沟通主要是借助语言进行的,语言是思想的外壳,是表达思想的符号系统,是交流的工具,并不是思想本身,更不是客观事物本身。人们的语言修养不同,表达能力各异,对同一种思想、观念或事物,有的人表达得很清楚,有的人却表达不清楚。

3)传递障碍

传递障碍指因传递形式不协调产生的障碍。如果双方不存在共同的经验区或者处于不同的社会环境下,沟通就会遇到障碍。例如,同一领域的科学家之间运用大量专业术语、数学公式、各种符号进行沟通,就非常简便实用,但如果用这种方式同缺乏相应知识和经验的外行沟通,就很难取得良好的效果。不同区域或者国家的人由于生活和行为习惯不同,也存在很多的沟通障碍,如果发送者没意识到或者不了解对方的习惯,就会出现沟通障碍,甚至是冲突。

知识、经验的差异会带来沟通障碍,如果信息发送者和接收者水平相距太大,在发送者看来简单的内容,接收者却感到无法理解,就会产生"对牛弹琴""阳春白雪"之感;如果双方没有"共同的经验区",发送者和接收者也难以对同一信息的含义取得相同理解,如同一个"O",数学家可能会理解为一个圆,画家可能说它是一轮明月,运动员则可能把它看成球。心理因素,如个人的兴趣、情绪、态度、性格、思想、价值观、利益等的差异,在一定情况下都会引起沟通障碍,在接收信息时,凡符合自己的需要、与自己利益关系密切的,就很容易"听进去",反之则相反。

2. 信息传递过程中的障碍

1)传递手段的障碍

在现代信息沟通中,越来越多的先进传递手段,大大提高了沟通效率。随着新媒体、新技术和新的信息沟通软件的出现,越来越多的组织利用互联网、云平台、QQ群、微信群等进行组织日常沟通,但如果在使用时设备发生故障就会影响沟通。不同的人对信息传递媒体的敏感性是不同的,各种沟通媒介对于人们来说在接受和感觉上存在着很大差异,如表10-3所示(余凯成,2001),也会造成沟通的障碍。

表10-3 沟通媒体的特征比较

口头	易获得	低成本	高速度	直接性	受关注
面谈	+	+	+	+	+
电话	+	+	+	+	+
开会			+	+	+
演讲	+		+	+	+
电视			+	+	+
书面	+	+	+	+	+

续表

口头	易获得	低成本	高速度	直接性	受关注
布告	+	+			
互联网络				+	+
信函	+	+			
电子邮件	+	+	+	+	+
传真			+	+	

2）传递层次的障碍

从最高层向下的传达，从最底层向上的汇报，是经常使用的沟通方式。在结构庞大的组织中，这些沟通要经过许多中间层次，每经过一个环节，都会有信息的"过滤"和"失真"。许多环节的积累，会造成相当的信息损耗、丢失和错误。如果一个信息从发送者到接收者经过的环节越多，这种过滤现象就会越严重，传递者会根据自己的兴趣过滤或加工信息，使到达最终接收者那里的信息大打折扣，或者被歪曲、曲解、篡改。因此，在沟通过程中，沟通的层次应尽可能减少，以防信息被过多地过滤。

3. 信息接收者的障碍

1）对信息的"过滤"

接收者在接收信息时，有时会按照自己的需要，对信息进行过滤，取对自己有用和自己喜欢的信息，过滤掉对自己不利或自己不喜欢的信息。

2）理解力的障碍

每个人的价值观、所受的教育、经历和兴趣不同，这些都会影响到个人的理解力。对同一信息，由于理解力不同，会产生不同的效果，因此会给信息沟通带来障碍。

3）信息过量障碍

接收者收到的信息量过大时，必然会产生烦恼，整天埋在信息堆里，却没办法达到良好的沟通效果。信息传递量要适当，且要有所选择。

4）心理上的障碍

当接收信息者对传送者怀有敌意、不信任或有某种偏见时，就会拒绝传递来的信息，或者歪曲信息的内容，从而给信息沟通带来不良影响。

4. 其他影响因素

1）信誉不佳，妨碍沟通

如果信息发送者在接收者心目中形象不好，信誉不佳，那么接收者就会对信息存在成见，不予重视。"不可信的信息"就是不相信这些信息是真实的，而其原因往往是对信息发送者不信任。

2）条件不清，弹性太大

大至国家，小到企业，同一政策和制度，各单位执行起来却五花八门。这固然和组织规模不同、管理者水平不同有关，但其根本在于任何一项政策、制度、办法都有一定的适用边界,都有一定的前提和假设条件,而许多人在沟通中对信息本身的传达不遗余力,对其边界条件则未置一词(要么一无所知,要么不予重视)。

3)组织结构设计不当,沟通渠道不畅

组织结构设计没有充分考虑信息有效沟通的问题,沟通渠道不明确,要求不合理,如有些岗位的管理者有明确的职责和任务,但不明确自己需要哪些信息和得到信息的渠道,这会使信息交流处于自发、无组织、低效率状态。

4)地位差异和利害冲突

一般在接收信息时不仅判断信息,而且判断信息发送者。信息发源的层次越高,便越倾向于接受。另外,地位高的人对地位低的人沟通是无所顾忌的,而下级对上级沟通则不然。这就使领导者不容易得到充分、真实的信息。特别是当领导者不愿听取不同意见时,必然会堵塞言路,使下级保持沉默。

5)地理障碍,沟通困难

组织规模庞大、地理位置分散、相距较远或地形复杂都会引起沟通困难。随着交通条件、信息技术的发展,这一方面的难度下降,但面对面的直接沟通相对来说还是比较少。

实际上,沟通的障碍远不止这些,在沟通的整个过程中,每个步骤都存在潜在的障碍因素。

四、有效沟通的技能

1. 明了沟通的重要性,正确对待沟通

管理人员十分重视计划、组织、领导和控制,对沟通常有疏忽,认为信息的上传下达有组织系统就可以了,对非正式沟通中的"小道消息"常常采取压制的态度。上述种种都表明沟通没有得到应有的重视,重新确立沟通的地位是刻不容缓的事情。

2. 要学会"听"

对管理者来说,"听"绝不是件轻而易举的事。"听"一般有下列三种表现:①根本不"听";②只"听"一部分;③不正确地"听"。如何才能较好地"听"呢?表10-4列出了一些要点。

表10-4 倾听的技巧

要:	不要:
1. 表现出兴趣	1. 争辩
2. 全神贯注	2. 打断
3. 该沉默时必须沉默	3. 从事与谈话无关的活动
4. 选择安静的地方	4. 过快地或提前作出判断
5. 留适当的时间用于辩论	5. 草率地给出结论
6. 注意非语言暗示	6. 让别人的情绪直接影响你
7. 当你没有听清楚时,请以疑问的方式重复一遍	
8. 当你发觉遗漏时,直截了当地问	

3. 有效反馈的技能

（1）强调具体行为。反馈应该具体化而不是一般化，针对具体行为，告诉接收者因何受到批评或赞扬。

（2）使反馈对事不对人。尤其是消极反馈，应该是描述性的而不是判断和评价性的。无论管理者如何失望，都应使反馈针对工作。

（3）使反馈指向接收者和你的共同目标而不是别的。如果你不得不说一些消极的内容，应该保证这种消极反馈确实有助于你们达到所追求的目标。

（4）把握反馈的良机。接收者的行为与获得对该行为的反馈相隔时间越短，反馈就越有意义。

（5）确保理解。要注意你的反馈是否足够清楚和完整，以使接收者能够全面准确地理解你的意思。

4. 有效授权的技能

（1）分工明确。你要确定授权的是什么及授权给谁，提供明确的信息，明确告知给予他什么权力，你希望得到什么结果，以及你对时间及绩效方面的要求。

（2）具体指明授予的权限范围。每一授权活动都是与限制相伴随的。你所下放的是在某些条件下处理问题的权力，你应该明确指出这些条件是什么，使下属十分明确地知道其权限范围。

（3）允许下属参与。确定完成某项工作必须拥有多大权力的最好办法是让负责此项任务的下属参与决策。但要注意，参与中会存在着一系列潜在问题，下属在评估自己能力时可能会带有自利偏见，某些下属的人格特点可能倾向于扩张自己的权力，使其超出需要的范围。

（4）通知其他人授权已经发生。

（5）建立反馈控制机制。很多沟通问题是由误解或信息不准确造成的，建立反馈控制机制可以有效地降低这种障碍。反馈要有利于沟通的持续进行，应遵循的基本原则：一是反馈应建立在沟通双方彼此信任的基础上；二是在接收者准备反馈的时候应提前把重点问题反馈给接收者；三是反馈内容应具体明确，切忌泛泛而谈；四是避免先入为主、主观臆断、过早地评价或判断对方的观点，这样只会引起矛盾或导致反馈中断；五是认真倾听，同时观察对方的非语言信息，很多时候这些非语言信息可以判断反馈的真实性。这样做能够使下属及时汇报工作进展情况及遇到的主要困难。控制机制可以监督下属的工作进程，增加尽早发现重大问题的可能性，保证任务按预期的要求完成，还可以确保下属不滥用权力，正确执行组织的决策。

5. 有效训导的技能

训导是指为了强化组织规范和规章，由管理者从事的活动。引起训导的员工行为有旷工、迟到、滥用病假、不服从领导、不使用安全设施、欺骗上级、虚报信息等。要使训导更加有效，可以采用以下几个技巧。

（1）用平静、客观、严肃的方式面对员工。

（2）具体指明问题所在，在面对员工时，指出你有具体针对其问题的记录，向他出示违规发生的时间、地点、参与者及其他任何环境因素。要确保使用准确语言界定过失，而不是仅仅引证公司的规章制度和劳动合同。

（3）对事不对人。批评应该指向员工的行为而不是人格特征。

（4）允许员工陈述自己的看法。

（5）对今后如何防范类似错误达成共识。

6. 合理利用小道消息

小道消息有三个特点：一是它不受管理层控制；二是传播速度快，信息容易使人相信；三是它在很大程度上有利于传播者自身的利益。一般情况下，当组织处于变革时期，或即将有重大的人事变更、决策变动时，小道消息的传播会更加盛行。总而言之，如果某种情境对人们很重要，但是人们又没有详细完整的信息来了解具体的情况时就会产生极大的焦虑情绪，此时，小道消息会作为对情境的反映而出现。小道消息具有缓解焦虑情绪、使支离破碎的信息自圆其说、表明信息发送者的地位等功能。此外，管理者也可以利用小道消息传播迅速的特点，预测员工对于重大的决策或人事变动可能表现出的反应，进而可以为重要政策的出台起到缓解震荡的作用。但是，小道消息终究是对真实情况的一种主观揣测和选择性传播，其传播速度快、传播面积广、影响大、失真成分多，很容易引起员工思想的涣散和积极性的降低。因此，管理者还是应尽可能地利用正式的沟通渠道，确保信息及时、准确地传递给组织成员。

案例分析

一次困难的演讲

最近，在机修车间的工人中出现一种明显不满的情绪。工人们听到一个小道消息：总公司即将开展大规模的产品结构调整，机修车间可能要转产，其人员至少要削减一半，大批工人可能不是要进行转产培训便是面临下岗或调离。该车间主任韩大林为此事大伤脑筋。他找到了杨经理询问此事的真伪。杨经理也不知道是否真有此事，于是他专门找总公司的有关领导打听。总公司的领导告诉他："这次调整肯定要涉及人员的变动与机构的精简，但是该车间是否要转产，变动面有多大，目前尚未确定。"

总公司将要开展大规模的产品结构调整的决策尚未尘埃落定，由于听到小道消息，机修车间的工人却已经是人心浮动，并已明显地影响了该车间的正常生产。韩大林觉得必须尽快与工人进行有效的沟通，以便澄清事实，消除他们的忧虑和抚平他们的不满情绪，使生产得以正常进行。于是决定召开一次全车间人员参加的说明与沟通大会。在大会上他将请杨经理亲自向大家讲清这个问题。可是，在目前这种实际情况下如果讲不好，可能会引起工人更大的情绪波动与混乱。如何能既讲清实情，又能让工人们安心生产，至少是在一定程度上稳定情绪，这令杨经理感到压力很大。

【讨论题】

（1）你认为哪些因素可能会影响这次说明会的效果？
（2）工人们可能会基于何种心理而相信杨经理的讲话？
（3）如果你是经理，怎样向工人进行说明？有效说服别人的要领有哪些？

■ 第三节 组织沟通

一、组织沟通的含义与方向

1. 组织沟通的含义

组织沟通就是在组织结构环境下知识、信息及情感的交流过程，它涉及战略控制及如何在创造力和约束力之间达到一种平衡。组织沟通具有明确的目的，即影响组织中每个人的行为，使之与实现组织的整体目标相适应，并最终实现组织目标。作为日常管理活动，组织沟通按照预先设定的方式，沿着既定的轨道、方向和顺序进行。

组织沟通往往与组织规模有关，即如果组织规模大，就可能比较规范，沟通过程也会较长；而如果组织规模较小，那就可能不那么规范，沟通过程也就会较短。从某种意义上讲，后者的沟通结果容易控制，而前者则不太容易。由于组织沟通是管理的日常功能，组织对信息传递者有一定的约束力。

2. 组织沟通的方向

组织沟通按照沟通方向分为纵向沟通（vertical communication）与横向沟通，其中纵向沟通又分为下行沟通和上行沟通（康青，2015）。

1) 下行沟通

在纵向沟通中，自上而下进行的下行沟通是主体，而自下而上进行的上行沟通则是关键。传统上，下行沟通一直是组织沟通的主体，企业管理所涉及的种种职能的运作，如计划实施、控制、授权和激励等，基本都依赖下行沟通来实现。

按沟通的载体进行分类，下行沟通主要有以下三种形式。第一，书面形式，如指南、声明、公告、报告、信函、备忘录等。第二，面谈形式，如口头指示、谈话、电话指示、广播、各种会议（评估会、信息发布会、咨询会、批评会）、小组演示乃至口口相传的小道消息等。第三，电子形式，如闭路电视系统新闻广播、电话会议、视频会议、传真、电子信箱和微信等。

根据时间序列对组织下行沟通进行划分，可以得到三类形式，如图 10-3 所示，即按照传达的信息所涵盖跨度、长度来划分，可以得到组织中传递的三类信息，对这三类信息的沟通会形成三种不同的下行沟通。

第一类沟通：反映长期（信息跨度大于一年）的事实、意见、想法或打算，如企业

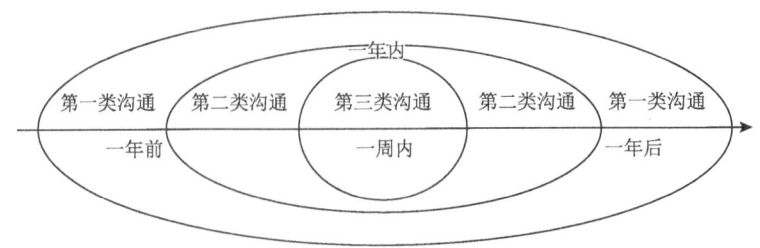

图 10-3 三类下行沟通形式

简介、企业中长期计划、企业多年沿袭的员工福利政策等信息,此类信息被视为第一类信息,交流传递此类信息的沟通称为第一类沟通。第一类沟通多采用书面形式,如员工手册、企业白皮书、企业年报等。

第二类沟通:跨度为几个星期至几个月(不超过一年)、时间概念上包括过去和将来的信息,如企业内部近期发生的重大事件、企业每个季度的销售业绩、企业未来半年实施的计划等,此类信息被视为第二类信息,传递此类信息的沟通称为第二类沟通。第二类沟通多采用书面形式和会议形式,如企业内部期刊,企业内部通信,企业全体员工会议,企业中层干部周会、月会等。

第三类沟通:第三类信息的时间跨度最小,基本上仅涵盖每日例行工作的信息,如每日工作任务的布置、每日工作情况的反馈、临时出现问题的解决、刚收到的顾客请求现场服务的任务的下达等。这类信息包括组织运作中碰到的由不确定性因素带来的突变和紧急情况,此类信息的一大特点是更新很快,具有很大的不可预测性,第三类信息的沟通形式多为简短的书面和非书面的形式,如口头沟通、电子邮件和备忘录等。

这种分类便于理解沟通技巧与沟通形式的关系。一般来讲,对于第一类信息的传播,由于其信息具有稳定的特性,对沟通技巧的要求较低;对于第二类信息的传播,由于其具有可预测性,对沟通技巧的要求较高。从管理理论上讲,第三类信息的沟通表现为管理者与下属进行的一对一、面对面的接触,也正是管理者使用和发挥其管理沟通技能最多的地方。下行沟通类型与沟通技巧的对应关系如表 10-5 所示。

表 10-5 下行沟通类型与沟通技巧的对应关系表

沟通类型	沟通技巧要求、媒介
第一类沟通:信息跨度大于一年	低;书面
第二类沟通:信息跨度大于一周小于一年	中低;书面、会议
第三类沟通:信息跨度小于一周	高;口头、沟通、电子邮件

2)上行沟通

上行沟通就是下属主动作为信息发送者而上级作为信息接收者的沟通。上行沟通的目的是开辟一条让管理者听取员工意见、想法和建议的渠道。同时,上行沟通可以达到有效管理的目的。上级管理部门特别需要了解生产的业绩、市场营销信息、财务数据,以及基层员工在做什么、在想什么,因此,客观地传递信息至关重要。

各类组织中,上行沟通的形式主要包括以下几种。

第一，意见箱，设置意见箱的最初动机是提高产品的质量、提高生产效率，管理者相信一线员工肯定对此有独到且有效的见解。渐渐地，收集生产建议的意见箱演变成了收集员工反馈的渠道。至此，倾听员工心声的上行渠道渐具雏形。为了鼓励那些敢于提出创新见解的人不断开动脑筋，让组织分享群众无穷的智慧，还可设立相应的激励机制。当然，真正奖励员工的其实不仅是奖金，还有员工得到的心理上的回馈——参与感、成就感。一个好的建议会带来皆大欢喜的结局，但倘若建议被否决，就难免会产生问题，员工可能会心存怨恨，士气受挫。还有一个可能的问题是，提出好建议的员工可能受到其上级的排挤，双方关系可能出现危机。虽然问题不可避免，但大多数实践证明，管理者认为上行沟通利大于弊，很有必要建立这么一个渠道。

第二，员工座谈会，每个部门选派若干名代表与各部门领导者、高层领导者一起召开员工座谈会，也是一种效果颇佳的上行沟通途径。在座谈会上，员工可以就自己部门存在的某些问题畅所欲言，提出意见和建议。这种座谈会应定期举行，如每个月一次或每季度一次。同时，为确保座谈会的气氛轻松、愉快，与会者畅所欲言，要注意以下几点：一是最好在一种非正式的气氛下举行会议，因此，应选在工作时间之余，并辅以茶点、饮料。二是由一个能说会道、会活跃气氛的人主持会议，以起到调节气氛的作用。三是虽然会议并不限制员工就何种问题发表意见，但仍有必要引导员工就某些话题展开讨论，以激励士气，并避免会议变成恶意的声讨会。

第三，巡视员制度，巡视员的概念源于瑞典，在那里，公民可以向国家公务员提出调查有关政府机构的官僚主义的申诉。当今，在许多组织中也设置了类似的职位，专司调查员工所关心的问题，然后再向上级或管理层汇报。

3）横向沟通

横向沟通指的是沿着组织结构中的横线进行的信息传递，它包括同一层级的管理者或员工进行的跨部门、跨职能沟通。横向沟通与纵向沟通的实质性区别是：横向沟通中不存在上下级关系，沟通双方均为同一层级的同事。进行横向沟通是为了增强部门间的合作，减少部门间的摩擦，最终实现组织的总体目标，这对组织的整体利益具有重要的作用。从理论上讲，一个组织是一个有机的整体，每个部门都是整个组织大系统中相互影响、相互依存的子系统，协调各个子系统之间的关系是为了更好地创造整体效益。组织中的各部门不是一个个孤立作战的个体，而是作为整体的一部分而存在的。认识到这一点，就能清楚各个部门有效合作的必要及分享信息的需要。横向沟通正是为了满足不同部门间的信息共享而产生的。因此，横向沟通担当了组织内部同一层级成员沟通的重任。随着组织结构趋于扁平化，这种跨职能、跨部门的沟通正受到绝大多数组织的关注，因为它已成为组织成功的关键。

根据沟通涉及的主体是否来自同一部门，横向沟通可以分为同一部门内的横向沟通和不同部门间的横向沟通两种。前者可分为部门内管理者之间的沟通及部门内员工之间的沟通，后者可分为不同部门管理者之间的沟通及不同部门员工之间的沟通。

根据沟通主体是否来自同一管理层级，横向沟通又可分为同一层级成员之间的横向沟通，以及处于不同层级、没有隶属关系的成员之间的交叉沟通。

简单地说，横向沟通包括：部门内管理者之间的沟通、部门内员工之间的沟通、一部门员工与其他部门员工之间的沟通、一部门管理者与其他部门管理者之间的沟通。

不同类型的横向沟通采用的沟通形式不同。不同部门管理者之间的横向沟通通常采用会议、备忘录、报告等沟通形式，其中会议是最常用的沟通形式。这种跨部门会议根据目的不同，可分为决策性会议、咨询性会议和信息传递性会议。

部门内员工的横向沟通则更多地采用面谈、备忘录等形式。由于沟通双方相互熟知，并且有相同的业务背景，此类沟通的效果通常比较理想。对于一部门员工与其他部门员工间的沟通，面谈、信函和备忘录等可能更适用。

二、组织沟通的网络

在沟通行为发生的过程中，无论是哪种类型的沟通，都必须经过一定的沟通通道或渠道。这种由不同的沟通渠道所组成的结构形态，被称为沟通网络。沟通网络不仅影响群体工作效率，而且还影响群体成员的心理效应和群体的心理气氛。根据沟通渠道的结构可以将沟通网络分为正式沟通网络和非正式沟通网络，沟通渠道的结构对组织的活动有重大影响。一个高效的沟通网络能鼓励创新，协调工作，指导员工的各项活动。正式沟通网络类型主要有五种，如图10-4所示。非正式沟通主要是通过传言的方式私下里传播的，常见的非正式沟通网络类型有四种：单串式、饶舌式、随机式、集合式。本章我们主要学习正式沟通网络的五种类型及其优缺点。

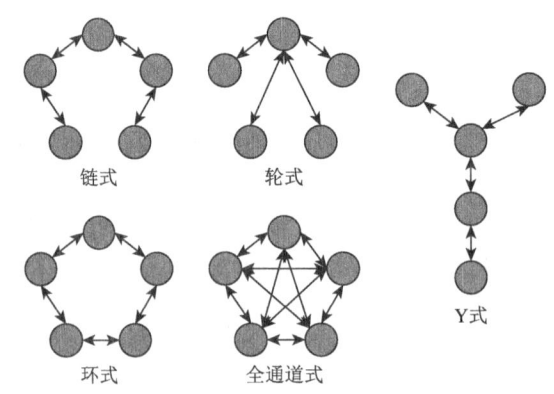

图 10-4　正式沟通网络主要类型

据研究，各种沟通网络类型在企业中可以起到不同的作用。各种类型沟通网络的优缺点见表10-6。一般说来，选择哪一种沟通网络取决于外部环境和沟通目的。例如，集权化的沟通网络（Y式和轮式）在完成比较简单的工作中比分权化的网络更快、更准确，也更有效，它们通过一个中心人物传递信息，以避免不必要的噪声，并且可以节省时间。然而，分权化的网络（链式和全通道式）适合于完成比较复杂的任务，它们便于信息交换和充分地利用资源。另外，员工的满意度也与沟通网络的类型有关。领导或中心人物比较满意集权化的沟通网络，普通成员则比较满意分权化的沟通网络。

表 10-6　各种沟通网络类型优缺点比较

类型	优点	缺点
链式	结构严谨、规范	信息传递速度较慢，容易失真，成员平均满意度较低
轮式	集中化程度高，信息传递速度快，准确性高，处于中心位置的主观控制力强，具有权威性	成员满意度和士气低
Y式	处于交汇点的成员具有权威感和满足感	成员士气较低，容易导致信息失真，准确性受到一定影响
环式	集中化程度低，成员满意度和士气高	信息传递速度较慢，准确性较低
全通道式	集中化程度低，成员满意度和士气高，合作气氛浓厚，有利于集思广益，提高沟通的准确性	缺乏结构性，易造成混乱，讨论费时，影响到工作效率

三、组织沟通的障碍

1. 下行沟通的障碍及策略

1）下行沟通的障碍

下行沟通在组织沟通中扮演着举足轻重的角色，是组织沟通的主体。但组织中下行沟通的现状又是怎样的呢？管理专家彼得·德鲁克曾尖锐地指出："数百年来，管理者只注重向下发号施令，尽管他们表现得十分出色，但这种沟通常常无济于事。究其原因，首先是因为仅仅关注管理者想传达的，所有传达的内容都是指令。"显然，这是一种单向沟通。而且，这种形式的沟通无一例外地将信息接收者（即员工）视为不犯错误的全能机器人，认为他们不仅完全接收到了信息，而且准确无误地理解了下行的信息。单纯采用这种沟通形式，管理者不希望从下属那里得到任何反馈，这时沟通的效果是不尽如人意的。美国管理协会（American Management Association，AMA）做过一项统计调查，研究上下级对下属特定的工作职责的认识能否达成共识。调查对象是5家不同公司中的58对上下级员工，调查内容包括工作职责（下属在其职位上应该做的事）、工作要求（该职位所需的技能、背景、经历、正规培训和个性）、未来工作中的变化（可预见的在将来几年中可能发生的工作职责或要求的变化）和工作中的障碍（上级和下属对完成工作的干扰和障碍问题的认识）。

调查结果如表10-7所示，从中可以看出，85.1%的上下级对"工作职责"达成一半及以上的共识，对"工作要求"达成一半及以上共识的上下级减少到63.7%，仅有53.3%的上下级对"未来工作中的变化"达成一半及以上的共识，而对"工作中的障碍"仅有31.7%的上下级达成一半及以上的共识。

表 10-7　上级对下属、下属对自己工作认知的调查结果

项目	0 几乎不同意	1 同意少于一半的命题	2 同意几乎一半的命题	3 同意超过一半的命题	4 同意几乎全部的命题
工作职责	3.3%	11.6%	39.1%	37.8%	8.2%
工作要求	7.0%	29.3%	40.9%	20.5%	2.3%
未来工作中的变化	32.4%	14.3%	18.3%	16.3%	18.7%
工作中的障碍	38.5%	29.8%	23.6%	6.4%	1.7%

当下行沟通涉及若干个管理层级时，会引起信息的丢失和扭曲。信息在下行沟通中运行，如同经过一个漏斗一样，被层层过滤。由此可见，下行沟通的结果是不尽如人意的。一般情况下，第二类、第三类沟通的效果可以达到预期水平。真正令管理者头痛的下行沟通是第一类沟通，因为这类信息基本上是命令或指示。产生这些问题的原因在于下行沟通中存在以下障碍。

第一，管理者的沟通风格与情境不一致。管理沟通的风格多种多样，通常我们将其分为四类：命令型、指导型、支持型、授权型。任务的性质因时间要求、复杂程度的不同而表现得不尽相同。如果对一项十分重要时间要求又紧迫的任务采用支持式沟通，势必不能及时、准确、完全地传递出信息，以致任务不能如期完成。

第二，信息接收者沟通技能方面的差异。对员工来讲，沟通技能之一是理解力。但员工在组织内部所听取信息交流的时间长短不一、员工自身的理解能力不同等因素，造成了员工沟通技能差异。对一名新员工采用简单的命令型进行沟通，可能使员工误解信息或对信息一知半解，导致沟通失效。

第三，沟通各方心理活动的制约。研究表明，下行沟通中容易出现信息膨胀或扭曲。之所以出现信息膨胀，主要是因为信息传递方对沟通效果的顾虑。

第四，不善倾听。普遍的情况是，在组织中员工和管理者都急于表现自己，以达到邀功请赏的目的。于是，更多的人学会了口若悬河，在他人说话时，听众甚至会粗暴地用毫不相干的话题打断，并发表一通议论。要做一个好的倾听者，首先必须做到自我克制，全神贯注地听。

第五，草率评判。很多时候，信息接收者在与对方交谈时，不是试图理解意思，而是企图进行评判，或进行推论和引申。有时，在没有充分理解信息的情况下就妄下结论，在内心表示赞同或否定，这样的沟通结果可想而知。

第六，编码环节语义上的歧义。有一个希腊神话：一个人向神许愿，希望长生，却对神说成"不死"。结果，一般人生老病死，他却是"病而不死"，永远也解脱不了。在管理沟通中，类似这种由语言歧义而引起误解和沟通失败的例子比比皆是。

2）下行沟通的策略

第一，制订沟通计划。为了保证每个管理者及时有效地传达信息，必须制定相应的沟通政策明确沟通目标。这些政策包括以下内容：一是必须将相关事宜及时通知有关方，如员工、客户、供应商、分销商等。二是必须将企业计划、指令和目标告知员工。三是必须鼓励、培育和建立稳定的双向沟通渠道。四是必须就有关重大事件的信息及时与员工沟通。五是用足够的资金和工作时间用于实施企业的沟通政策，除了沟通政策，还应制定具体的细则来规范沟通活动，如面谈、开会和组织出版物等。

第二，"精兵简政"，减少沟通环节。复杂的系统和庞大的机构是企业为了应对规模的扩大做出的自然反应，然而，优秀的企业却力求用简单的机构和精练的系统来回应扩张发展的策略。许多企业通过分权来抑制企业管理队伍的臃肿，减少整个管理的中间层，并通过建立临时的项目小组或产品小组来防止组织结构的复杂化。提高组织沟通效果的最佳做法是"精兵简政"，用简单的结构和精练的系统来保证沟通的顺利进行。

第三，"去繁从简"，减轻沟通任务，管理者对信息流加以有效管理或控制能够极大地提高沟通的效率，具体可以采用以下方法：一是例外原则。只有在命令、计划和政策执行过程出现偏差时，才进行沟通。二是排队原则。管理者应该按轻重缓急来处理信息沟通，不太重要的会议、约见、信件、电话和报告都可以延后或改期。三是关键时间原则。管理者应该在恰当的时间向员工传递信息，如不要在3个月前将会议通知告知员工，这样会让员工觉得会议不太重要，或者容易忘记。

第四，引入授权。下行沟通的一个致命缺点是具有单向性、自上而下，而授权为下行沟通带来了双向交流的可能性。随着授权对管理工作重要性的日益突出，并越来越多地为管理者所采用，下行沟通又具有了另一项管理职能——授权。这无疑给有点先天不足的单调的下行沟通增添了色彩。授权所能产生的激励作用缓和了下行沟通冷冰冰的纯粹命令的气氛，极大地改善了沟通低效的状态。

第五，言简意赅，提倡简约的沟通。沟通中应力求避免含糊其词。除了沟通中的其他因素会引起误解外，信息本身也会产生歧义，如果信息本身模糊不清，信息接收者就无法理解并记住信息。为了避免这一点，管理者可以采用简单、直接的措辞，使用与对方理解层面相符的措辞，而非从自己的层面出发进行沟通。

第六，启用反馈。可以肯定的是，让下行沟通真正发挥作用的办法不是关闭这条渠道，而是开掘上行沟通的通路——鼓励信息接收者对信息进行反馈。从理论上讲，实施下行沟通的管理者并不打算让员工对信息进行评价，这种沟通形式本身也没有创造反馈发生的条件。

第七，多介质组合。减少下行沟通的信息在接收和理解时的丢失或错误，提高下行沟通的效率，最主要、最简单易行的方法是采用多种沟通介质。换言之，即通过采用多种沟通介质，达到重复和强调的目的，从而提高沟通的效率，增强沟通的效果。比如，书面请求之后采用备忘录跟进，或者报告之后采用电话跟进。甚至在一个信息沟通过程中也可以采用多种方式。比如，在与员工进行口头沟通时，管理者可以在开场白里陈述主要观点，然后举例解释说明该主要观点，最后在结论中重复该观点。

第八，减少抵触、怨恨的沟通法则。在下行沟通中，最令管理者头痛的沟通莫过于向下属传递负面的信息，或者向员工传达一些他们不希望接收的信息。比如，手下的员工在工作中出现了差错，按照规章制度必须给予批评，即指出下属行为中不当的表现，有时甚至要训诫下属，以杜绝此类现象。或者是企业出现经济危机，某些岗位的薪酬面临下调的危险，管理者必须向下属传递该信息等。在进行此类信息沟通时，容易出现的情况是员工产生抵触情绪，或者导致更为严重的后果，即员工对管理者产生怨恨。而且，当信息接收者认为某个信息对个体具有威胁性或与实际情况不相符时，往往会扭曲信息，甚至努力忘却该信息。那么，这时管理者应该怎么办呢？首先，管理者应该正面处理否定和反对意见。其次，选择恰当的沟通时间和介质很重要。沟通的措辞也要经过慎重考虑：太过含蓄，尽管可能会避免冲突，但或许起不到警戒作用；太过直接，当然可以引起对方的注意，但也可能制造不必要的矛盾和抵触情绪。

2. 上行沟通的障碍及策略

1) 上行沟通的障碍

第一，封闭式企业文化。虽然管理界一直以来积极倡导参与式和民主式管理，咨询公司的调查结果显示，一般企业中多数员工是没有机会发出大量信息的。

第二，内部沟通机制不健全。员工发出的信息要么需费很大的周折才能传达给上级管理者，要么石沉大海，无声无息。

第三，信息失真。管理者由于官僚作风，片面相信一些经过精心设计、不符合实际情况的信息。

此外，下行沟通中的六个障碍也时常会出现在上行沟通中。

2）上行沟通的策略

第一，建立信任。从组织学角度看，连接员工和管理者的是权力和责任；从沟通的角度看，维系员工和管理者之间关系的是信任。从本质上看，信任是主体对客体未来采取行动的能力的正面预期。换言之，如果上级对下属充满信任，表示他对下属下一步将采取的行动很有把握。然而，信任是双向的，不会从天而降，管理者必须投入时间、精力和资源建立信任。

第二，采用走动管理，鼓励非正式的上行沟通从不离开办公室一步。仅依赖正式沟通渠道的管理者得到的可能是失真的信息，为了避免这种状况发生，主管人员需要通过非正式沟通弥补正式沟通的不足。

彼得斯和沃特曼在对经营卓越的企业的研究中，介绍了美国航空公司的管理者实行的"走动管理"。在惠普公司中也采取了相似的做法，称为"巡回管理"。这种做法的目的是通过漫步整个车间来拓宽非正式沟通渠道。然而，《财富》杂志对世界500强企业的首席执行官所做的调查表明，低层级的员工与首席执行官相处的时间少得可怜。"走动管理"比其他正式沟通方式更加有利于企业文化的建设，有利于传达企业的价值观。各层级的管理者都应积极行动，通过四处走动，经常出现在员工的工作场所，与员工进行正式或非正式的交流自然会建立比较融洽的氛围，提高员工对管理者的信任度，最终帮助员工更好地完成工作。

3. 横向沟通的障碍与策略

1）横向沟通的障碍

当每个部门经理置身于触手可及的四墙之内时，仿佛置身于戒备森严的城堡之中，坚硬冰冷的四壁把组织部门割裂开来，阻断了相互的视线，使管理者认识不到沟通的必要，有时甚至会引起误解和冲突。因此，横向沟通成为组织沟通中最难以控制、效果最不理想的沟通渠道。从表面上看，这种沟通的组织管理压力最小，没有一个部门的人会认为有必要去了解其他部门正在发生的事情，然而事实并非如此。横向沟通大多表现为跨部门沟通。部门之间的沟通主要是由部门经理或主管开展实施的。但糟糕的是，每个经理几乎每天都在为办公桌上堆积如山的文件、批示等着过目而发愁，他们或奔波于若干个会议之间，或忙于向上级汇报进展，或正在向下属布置任务、解答疑难问题。而且，现在这种窘迫的状况并没有因为现代通信工具的出现和普及而有所好转，相反，现代通信工具制造了更大的麻烦，正因为它十分快捷，所以信箱里的邮件以更大的规模向管理者压来，高新技术使生成信息、传递信息的速度加快。

归纳起来，横向沟通的障碍包括以下几个方面。

第一,部门的本位主义和员工的短视倾向。工作业绩评估体系的存在是造成部门本位主义泛滥、部门员工趋于短视行为的主要原因。对每个部门经理来讲,为了获得晋升和嘉奖的机会,他们往往会不自觉地维护本部门的利益,强调本部门的业绩,而不是从企业、本部门、其他部门三个角度立体地看待本部门在整个企业中的地位,以及相应的利益。

第二,"一叶障目",对企业组织结构抱有偏见。有些部门对其他部门先入为主的偏见会影响部门沟通的顺利进行。例如,营销部门认为本部门天生比其他部门重要。这种认为组织部门有贵贱等级之分的成见,显然会降低正常横向沟通的效果。

第三,性格冲突。造成跨部门经理间的沟通失败或低效的另一个主要原因是沟通各方性格及思维方式、习惯的冲突。每个人因为其独特的工作领域、成长经历和生活体验,会形成独特的思维方式和沟通方式。如果缺乏对沟通对象特定沟通方式的了解,就会导致沟通失败。

第四,猜疑、威胁和恐惧。缺乏信任的后果不一定是猜疑,但诱发猜疑、威胁和恐惧的原因一定是缺乏信任。过去经历的负面沟通会使人产生猜疑心理或感觉到威胁。当然,这也与沟通双方的个人性格有关。

2)横向沟通的策略

第一,树立内部顾客的理念。内部顾客的理念认为,工作服务的下一个环节就是本职工作的顾客,要用对待外部顾客的态度、思想和热情为内部顾客服务。

第二,倾听而不是叙述。在横向交流中,每个部门的参与者最常见的就是描述本部门的困难和麻烦,同时指责他部门如何不合拍、不协同,却很少花时间倾听。当沟通的各方仅仅关注如何强调本部门、本岗位遇到的阻碍和困难时,就不会去倾听他人的发言。

第三,换位思考。试着站在他人的立场和角度,设身处地替他人着想,并理解他人的看法,这是很有益的。跳出自我的圈子,进入他人的心境,未必是同意他人,但能理解他人看待事实和认识事物的方式,才能找到合适的沟通方式并取得效果。倘若能与他人一起感受、一起思维,则会有更大的收获。

第四,选择正确的沟通方式。如前所述,横向沟通因沟通目的不同而有所不同,需要对症下药。对于决策性会议,与会的人数倾向于少而精,减少因人多导致的意见纷杂,以提高集中度。对于咨询性会议,如新概念会议,其目的就是集思广益,开展头脑风暴,因此应该增加与会人数,协调与会人员的背景,以扩大覆盖面。对于通知性会议,只要让所有需要知晓信息者接收到信息即可,同时要注意反馈,确保信息接收者准确无误地理解信息。

第五,设立沟通人员,制造直线权力压力。针对横向沟通中经常出现的互相推诿、讨论裹足不前的现象,我们认为应该设立专门的部门或职位,负责召集和协调部门或员工间的沟通。沟通官员负责定期召开促进部门间沟通的会议,或要求各部门的员工定期相互提交报告,从而让不同部门的员工了解各自正在进行的活动,并鼓励提出具有建设性的建议。

重要名词和术语

沟通(communication)

上行沟通（upward communication）
下行沟通（downward communication）
纵向沟通（vertical communication）
横向沟通（horizontal communication）
单向沟通（one-way communication）
双向沟通（two-way communication）
非语言沟通（nonverbal communication）
人际沟通（interpersonal communication）
电话沟通（telephone communication）
书面沟通（written communication）
口头沟通（oral communication）
有效沟通（effective communication）
沟通障碍（communication barriers）

复习思考题

1. 什么是沟通？沟通的要素和过程是怎样的？
2. 沟通的主要分类有哪些？
3. 什么是人际沟通？人际沟通的方式主要有哪些？
4. 影响沟通的障碍有哪些？如何克服这些障碍？
5. 组织沟通的方向有哪些？
6. 组织中沟通网络的类型及其优缺点有哪些？
7. 组织沟通的障碍及解决策略有哪些？

冲 突 管 理

本章摘要 冲突（conflict）是一个过程，是利益相关的双方在目标不一致或对事实的解读有分歧时产生的消极影响或将要产生消极影响时随之产生的一个过程。冲突有不同的观念和特点，对于组织的发展具有一定的消极和积极影响作用。行为学家杜布林提出了冲突分析模型，冲突有不同的层次，罗宾斯具体提出冲突过程分为五个阶段：潜在的对立或失调、认知和人格化、行为意向、行为、冲突的结果。冲突的管理是有规律可循的，掌握这些基本原则可以有效地处理冲突。

■ 第一节 冲突的概念、类型与特点

一、冲突的概念

目前，国内外对冲突的定义很多（Pondy，1992；Tjosvold，2006），大多数定义都认为冲突是一种知觉。如果人们没有意识到冲突，则常常会认为没有冲突。对立或者不一致，以及某种形式的互动，也是冲突过程开始的必要条件。社会学对冲突的定义是"两个或两个以上的人或团体之间直接的或公开的斗争，彼此表示敌对的态度和行为"。政治学则认为冲突是"人类为了达到不同的目标和满足各自相对利益而发生的某种形式的斗争"。管理学对冲突的看法是"两个或两个以上的行为主体，由于在管理问题上的目标、看法、处理办法或意见不一致，所产生的相互矛盾、排斥、对抗的一种态势"。芬克（Fink）把冲突定义为："在任何一个社会环境或过程中，两个以上的统一体被至少一种形式的敌对心理关系或敌对互动所联结的现象。"路易斯·科塞（Lewis Coser）的观点是：冲突就是为了价值和对一定地位、权力、资源的争夺，以及对立双方为使对方受损或被消灭的斗争。康戴夫（Condlife）则认为冲突是"一种彼此相关或互动的形式，在这种形式中，我们发现我们自己（要么作为个体，要么作为群体）处于某种被觉察到的对我们个人或集体的目标的威胁之下。这些目标通常要涉及人与人之间的需求关系。这些被觉察到的威胁可能是真实的，也可能是想象出来的"。罗宾斯和贾奇（2012）把冲突定义为："当

一方感觉对方对自己关心的事情产生或将要产生不利影响时随之会产生的一个过程。"这是一个广义的定义，它描述了从互动变成相互冲突时所进行的各种活动。它囊括了人们在组织中经历的各种冲突：目标不一致、对事物的解读存在分歧、对行为预期的不一致等。另外，这一定义非常灵活机动，它可以涵盖所有层面的冲突，从公开的暴力行为到微妙的意见分歧。

本书的定义为：冲突是一个过程，是利益相关的双方在目标不一致或对事实的解读有分歧时产生的消极影响或将要产生消极影响时随之产生的一个过程。冲突主要包含两个必要因素，它们共同决定了冲突过程的出发点。一是被双方感知的；二是存在意见的对立或者不一致，并带有某种相互作用。

二、冲突的不同观念

对于冲突在群体和组织中的作用，不同的学者持有不同的观点，最恰当的说法是人们持有相互"冲突"的观点。冲突的作用有两类观点：一类观点认为冲突意味着组织内功能的失调，会对组织造成不利影响，必须避免冲突，这类观点被称为传统冲突观（traditional view of conflict，TVC）。另一类观点认为冲突不仅不会对组织发展形成不利影响，而且可以成为组织内的积极动力，认为有些冲突对于有效的群体工作来说是必不可少的，这类思想被称为冲突的相互作用观点（interactionist view of conflict，IVC）。冲突研究从20世纪开始到现今也是一个逐步发展、完善的过程，在此过程中对于冲突有着三种不同的观点，即传统冲突观、相互作用冲突观、以解决办法为中心的冲突观。近期一些学者研究认为，组织在对待冲突时重点应该放在高效解决那些自然发生的冲突，而不只是鼓励"好"的冲突或避免"坏"的冲突。这种新的观点被称为冲突管理观点。下面具体介绍这三种不同的冲突观。

1. 传统冲突观

传统冲突观主要流行于19世纪末到20世纪三四十年代，主要认为冲突是群体内部功能失调的结果，是有害的，会对个体、群体产生各类麻烦，降低工作效率，造成组织动荡、分裂，影响组织目标的实现。因此，该观点强调应该了解冲突产生的原因，减少和避免冲突。冲突被视为消极因素，经常与非理性、武力、破坏和暴乱等词语联系在一起使用，强调其消极意义。这种传统冲突负面观与20世纪三四十年代人们对群体行为所持的主流态度是一致的。当时的人们认为冲突必然导致恶性结果，冲突产生的原因主要来自三个方面：一是沟通不良；二是管理者对员工的需求和抱负没有做出及时有效应对；三是人们缺乏坦诚和信任。

传统冲突观认为所有冲突都是消极的，有害无益，因此提供了一种过于简单的方式来看待冲突引发者的行为。这种观点认为，为了提高群体和组织的管理绩效，只需直接找出冲突的原因并纠正这些功能失调或不利因素即可。在研究者逐渐认识到有些冲突是不可避免的后，传统冲突观就过时了。

2. 相互作用冲突观

相互作用冲突观是鼓励冲突的,这种观点认为冲突对于提高组织管理绩效、解决组织发展变革问题是必不可少的,合作、安宁、和平、融洽的群体或组织容易变得静止、冷漠和没有活力,无法对变革和创新的必要性做出快速应对。这种观点的先进性在于认识到某种最低程度的冲突有助于一个群体保持高效率和旺盛的生命力,有利于组织和员工自我批评及不断推陈出新。但是,相互作用观点并不认为所有冲突都是积极的、有利的。良性冲突(benign violation)能够促进群体目标的达成和群体绩效的提高,是具有建设性的冲突。恶性冲突(dysfunctional conflict)妨碍群体的绩效,是具有破坏性的冲突。那么该如何分辨是良性冲突还是恶性冲突?众多研究表明,需要去看冲突的类型是关系冲突、任务冲突还是程序冲突(Jehn,1995)。

关系冲突(relationship conflict)主要指更多由人际关系造成的冲突;任务冲突(task conflict)指冲突主要与工作的内容和目标有关;程序冲突(process conflict)指冲突与完成工作的方式有关。关系冲突总是会表现出人与人之间的不和、敌意与摩擦,会加剧相互间的性格差异并且削弱相互的理解,阻碍组织目标的完成,因而大部分关系冲突都是恶性的。遗憾的是,管理者花费了大量精力来解决员工之间的性格冲突,调查显示,这花费了管理者18%的工作时间。

3. 以解决办法为中心的冲突观

越来越多的研究者已经开始认识到鼓励冲突所带来的一些问题。正如我们所看到的那样,在一些特定的情况下,冲突是有益的。然而,工作场所中的冲突并不会促进生产率,它会占用从事工作任务和与客户互动的时间,并伤害人们的感情;而且,在冲突看似结束之后,往往会激发愤怒。人们很少能够清楚、准确地划分"任务"分歧和"关系"分歧,因此任务冲突有时候会升级为人际关系冲突。冲突会引发压力,而压力可能会使人的思维变得更加封闭和更具对抗性。在实验室进行的冲突研究没有考虑到,冲突的发生会导致信任和合作减少。

长期的研究表明,所有类型的冲突都会减少群体内的信任、尊重和凝聚力,而这会削弱该群体的长期生存能力。受到这些研究结果的启发,学者开始更多地关注对冲突发生的情境管理,包括冲突的行为阶段之前和之后。越来越多的研究指出,人们可以通过聚焦于为解决冲突做准备、开发解决战略和促成开放式讨论而使冲突的负面效应最小化。

综上所述,传统冲突观认为所有的冲突都应该消除,这是一种短视的观点。相互作用冲突观认为冲突可以激发活跃的讨论而不会导致消极的、破坏性的情绪,这是不全面的观点。冲突管理观承认在绝大多数组织中冲突很可能是不可避免的;而且,它更多地关注卓有成效的冲突解决方法。研究的钟摆已经从消除冲突,荡到了鼓励有限程度的冲突,再到现在强调寻找建设性的方法来有效解决冲突,从而使冲突的破坏性影响最小化。

三、冲突的类型

由于看待冲突的视角的差异，冲突在百余年的研究中有着多种分类。常见的分类方式有三种（龙立荣，2016）。

1. 根据冲突发生的层次，分为个人内心冲突、人际冲突、群体间冲突

（1）个人内心冲突。个人内心冲突主要是指个人价值观和需要之间的冲突。勒温根据相互接近和回避的倾向提出个人内心冲突的四种类型：接近—接近型冲突、回避—回避型冲突、接近—回避型冲突及多重接近—回避型冲突。接近—接近型冲突是指个体需要同时达到两个相反的目标而产生的冲突，如周末晚上既想去看新上映的科幻电影又想去看百老汇的音乐剧。回避—回避型冲突是指个体面临同时要回避的两个目标而产生的冲突，如既不想忍受牙疼又不想承受治疗时的痛楚。接近—回避型冲突是指个体一方面想要达成某目标而另一方面又想回避该目标的内心冲突，如既想拥有健美的身材又不愿意忍耐长跑、仰卧起坐等活动带来的酸痛。多重接近—回避型冲突是两种以上的接近—回避型冲突混合产生的复杂模式，如工作后既想去拿一个MBA学位又害怕写MBA论文；既想谈场轰轰烈烈的恋爱，又怕占用自己过多的时间；既想去报一个英语培训班又怕年龄相对偏大面子上过不去。

（2）人际冲突。人际冲突主要是指两个或两个以上的个体在价值观、认知、态度和行为等方面存在矛盾与不一致而产生的对抗。人际冲突既可能产生于统一组织或群体内部各成员之间，也可能在不同组织或群体之间发生。

（3）群体间冲突。群体间冲突是指两个或两个以上的群体之间的矛盾。在组织情境下通常可以分为水平冲突和垂直冲突两类。水平冲突是指在组织内横向部门之间因利益与权利分配等产生的冲突。垂直冲突是指组织中由纵向职权分工形成的不同层级之间的冲突。

2. 根据冲突的影响性质，分为建设性冲突和破坏性冲突

（1）建设性冲突（constructive conflict）是指对组织有积极影响的冲突，其特点在于冲突主体在目标上具有一致性，只是在具体的目标达成途径和方法上有不同的观点。这类冲突通过不同意见之间的争论与交流形成解决问题的共识，从而促进组织内部的良性竞争，改进组织的效率。

（2）破坏性冲突（destructive conflict）是指对组织有负面影响的冲突，其特点在于冲突主体目标出现不一致、关注于己方的想法是否能取胜而不愿听取他人的意见、在争论中升级为人身攻击。破坏性冲突通常会表现出刻板印象，出现曲解、高估自己而贬低对方的情况，易导致关系摩擦、情感伤害、员工士气低落、资源的浪费和组织效率的降低。建设性冲突和破坏性冲突的比较如表11-1所示。

表 11-1　建设性冲突与破坏性冲突比较

建设性冲突	破坏性冲突
关心共同目标	关心己方观点胜负
以问题为中心，对事不对人	针对人，伴随人身攻击
乐于了解他人的观点，交换良性增加	排斥对方的意见，彼此交换逐步减少

3. 根据冲突的内容，分为任务冲突、关系冲突、程序冲突及认知冲突、情感冲突

根据冲突内容对冲突进行划分，主要分为两大派。

（1）一派将冲突划分为任务冲突、关系冲突和程序冲突三类。任务冲突（task conflict）是指群体中成员之间关于正在执行的任务内容的理解上存在不统一、不一致，包括观点、意见、建议上的种种歧义。关系冲突（relational conflict）是人际不协调、不相适应时产生的冲突，典型的表现为群体成员间的紧张、敌对与恼怒。程序冲突（procedure conflict）是指任务完成过程方面存在的矛盾意识，具体涉及责任和资源的分配等问题。

（2）另一派则认为冲突可分为认知冲突和情感冲突两种。认知冲突（cognitive conflict）是指认知主体已有的认知结构与新知识、环境之间不一致或不同认知主体之间对某一问题存在不同看法的现象。情感冲突（emotional conflict）则说的是个体在情绪、感情上与他人不协调时产生的冲突。

除了以上分类外，也有学者将冲突划分为正式冲突、非正式冲突或竞争性冲突与合作性冲突。

四、冲突的特点

虽然对冲突的定义本身也是"冲突"的，并没有一个确切、一致的看法，但是综合现有学者的观点看，冲突存在着两个必要的条件：存在着某种对立或不一致；这种对立或不一致必须被冲突的主体所感知到。只有一种声音是不存在冲突的，而且即使存在不一致但如果没有被感知到，那么我们也会认为冲突是不存在的。此外，在各类研究中，冲突有一些共有的特征。

（1）客观性。冲突是一种客观存在、不可避免的正常现象。在任何组织内部，都不可能没有冲突，只是冲突的程度、冲突的性质或者冲突的表现形式有所不同而已。

（2）主观感知性。冲突虽然是客观存在的，但必须由人们去感知、去体验。类似于意识是客观事物在人脑中的反映的说法，当客观存在的分歧、竞争反映在人脑成为矛盾而导致人们紧张时，冲突才会被感知到。

（3）多元性。冲突的多元性表现在主体多元性和客体多元性两个方面。主体多元性是指冲突的参与者既可以是社会中的个体，也可以是群体乃至组织。客体多元性则是指导致冲突的因素的多样化，如文化与价值观差异、目标差异或资源竞争等。

（4）过程性。塔克曼（Tuckman）认为冲突会经历"形成""攻击""正常化""行动"四个阶段。正如其所说，冲突的发生并不是一蹴而就的，而是会经历从产生到酝酿再到

爆发的整个过程。此外，庞迪（Pondy）还指出冲突实际上是一个循环往复的过程，一种冲突解决后会产生另外一种新的冲突。

（5）二重性。冲突并不仅仅是通常所认为的只会带来负面的、破坏性的后果，某些类型、某种程度的冲突也可以形成积极的力量，产生建设性效果。中国有句古话"不打不相识"说的也正是这个理。

五、冲突的影响

1. 冲突意义的剖析

在现代企业管理中，经常发生的劳资纠纷及职务升迁争夺等，均是对稀有资源竞争的案例。然而，冲突与竞争本质上是不同的，在不平等的竞争条件下，竞争极容易转变为冲突。冲突的表现是直接的、公开的、敌对的，而竞争的表现是各种相互排斥、相互反对的关系，但主要针对所争夺的目标。竞争者的活动是相对独立的，竞争双方没有机会去阻碍对方。在冲突的情况下，却至少有一方有机会去阻挠另一方获得资源或进行活动。当竞争活动的相对独立性消失时，竞争就会转变为冲突。在冲突和竞争中，个人或群体间的相互帮助程度低；而在竞争和合作中，个人或群体间的对抗程度低。特休恩（Terhune）说明了人格特质与冲突的复杂性及不易衡量性之间的关系，虽然人格特质不易界定，但行为类型总是受到人格特质的影响。在"囚徒困境"的游戏中可得知，合作的策略除会增加双方信任外，亦会增益彼此；而竞争的策略将导致永无止境的猜疑。虽然合作比竞争能产生更多正面的效益，但当今社会合作与竞争并存，竞争引出正面的功能性冲突，使群体内更有活力。

2. 冲突的积极性与消极性影响

冲突对组织产生的影响既有积极方面也有消极方面，如表11-2所示（张春安，1996）。

在组织实现目标的过程中，冲突总是在所难免的，作为管理者应充分认识到冲突给组织带来的消极与积极影响，应该利用冲突管理激活企业的战斗力（程庭亮，2013）。一潭死水兴不起半点风浪，一弯小溪仅能净化一片土壤，只有磅礴的大海才能孕育无穷的生命。这是为什么？因为它具有无与伦比的活力。同样，没有活力的组织终会变成一潭死水，最终面临的是干涸、枯竭。也就是说，假如一个组织同时拥有理智型和感性型、独特型和逻辑型、对立型和社会型等不同性格的成员，由此构成了多样化的组织文化，当市场环境发生重大变化时，其将会释放出无限的生命力。只有组织的每一种模式都具有活力时，它才会允许每个人、每个规则、每个场所、每个流程、每个标准、每个制度在其自身范围内充分发挥活力，组织才能是有活力的。随着活力的出现，整个组织达到了个人觉得最美好、最愉快的状态。但这种活力的存在往往与冲突并存。与所有组织相同，在有活力的组织中同样会不断产生冲突，但冲突很快会在自身的范围内得到疏解，并且，每一次冲突的解决都不同程度地促进了组织本身的成长。

表 11-2 冲突对组织的积极及消极影响

	积极影响	消极影响
对组织成员的影响	使坚强者从幻觉中清醒，从陶醉中震惊，从不能战胜的对方中看到弱点所在，发奋图强	带来伤害或者损害，引起焦虑、紧张，使人痛苦，增加人际敌意
对工作动机的影响	使成员发现与对方之间的差距和不平等，激起竞争、缩小差距、优胜、取得平衡的工作动机，振奋创新精神，发挥创造能力	使成员心情消极，心不在焉，不愿服从与之有冲突的管理人员的指挥，不愿与冲突的同事配合，破坏团结愉快的心理气氛，减弱工作动机
对人际关系的影响	"不打不相识"使人加强对对方的注意，一旦发现对方的力量、智慧等令人敬畏的品质，就会增强相互之间的吸引力，团体间的冲突还可以促进团体内部成员一致对外，抑制内部冲突，增强凝聚力	导致人与人之间的排斥、对立、威胁、攻击，使组织涣散，削弱凝聚力
对工作协调的影响	使人注意到以前没注意到的不协调，发现对方的存在价值和需要，采取有利于各方面的政策，加以协调，使有利于组织的各项工作得以开展	导致人与人之间、团体与团体之间相互不配合，相互封锁、相互拆台、破坏组织的协调统一和工作效率
对组织效率的影响	反映出认识的不正确，方案的不完善，要求人全面地考虑问题，使决策更为周密	互相扯皮，互相攻击，转移对方工作的注意力，政多出门，互不同意，降低决策和工作效率，互争人、财、物，造成积压、浪费
对组织生存和发展的影响	冲突本身是利益分配不平衡的表现，它迫使人通过相互妥协让步和互相制约监督，调节利益关系，使各方在可能条件下均取得满足，维护内部的相对平衡，使组织在新的基础上取得发展	冲突达到一定的程度后，双方相互不关心对方的局部利益，并由此影响到组织的整体利益，从而可能使组织在内乱中濒于解体

第二节 冲突的根源、层次与过程

一、冲突的分析模式

行为学家杜布林提出的冲突系统分析模式包括三个要素，即输入、干涉变量和输出。输入部分是指冲突的根源；输出部分是指冲突的结果；干涉变量是指处理冲突的手段，手段恰当与否，将影响冲突的结果，而冲突的结果又会造成进一步的冲突。

杜布林将冲突分为两个尺度，一个尺度从冲突的利弊进行研究，将冲突分为有益的和有害的；另一个尺度从冲突的实体出发，将冲突分为实质的和个人的。实质的是指涉及技术或行政因素的冲突；个人的是指涉及个人情感、态度、个性因素的冲突。根据这种分类方式，可以将冲突分为四种类型，如表 11-3 所示。

表 11-3 分析冲突的四种类型

冲突的实体	冲突的利弊	
	有益的	有害的
实质的	类型 1：有益的实质的	类型 2：有害的实质的
个人的	类型 3：有益的个人的	类型 4：有害的个人的

类型 1：有益的实质的。这种冲突是具体的事务性的冲突，冲突本身有利于冲突各方的利益。比如，关于如何改善工作条件的讨论。

类型 2：有害的实质的。这种冲突是具体的事务性的冲突，冲突本身有害于冲突各方的利益。

类型 3：有益的个人的。这种冲突是个人情感的冲突，冲突本身有利于冲突各方的利益。

类型 4：有害的个人的。这种冲突是个人情感的冲突，冲突本身有害于冲突各方的利益。

一件冲突所归属的类型不是一成不变的，它可能会随着环境的变化或事件的变化而进行转化。比如，上级管理失误，造成下属工作业绩下降，这本身是实质性的冲突，但是如果上级长期如此，难免会产生个人感情上的冲突。

二、冲突的根源

杜布林冲突系统模式的输入部分列举了冲突根源的八个方面：人的个性、有限资源的争夺、价值观和利益冲突、角色冲突、追逐权力、职责规定不清、组织的变动、组织风气不正。

（1）人的个性。在一个群体或组织内，不同人之间的性格差异使得他们解决问题的作风和行事方式不相同。群体内的个性差异越大，共性则越小，组织成员合作的可能性就越小，存在的分歧、矛盾就越普遍，工作和交往中的阻碍、争执和冲突也就越频繁。

（2）有限资源的争夺。资源是有限的，企业之间存在着有限资源的争夺，当资源相对稀缺及组织发展缓慢或根本不再发展时，这种在资源方面不可避免的冲突将变得更加激烈。

（3）价值观和利益冲突。引起组织冲突的个人或群体价值观的差异，包括组织内部的个人之间、群体之间、个人与群体之间价值观的差异，以及代表组织整体的价值观与外部环境的个人或社会群体价值观的不同。此外，组织中不同群体和个人价值观的不同步变化也会引起冲突。

（4）角色冲突。组织中的个人和群体由于承担的角色不同，各有其特殊的任务和职责，从而产生了不同的需要和利益，进而发生了冲突。

（5）追逐权力。在任何群体或组织中，对权力的追逐是一种自然存在的现象。个体及群体对权力欲的追逐有时就会导致冲突。

（6）职责规定不清。个体或部门工作职责的不清，将会使个体之间及部门之间对工作互相推诿，对责任各执己见，引起冲突。

（7）组织的变动。当组织变动，如机构精简和合并时，原来的平衡会被打破，局部的利益会受到威胁，员工与组织之间的冲突在所难免。大公司兼并小公司，若干公司重组，必然导致双方在权利和其他方面的冲突。

（8）组织风气不正。冲突与组织风气有关。组织风气正，则多为建设性冲突，且冲突程度适中。组织风气不正，则多为破坏性冲突，且冲突程度失控。组织风气起一种潜移默化的作用，在此影响下冲突有"传染性"。

三、冲突的层次

1. 内心冲突

内心冲突发生在个体本身，而且常常涉及目标冲突和认知冲突。当个体的行为导致与众不同的（包括积极的和消极的）结果，或个体的行为与所产生的结果互不相容时，就产生了目标冲突。例如，有的工作收入比较高但危险性比较大，或个人利益与公司利益不一致等。

1）目标冲突

目标冲突指的是积极的和消极的两种结果间的相互作用，它包括四种基本类型。

第一，双趋冲突。在这类冲突中，个体必须在两个或两个以上具有积极结果的机会中做出选择。但是，因为两者不可兼得，所以会产生难以取舍的内心冲突。例如，对两个都具有吸引力的工作，需要做出二选一的艰难抉择。

第二，双避冲突。在这类冲突中，个体必须在两个或两个以上具有消极后果的选项中做出选择。例如，一个选择有薪资减少的风险，另一个选择是不断增加的赴外地出差的艰辛。

第三，趋避冲突。在这类冲突中，个体必须决定是否接受既有积极结果也有消极后果的事情。例如，接受一份待遇很不错但风险很大的工作。

第四，双趋避冲突。这是指同时有两个或两个以上的目标，每一个目标都既有积极的一面又有消极的一面，但各个目标所存在的积极或消极的情况各有不同，即不同的目标各有所长、各有所短，因而常使人犹豫不决，难以抉择。例如，与甲公司签订合同回报率高，但甲公司的财务状况不是很好，后续资金是否能如期到位具有不确定性；与乙公司签订合同回报率相对低一些，但乙公司的财务状况良好，资金充足，违约风险小。

管理者每天的决策中常常涉及解决内心冲突中的目标冲突。当现实中处理冲突的途径存在太多的选择，或者冲突处理结果的积极因素与消极因素相当时，内心冲突会表现得更加激烈。

2）认知冲突

当个体意识到其想法、态度、价值观及行为与现实存在分歧时，便产生了认知冲突。由于认知不一致的情形不断出现，常常让人感到紧张和不适。要淡化这种不适的感觉，可以通过改变自己原有的想法、态度、价值观和行为，或者设法获得更多有关引起冲突的信息，寻求解决这种冲突的途径。在许多重要的个体决策中，目标冲突与认知冲突并存。一般来说，决策前目标冲突越激烈，决策后认知冲突就越严重。尤其是当我们已经知道被采纳的方案具有消极（理应加以回避）的因素，而被否定的方案具有积极（理应努力趋向）的因素时，决策难度更大。

2. 人际冲突

一般而言，人际冲突可以描述为个体在达到目标的过程中察觉或经历挫折的情形。由于冲突在不同的背景下以各种形式出现，很难对冲突做出确切的定义。有时，挫折是由冲突双方在价值观或利益分配上的分歧导致的,而另外一些时候,争论的焦点则是冲突各方的地位和权力之争。因缺乏人际沟通技能而被解雇的管理者可能要多于因技术能力匮乏而被解雇的管理者。一项对191名总经理的调查发现,对于这些管理者来说,失败最主要的原因是缺乏人际沟通技能。人际冲突指的是人与人之间在认识、行为、态度及价值观等方面存在分歧。我们可以通过管理学上一个经典的例子——囚徒困境来解释这种冲突。

两名嫌疑人被分别关押起来,当地的检察官知道他们犯有某种罪,却没有足够的证据判定他们有罪。在检察官面前,这两名嫌疑人必须做出选择:要么招供,要么不招供。现在的情况是:如果他俩谁都不招供的话,那么将被指控为犯有类似小偷小摸或非法拥有枪支等罪,这样,两人所受的惩处都不会太重。如果他俩都招供的话,那么两人都将依法受到严惩。如果一个人招供,另一个人不招供,招供者轻判,不招供者重判(具体量刑情况见表11-4)。这两名嫌疑人作案前曾商定都守口如瓶,这样他们所受到的惩处最轻。但是,被逮捕后他俩左思右想,越想心里越不踏实:万一对方招供了自己不招供不就会被重判了吗?于是,最终的结果是:两人都招供了,并都被判处6年监禁。

表11-4 嫌疑人的选择与结局

甲的选择	乙的选择	甲的结局	乙的结局
招供	招供	判6年监禁	判6年监禁
招供	不招供	判1年监禁	判10年监禁
不招供	招供	判10年监禁	判1年监禁
不招供	不招供	判3年监禁	判3年监禁

这种情形具有人际冲突的许多特征。首先,每个人的结果取决于他人做了什么;其次,这一困境强调了个人行为和联合行为的差异。对每个人来说,采取招供的态度对自己最有利,然而,要想得到最好的结局,最佳的选择却是两人都不招供。这一困境隐含了人际沟通中一个很重要的基础,即相互间的信任。

3. 小组冲突

小组不仅规模比个体大,而且不同于个体,所以小组冲突也不同于个体内心的冲突和人际冲突。小组冲突指的是小组成员相互间发生矛盾,这种矛盾常常会影响小组的工作效率。小组内任务的分配及小组成员的情绪变化对冲突的产生都有影响。家族企业尤其容易产生严重的小组冲突,当家族企业的开创者面临退休、已经退休或死亡时,这种冲突格外明显。与人际冲突的情形相似,小组冲突可以通过冲突中的行为和冲突最后的结果来观察。冲突的破坏性通常可以由群体凝聚力的下降或在实际冲突结束一段时间后群体所表现出来的工作效率下降而展现出来。例如,有一家颇具规模的电子公司,下设一个研究所,所里有一支由十名博士组成的精干的研究队伍,负责开发新产品。然而,不久前,研究所里的两名主要成员不同意参与某种新产品的开发,在没有得到所里其他成员支持的情况下，就带着两名助手自行其是。所里的其他成员为此找到项目经理要求他做出裁决。项目经理唯恐因支持一方而疏远另一方，迟迟未做决断。几个星期后，一个曾经很有效率的群体停止了合作，其中的四名主要成员开始寻找新的工作。这个群体因意见不统一而瓦解。

4. 组织内冲突

1）纵向冲突

纵向冲突指的是组织内不同级别之间的冲突。这类冲突常常是由上级控制过于严格导致下属不服而产生的，下属之所以反抗，是因为他们认为上级控制太多，侵犯了自己的工作主动权。纵向冲突也可能是由缺乏沟通、目标不一致或观念不一致而产生的。

2）横向冲突

横向冲突指的是组织内相同级别的部门之间的冲突。产生这种冲突的主要原因是各部门只考虑自己部门的利益而不顾及其他部门利益的本位主义。在这些部门间，目标不一致可能导致目标冲突。另外，各部门中员工与员工之间的态度差异也会导致冲突。组织内冲突不仅存在于人与人之间，也存在于同一组织中的各部门之间，如在报酬公平性和福利计划等方面因不平衡而产生的冲突。

四、冲突的过程

日常组织生活中存在各种关系的冲突。个体及整个组织的绩效并不取决于是否有冲突，而是取决于冲突行为的适度性及冲突结果的有效性。我们可以将冲突想象成一个过程，并通过了解这个过程来分析某个特定的冲突。

罗宾斯具体提出冲突过程分为 5 个阶段：潜在的对立或失调、认知和人格化、行为意向、行为、冲突的结果（罗宾斯和贾奇，2012），如图 11-1 所示。

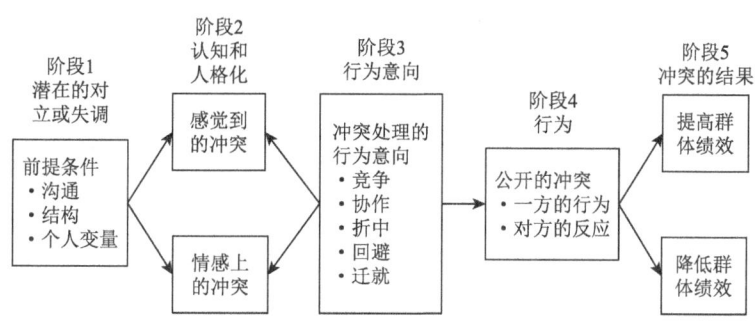

图 11-1 冲突过程的 5 个阶段

1. 阶段 1：潜在的对立或失调

冲突过程的第一个阶段是潜在的对立或失调，这一阶段表明可能产生冲突的条件。这些条件并不一定导致冲突，但它们是冲突产生的必要条件。这些条件也是冲突产生的根源，主要包括：沟通、结构和个人因素。

（1）沟通。沟通因素来自误解、语言理解困难及沟通渠道中的"噪声"。这些因素构成了沟通障碍，成为冲突的潜在条件。同时，沟通过多或过少也会增加冲突的可能性。沟通渠道也会影响沟通的产生。人们相互之间传递信息习惯上会进行过滤，来自正式的或已有的渠道中的沟通偏差，都使冲突的产生有了潜在可能性。

（2）结构。结构因素包括群体规模、群体成员任务的专门化程度、管辖范围的清晰度、领导风格、员工与目标之间的匹配度、报酬体系、群体间相互依赖程度等方面。研究表明，群体规模和任务的专门化程度可能成为激发冲突的原因。群体规模越大，员工的工作分工越细，越可能出现冲突。管理者管辖范围的清晰度越低，职责划分越模糊，出现冲突的潜在可能性就会越大。管辖范围的模糊性会加剧不同群体为掌控资源和领域而产生的冲突。不同群体的目标差异也是产生冲突的主要原因之一。当一个组织中的各个群体追求的目标不同时，其中一些目标（如一个家具大卖场的销售部和信贷部）很容易针锋相对，从而增加了冲突出现的可能性。严格控制下属行为的领导风格，也增加了冲突出现的可能性。如果一个人获得利益以另一个人损失为代价，那么这种报酬体系也会产生冲突。最后，如果一个群体依赖于另一个群体，而不是相互独立，或者这种依赖关系允许一方的获益来源于另一方的受损，那么也可能会导致冲突。

（3）个人因素。个人因素包括个体的价值观和个性特征。具有特定的个性特质的人，如自负、武断和缺乏自尊的人有可能导致冲突。价值观的差异，如对幸福、自由、工作、勤奋、自尊、诚实、服从和平等的看法不同，也是导致冲突产生的重要原因。价值观的差异也能够很好地解释潜在冲突，如偏见，个人对群体的贡献与应得报酬之间不一致，对一本书、一个人的评价好坏等。

2. 阶段2：认知和人格化

若阶段1中提到的那些条件对其中一方关心的事物造成消极影响，那么潜在的失调和对立就会在阶段2中显现出来。当一方或多方意识到冲突或感知到冲突时，潜在条件就真的会导致冲突。当个体有了情感的卷入时，各方都会体验到焦虑、紧张、挫折或敌对。

在此阶段值得注意的有两点（Isen et al., 2004）：一是此阶段之所以重要，是因为冲突事项往往在这个阶段被明确界定，在这个阶段，相关双方会确定冲突的主要内容是什么。对冲突的界定非常重要，它通常会勾勒出各种潜在的解决方案。二是情绪能够显著影响认知。消极情绪可能导致我们过于简单化地处理问题，失去信任，从消极的方面来解读对方的行为；相反，积极情绪往往促使我们更愿意发现一个问题的组成要素之间的潜在关系，采用更广阔的眼光和视野来看待冲突情境，开发出更加创新的解决方案。

3. 阶段3：行为意向

行为意向介于人们的认知及情感与他们的公开行动之间，它是以某种特定方式行事的决策。行为意向之所以作为独立阶段划分出来，是因为行为意向导致行为。很多冲突之所以不断升级，主要原因在于一方对另一方进行了错误归因。另外，行为意向与行为之间也存在着很多不同,因此个人的行为并不能准确反映其行为意向。在冲突情绪中,行为意向为各方提供了总体的指导原则,界定了各方的目标。但人们的行为意向并不是固定不变的。

4. 阶段4:行为

行为阶段包括冲突双方对活动的态度,甚至是公开的对立行为。但与行为意向不同,这些行为带有刺激性。由于判断失误或在实施过程中缺乏经验,有时外在行为会偏离原本的行为意向。所有的冲突都处于行为连续体的某一位置上,如图11-2所示。在连续体的低端,冲突以微弱、间接、高度控制紧张状况为特点。如果冲突水平升级到连续体的最顶端,则具有极大的破坏性,如罢工、骚乱及战争等行为。大多数情况下,处于连续体顶端位置的冲突常常是功能失调的。功能正常的冲突一般来说位于冲突连续体的中部或较低位置。

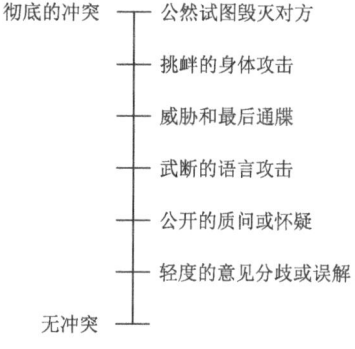

图11-2 冲突强度的连续体

5. 阶段5:冲突的结果

冲突各方之间的行为—反应相互作用导致了最后的结果。如果冲突能提高决策的质量,激发革新与创造,调动群体成员的兴趣与好奇心,提供公开问题、解除紧张的渠道,培养自我评估和变革的环境,那么这种冲突就具有建设性。事实上,建设性冲突有利于形成百家争鸣的局面,使一些不同寻常的建议或由少数人提出的建议在重要决策中受到重视,并因此提高决策质量。冲突有助于防止或矫正集体决策过程中的群体思维与群体极化。一些研究表明,在一些情况下,冲突与生产率之间正相关。当群体成员之间存在冲突时,比他们总是意见一致时工作效率更高。另外,与同质性群体相比,由兴趣、专业、特长等不同的成员组成的群体,解决问题的质量更高。在异质性群体中,成员的多样性和灵活性有助于提高创造力和决策质量,进而促进变革。如果冲突使群体或组织内部沟通迟滞,凝聚力降低,组织成员之间明争暗斗,而组织目标降到次要地位,那么冲突就是破坏性的,在极端情况下,这种破坏性冲突甚至会威胁到组织的生存。

能够成功解决冲突的群体会开诚布公地讨论观点分歧,并且事先做好准备,以便在发生冲突时对其进行有效管理。始终采取回避的态度,不直接解决冲突,冲突就会产生最大的破坏力。对所面临的问题进行一次开诚布公的讨论,这样更容易形成一致意见,而且会使群体更有可能达成一个双方认可的解决方案。管理者在解决冲突时需要强调双方的共同利益,从而使存在观点分歧的双方不至于变得过于固执和情绪化。以合作的方式解决冲突并强烈认同整体目标的群体要比以竞争的方式解决冲突的群体更加有效(Somech et al.,2009)。

案例分析

谁的错？

小明和小华同住一个宿舍。小明是一个勤奋好学的学生，性格内向，平常很少与同学交流与沟通。他喜欢早睡早起，作息时间比较有规律。但是，小华却不怎么爱读书，在校大部分时间以玩电脑游戏为主，而且经常玩游戏到深夜才睡，第二天早上睡到很晚才起床。小华的性格也比较内向，不爱说话。由于性格关系，两人都觉得对方影响了自己的睡眠。一开始，两人都不说，只是心里不爽。渐渐地，两人开始抱怨，小华抱怨小明起得太早，影响他早上睡觉。小明则说小华晚上玩游戏声音大，键盘声大，而且屏幕光太强。就这样，两人矛盾越来越深。一天，两人又为此事吵起来，结果，大打出手。

【讨论题】

1. 分析造成小明和小华冲突的根源是什么？
2. 讨论小明和小华的冲突属于冲突的哪个层次？
3. 利用罗宾斯五阶段模型分析小明和小华的冲突，并提出解决的建议。

第三节 冲突管理的原则、策略与方法

一、冲突管理的含义

冲突反映的是有关当事方目标的不相容性，而不一定以暴力为标志，所以冲突管理也不一定以暴力为界限。冲突管理作为处理冲突的一种战略，其实就是进行维持和平的工作。冲突管理是冲突已经显现、预防性措施已经无助于缓解冲突双方的敌对之时启动的，但却不一定非以暴力行为的产生作为界定冲突管理的下限。因此，冲突管理应当是在冲突显现而非必须在暴力行为发生之后采取的一种应对冲突的战略。其核心要素为三部分：控制冲突的继续升级，最大限度地减少冲突导致的危害，促进冲突各方的理性沟通与合作。冲突管理可以认为是为解决冲突创造条件的行动，其目的在于改变冲突双方的互动方式，使冲突关系从毁灭性向建设性转变。从现实来看，冲突管理旨在对不相容性进行协调和管理，通过谈判、调停等第三方介入的方式和冲突管理的框架性机制等对冲突予以引导性管理，防止冲突演变成剧烈的暴力行动，为解决冲突创造条件。瑞典的尼科拉斯教授认为冲突是"两方或多方在同一时间意识到的在某个问题立场上的差别"。可以看出，无论是哪位学者，都有这样的认识：冲突是关系的一种，而冲突理论是关系管理理论的重要组成部分，由于冲突具有最根本的价值矛盾性，才会不断发展和升

级,也才延伸出对冲突进行管理的冲突管理理论。冲突解决与冲突管理的区别见表 11-5(万涛,2018)。

表 11-5 冲突解决与冲突管理的区别

比较项目	冲突解决	冲突管理
哲学理念	冲突代表体系出了差错	冲突代表体系的正常部分
基本心态	冲突双方一定要分出胜负	冲突可能是为了达成共同的目标
处理方式	利用各种手段消灭冲突	以理性的态度寻找处理冲突的最佳途径
处理态度	防卫自己,压制他人	开放自己,愿意改变立场
对冲突的忍受	无法忍受冲突的存在	对组织有利的冲突可以存在

从方法论的角度分析,冲突管理不能视为范围中的一点,而是连续体上的一点。冲突管理是冲突预防之后、冲突解决之前的一个中心环节。它既是在冲突预防失效之后的补救措施,又是在冲突解决的理想未达成之时的处置策略。从时间上看,冲突管理处在冲突发展的中期,以暴力的发生或即将发生为切入点。多数情况下,冲突管理会控制冲突的范围和烈度,避免冲突的升级或失控。

在具体操作上,冲突管理是在一定组织内的活动,包括冲突管理者对冲突进行分析、评估和对冲突管理进行可行性研究;确定管理的目标、计划及程序安排;调动可调动的资源实施管理计划,对各方进行引导和沟通。其中的关键环节是采取切实措施对冲突进行控制和监督,保证管理的操作运行与管理目标相一致。冲突管理对企业组织中存在的冲突形成了三种不同的观点。

(1)传统的冲突观点认为冲突是有害的,会给组织造成不利影响。冲突为企业组织机能失调、非理性、暴力和破坏的同义词。因此,传统观点强调管理者应该尽可能避免和清除冲突。

(2)冲突的人际关系观点认为冲突是任何组织无法避免的自然现象,不一定给组织带来不利的影响,有可能成为推动组织工作的积极动力。既然冲突是不可避免的,管理者就应该接纳冲突,承认冲突在组织中存在的必然性和合理性。

(3)新近产生的冲突的互动作用观点。与人际关系观点只是被动地接纳冲突不同,互动作用观点强调管理者要鼓励有益的冲突,认为融洽、和平、安宁、合作的组织容易对变革和革新的需要表现得静止、冷漠和迟钝,一定水平的有益的冲突会使组织保持旺盛的生命力,善于自我批评和不断革新。

总的来讲,冲突管理即指在一定的组织中对各种冲突的管理。管理者不仅要解决组织中的冲突,更要刺激功能性的冲突,以促进组织目标的达成,故管理者处理冲突的能力大小与成功与否,具有正相关关系。广义的冲突管理应当突出主体对冲突问题的发现、认识、分析、处理、解决的全过程和所有相关工作,也就是对潜在冲突(潜在的对立或不一致)→知觉冲突(冲突的认识和个性化阶段)→意向冲突(冲突的行为意向阶段)→行为冲突(冲突主体采取行动阶段)→结果冲突(冲突形成结果及其结果的影响阶段)的全过程进行管理。

狭义的冲突管理则着重把冲突的行为意向和冲突中的实际行为作为研究对象,研究冲突在这两个阶段的内在规律、应对策略和方法技巧,以便有效地管理实际冲突。迄今所见的论述冲突管理的文献多立足于狭义冲突管理的范畴。

二、冲突管理的基本原则

冲突的管理是有规律可循的,掌握这些基本原则可以有效地处理冲突。

(1) 实施全面系统的冲突管理,不限于冲突的事后处理。冲突形成、发展和产生影响有一个系统的过程,冲突管理是潜在冲突、知觉冲突、意向冲突、行为冲突、结果冲突等所有冲突阶段的事情。进行全过程管理才不会被动,才能充分减少冲突的破坏性和强化冲突的建设性。

(2) 树立共同的目标。在有组织内部冲突的情况下各主体应该以大局为重,所有的行为都需要以组织目标为中心,避免因过度维护小团体利益而牺牲了组织利益,实现整体最优。

(3) 将冲突导向具体的事务。对事不对人是中国常见的一种冲突处理方式。在相互协商的时候应该以冲突的事情为导向,就事论事,而不应针对冲突的主体本身。

(4) 准备多种解决方案。预留多种解决方案是缓解冲突的有效方法,冲突主体可以彼此之间多方面、多程度进行协商和让步,避免过度坚持某一种立场而使冲突无法解决或扩大。

(5) 不强求达成共识。组织中存在不同的声音是正常的、应该的,每个个体都可以保留与他人不同的意见,强行追求意见的统一会加剧矛盾。求同存异不仅是国家的外交政策,也应该是个体、群体和组织处理冲突的重要原则。

资料分享

您的冲突管理级别达到了几级?

大家通过一道小小的测试题来自测一下,在冲突面前,你将如何应对?你的冲突管理级别达到了几级?

自测问题1

一天,一位友人前来向你借钱,且数目不菲,然而你想到自己最近手头其实也不宽裕,于是你编织了一个自认为非常充足的理由准备回绝对方。但你的亲人或爱人还没征询你的意见就贸然答应了。这时,你会……( )。

A. 沉默不语,不做任何表示。

B. 在亲人或爱人还没有正式把钱拿出来之前,赶紧果断阻止,并表明自己坚决不可改变的立场。

C. 既然亲人或爱人已经答应了也不好再说什么,尽管内心十分不情愿,很气愤,但也只得同意了。

D. 表面上表现得泰然自若、无所谓的表情，但实则已经默默地在心里算着以后再发生类似的事情，一定要……的对策。

E. 既然都答应了，立刻把钱准备好。

自测问题2

在某个会议上，你和老板对某个问题存在着意见上的分歧，于是，你情绪激动，并且言语激烈地说明了你的看法，但最终老板依然没有采纳你的意见。这时，你会……（　　）。

A. 意识到老板的强硬态度，既然如此，就马上保持沉默闭嘴。

B. 不管老板说什么，都始终坚持自己的观点，不把老板的态度放在眼里。

C. 向老板说明可能是自己的想法不严谨，转而积极征询其他同事的意见。

D. 不发表任何看法，私下里另找时间向老板表明自己的观点。

E. 表示得极为失落，不满的态度。

自测问题3

如果有同事在背地里说你的坏话，无意中被你知道了，这时，你会……（　　）。

A. 懒得和对方计较，爱说什么就说什么去吧。

B. 人不犯我我不犯人，人若犯我必定以牙还牙，也跑去其他同事面前说对方坏话。

C. 表面上以平和友好什么都没有发生的态度继续和对方来往，但心里实则气愤极了。

D. 在不破坏彼此关系的前提下，委婉地向对方提出异议，并要求对方解释清楚为什么要背地里说自己的坏话。

E. 二话不说直接找到说自己坏话的同事去理论，态度强硬。

自测问题4

你和恋人有约，你不小心迟到了，且远远超出了约会时间，你的恋人等得不耐烦了并在电话中向你大发雷霆，这时，你会……（　　）。

A. "哇，亲爱的，你看看，不愧是我爱人，就连发怒时的声音也如天籁一般。"

B. "不就多等这么一会儿么，你以为你是谁，干吗对我发脾气？"

C. "亲爱的，我错了，下次约会时，我一定早早出来。"

D. "下次咱们还是找个离我们都近的地方约会吧。"

E. "就这次是我迟到了，平时哪次不是你迟到？"

自测问题5

你被调去一个新部门，结果有个别同事对你表现出十分不友好的态度，这时，你会……（　　）。

A. 毕竟刚到一个陌生的新环境，我还是能忍则忍，避免和别人发生争执吧。

B. 时刻观察对方下一步的举动，并且一定要表现出自己的优势，准备迎战。

C. 退一步海阔天空，向对方表示出友好的态度，并适当做出妥协。

D. 在接下来的相处过程中试图慢慢了解对方，并通过有效沟通与对方和解。

E. 当场粗鲁地质问对方凭什么对自己态度不友好，必要时跟对方大吵一架。

在上述 5 个问题中，A、B、C、D、E 五种答案，哪个选项出现的次数最多，其字母编号就代表着你的冲突级别及你对管理冲突的态度。

A. 级别Ⅰ：回避型

你是一个懂得保护自己的人，并且做事稳重很讲究对策，在没有想出办法之前不会轻易表露你的真实想法。这样的态度往往容易被人误解，使对方难以聆听你真实的心声，面对冲突时也难以和平解决。

B. 级别Ⅱ：争执型

你处事果断，不喜欢拖拖拉拉，哪怕是短暂的瞬间也没有什么使你优柔寡断，属于容易对他人进行攻击的类型，这样的态度会导致你在与团队成员相处时树敌太多，冲突难以摆平。

C. 级别Ⅲ：随和型

你最不喜欢别人对你说："时刻坚持自我信念，为自己想要的东西而奋战吧。"你最想要的其实是和平，讨厌冲突和斗争，为此你宁愿付出更多的代价。这样的态度使你在管理冲突的过程中丢失了自信，往往难以立足自己的立场，而是随波逐流，人云亦云。

D. 级别Ⅳ：否定型

你最不喜欢别人对你说："千万不要这么说，否则我很难再和你保持朋友关系了。"你常常会有挫败感，因为你非常不喜欢吵架，你相信所有问题、冲突都可以通过理性的管理来解决。

E. 级别Ⅴ：爆发型

如果有人对你说"小声点儿"或者"请保持冷静"，你就已经无法平静，已经变得怒不可遏了，这种情况发生次数越频繁，你就越需要控制自己的情绪，避免过于激动，否则别说是管理冲突，你自己就很可能成为冲突的制造者。

三、冲突管理的基本策略

曾有社会心理学家用一维空间描述人们的冲突行为，认为这一维空间是从竞争到合作，有的人倾向于竞争而有的人倾向于合作，另外一部分人则处于二者之间。美国行为科学家托马斯提出了冲突管理的二维模式，以合作性（冲突一方试图满足另一方的关心点的程度）和坚持己见（冲突一方试图满足自己的关心点的程度）定义二维空间，并据此组合成五种冲突处理策略，如图 11-3 所示。

（1）竞争策略（competing strategy）。竞争策略是一种"我赢你输"（win or lose，WOL）的类似于零和博弈的不合作策略。采取竞争策略的主体会为了满足自身利益而牺牲他人的利益，如通过权力优势、资源优势等迫使冲突的对方退让。

（2）合作策略（cooperating strategy）。合作策略是一种综合考虑冲突双方目标，寻找双方利益共同点以使双方都满意的双赢策略。通常而言，采取合作策略的个体可能具备以下特点：认为冲突是一种自然的现象，冲突的结果具有正负双面性，一定程度的冲突有积极的作用；对冲突的另一方持信任的态度，愿意以诚相待；认为每个人在解决冲

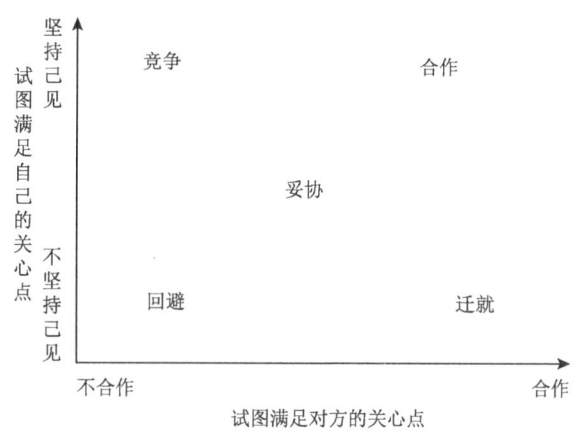

图 11-3 托马斯二维模式冲突管理策略

突的过程中所能起到的作用是平等的；每个人的行为都指向统一目标的达成，将整体利益放在首位。

（3）回避策略（avoiding strategy）。回避策略是一种既不满足自身利益也不成全他人利益的策略。采用回避策略的主体往往试图远离冲突、尽量置身事外，让冲突自生自灭。在有的时候这种"无为"的冲突解决策略是能够缓解冲突、削弱消极后果的，但更多的时候这种不作为策略对于冲突的解决是有害的，会影响到双方的工作绩效。

（4）迁就策略（accommodating strategy）。迁就策略是一种单方面满足他人利益诉求而牺牲自己利益的策略。采取迁就策略的人一方面可能是因为真正关心他人需求或希望被别人喜欢，另一方面也可能是基于长期合作的考虑或者被迫屈服。在迁就策略下，冲突主体容易在与他人意见相左时放弃自己的观点，而长期使用这种策略往往会使自己失去对方的尊重并导致挫折感和不自信。比如，当冲突的实质是资源共享、责任共担时，如果一味采取迁就策略可能会被视为软弱。

（5）妥协策略（compromising strategy）。妥协策略是一种适当关心自己利益并适当满足对方利益的冲突解决策略。双方通过讨价还价、各自退让来兼顾双方的诉求。妥协策略的核心在于在满足对方最小利益需求的基础上灵活议价。相对于合作策略，妥协的方式并不谋求双方最大程度的满意，而是寻求双方利益的折中点。但是如果一味地采取妥协策略使得双方互相让步，有可能会使自己的长期利益受损。

事实上，这五种冲突管理的策略各有各的用武之地，任何一种策略都不能实现通吃的效果。在适当的情境下采取合适的策略往往会使得冲突解决达到事半功倍的效果。康戴夫（1998）给出了这五种冲突解决策略的表现形式和应用的场合，见表11-6和表11-7。

表 11-6 冲突管理五种策略的表现

冲突策略	表现
竞争策略	1. 创造胜败局势 2. 运用对抗 3. 使用权力达到目的 4. 迫使对方认输
回避策略	1. 忽略冲突并希望冲突消失

续表

冲突策略	表现
回避策略	2. 不将问题列入考虑范围 3. 放慢节奏以抑制冲突 4. 采用保密手段以避免正面冲突 5. 求助于正式规则并将其作为冲突解决的理由
妥协策略	1. 谈判 2. 期盼达成协议 3. 寻求满意的或可能接受的解决方法
迁就策略	1. 退让 2. 屈服和顺从合作策略
合作策略	1. 解决问题的姿态 2. 正视分歧 3. 寻求整合性的方式 4. 找到共赢的局势 5. 视冲突和问题为挑战

表 11-7　五种冲突管理策略的适用场合

冲突策略	适用场合
竞争策略	1. 迅速行动至关紧要的紧急状态 2. 有关需实施新行动的重大问题，如费用削减等 3. 在对组织利益等关键的问题上认为自己是正确的 4. 反对那些利用非竞争性行为的人
合作策略	1. 当双方意见无法达成妥协时，寻求整合型的方式 2. 目标明确一致，只存在任务或过程的差异 3. 需要听取不同的意见进行整合 4. 因感到有损于彼此而精诚合作
妥协策略	1. 目标重要，但坚持己见会使得弊大于利 2. 暂时化解冲突，避免问题复杂化 3. 时间紧迫采取权宜之计 4. 双方目标不一致但旗鼓相当 5. 合作或竞争策略未成功
回避策略	1. 问题非常小或有更重要的问题刻不容缓 2. 感到满足自己的要求无望 3. 处理冲突所带来的破坏性大于好处 4. 让对方冷静 5. 收集信息比及时决策更重要 6. 其他人能够更有效解决冲突 7. 问题不相关或不总出现
迁就策略	1. 自己错了而退让，以赢取长期利益 2. 事情对别人更重要，退一步来维持合作 3. 为以后的问题解决建立社会信誉基础 4. 在失败的时候将损失最小化 5. 和谐和稳定更重要，需要放弃局部利益以保障整体利益 6. 让下属吃一堑长一智，从错误中汲取经验

四、冲突管理的方法

冲突管理已经成为一个跨学科的研究领域，冲突研究贯穿管理理论中的领导学、权力、任务小组、战略管理、产业关系、创新、企业文化和绩效评价等领域。

冲突问题的研究大致可以分为两大类：描述者和诊断者。前者注重考察现实中的冲突参与者应该如何分析冲突问题，如何采取行动，并选择最合适的方案来解决冲突问题，即如何进行冲突管理。这类研究人员通常只是对冲突各方，如心理学家、社会学家、人类学家、政治学家和行为科学家等的行为进行描述及定性地进行分析。后者则对冲突参与者应该怎样行动感兴趣，不太关心其实际行为。他们基本假设是：冲突双方都是理性的、善于思考的、有充分信息的、具有非凡的计算能力的人。这些研究人员包括应用数学家、数理经济学家、系统工程人员和对策论专家等，采用现代科技成就对冲突问题进行规范的、定量的研究。这两类研究人员都是冲突研究中不可缺少的。描述者的定性分析为诊断者的定量研究做了充分的准备，而定量研究的结果又需要得到定性分析的检验。可是，在许多情况下，定量研究所需要的数据并不是全部具备的，这时定性分析就是唯一可行的方法。于是，在冲突问题研究的过程中，不自觉地形成了两大研究方法体系（万涛，2018），即博弈论方法和认知方法。

1. 博弈论方法

博弈论方法（game theory method，GTM）是以博弈论为基础的研究方法，可以看作定量研究的代表。1994年的诺贝尔经济学奖授予了三位杰出的博弈论专家——John Harsanyi（约翰·海萨尼）、John Nash（约翰·纳什）和Reinhard Selten（莱茵哈德·泽尔腾），这表明了经济学和管理学界对博弈论的重视程度。根据Zagre（扎格雷）和Thomas的观点，引进博弈论来预测冲突行为应该归功于冯·诺伊曼（von Neumann）和摩根斯坦（Morgenstern），尽管当时博弈论分析并不是什么新东西。博弈论为冲突分析和经济模型分析提供了一个数学工具。现在，博弈论已经较广泛地应用于决策或选择、目标竞争或合作过程的研究中。无论是哪种类型的冲突问题，博弈论的研究方法都需要经过以下几个基本步骤。一是建立数学模型。面对复杂的、具体的冲突问题，研究人员要先进行数学建模，将有关的数据资料及各种关系结构等表示为一组变量的一个函数。要求所建立的模型既能抓住问题的实质，又便于进行研究。当然，由于各种信息资料及技术水平的限制，即使是最完备的数学模型也不可能精确地刻画出原来的问题，它只能是对问题的一个近似的描述而已。二是进行系统分析。在数学模型的基础上对冲突问题进行综合系统分析，这些分析通常包括冲突的性质、根源、种类、特征、影响范围及冲突的后果等定性分析，还包括问题的存在性、唯一性和最优性等定量的分析。三是计算机实现，即利用计算机技术求解，并分析最终结果，为决策人员提供帮助。计算机求解的结果应该与系统分析的结论作进一步的对比，以验证两种结果的一致性。这样有利于发现在定性分析中未能挖掘出来的东西，也便于发现定量分析的模型中存在的不足。四是把结果提供给管理决策人员。

2. 认知方法

认知方法主要集中研究对冲突的认知过程。这一研究试图把人们在冲突发生之前设想的各种可能的冲突结果或变量联系起来。个人层面进行的研究现在主要集中在对谈判中的普遍性和系统性问题的研究上，对谈判的研究和理论虽然不能使人理解冲突过程中同时发生的行为，但是仍然能使人恰当地理解冲突。而且，这一研究必然要把握冲突过程中人的行为过程。所以，社会判断理论可以看作对谈判者认知的研究代表。

目前，认知理论对组织冲突管理的研究有两个不同的方向，一些学者试图统计组织中不同层次上发生冲突的数量并寻找这些冲突的根源，其内在含义是为了提高组织效率必须维持适当的冲突水平。另外一些学者的研究则与处理人际冲突的模式有关，他们致力于问题解决的质量。很明显，"冲突的数量"和"处理人际冲突的风格"之间的区别就是理解冲突管理的关键所在。过去的研究大量集中于冲突数量的概念。近几年来，有些学者开始利用争论情况、不信任程度、不一致和不相容等指标来衡量各个层次的冲突水平。人们发现，冲突产生的不同根源影响了冲突的数量。冲突管理在很大的程度上取决于如何识别和把握冲突根源，以保证在不同层次上维持一个适度的冲突水平。近年来，还有人把冲突反应模式的研究扩大到了多维度，利克特瑞就是一个代表。他于1993年提出了一种三维度模型：关心自己的观点、关心别人的观点和理性的破坏。其中，前两个维度代表内容维度，详细说明了个人从两个相反的角度讨论问题的程度。第三个维度说明的是相互作用过程中的情绪特征。这种模式可以很好地把问题和情绪区分开来。布莱克等的两维度模式有效地把问题（生产）从情绪（人）中分离出来，但是并没有在问题维度上把个人与别人区别开，托马斯等的模型忽略了情绪/理性评价的强度。

重要名词和术语

建设性冲突（constructive conflict）
破坏性冲突（destructive conflict）
认知冲突（cognitive conflict）
情感冲突（emotional conflict）
冲突管理（conflict management）
任务冲突（task conflict）
关系冲突（relational conflict）
程序冲突（procedure conflict）
竞争策略（competing strategy）
合作策略（cooperating strategy）
回避策略（avoiding strategy）
迁就策略（accommodating strategy）
妥协策略（compromising strategy）
博弈论方法（game theory method，GTM）

复习思考题

1. 什么是冲突？关于冲突有哪三种不同的观点？

2. 冲突有哪些类型？
3. 冲突可以分为哪几个阶段？
4. 导致冲突的因素主要包括哪些？
5. 冲突管理有哪些原则和策略？
6. 冲突管理的博弈论方法和认知方法是什么？有何区别？

第十二章

领 导

本章摘要 正如罗宾斯所表明的那样，我们把领导（leadership）界定为影响一个群体实现愿景或目标的能力。然而是什么原因导致他们有这样的能力？是智力、驱动力、运气，还是某种特定的领导风格？这些都是我们在本章将要解答的问题。在本章中，我们将考察哪些因素造就了有效的领导者，以及领导者与非领导者有什么不同之处。一是特质理论。它们一直主导着对领导的研究，直到20世纪40年代末。二是行为理论，它在20世纪60年代末之前一直盛行不衰。三是权变理论。四是前沿的研究观点，诚信领导：道德和信任是领导的基础。

■ 第一节 什么是领导

一、管理者与领导者

我们首先来区分管理者与领导者的不同之处。领导和管理是两个经常混淆的术语。那么二者之间有哪些差异呢？尽管二者并不一致，但我们常常将它们混为一谈。

哈佛商学院的 Kotter（1990）指出，管理主要是应对复杂性。优秀的管理者通过制订正式的计划、设计严谨的组织结构及监督这些计划的实施情况，实现秩序和一致性。相反，领导主要是应对变化。领导者通过提出未来愿景以确定前进方向；然后，他们把该愿景灌输给其他人并鼓励他们克服各种障碍，促使大家齐心协力实现该愿景。

马克斯·韦伯认为：有效的领导有一种魅力，其具有的某种精神力量和个人特征，能够对许多人施加个人影响。孔茨指出，领导的管理职能，是指影响人们为组织和集体作贡献的过程。一代管理学大师彼得·德鲁克认为：有效的领导应能完成管理职能，即计划、组织、指导和度量。戴维斯认为：领导是一种说服他人热心于追求一定目标的能力。A. 菲尔德曼认为，领导是一个影响过程，包括影响他人的一切活动。尽管科特、孔茨等许多学者分别对这两个术语进行了界定，但研究者和实践中的管理者常常对它们分得并不是那么清楚（时巨涛等，2003）。因此，我们对领导的定义应当真正能够诠释它的作用和功能。领导首要的责任是做正确的事情，管理强调的是要正确地做事情。领导的主要功能是创造一种愿景，制定组织的任务和策略，而管理则偏重执行，其任务是去实现目标，采取必要的步骤来使组织的愿景得以实现。

我们把领导界定为影响一个群体实现愿景或目标的能力。这种影响的来源可能是正式的，如来自在组织中拥有的管理职位，但是，并非所有的领导者都是管理者，也不是所有的管理者都是领导者。因为组织仅仅提供给管理者某些正式权力，但并不能保证他们可以实施有效的领导。我们发现那些非正式任命的领导者，即那些影响力来自组织的正式结构之外的领导者，他们的影响力常常与正式影响力同等重要，甚至可以说更为重要。换句话说，群体的领导者可以通过外部的正式任命产生，也可以从群体内部自发产生。领导者（leaders）指的是那些能够影响他人并拥有管理权力的人（罗宾斯和贾奇，2012）。

也就是说，管理者是被任命的，他们拥有合法权利进行奖励和处罚，其影响力来自他们所在的职位所赋予的正式权力。相反，领导则可以是任命的，也可以是从一个群体中产生出来的，领导可以不运用正式权力来影响他人的活动。所有的管理者都是领导者吗？或相反，所有的领导者都是管理者吗？我们可以这样说，在理想情况下，所有的管理者都应是领导者。但是，并不是所有的领导者必然具备管理职能的潜能，因此不应该所有的领导者都处于管理岗位上。一个人能够影响别人这一事实并不表明他同样也能够计划、组织和控制。既然（在理想条件下）所有的管理者都应是领导者，那么下面我们就从管理的角度探讨这一主题。

为了实现最佳的效果，组织需要强有力的领导和强有力的管理。在今天的动态世界中，我们需要领导者对常规进行挑战，提出关于未来的愿景，并激励组织成员实现该愿景。我们也需要管理者制订具体计划，构建高效的组织结构，并监管组织的日常运行。

二、领导的责任

我们讨论的领导从内容、实质上可以分为两类：一类是作为特殊社会活动的领导行为，称为领导；另一类是作为特殊社会角色的领导角色，称为领导者。

领导是管理的一个职能，特指领导者对其他群体成员施加影响力，以实现预期目标的活动过程。组织中的领导行为是通过领导活动的行为主体——领导者体现出来的，二者不可分离。关于组织中领导的责任，有很多不同的观点。美国管理学家豪斯认为，领导人具有三种魅力：高度自信、具有支配性、坚持自己的理想。《哈佛商业评论》在归纳了六位企业家的观点后认为：一是构想并传递组织的远景；二是为组织增加价值；三是激励追随者。约翰·科特教授的观点：一是提出设想，考虑到所有相关者的利益；二是作出战略安排，并考虑相关环境和企业的内部因素；三是建立资源协作体系；四是承担实现上述任务的责任。

综上所述，我们可以把领导的责任归结为：一是引导，指出组织或群体的方向，提出目标，推动变革；二是影响，通过各种方式激励下属为实现组织目标而努力奋斗。

三、领导的实质

我们将领导定义为影响一个群体实现愿景或目标的能力,那么这种影响力是从哪里来的;为什么群体成员能够接受领导者的影响并按领导者的意愿或指令行事;为什么有的时候你尽管不愿意,但也不得不执行领导的命令。对这个问题,绝大多数人都会说是因为领导者有权。那么,领导者的权力又来源于何处,是谁赋予领导者影响他人的权力的。大多数管理学家都倾向同意权力的基础或源泉主要来自 5 个方面,即奖赏权力、惩罚权力、法理权力、专家力量和领袖魅力(时巨涛等,2003)。

1. 奖赏权力

人们服从于一个人的愿望或指令,是因为这种服从能给他们带来益处;因此,那些能给人们带来他们所期望的报酬的人就拥有了权力。这种报酬可以是加薪、晋升、表彰、有趣的工作或良好的工作环境等来自组织的正式的奖赏,也可以是出自领导者个人的友好表示、亲切的赞扬及欣赏。

2. 惩罚权力

惩罚权力又称强制性权力,它是建立在惧怕的基础上的,一个人如果不服从的话就可能产生消极的后果,出于对这种后果的惧怕,这个人就对强制性权力作出了反应。这种惩罚可以是降职、减薪、处分直至解雇等来自组织的正式处罚手段,也可以是出自领导者个人的威胁、精神上的打击,以及对基本生理和安全的控制等。

奖赏权力和惩罚权力是领导者最常使用和最有效的权力,也是领导影响力的重要来源。也有人提出领导的权力就是一种资源,在组织中谁拥有这种资源,谁就拥有了满足或剥夺他人的权力。当然,这种权力也就是影响力的大小取决于人们追求这些东西的程度。如果有人不需要、不追求这些资源,那么领导具有的奖惩权影响力就大大减弱了。

3. 法理权力

法理权力又称法定权力,它是一个组织或群体通过某种方式赋予个人的正式权力,法定权力是所有权力中最重要的,涵盖面也更为宽泛。法理权力以个体在组织中正式层级结构中所获得的职位为基本特征,如群体成员通过选举产生的领导人、董事会任命的总经理、通过世袭获得的王位等。在每个组织中,领导者对下属人员的某种指令和要求被认为是合法的、有效的,下属人员认可这种权力,并有义务遵从这些要求,是因为在组织中存在着公认合法的规章制度、方针和工作程序。

4. 专家力量

专家力量来源于领导者拥有的专长、知识和技能。由于世界的发展日益取决于技术的发展,专门的知识技能也由此成为权力的主要来源之一。一般情况下,如果下属人员认为他们的领导有能力掌握他们所缺乏的知识、技能或信息,那么他们就会对领导的影响作出积极响应；如果他们认为他们的领导缺乏这种能力，那么领导的影响力将大打折扣。很显然，像韦尔奇、张瑞敏这样的企业家之所以在下属和行业中有如此高的威望和影响力，并不是因为他们是这些企业的 CEO，而是因为他们出色的经营业绩和领导才能。一个总是打败仗的将军是不会有士兵愿意为他卖命的。领导者的专家力量取决于他个人的素质和能力，而不完全是他在组织中的地位。

5. 领袖魅力

有的书上也称为"榜样力量"或"参照性权力"，它取决于人们对领导者行为的认同、仰视和愿意模仿的程度。人们越尊敬、认同领导者，这个领导者的榜样力量就越大，影响力也就越大。我国的毛泽东、朱德和周恩来，印度的甘地，南非的曼德拉就属于这一类领导人，他们的影响力主要来源于他们高尚的人格魅力。领袖魅力与专家力量一样，取决于领导者个人的素质，而与他们在组织中的地位并没有直接关系。

需要指出的是，在这 5 种权力中，奖赏权力、惩罚权力、法理权力是由个人在组织中的职位决定的，都来源于行政力量；而专家力量和领袖魅力则取决于领导者个人的知识和人格因素，与职位无关。前者表明了领导者在行使权力时的合法性及在职权范围内的支配地位，但无法保证领导的有效性。后者则确认了领导者与被领导者之间的相互认可关系，即权威关系，这是保证领导有效性的重要前提。

案例分析

项羽：一时纠结，千古悲情

楚霸王项羽自刎乌江，死得窝囊，固然与其缺乏谋略，逞匹夫之勇有关，但他一生最大的失败莫过于鸿门宴上的一时纠结，优柔寡断，错失良机，致使功败垂成。当时项羽的纠结，总结起来就是：打不打？杀不杀？追不追？

第一，打不打？公元前 206 年，刘邦攻破咸阳，欲在汉中称王。当时项羽是各路诸侯公认的带头大哥，做小弟的刘邦竟敢拔份儿，这让他十分恼怒，下令大军枕戈待旦，收拾刘邦这个流氓混混。此时，项羽的叔叔项伯顾念旧交张良，就连夜跑到刘邦大营通风报信。刘邦自知实力不如项羽，不敢硬拼，就跟项伯说自己并无称王之意，并决定第二天去向霸王当面赔罪。项伯赶紧跑回来，跟项羽说了很多刘邦的好话。耳根子软的项羽本该责罚叔叔的通敌行为，可是他的脑袋却像进了水，在打与不打之间，纠结了起来。纠结最后的结果是答应刘邦赔罪的请求，看看他的表现再说。吃饭时还咬牙切齿磨刀霍霍，临睡前就改成约在一起喝酒了。

第二，杀不杀？对此，项羽的干爹范增却不认同。他对项羽说："刘邦早先是个贪财好色的混混，入关后却秋毫无犯，肯定憋着什么坏。我曾让人给他相过面，此人有天子相，将来是跟我们争天下的劲敌，应该尽早除掉，免留后患。"两人商定在明天的酒宴上派项庄刺杀刘邦，并在帐外安排刀斧手，不留一个活口，项羽答应依计行事。第二天，刘邦果然轻车简从，只带了张良、樊哙等登门赔罪。一见面就给项羽说好话，反复强调自己并无称王称霸的野心。项羽觉得刘邦认罪态度很好，也没有带护卫前来，对于杀不杀刘邦又开始纠结起来。范增却不像项羽这样想，他觉得简直是天赐良机，必须好好把握。酒席间提出让楚营的舞剑器高手项庄表演个节目，活跃一下气氛。不待项羽表态，就安排项庄登场。项庄已经秉承老板干爹的旨意，剑花一抖，舞将起来，剑气森森，充满杀意。在座项伯感到不妙，就拔出佩剑跟项庄对舞起来，处处护着刘邦。对此，范增很不高兴，而项羽却装作没看见，他内心纠结成了一团，觉得刘邦已经登门谢罪并表示臣服，干吗非要赶尽杀绝？干爹的担心是多余的，项庄舞剑有失厚道。项庄一登场，张良就看出来玄机，名为舞剑助兴，实则意在取沛公性命。连忙说道："我们的樊哙将军也是舞剑高手，何不让他跟项庄勇士切磋一下？"转身出帐告知樊哙情况紧急，赶紧到帐内护驾。樊哙可是刘邦打断骨头还连着筋的连襟，一听到危险，就剑怒冲冲地闯进大帐。如果此时项羽顺势怪罪，使个眼色就可以把刘邦等剁成肉酱。可他偏偏没有这样做，就连干爹范增都屡次发出的暗号也装作没看到。反而扔给樊哙一个半生不熟的猪肘子，赞许他豪气干云。宴饮当场刺杀刘邦的机会就这样溜了。

第三，追不追？此刻的刘邦如坐针毡，项庄冒着寒气的剑影，让他很难受。即便是樊哙进来，也不够人家收拾的。于是，借故尿急跑出大帐，留下车辆随从和一对玉璧，所有擦屁股的事情全权交由张良处理，自己从小路逃了。见刘邦撒尿迟迟不归，项羽派人出去找。张良进来道歉："沛公不胜酒力，不能当面告辞，命我奉上白璧一双敬献大王。"项羽追问刘邦去向，张良回答已然返回。刘邦尿遁项羽是看出了端倪的，如果即刻派兵追赶，取回刘邦首级就是小菜一碟，可是他看到张良献上的玉璧，又纠结起追不追来。他这一纠结不要紧，鸿门到霸上冲抄小路不过20公里，刘邦早就跑回自己的地盘了。

就这样，项羽的再三纠结，让煮熟的鸭子飞走了，为他千古悲情的人生埋下了祸根。在当今我们很多人也跟项羽一样，百般纠结，举棋不定，错失良机，把大把的时间浪费在自我较劲儿与反悔中，以至于把人生输得精光。请关闭你的纠结模式吧，把握住最佳的时机，让你的人生精彩纷呈。

资料来源：刘志坚（2015）

【思考题】

什么是领导？试用领导的实质分析楚霸王项羽对刘邦打不打、杀不杀、追不追的纠结心理及你的启示。

第二节 领导特质理论

如果你问一问走在大街上的普通人，在他们心目中领导是什么样的，你可能会得到一系列的品质特征，如智慧、领袖魅力、决策力、热情、实力、勇气、正直和自信等。这些回答反映出领导特质理论（trait theories）的本质。

为了寻求区分领导者与非领导者的特质或特性，特质论的研究者所采用的方法远比我们在大街上的调查复杂得多，这些方法在早期的领导研究中占有统治地位。对于那些被公认为领导者的个体,如毛泽东、华盛顿、纳尔逊·曼德拉、玛格丽特·撒切尔、甘地等,我们承认这些人符合领导者的定义,但他们各自表现出全然不同的特点。特质概念如果要站得住脚,就需要找到所有领导者都具备的具体特点。

一、领导与非领导的特质区分

众多分离特质的研究努力以失败告终。人们没有找到一些特质因素总能对领导者与下属,以及有效领导者与无效管理者进行区分。可能尚还乐观的是,大多数人相信所有成功的领导者,都具备一系列一致而独特的个性特点,不论他们在什么样的企业中工作。不过,考查与领导高度相关的特质的研究却获得了成功。研究者发现领导者有六项特质不同于非领导者,即进取心、领导愿望、诚实与正直、自信、智慧和工作相关知识。

(1)进取心:领导者表现出高努力水平,拥有较高的成就渴望,他们进取心强,精力充沛,对自己所从事的活动坚持不懈,并有高度的主动精神。

(2)领导愿望:领导者有强烈的愿望去影响和领导别人,表现为乐于承担责任。

(3)诚实与正直:领导者通过真诚与无欺及言行高度一致在他们与下属之间建立相互信赖的关系。

(4)自信:下属觉得领导者从没缺乏过自信。领导者为了使下属相信他的目标和决策的正确性,必须表现出高度的自信。

(5)智慧:领导者需要具备足够的智慧来收集、整理和解释大量信息;并能够确立目标、解决问题和作出正确的决策。

(6)工作相关知识:有效的领导者对于公司、行业和技术事项拥有较高的知识水平。广博的知识能够使他们作出富有远见的决策,并能理解这种决策的现实意义。

然而,单纯的特质对解释领导来说并不充分,完全以特质为基础的解释忽视了情境因素。具备恰当的特质只能使个体更有可能成为有效的领导人,但他还需要采取正确的行动,而且,在一种情境下正确的行动在另一种情境下却未必正确。因此,虽然在过去研究者对特质论表现出复苏的兴趣,但从20世纪40年代开始,特质理论就不再处于主导地位了。20世纪40年代末至60年代中期,有关领导的研究着重于对领导偏好的行为风格的考查。

二、领导的特质

关于领导者的特质研究,主要是观察成功的和不成功的领导者的特征,如自信、创新、精力充沛、独断专行、保守等,然后分析概括凝练共性特征。

斯多基尔(Stogdill)曾两次对有关领导者素质理论做过详细的研究,第一次是1904~1948年124位有关领导者素质的研究,这次研究虽然找到了一些领导者的共同特征,但却不能证实那些特征与领导成就有关。第二次是1949~1970年163位有关领导者素质的研究。从两次研究的结论中,斯多基尔找到的有关领导者素质可分为六大类(时巨涛等,2003)。

(1)领导者身体特征,如充满活力、有干劲、仪表出众等。

（2）领导者的社会背景，包括受过高等教育和具有良好的社会地位等。

（3）领导者的智慧和才能，如超群的智慧、专业方面的知识和沟通技巧等。

（4）领导者的性格，如自信、进取、创新、喜欢支配人和能控制情绪等。

（5）领导者工作方面的特点，如渴望取得成就、追求责任感和有事业心等。

（6）领导者的社会技能，如善于交际、有行政能力和能与人合作等。

也有人从领导者的个性特征与工作之间的关系这一角度研究领导者素质。比如，通过大量的实证研究，人们发现成功的市场部门领导多数乐观、热情、有支配欲和善于交际；成功的生产部门领导多数是进取、严谨、内向、合作和对员工真诚关注的；成功的企业家许多是直觉思维的，敢于冒险和承担决策风险。

后期领导者素质的研究，不再过分强调素质与领导成功的关系，只提出领导应具有一些素质的基本要求，使希望成为有效领导者的人以此要求来塑造自己。如麦肯锡公司研究提出，领导者必须具有14种素质：①值得信赖；②公正；③谦逊的举止；④倾听意见；⑤心胸宽广；⑥对人要敏锐；⑦对形势要敏锐；⑧进取、进取、进取；⑨卓越的判断力；⑩宽宏大量；⑪灵活性与适应性；⑫稳妥而及时的决策能力；⑬激励人的能力；⑭紧迫感。

第三节 领导行为理论

由于在特质理论的矿山中未能挖掘到金子，研究者开始把目光转向具体的领导者表现出的行为身上，希望了解有效领导者的行为还有什么独特之处。比如，领导者倾向于更为民主还是更为专制？研究者希望行为理论（behavior theory）观点能提供更为明确的有关领导实质的答案，而且，如果其成功的话，它所带来的实际意义将与特质理论截然不同。

如果特质理论成功，则会提供一个为组织中的正式领导岗位选拔"正确"人员的基础；如果行为研究找到了有关领导方面的关键决定因素，则可以通过训练进而使人们成为领导者。研究者在行为类型方面进行了大量的研究，在此我们简要概括三类流行面最广的研究：俄亥俄州立大学的研究、密歇根大学的研究和爱荷华大学的研究。接着我们来看看这些研究概念如何发展，从而被纳入管理方格论中对领导风格的行为考察。

1. 领导行为四分图

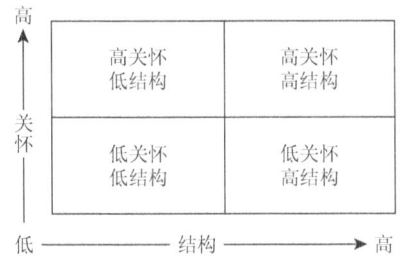

图12-1 领导行为四分图

较为全面研究领导行为理论的是来自20世纪40年代末期俄亥俄州立大学的研究者，研究者希望确认领导者行为的独立维度，他们收集了大量的下属对领导行为的描述，开始时列出了1000多个因素。将领导行为的内容归结为两个方面，称为结构维度和关怀维度，如图12-1所示（罗宾斯和贾奇，2012）。

结构维度（initiating structure）指的是为了达到组织目标，领导者界定和构造自己与下属的角色的倾向程度，包括试图设立工作、工作关系和目标的行为。具有高结构特点的领导者会向小组成员分配具体工作，要求员工保持一定的绩效标准，并强调工作的最后期限。以工作为中心，领导者通过设计组织机构，明确职责、权力、相互关系和沟通办法，确定工作目标与要求，制定工作程序、工作方法与制度来引导和控制下属的行为表现。

关怀维度（consideration structure）指的是一位领导者与其下属的工作关系以相互信任、尊重下属意见和重视下属情感为特征的程度。高关怀的领导者帮助下属解决个人问题，他友善而平易近人，公平对待每一个下属，并对下属的生活、健康、地位和满意度等问题十分关心。以人际关系为中心，关心和强调下属个人的需要，尊重下属意见，给下属较多的工作主动权，注意建立同事之间、上下级之间的互信气氛。

以这些概念为基础进行的大量研究发现，一个在结构维度和关怀维度方面均高的领导者，即高—高型领导者（high-high leader，HHL）常常比其他三种类型的领导者（低结构型领导者、低关怀型领导者、低—低型领导者）更能使下属达到高绩效和高满意度。但是，高—高型领导者并不总是产生积极的效果。比如，当工人从事常规任务时，以高结构为特点的领导行为导致了高抱怨率、高缺勤率和高离职率，工作的满意度水平也很低。其他研究还发现，直接上级主管对领导者进行的绩效评估等级与高关怀型领导者呈负相关关系。总之，俄亥俄州立大学的研究说明，一般来说，高—高型领导者能够产生积极效果，但同时也发现了足够的特例表明这一理论还需加入情境因素。

2. 管理方格理论

在俄亥俄州立大学研究的同期，密歇根大学调查研究中心也进行了相似性质的研究，即确定领导者的行为特点，以及它们与工作绩效的关系。密歇根大学的管理学家布莱克（Blake）和穆顿（Mouton）研究小组也将领导行为划分为两个维度，设计了一个巧妙的管理方格图，用以表示领导者对生产的关心程度和对人的关心程度，如图12-2所示，称为员工导向和生产导向。

员工导向的领导者被描述为重视人际关系，他们总会考虑到下属的需要，并承认人与人之间的不同。相反，生产导向的领导者倾向于强调工作的技术或任务事项，主要关心的是群体任务的完成情况，并把群体成

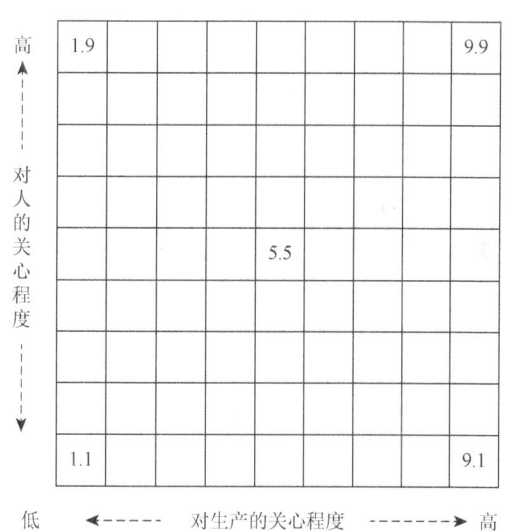

图 12-2 管理方格理论图

员视为达到目标的工具。密歇根大学研究者的结论对员工导向的领导者十分有利，他们与高群体生产率和高工作满意度成正相关。生产导向的领导者则与低群体生产率和低工作满意度联系在一起。

（1）1.1型方式：表示对人和生产（工作）都不关心，这种方式中，领导者只尽最小的努力做一些维持自己职务的工作，即抱着"只要不出差错，多一事不如少一事"的态度，来最低限度地完成组织工作和维系组织成员，因而这种领导方式被称为"贫乏型管理"。

（2）9.1型方式：表示领导者对工作极为关心，但忽略对人的关心，也就是不关心职工的需求和动机，并尽可能地设计一种工作环境，使人员不致干扰工作的进行。这种方式中，领导者拥有很大的权力，强调有效地控制下属，努力完成各项工作，因而这种领导方式被称为"独裁的、重任务型的管理"或"权威型管理"。

（3）1.9型方式：表示领导者对人极为关心，也就是关心工作人员的需求是否获得满足，重视搞好关系和强调同事及下级与自己的感情，力图建立一种舒适、友好的组织氛围。但却忽视了工作的进行和效果，因而这种领导方式被称为"乡村俱乐部型管理"。

（4）5.5型方式：表示既对工作关心，也对人关心，两者兼而顾之，程度适中，主张适可而止。这种方式的领导者既对工作的质量和数量有一定的要求，又强调通过引导和激励去使下属完成任务，通过将员工的士气维持在满意水平而使其在工作中找到平衡。但是这种方式中领导者往往缺乏进取心，乐意维持现状，因而这种领导方式被称为"中庸型的管理"。

（5）9.9型方式：表示对工作和人都极为关心。这种方式中，领导者能使组织的目标与个人的需求最有效地结合起来，既高度重视组织的各项工作，又能通过激励、沟通等手段，使群体在相互信任、相互尊重的基础上合作，下属人员共同参与管理，使工作成为组织成员自觉自愿的行动，从而获得高的工作效率，因而被称为"战斗集体型的管理"或"团队型管理"。

3. 三极端行为理论

爱荷华大学的研究。美国爱荷华大学的管理学家怀特（White）和李皮特（Lippett）考察了三种领导方式理论，即把领导方式分为三种——权威型、民主型和放任型，希望找出哪一种风格最为有效。

（1）权威型领导（authovitative leaders）：所有政策均由领导者决定；所有工作的进行步骤和技术的采用，均由领导者发号施令；工作分配及组合，多由领导者单独决定；领导者较少接触下属，如有奖惩往往对人不对事。

（2）民主型领导（democratic leaders）：主要决策由组织成员集体讨论决定，领导者采取鼓励与协助态度；分配工作时，尽量照顾到组织每个成员的能力、兴趣和爱好；领导者主要运用个人权力，而很少使用职位权力；领导者与下级间心理距离极小；在所设计的完成工作的途径和范围内，下属对于工作进行的步骤和所采用的技术的选择，有相当大的自由，有较多的选择性和灵活性。

（3）放任型领导（laissex-faine leaders）：组织成员或群体有完全的决策权，领导者放任自流，只负责给组织成员提供工作所需的资料条件或咨询，而尽量不参与，一般情况下不主动干涉，只偶尔发表一下意见。在这种领导方式下，工作几乎全部依靠组织成员个人自行负责。

4. 支持关系理论

美国密歇根大学社会研究中心在利克特的主持下，长期探讨领导行为对生产效率的影响，提出了"管理的新模式"，也称支持关系理论。利克特把领导方式归纳为以下四种。

（1）压榨式的集权领导。对下级缺乏信心，权力集中在最高层，很少让下属参与决策，只有自上而下的沟通，上级与下级的交往都是在互不信任的气氛中进行，激励主要用恐吓、惩罚，偶尔也用奖励。

（2）仁慈式的集权领导。对下级有一种谦和的态度，权力仍然控制在最高层，下级在一定限度内参与，有一定的自下而上的沟通，激励方法是奖赏与惩罚并举。

（3）协商式的民主领导。上级对下级有相当程度的信任，但不完全信任，主要决策权掌握在高层，下级可作具体问题的决策，双向沟通在信任的情况下进行，激励基本采用奖励方法，偶尔也实行惩罚。

（4）参与式的民主领导。领导者完全信任部属，决策采取高度的分权化，既有自上而下的沟通，也有自下而上的沟通，信息交流在互相信赖和友好的气氛中进行，组织目标与职工的个人目标是一致的。

利克特认为，一个组织的领导类型可以用以下特征来描述：领导过程、激励过程、交流沟通过程、领跑型领导、相互作用过程、决策过程、目标设置过程、控制过程、绩效目标。鉴别和区分不同领导类型和方式的关键是看组织员工参与决策的程度。利克特通过广泛的调查，发现具有相互作用的主管人员都是取得最大成就的领导者，这种领导方式在设置和实现目标方面是最有效率的，通常也是最富有成效的。他还发现，实行参与民主式领导体制的企业，其生产效率要比一般企业高出 10%～40%。他把这些主要归因于员工参与管理的程度及在实践中坚持相互支持的程度。据此，利克特大力提倡压榨式、仁慈式的企业向协商式和参与式的企业转变。他认为，单纯依靠奖惩来调动员工积极性的管理方式已经过时了，只有依靠民主管理，从员工内心来调动其积极性，才能充分发挥他们的潜力。他建议领导者要真心诚意地而不是假心假意地让员工参与管理。要看到员工的智慧，相信他们愿意做好工作。独裁式管理永远也不能达到民主管理体制所能达到的生产水平和对工作产生的满意感受。他认为，有效的领导者是注重面向员工的，他们依靠信息沟通使所有各部门像一个整体那样行事。组织的所有成员，包括主管人员在内都形成一种相互支持的关系（时巨涛等，2003）。

5. 领导风格理论

美国管理学家丹尼尔·戈尔曼（Daniel Goleman）通过对全球 3871 名高级经理人的领导风格及领导成效进行研究，发现存在着 6 种截然不同的领导风格。如果分开来看，每一种领导风格都会对企业、部门或团队的工作产生影响，并最终影响财务业绩。

（1）专制型领导（coercive leaders）：要求立即服从（对组织工作氛围会产生消极影响）。

（2）权威型领导：所有工作的进行步骤和技术的采用，均由领导者发号施令；主要是强调远景目标，号召员工为之奋斗。

（3）关系型领导（affiliative leaders）：建立情感纽带，创造和谐关系。

（4）民主型领导（democratic leaders）：通过鼓励下属参与来达成共识，下属对工作的选择，有相当大的自由，有较多灵活性。

（5）领跑型领导（pacesetting leaders）：强调卓越，自我指导（对组织工作氛围产生消极影响）。

（6）教练型领导（coaching leaders）：为未来发展培养员工。

戈尔曼指出，领导风格对一个组织的工作氛围有明显的影响。他运用6个影响工作环境的主要因素：员工不受条条框框的束缚且具有锐意创新的灵活性、员工对组织的责任感、员工设立标准的高低、绩效反馈的准确性和奖励的恰当性、员工对企业使命和价值观的明确性、员工对共同目标的投入程度来测量领导风格对组织的影响。经过对数据的分析统计，得出的结论是：权威型领导风格对工作的正面影响最大，然后是关系型领导、民主型领导和教练型领导等。专制型领导和领导型领导对组织的工作氛围则会产生消极影响。

戈尔曼的6种领导风格尽管各不相同，有积极的或者消极的一面，但它们都有最适合运用的时机，对组织的工作也会产生不一样的影响。举例来说，在所有领导风格中，专制型在大多数情况下最没有效果。在这样的领导风格下，组织成员没有任何灵活性，一言堂式的决策方式把员工的新思想都扼杀在摇篮中，人们没有被尊重的感觉，缺乏合作交流，充满危机和恐惧，也缺少成就感和自豪感，因此，员工的满意度和忠诚度都比较低，对组织的影响总体上讲也是消极的。但在一些特定情况下，由于时间急迫或情况复杂，大家意见不统一又必须决策时，也需要专制型领导力排众议、临机决断，快速应对。如在组织面临扭亏为盈或恶意收购的当口，或在组织遇到危机、发生天灾人祸时，专制型领导可以发挥积极作用。有时人们会混淆权威型领导与专制型领导。权威型领导风格也会使下属感到较大的压力，但这种领导始终强调最终目标，不会过多问津员工如何达到目的，给予员工充分施展自己才华的机会。权威型领导一般与员工保持一定的距离，使人感到难以亲近，因此，在多数情况下，将权威型领导与关系型领导结合起来，恩威并重的领导方式是非常有效的。

采用领跑型领导风格的人一般会制定极高的业绩指标，而且总是身先士卒。这种领导追求美而快，精益求精，快马加鞭，同时要求身边的每一个员工都做得同样出色，严于律己和对员工要求苛刻在这类领导身上同样突出。通常人们会认为，这样的领导是好领导。戈尔曼指出，研究结果出人意料，领跑型领导往往会破坏工作氛围。许多员工会对过高的目标要求望而生畏，士气随之低落；领跑型领导要么不给员工工作任何反馈，要么就越俎代庖，这样的领导一旦离去，员工就会失去方向感，因为他们已经习惯由专家为他们制定方向；他们工作的主动性也会降低，因为他们体会不到自己工作与组织目标及个人责任的关系。但如果组织中所有员工充满工作热情，能力得到充分释放，几乎不需要指导和协调，这时候领跑型领导则可以大有作为（时巨涛等，2003）。

第四节 权变理论

人们越来越清楚地认识到，为了预测领导成功而对领导现象进行的研究其实比分析领导特质更为复杂。由于未能在这些方面获得一致性的结果，人们开始重视情境的影响。权变理论逐渐进入管理领域，认为管理的对象和环境的变化，普遍适用的方案并不存在，必须按照对象情境的具体情况，选择具体对策。组织行为学认为，遵循权变理论，并不等于没有理论，而是告诉人怎样从错综复杂的情境中寻找关键性变量，然后找出变量与变量之间的因果关系，从而针对一定的情境，使用一定的对策。关于权变理论，我们主要介绍以下四种：费德勒的领导权变模型、赫塞–布兰查德的情境理论、途径—目标理论和领导者参与模型。

一、费德勒的领导权变模型

第一个全面的领导模型是由美国华盛顿大学管理学家弗雷德·费德勒于1965年提出的。费德勒研究了两种领导风格，即关系领导型和任务领导型。费德勒权变模型（Fiedler contingency model，FCM）指出，有效的群体绩效取决于与下属相互作用的领导者的风格和情境对领导者的控制和影响程度之间的合理匹配。费德勒开发了一种被称为"你最不喜欢的同事"的问卷来反映和测试领导者的领导风格，一个领导如对其最不喜欢的同事仍能给予好的评价，即是关心人（关系导向）的领导；一个领导如对其最不喜欢的同事评价很低，即是关心任务（任务导向）的领导。另外，他还分离出三项情境因素——领导者—成员关系、任务结构、职位权力，他相信通过操作这三项因素能产生与领导者行为取向的恰当匹配。从某种意义上说，费德勒的模型属于过时了的特质理论，因为 LPC（least-preferred co-worker）问卷只是一份简单的心理测验。然而，费德勒走得比忽视情境的特质理论和行为理论远得多，他将个体的个性和特点与情境联系起来，并将领导效果作为二者的函数进行预测（罗宾斯和贾奇，2012）。

以上关于费德勒模型的描述显得过于抽象，下面我们从更为实际具体的角度来了解这一模型。费德勒相信影响领导成功的关键因素之一是个体的基本领导风格，因此他先试图发现这种基本风格是什么。为此目的，他设计了 LPC 问卷，如表12-1所示。问卷由14组对应形容词构成。费德勒让作答者回想一下与自己共过事的所有同事，并找出一个最难共事者，在14组形容词中按1~8等级对他进行评估。费德勒相信，在 LPC 问卷的回答基础上，可以判断出人们最基本的领导风格。

表 12-1 费德勒的 LPC 问卷

快乐	—	—	8	7	6	5	4	3	2	1	—	—	不快乐
友善	—	—	8	7	6	5	4	3	2	1	—	—	不友善
拒绝	—	—	1	2	3	4	5	6	7	8	—	—	接纳
有益	—	—	8	7	6	5	4	3	2	1	—	—	无益

续表

不热情	—	—	1	2	3	4	5	6	7	8	—	热情
紧张	—	—	1	2	3	4	5	6	7	8	—	从容
冷漠	—	—	1	2	3	4	5	6	7	8	—	关心
合作	—	—	8	7	6	5	4	3	2	1	—	不合作
助人	—	—	8	7	6	5	4	3	2	1	—	敌意
竞争	—	—	1	2	3	4	5	6	7	8	—	融洽
自信	—	—	8	7	6	5	4	3	2	1	—	犹豫
高效	—	—	8	7	6	5	4	3	2	1	—	低效
郁闷	—	—	1	2	3	4	5	6	7	8	—	激情
开放	—	—	8	7	6	5	4	3	2	1	—	防备

如果以相对积极的词汇描述最难共事者（LPC 得分高），则作答者很乐于与同事形成友好的人际关系，也就是说，如果把最难共事的同事描述得比较有利，费德勒会称为关系取向型。相反，如果对最难共事的同事看法不很有利（LPC 得分低），可能主要感兴趣的是生产，会被称为任务取向型。费德勒运用 LPC 工具可以将绝大多数作答者划分为两种领导风格。当然，他也发现有一小部分人处于二者之间，费德勒承认很难勾勒出这些人的个性特点。

非常值得注意的一点是，费德勒认为一个人的领导风格是固定不变的，这意味着如果情境要求任务取向型的领导者，而在此领导岗位上的却是关系取向型领导者时，要想到达最佳效果，则要么改变情境，要么替换领导者。费德勒认为，领导风格是与生俱来的——你不可能改变你的风格去适应变化的情境。

用 LPC 问卷对个体的基本领导风格进行评估之后，需要再对情境进行评估，并将领导者与情境进行匹配。费德勒列出了三项权变因素用以确定决定领导有效性的情境，它们是领导者—成员关系、任务结构和职位权力，其定义如下。

领导者—成员关系（leader-member relations，LMR）。领导者对下属信任、信赖和尊重的程度。

任务结构（task structure）。工作任务的程序化程度，即结构化或非结构化。

职位权力（position power）。领导者拥有的权力变量，即雇用、解雇、训诫、晋升和加薪的影响程度。

费德勒模型是根据这三项权变变量来评估情境的。领导者—成员关系或好或差，任务结构或高或低，职位权力或强或弱，三项权变变量加总起来，便得到八种不同的情境或类型，每个领导者都可以从中找到自己的位置。费德勒模型指出，当个体的 LPC 分数与三项权变因素的评估分数相匹配时，会达到最佳的领导效果。费德勒研究了 12 000 个工作群体，对八种情境类型的每一种，均对比了关系取向和任务取向两种领导风格，他得出结论：任务取向的领导者在非常有利的情境和非常不利的情境下工作得更好（图 12-3）。

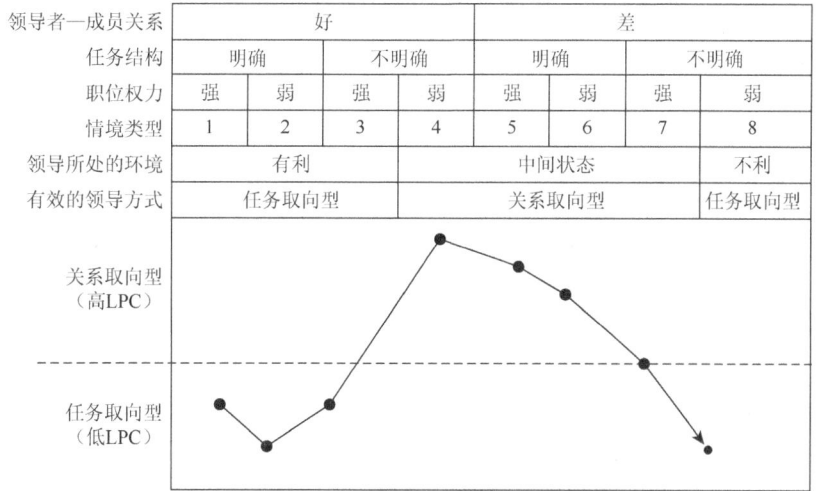

图 12-3　费德勒领导权变模型

按照费德勒的观点，个体的领导风格是稳定不变的，因此提高领导者的有效性实际上只有两条途径：①你可以替换领导者以适应情境。比如，如果群体所处的情境被评估为十分不利，而且目前又是一个关系取向型的领导者当领导，那么替换一个任务取向型的管理者则能提高群体绩效。②改变情境以适应领导者。通过重新建构任务或者提高或降低领导者可控制的权力（如加薪、晋职和训导活动），可以做到这一点。

总之，有大量的研究对费德勒模型的总体效率进行了考查，并得到了十分积极的结果，也就是说，有相当多的证据支持这一模型。但是，该模型目前也还存在一些欠缺，还需要增加一些变量来加以改进和弥补。另外，这些权变变量对于实践者来说也过于复杂和困难，在实践中很难确定领导者—成员关系有多好，任务的结构化程度有多高，以及领导者拥有的职权有多大。

二、赫塞–布兰查德的情境理论

保罗·赫塞（Paul Hersey）和肯尼思·布兰查德（Kenneth Blanchard）开发的情境领导理论（situational leadership theory）也是一个广泛推崇的领导模型，这是一个重视下属的权变理论。赫塞和布兰查德认为，依据下属的成熟度（maturity）水平选择正确的领导风格会取得领导的成功，也就是说成功的领导是通过针对下属的意愿和成熟程度选择正确的领导风格来获得的。

在领导效果方面对下属的重视反映了这样一个事实，是下属接纳或拒绝领导者，无论领导者做什么，其效果都取决于下属的活动。然而这一重要维度却被众多的领导理论忽视或低估。

赫塞和布兰查德将成熟度定义为：个体对自己的直接行为负责任的能力和意愿。它包括两项要素：工作成熟度与心理成熟度。前者包括一个人的知识和技能。工作成熟度高的个体拥有足够的知识、能力和经验完成他们的工作任务而不需要他人的指导。后者指的是一个人做某事的意愿和动机。心理成熟度高的个体不需要太多的外部鼓励，他们靠内部动机激励（罗宾斯和贾奇，2012）。

1. 特定的领导行为

情境领导模式使用的两个领导维度与费德勒的划分相同：任务行为和关系行为。但是，赫塞和布兰查德更向前迈进了一步，他们认为每一维度有低有高，从而组合成以下四种具体的领导风格。

（1）命令型（高任务—低关系）：由领导者进行角色分配，并告知人们做什么、如何做、何时及何地去完成不同的任务。它强调指导性行为，通常采用单向沟通方式。

（2）说服型（高任务—高关系）：领导者既提供指导性行为，又提供支持性行为。领导者除向下属布置任务外，还与下属共同商讨工作的进行，比较重视双向的沟通。

（3）参与型（低任务—高关系）：上级极少进行命令，而是与下属共同进行决策。领导者的主要作用就是促进工作的进行和沟通。

（4）授权型（低任务—低关系）：领导者几乎不提供指导或支持，通过授权鼓励下属自主做好工作。

2. 下属的成熟度

赫塞-布兰查德的情境理论引入了下属的成熟度概念，将其定义为：人们有意愿和能力完成某项特定任务的程度。一般是指责任心、成就感、工作经验、教育程度等。赫塞-布兰查德情境理论的最后部分定义了成熟度的四个阶段。

R1 阶段：这些人对于执行某任务既无能力又不情愿。他们既不胜任工作又不能被信任。

R2 阶段：这些人缺乏能力，但却愿意从事必要的工作任务。他们有积极性，但目前尚缺乏足够的技能。

R3 阶段：这些人有能力却不愿意干领导者希望他们做的工作。

R4 阶段：这些人虽有能力但不愿意干让他们做的工作。

赫塞-布兰查德的情境理论认为："高任务"和"高关系"的领导并不一定经常有效，而"低任务"和"低关系"的领导也不一定总是无效的，这里应加上另外一个因素——下属的成熟度，要把关心工作、关心人和下属成熟度三者结合起来考虑。他们认为只有领导者的风格与其下属的"成熟度"相适应，才能产生较好的领导效果，这三者之间是一个曲线关系，如图12-4所示。

领导者应敏锐地觉察到下属的能力、动机各不相同，具备改变自己行为和领导方式的能力，即随着下属成熟度的改变相应调整其领导行为。当下属成熟度提高时，领导者不仅能够不断降低对下属活动的控制，而且也要降低关系行为。

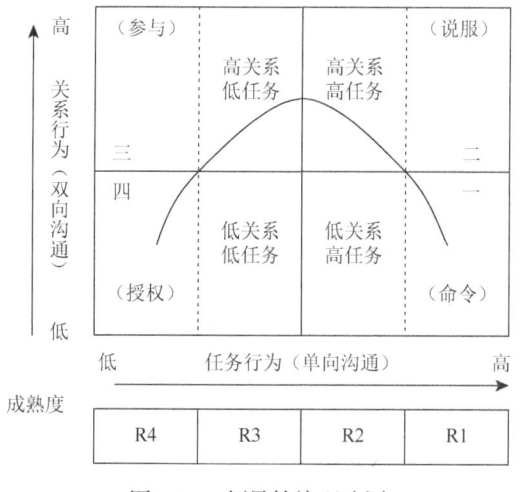

图 12-4 领导情境理论图

根据赫塞-布兰查德的情境理论,不成熟的、未经训练的下属,应给予更多的管理、控制和监督;而成熟负责的员工,给予较松的控制、有弹性的组织和一般的监督,就能发挥其潜力。

三、途径—目标理论

途径—目标理论已经成为当今最受人们关注的领导观念之一,它是罗伯特·豪斯(Robert House)开发的一种领导权变模型,它从俄亥俄州立大学的领导研究与激励的期望理论中吸收了重要元素。加拿大多伦多大学教授罗伯特·豪斯把激发动机的理论和领导行为四分图结合在了一起,提出了途径—目标理论。这种理论认为:领导者的效率是以激励下级达到组织目标并使其在工作中得到满足的能力来衡量的。豪斯提出了领导方式的四种类型,并认为领导方式的选用没有固定不变的公式,要根据领导行为与下属的权变因素、环境权变因素综合来考虑。

该理论认为,领导者的工作是帮助下属达到他们的目标,并提供必要的指导和支持以确保各自的目标与群体或组织的总体目标相一致。"途径—目标"的概念来自这种信念,即有效领导者通过指明实现工作目标的途径来帮助下属,并为下属清理各项障碍和危险,从而使下属的工作目标更容易实现。按照途径—目标理论,领导者的行为被下属接受的程度,取决于下属是将这种行为视为获得满足的即时源泉,还是作为未来获得满足的手段。领导者行为的激励作用在于:①它使下属的需要—满足取决于有效的工作绩效;②它提供了有效绩效所必需的辅导、指导、支持和奖励。为了考查这些陈述,豪斯确定了四种领导行为:指导型领导者让下属知道他们期望的是什么,以及完成工作的时间安排,并对如何完成任务给予具体指导,这种领导类型与俄亥俄州立大学的结构维度十分近似;支持型领导十分友善,并表现出对下属需求的关怀,这种领导类型与俄亥俄州立大学的关怀维度十分近似;参与型领导则与下属共同磋商,并在决策之前充分考虑他们的建议;成就导向型的领导设定富有挑战性的目标,并期望下属实现自己的最佳水平。与费德勒的领导行为相反，豪斯的行为领导者是灵活的，同一领导者可以根据不同的情境表现出任何一种领导风格，如图12-5所示。

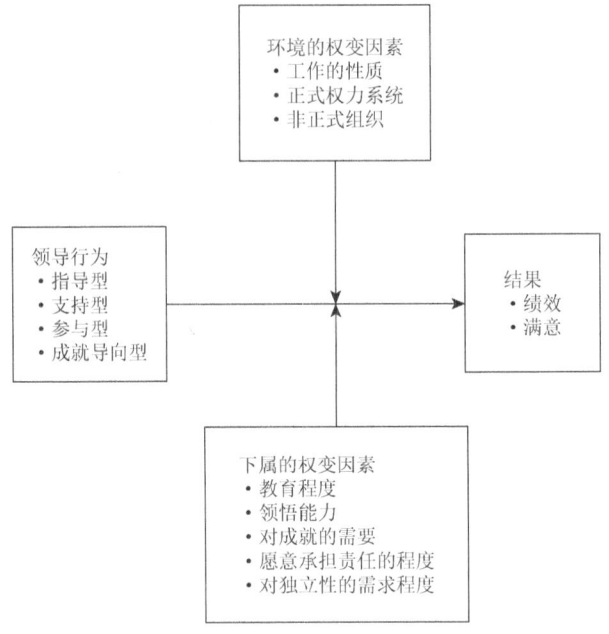

图 12-5　途径—目标理论

如果要使得产出最大，环境因素决定了作为补充所要求的领导行为类型，而下属的个人特点决定了个体对环境和领导者的行为特点如何解释。这一理论指出，当环境结构与领导者行为相比重复多余或领导者行为与下属特点不一致时，效果均不佳。

以下是由途径—目标理论引申出的一些假设范例。

相比具有高度结构化和安排完好的任务来说，当任务不明或压力过大时，指导型领导导致了更高的满意度。

当下属执行结构化任务时，支持型领导导致了员工高绩效和满意度。

对知觉能力强或经验丰富的下属，指导型的领导可能被视为累赘。

组织中的正式权力关系越明确、越官僚化，领导者越应表现出支持型行为，降低指导型行为。

控制点为内部的下属，对指导型风格更为满意。

当任务结构不清时，成就导向型领导将会提高下属的努力水平，从而达到高绩效的预期。

对诸如这些假设的验证性研究结果通常是令人振奋的。这些证据支持了理论背后的逻辑性。也就是说，当领导者弥补了员工或工作环境方面的不足时，则会对员工的绩效和满意度起到积极的影响。当任务本身十分明确或员工有能力和经验处理它们而无须干预时，如果领导者还花费时间解释这些任务，则下属会把这种指导性行为视为累赘甚至是无用行为。

四、领导者参与模型

1973年维克托·弗罗姆和菲利普·耶顿（Phillip Yetton）提出的领导者参与模型（leader participation model，LPM），主要指出了领导行为和决策参与的关系。由于认识到常规活动和非常规活动对任务结构的要求各不相同，研究者认为领导者的行为必须加以调整以适应这些任务结构。弗罗姆和耶顿的模型是规范化的——它提供了根据不同的情境类型而遵循的一系列的序列规则，以确定参与决策的类型和程度。这一决策模型包括了七项权变因素（可通过"是"或"否"选项进行判定）和五种可供选择的领导风格。

领导参与模型认为，领导者抗议通过改变下属参与决策的程度来体现自己的领导风格，根据下属参与程度的不同，把领导方式分为三类五种，即独裁专制型（A）两种，独裁专制型下属参与度最低（AⅠ）、独裁专制型下属参与度较低（AⅡ）；协商型（C）两种，协商型下属参与度较低（CⅠ）、协商型下属参与度较高（CⅡ）；群体决策型（GⅠ）。

AⅠ领导者使用自己手头现有的资料独立解决问题或作出决策。

AⅡ领导者从下属那里获得必要的信息，然后独自作出决策。在从下属那里获得信息时，领导者可以告诉或不告诉他们你的问题。在决策中下属扮演的角色显然是向你提供必要信息的人，而不是提出或评估可行性解决方案的人。

CⅠ领导者与有关的下属进行个别讨论，获得他们的意见和建议。领导者所作出的决策可能受到或不受到下属的影响。

CⅡ领导者与下属集体讨论有关问题，收集他们的意见和建议，然后领导者所作出的决策可能受到或不受到他们的影响。

GⅠ领导者与下属集体讨论问题，共同提出和评估备选方案，争取获得解决问题的一致意见，讨论中领导不用自己的思想去影响群体。

领导者参与模型进一步证实了领导研究应指向情境而非个体。也许称为专制和参与的情境，或称为专制和参与的领导更讲得通。与豪斯的途径—目标理论相同，弗罗姆和耶顿都反对把领导者的行为看作固定不变的，他们认为，领导者可根据不同的情境调整他的风格。

按照权变理论，在此我们可以认为领导风格在任何情境下都有效的看法可能并不正确。领导并不总是重要的。不少研究资料表明：在许多情境下，领导者表现出什么样的行为是无关紧要的。某些个体、工作和组织变量可以作为"领导的代替物"，从而替代领导者的影响。首先，当下属的特点是有经验、受过专业培训，或有独立需要时，则替代了领导的效果。这些特点可以取代为了进行结构化和降低任务模糊性而需要的领导方面的支持和能力。其次，当工作本身十分明确、规范或自身能满足个体时，对领导变量的需要也大大减少。最后，某些组织的特点，如明确正式的目标、严格的规章和程序，或高内聚力的工作群体，都可以代替正式的领导活动。

案例分析

数豆子数出来的修养

北宋出了很多名相，文彦博无疑是其中最有特点的一个。他历事仁宗、英宗、神宗、哲宗四朝，为官70年，出将入相50年之久，堪称朝堂上的常青树，官场上的不倒翁。创造这样的奇迹，一方面是因为他出色的才能，另一方面则是因为他过人的修养。

北宋皇祐三年（1051年），殿中侍御史唐介弹劾宰相文彦博"阴结贵妃，专权任私"，证据是他任成都知府期间，曾赠送"蜀锦"贿赂张贵妃。原来张贵妃的伯父张尧佐曾是文彦博家的门客，张贵妃对文彦博也以伯父相称。文彦博以枢密直学士任成都知州时，有一年将近上元节，张贵妃让文彦博进献蜀锦，文彦博于是命人织成灯笼锦送了过来。这种锦间以金线装点，并配以灯笼、莲花图案，是蜀锦中的精品。正是这件事给文彦博带来的麻烦，让唐介攻击他"结交宫掖"，走了"夫人路线"，才当上了宰相。仁宗面色很难看，召他们对质，没想到文彦博一句也没为自己辩解，只是磕头谢罪。仁宗没有办法，将文彦博免去宰相的职务，贬至许州，唐介则被贬至春州（今广东省阳春市），以各打五十大板收场。

仅仅过了四年，宋仁宗思贤心切，下诏任命文彦博为同中书门下平章事、昭文馆大学士，恢复他的宰相身份。不过让所有人都感到意外的是，接到诏书的文彦博做的第一件事，就是上书皇帝："唐某所言，正当臣罪。召臣未召唐某，臣不敢行"。面对仁宗的不解，文彦博解释说："唐介这个人自担任御史以来，其议论多数时候还是中肯的，虽然偶尔也有风闻参劾的失误，但总的来看做御史还算称职，建议皇上起复任用。"唐介因此被召回朝廷，回到了监察御史的岗位。

这就是传说中的以德报怨吧，文彦博的大度让仁宗皇帝非常感慨，没有宽阔的胸襟、平和的心态，断然难以做到这一点。唐介更是为之感动，神宗熙宁元年（1068年），他被提拔为参知政事，相当于副宰相，给文彦博当副手，两人"相知为深"，关系如知己般融洽。

熙宁二年（1069年），宋神宗拜陈升之为相，文彦博为枢密使（相当于今天的国防部部长）。宋朝重文轻武，同样级别的文官排位要在武将之前，神宗考虑到文彦博德高望重，特别下诏说："文彦博是朝廷历朝臣子，令陈升之位在文彦博之下，以符合朕礼贤之意。"也就是在上朝排队时，让陈升之走在文彦博的后边。面对这份殊荣，文彦博坚决推辞，说："自我朝开始，从来没有枢密使位次居于宰相之前的，只有曹利用任枢密使时狂妄自大，悍然站位在宰相王曾等前列。我本人还稍稍知道一点礼节，不敢效法他的做法而扰乱朝纲。"神宗听了，为之感动。身为国家重臣，位高权重，却从不居功，而是甘于人后，怎能不让人肃然起敬呢？

宋仁宗无子，当他病重时，文彦博曾和富弼建议早立储君，仁宗听从了他们的意见，从宗室中选定了英宗赵曙。后来英宗知道了这段旧事，当面对文彦博表示感谢："朕之立，卿之力也。"文彦博却严肃地回答说："陛下立为太子，承继帝统，是仁宗皇帝和皇太后的意愿，臣下没有什么功劳。而且陛下登基时我不在京城，是韩琦等依照先帝遗愿拥立您的，我也没有参与。"后来，英宗的长子赵顼，也就是神宗也提起这段往事，对文彦博充满了感激之情。文彦博依旧回答说："英宗皇帝天命所在，臣下有什么功劳可言？"神宗说："虽然是天命，但也靠人谋，你品性深厚，不宣扬自己的善德罢了。"

元丰八年（1085年），神宗第六子赵煦即位，就是哲宗。哲宗当时只有9岁，可已经80岁高龄的文彦博面对稚气未脱的小皇帝，仍然毕恭毕敬，恪守礼法，从不倚老卖老，和皇帝在一起时从不落座。有一年哲宗主持殿试，文彦博为副主考，考试的时间很长，哲宗看他一把年纪，颤颤巍巍，就对他说："太师，您年纪这么大了，坐着休息一下吧！"文彦博谢恩之后，仍然不肯就座。

有人感叹文彦博的修身之功非常人所及，其实他的这份宽容、谦让的涵养也不是天生的，而是有赖于日积月累的修养之功。文彦博小时候虽然读了很多圣贤书，但因为顽皮而经常犯错，父亲为此忧心忡忡。文彦博为了加强对自己的监督，想出一个办法，他准备了两只罐子，平时做了好事，就在一个罐子里放一粒红豆；做了坏事，就在另一个罐子里放一粒黑豆。他每天检查红豆和黑豆的数目，以此提醒自己，终于使红豆越来越多，黑豆越来越少，这种"童子功"使他一生受益匪浅。人有天生的素质，却没有天生的修养，原来文彦博那样博大的胸怀也是一点一滴修炼来的。有时伟大与平庸的差距，并不在起跑线，而在于奔跑的途中，只有那些一刻也不停督促自己、修正方向的人，才能跑得更久、更远。

资料来源：王爱军（2015）

【思考题】

1. 试用领导行为理论分析文彦博的"领导"艺术。
2. 什么是诚信领导？结合四朝元老文彦博的修养，谈谈修养与信任为什么对领导很重要。
3. 运用领导特质理论分析文彦博出色的才能和过人的修养。

第五节　诚信领导：道德和信任是领导的基础

虽然各种领导理论增加了我们对有效领导的理解，但是它们都没有对道德和信任的作用进行明确的阐述。有的学者认为，对于领导理论来说，道德和信任是不可缺少的一部分。因此，我们在诚信领导的大标题下讨论这个概念（Avolio et al., 2004; Gardner and Schermerhorn, 2004）。

诚信领导者（authentic leaders）清楚地知道自己是谁，知道自己的信念和价值观，能够坦率、公开地按照自己的信念和价值观行事。他们的下属会认为他们是有道德的人。因此，诚信领导的主要品质就是信任。诚信领导者会与下属分享信息，鼓励开诚布公地沟通，其结果就是人们逐渐对诚信导者产生信任。

一、信任与领导

信任(trust)是指个体对事情走向抱有积极预期,导致自己易受他人影响的一种心理状态。即便你并没有使情况完全处于自己的掌控之中,你也还是愿意相信对方会与你患难与共。

信任是一种与领导有密切关系的主要属性;当信任遭到破坏时,会给群体绩效造成十分严重的后果。领导者的一部分工作(以前是,现在是,将来也是)就是与大家一起发现并解决问题。但是,面对要解决的问题,领导者能否可以解决,在很大程度上取决于人们对该领导者的信任程度。信任程度和是否值得信任,在很大程度上决定了该领导者能否获得必需的知识和合作。

当下属信任领导者时,他们愿意接受领导者的影响,而且相信自己的权力和利益不会被人滥用。变革型领导者(transformational leaders)声称自己所指示的方向符合每个人的最佳利益,从而为自己的理念寻求部分支持。当人们觉得某个人不诚实或有可能利用自己时,就不会尊重和追随他。诚实对领导者来说绝对重要。要想让人们心甘情愿地追随你,不论是在战争年代还是在办公会议当中,人们首先需要确信,你是否值得他们信任(Kouzes and Posner, 2011)。

在一份简单的劳动合同中,当你履行了工作描述中的职责时,你的雇主要按照法定约定向你支付薪水。然而在当今的社会中,快速的企业重组、职责的扩大及以团队为基础的协作型工作风格意味着雇佣关系不再是稳定的、包含明确条款的长期合约。更不要说,与以往相比,当今的雇佣关系更多地建立在信任关系的基础之上。你必须相信,当你向上级展示你的一个创新项目时,对方不会背着你而将你的功劳据为己有。你必须相信你付出的额外努力,会在你的绩效评估中被认可。在当今的组织中,越来越少的工作任务是被仔细记录和明确阐述的,基于信任的员工自愿贡献是必不可少的。因此,一个被信任的领导者才能够鼓励员工超越自我,实现变革型领导的目标。

二、信任如何建立?

要建立信任,光靠领导者是不够的;下属的特征也会影响信任的建立。

哪些关键特征会使人们相信某个领导者值得信任?研究证据确定了领导者值得信任三种特征——正直、仁慈和能力,从而取得信任,实现承担风险、分享信息、群体有效和生产率提升。

正直意味着诚实和真诚。在评估一个人是否值得信任时,正直似乎是这三种特征中最重要的一种(Tan H H and Tan C S, 2000)。最近的一项调查中,570位白领对与领导有关的28项属性进行了打分,结果显示诚实被评为最重要的属性。正直还意味着言行一致。如果管理者说一套做一套,那么人们很快就会注意到。

仁慈意味着被你信任的人会考虑到你的利益,即使你的利益与他的利益并不一致。关爱和支持是领导者和下属之间的情感纽带的一部分。

能力包括个体在技术和人际关系方面的知识和技能。如果你对一个人完成工作的能力没有信心，那么即使对方是一个有高尚原则并具有全世界最好意图的人，你也不会相信对方能够实现一个积极的结果。人们知道自己在说些什么吗？你很有可能不会听从或依靠那些你不相信其能力的人。

三、信任是一个过程

信任倾向指的是某个特定员工信任一个领导者的可能性。一些人会更容易认为其他人是可以信任的。那些会仔细记录每一个承诺或者与其上司的每次对话的人具有较低的信任倾向，他们很可能不相信领导者的言辞。那些认为绝大多数人具有诚实和坦率品质的人更有可能会寻找证据以证明自己的领导者表现出了值得信任的行为模式。信任倾向与随和性这种个性特质息息相关，而那些缺乏自尊的人更不容易相信他人。

时间是建立信任的最后一个因素。信任不会立刻产生：我们对人们的信任在对其行为进行一段时间的观察之后产生。领导者需要在信任具有重要作用的情境中表现出正直、仁慈和能力，或者在可以投机取巧或使员工失望时拒绝这样去做。人们也可以通过表现出胜任力而获得在能力领域的信任。

那些破坏和员工之间的心理契约并表现得不可信的领导者将发现，员工会具有更低的满意度、更低的忠诚度、更高的离职意愿、更少的组织公民行为及更低的任务绩效（Zhao et al.，2007）。一切信任被破坏，即使它可以重建，也仅限于特定场合且取决于破坏的类型。如果破坏的原因是缺乏能力，通常最好的解决方式是道歉并承认自己本可以做得更好。然而当原因是缺乏正直时，道歉不会有太大作用。忽略信任被破坏这个事实，沉默应对、拒绝承认或者否认责任永远不会是重建信任的有效策略。当我们观察到犯错者始终表现出可信的行为方式时，信任就可以重建。然而，如果犯错者使用了欺骗的手段，那么即使采用了道歉、承诺或者始终可信的行为方式，信任也不能完全恢复。

四、信任的结果

上级和员工之间的信任与许多积极的雇佣结果相关。下面仅列举一些研究得出的重要结论。

（1）信任鼓励承担风险。当员工决定偏离常规方式行事，或从一个新的角度来解读上级指示时，他们就在承担风险。在这两种情况下，信任关系有助于员工实现这种跨越。

（2）信任有助于信息分享。员工无法表达对工作的想法的一个重要原因是，他们对于表达自己的观点感到不安。当管理者表明自己会公正对待员工的想法，并且重视积极、主动的变革时，员工更加愿意提出想法。

（3）存在信任关系的群体更加有效。当领导者为本群体设定了信任的基调时，成员会更加愿意彼此帮助，并为对方付出额外的努力，而这会进一步加深信任。相反，在缺乏信任的群体中，成员往往会怀疑彼此，经常戒备对方以防被利用，并且限制和群体中其他成员的交流。这些行为很有可能削弱甚至最终毁灭整个群体。

（4）信任促进生产率（Colquitt et al., 2007）。信任还会对公司的根本利益产生积极影响。那些信任上级的员工往往会获得更高的绩效评估。不信任主要聚焦于成员利益的分歧，从而使得人们难以看清共同目标。于是，人们的反应通常是隐藏信息，并秘密地追求个人利益。不信任的氛围往往会引发恶性冲突，并阻碍合作。

重要名词和术语

领导（leadership）
领导者（leaders）
特质理论（trait theories）
行为理论（behavior theory）
结构维度（initiating structure）
关怀维度（consideration structure）
权威型领导（authovitative leaders）
民主型领导（democratic leaders）
领跑型领导（pacesetting leaders）
教练型领导（coaching leaders）
专制型领导（coercive leaders）
放任型领导（laissex-faine leaders）
费德勒权变模型（Fiedler contingency model, FCM）
任务结构（task structure）
职位权力（position power）
领导者—成员关系（leader-member relations, LMR）
成熟度（maturity）
领导者参与模型（leader participation model, LPM）
变革型领导者（transformational leaders）
诚信领导者（authentic leaders）

复习思考题

1. 领导和管理是不同的吗？如果是，请解释它们的差异。
2. 你认为领导的实质是什么？领导者对组织行为有哪些影响？
3. 特质理论和行为理论的差异在哪里？这些理论具有效度吗？
4. 费德勒的权变模型是什么？它是否经过研究的证实？
5. 什么是诚信领导？为什么道德与信任对领导很重要？
6. 运用领导特质理论分析我国企业经营者常见的问题和不足。
7. 针对你所钦佩的一名领导者，应用管理方格图来辨析其领导方式。
8. 你认为在实际工作当中采用哪种领导作风更为有效？如果你成为一名企业领导

者，你会运用何种领导方式或实施何种领导行为？为什么？

9. 你是否认为在某些情况下领导是不必要的？为什么？

10. 组织如何选拔和开发有效的领导者？

11. 试论权力的来源及权力与权威的关系。

12. 试论领导与下属及组织环境的关系。

13. 试论领导理论的最新发展。

第十三章 组织结构与组织设计

本章摘要 本章分析五个方面的问题：一是组织与组织理论，包括组织、组织结构、组织设计、机械式组织和有机式组织内涵的界定，传统的组织理论、行为组织理论、现代组织理论是组织理论的内容。二是组织结构的一般形式，包括正式与非正式组织类型，组织结构的一般类型，即"U"形组织结构、"H"形组织结构、"M"形组织结构。三是组织结构设计的工作涉及六项关键要素的决策过程：工作专门化（劳动分工）、部门化、指挥链、管理跨度、权力和职权、正规化。四是组织设计的影响因素，包括战略与结构、规模与结构、技术与结构、环境与结构、文化与结构等五个方面。五是组织与职务设计选择，包括有机式组织设计方案的选择，有简单结构、矩阵型结构、网络结构和任务小组结构；组织结构设计是一个复杂的系统工程，依次经过组织基本因素分析→组织职能的分解与部门设计→组织结构的框架设计→组织运行保障设计→反馈与修正；职务因任务组合方式的不同而各异，而这些不同的组合则创造了多种职务设计选择，职务专业化、职务扩大化、职务丰富化、职务轮换和职务特征模型等研究内容。

第一节 组织与组织理论

组织是一定的社会团体，由明确的规章制度、权责、程序、规则和目标等所形成的成员之间的分工协作关系。组织理论是以组织的设计、组织的行为方式及组织的运行规律等为对象的一种思维和认知方式。组织的基本理论包括传统的组织理论、行为组织理论和现代组织理论。

一、组织理论的基本概念

1. 组织

组织是一定的社会团体，有奋斗目标——组织成员合作努力所追求的共同目标，分工协作——精心设计结构、部门岗位和协调的活动性系统，有秩序——规章制度、权责、程序、规则等所形成的组织成员之间的正式关系。组织与外部环境相互联系、相互作用和相互影响。组织一是指作为实体本身的组织，组织作名词用，指的是为了达到组织的目标而结合在一起的、具有正式关系的一群人；二是指作为一种活动过程的组织，组织作为动词用，指的是组织活动，是指为了实现组织目标，对组织的资源进行有效配置，对做事的人进行编排而开展活动的过程。

2. 组织管理

组织管理包括组织设计、组织协调、组织变革等内容，组织管理作为一项重要的管理职能，是指通过设计和维持组织内部的结构及相互之间的关系，使人们为实现组织的目标而有效地协调工作的过程。规定每个人的责任、权力、利益，规定各成员之间的关系，调动组织中每个成员的工作积极性是组织管理的任务。

3. 组织的原则

（1）目标一致原则：组织结构的设计、组织关系的确立及组织活动的开展，都应该以事业为中心，有助于统一目标的实现。

（2）分工协作原则：分工的合理性——分工要符合高效精干的原则，在部门、岗位、设置、人员配备上力求合理；要搞好纵向协调和横向协调；要加强职能部门之间的相互制约关系。

（3）责任、权力、利益相结合原则：权力是责任的基础；责任是权力的约束；利益是责任与权力的基础与纽带。

（4）统一指挥和权力制衡原则：直线领导和职能参谋的关系；同一层级领导中正职与副职的关系；保持"指挥链"的完整，即各管理层级实行逐级指挥和逐级负责；保证行政指挥权的统一，保证权力制衡机制的完善。

（5）集权与分权相结合的原则：集权即权力相对集中，是大生产的客观要求，它有利于保证组织的统一领导和管理；分权即权力的相对分散，它有利于调动下级的积极性、主动性，合理分权有利于上级摆脱日常事务。

（6）管理跨度与管理层次原则：管理层次是指一个组织中自上而下的管理层级，管理跨度是指组织中一个管理人员能够直接有效地领导下属的数目。

4. 组织结构

组织结构（organization structure）描述组织的框架体系，就像人类由骨骼确定体型一样，组织也是由结构来决定其形状的。组织结构可以被分解为三种成分：复杂性、正规化和集权化。

（1）复杂性（complexity）指的是组织分化的程度。一个组织越是进行细致的劳动分工，就有越多的纵向等级层次，组织单位的地理分布越广泛，协调人员及其活动就越困难。所以，我们使用复杂性这一词汇。

（2）正规化（formalization）就是组织依靠规则和程序引导员工行为的程度。有些组织仅以很少的规范准则运作，另一些组织，有的规模还很小，却具有各种的规定，指示员工可以做什么和不可以做什么。一个组织使用的规章条例越多，其组织结构就越正规。

（3）集权化（centralization）指决策权力高度集中。在一些组织中，决策是高度集中的，问题自下而上传递给高级经理人员，由他们选择合适的行动方案。另一些组织，其决策制定权则授予下层人员，被称作分权化（decentralization）。

5. 组织设计

组织设计（organization design）就是管理人员在设立或变革一个组织的结构问题，我们谈论管理者作出这些结构决策（比如，决定决策应该在哪一层次做出或者需要有哪些标准规则让员工去遵循），这时，我们所指的正是组织设计。

组织设计狭义上是指组织结构的设计。组织结构是组织正常运转和提高效率及效能的载体和支撑框架。组织设计主要是指协调组织中人与事（工作、任务）之间的关系，协调组织任务、权力和责任之间的关系，构建分工明确、权责清楚、协作配合、合理高效的组织结构。

广义的组织设计除了以人与事的协调为主的组织结构设计外，还应包括组织中的议事规则、办事程序、规章制度、人员配置、人与物关系等内容的设计与协调活动。通俗说来，就是把"组织的事"合理地分解成"部门的事""岗位的事"；把"合适的人放到适当的岗位上"。

6. 机械式组织

机械式组织（mechanistic organization）也称官僚行政组织，是综合使用传统设计原则的自然产物。坚持统一指挥的结果就是产生了一条正式的职权层级链，每个人只受一个上级的控制和监督，而保持窄的管理跨度，并随着组织层次的提高而缩小管理跨度，这样就形成了一种高耸的、非人格化的结构。当组织的高层与低层距离日益扩大时，高层管理会增加使用规则条例，因为他们无法对低层次的活动通过直接监督来进行控制并确保标准作业行为得到贯彻，所以高层管理者要用规则条例来替代。古典学者对高度劳动分工的信任导致了工作变得简单、常规化和标准化。通过采用部门化方法而产生的进一步专业化使组织的非人格化特征增强，同时也提出了以重叠的管理层次来协调专业化部门的需要。用我们前面定义的组织结构术语来说，我们发现所有的组织都必须是高度复杂化、高度正规化和高度集权化的。结构应该像高效率的机器一样，以规则、条例和正规化作为润滑剂。人性和人的判断应该被减少到最低限度，因为它会产生非效率。

7. 有机式组织

有机式组织（organic organization）也称适应性组织，与机械式组织形成一种鲜明的对照；它是低复杂性、低正规化和分权化的。有机式组织是一种松散、灵活、具有高度适应性的形式；而机械式组织则是僵硬、稳定的。因为不具有标准化的工作和规则条例，所以有机式组织是一种松散的结构,能根据需要迅速地作出调整。有机式组织也进行劳动分工,但人们所做的工作并不是标准化的。员工多是职业化的,具有熟练的技巧,并经过训练能处理多种多样的问题。他们的教育已经将职业行为的标准灌输到他们体内,所以不需要多少正式的规则和直接监督。例如,给计算机工程师分配一项任务,就无须告诉他如何做,他对大多数的问题,都能够自行解决或通过征询同事后得到解决,这是依靠职业标准来指导他的行为。有机式组织保持低程度的集权化,就是为了使职业人员能对问题作出迅速的反应;同时,人们并不能期望高层管理者拥有作出必要决策所需的各种技能。

二、组织的基本理论

组织理论是以组织的设计、组织的行为方式及组织的运行规律等为对象的一种思维和认知方式,一套深入洞察和分析组织的方法。

1. 传统的组织理论

传统的组织理论也称为古典组织理论,形成于20世纪初到20世纪30年代,其代表人物很多,主要有法约尔、泰罗和韦伯等。传统的组织理论强调以工作的需要为中心,以努力完成工作任务为唯一目标,主要依靠权力来维系组织成员之间的相互关系。下面为传统组织理论的基本内容要点。

(1)认为权力是绝对重要的。
(2)决策权必须高度集中。
(3)金字塔式的组织结构,教条式的监督。
(4)组织的普通成员只能被各级管理者所支配,根据组织需要,服从指挥,消极被动地进行工作。

2. 行为组织理论

行为组织理论是20世纪30年代至60年代形成的一种组织理论流派,组织理论的代表人物很多,主要有梅约、麦格雷戈等。行为组织理论是以人为中心的一种组织理论,强调人际关系和信息沟通,注重以人为中心的管理。行为组织理论的主要观点有以下几点。

(1)认为人是组织的主宰,必须尽量满足人的需求,发挥人的主导作用。
(2)根据人的兴趣、爱好分配工作,因人择事,量才而用。
(3)根据人的需求和特点设置单位和组织层次。
(4)重视非正式组织的作用,充分发挥人的主动性和创造性。
(5)要求组织内部的领导者与下属成员建立比较融洽的关系。

3. 现代组织理论

现代组织理论是在20世纪60年代形成和发展起来的,其代表人物很多,主要有巴纳德、西蒙、德鲁克、明茨伯格等。其中，巴纳德对现代组织理论作出了重大贡献，他于1938年写成的《经理的职能》一书中所提出的社会系统观点，为现代组织理论的形成奠定了基础，他被人们称为现代组织管理理论之父。现代组织理论是在传统组织理论和行为理论的基础上，为适应各种情况的巨大变化而发展起来的系统权变的组织理论（时巨涛等，2003）。现代组织理论的主要观点有以下几点。

（1）认为组织是人造的开放的理性系统，组织的生存与发展依赖于同外界要素的交流和相互影响。

（2）强调组织是一个社会性系统，是人与人的合作系统。

（3）认为衡量组织经营的好坏，不能单纯利用利润指标，还必须考虑到人们的需求能否得到满足，特别要考虑人的情感的满足。

（4）根据企业的实际经验，倡导目标管理，提出组织结构的协调机制。

第二节 组织结构的一般形式

组织结构一般包括一个组织内组织部门的多少、管理跨度、管理规范和集权的程度等内容，阐明组织各项工作如何分配、谁向谁负责和内部的协调机制，是关于组织内权力与职务关系的一套形式化系统。

一、正式与非正式组织类型

1. 正式组织

正式组织是指为了实现组织目标而由组织建立的群体。正式组织具有组织存在的目的及组织工作程序的一系列组织规则，同时组织内部存在着正式的组织分工，具有固定的信息传递渠道。

正式组织一般具有以下几个特点：①组织目标是具体的。组织目的是任何组织存在和发展的前提，没有组织目标的组织是不可想象的。②正式组织的权力具有强制性、正统性、合法性、稳定性。③正式组织的结构一般具有层级式的等级。④正式组织的信息沟通渠道是由组织规章所提供的。

2. 非正式组织

非正式组织是一种关于个人与社会的关系网络，这种关系网络并非由法定的权力机构所建立，也不是出于权力机构的要求，而是在人们彼此交往的联系中自发形成的。一般而言，非正式组织可以存在于任何一种群体之中，只要群体中的成员对这种组织形式有一定的需求。

非正式组织产生的直接原因：①暂时利益的一致。在面临共同的危机时，组织起来，成为利益共同体。②受管理方式的影响。机械的组织结构不如有机的组织结构那样容易产生非正式组织。③兴趣爱好的一致，如钓鱼协会、桥牌协会等。④经历背景的一致，如校友、战友等。⑤亲属关系。由亲属关系产生的非正式组织，典型的要数家庭了。⑥地理位置的一致。这个原因可以说是上面多个因素的综合体，由于地理位置的一致，可能产生利益的一致、经历背景的一致，这些都有助于形成非正式组织。

非正式组织的特点：①非正式组织目标常常是一种情感上的、无法明确化的东西，非正式组织是以感情为纽带，在自愿的基础上结合起来的，一种自发的无形的组织形式。②非正式组织的权力来自组织内成员的授予，而不是上级部门的授予，其权力的实施常常不具有强制性和稳定性。③非正式组织具有自然形成的核心人物，这种核心人物不是由组织任命的，而是自然形成的，核心人物对非正式组织的影响极大。④非正式组织结构一般比较松散，没有正式的组织结构，人员不固定，容易受偶然因素的影响，具有很大的不稳定性。⑤非正式组织具有不成文的行为准则，这种行为准则从非正式组织成员的共同利益、兴趣爱好、情感需求出发，因而对成员的约束力更大。

非正式组织的类型。非正式组织的类型可从成因和活动两方面进行划分。

（1）按照非正式组织的成因划分，可以分为以下五类：①利益型。这是在其成员利益要求一致的情况下形成的。②信仰型。这种非正式组织是在共同的理想、信念的基础上形成的。③兴趣型。这类非正式组织是在共同的兴趣爱好下形成的。④情感型。这是由于感情、友谊或社交的需要，以情感为纽带而形成的。⑤亲缘型。由亲缘关系而形成的，具有比较稳定、凝聚性强的特点。

（2）按照非正式组织作用和性质划分，非正式组织可以分为四类：①积极型。行为对于正式组织的目标具有积极的作用。②消极型。这类非正式组织的行为对于正式组织目标的达成具有消极的影响，但是他们的活动还未超过法律或规章许可的范围。③中立型。这种非正式组织的行为同正式组织的目标及行为没有明显的相互关系，看不出积极或消极的影响。④破坏型。这类非正式组织的行为对于组织目标有明显的破坏、干扰作用。

非正式组织的积极作用。非正式组织作为存在于正式组织中的一种非正式的人们之间的相互交往关系，之所以长久不衰，是因为其存在有积极作用。一般而言，非正式组织具有以下几点积极作用：①非正式组织构成了一个有效的总体系统。正式组织缺乏灵活性，非正式组织具有灵活性。②非正式组织能够减轻管理工作的负担。③非正式组织能够创造一种令人满意的稳定运行的工作团体。这种团体意味着雇员有某种意义上的归属感或安全感。④非正式组织具有为管理人员拾遗补阙、取长补短的作用。⑤非正式组织具有对管理人员的监督作用，使管理人员在计划与行动方面更加谨慎。

非正式组织的消极作用。①非正式组织维护团体价值观与生活方式的功能，使非正式组织具有一种使团体过分维护现有生活方式和在变革面前采取僵化态度的倾向。②伴随着非正式组织提供社会满意功能而来的角色冲突问题。③非正式组织的沟通功能往往造成谣言的流传。④非正式组织的社会控制功能，是促使雇员服从组织的重要因素，但这种影响力常常干预组织成员的行为。

我们要接受并理解非正式组织，注重培育合作的非正式组织，采取行动时要注意引导非正式组织发挥积极作用；正确影响非正式组织的组织规范，重视非正式组织中核心人物的作用；在正式组织与非正式组织的利益发生分歧时，要适当考虑非正式组织成员的利益，但不应当使其居支配地位。

二、组织结构的一般类型

组织结构是组织构成要素的排列组合方式,是组织内各部分组织关系的模式,组织结构的一般类型,也就是一般组织的设计形式,可以通过最为典型的企业组织结构加以认识(时巨涛等,2003)。当权变因素要求采用机械式设计时,最可能想到的是这两种方案之一:①职能型结构的侧重点主要是,通过将同类专家组合在一起,从劳动分工中取得效率性。②分部型结构则创造出自我包容的自治单位,这些单位通常按机械式进行组织。

1. "U"形组织结构

"U"形组织结构又称一元结构或职能型结构,其特点是权力集中于高层,管理的职能部门和管理层级构成"U"形组织结构的基础,是一种"集权式"管理的组织结构,如图 13-1 所示。

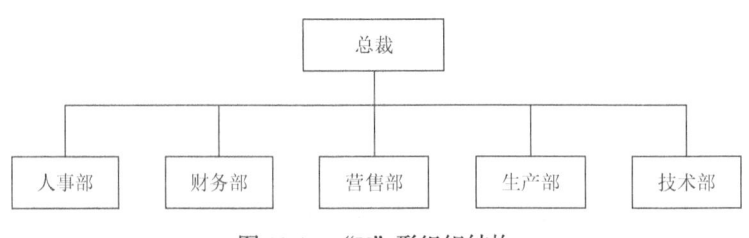

图 13-1 "U"形组织结构

常见的"U"形组织结构有以下 3 种形式。

(1) 直线制结构。直线制结构也叫单线制,是一种最简单的组织结构形式。这种结构主要优点是:关系简单,权力集中,责任分明,联系简捷,命令统一。其主要缺点是:要求主管负责人通晓多种适应技能,亲自处理各种业务。直线制结构如图 13-2 所示。

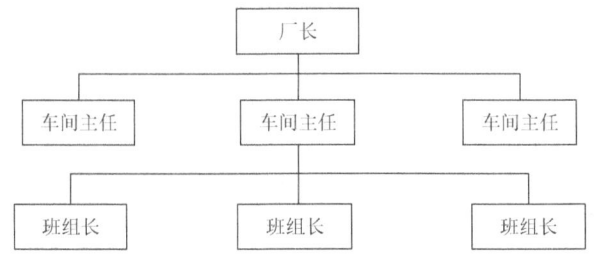

图 13-2 直线制结构

(2) 职能制结构。职能制结构又称多线制。在这种结构形式中,各级单位除主管负责人外,还相应地设立一些职能机构,分管职能管理业务。其主要优点是:可以解决主管负责人要对所有专业工作指挥的困难,借助于职能机构管理业务。其主要缺点是:各个职能部门都拥有指挥权,导致下属要接受多头领导,扰乱指挥链。

(3) 直线—职能制结构,又称生产区域制。该结构形式的特点是:设置两套系统,一套是按指令统一原则的指挥系统;另一套是按专业化原则设置的职能系统。其中,职能管理人员是直线领导的参谋,只能对下级部门进行业务指导,而不能进行直接指挥和命令,从而既保证了组织的统一指挥和管理,又避免了多头指挥和无人负责的现象。这种结构主要优点是:集中领导,便于调配人力、物力和财力;职责分明,工作效率高;工作秩序井井有条,整个组织有较高的稳定性。其主要缺点是:下级部门的主动性和积极性不易发挥,部门之间互通情报少,权力过分集中。这种结构形式目前仍被普遍采用,如图13-3所示。

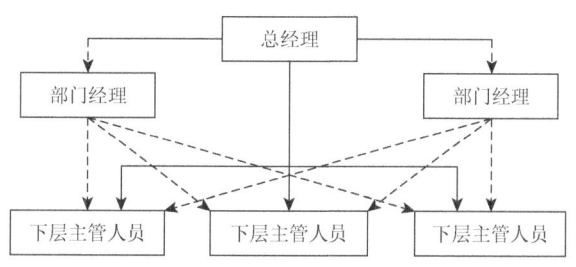

图13-3 直线—职能制结构

2."H"形组织结构

"H"形组织结构又称控股型组织结构或控股公司结构,是组织内实行分权治理的一种结构形式。在"H"形组织结构中,总公司持有子公司的全部或部分股份,子公司则是独立的法人,是相对独立的利润中心,具有更大的独立性。总公司只对子公司承担有限责任,从而控制经营风险。"H"形组织结构如图13-4所示。

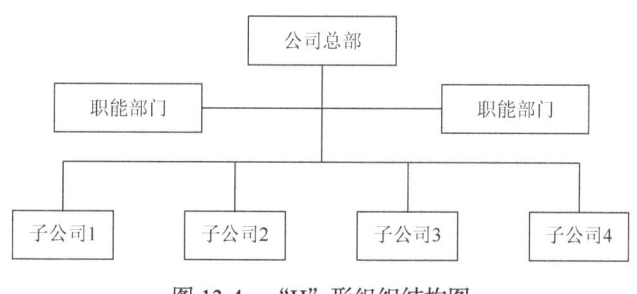

图13-4 "H"形组织结构图

由于"H"形组织结构的管理运转主要靠资产纽带,子公司不仅是独立的法人而且可以分布在完全不同的行业,结构过于松散,控制和监督过于间接,战略协调困难,加大了控股公司的管理成本,因此,20世纪70年代后,"H"形组织结构逐渐被"M"形组织结构取代。

3."M"形组织结构

"M"形组织结构又称多部门结构或事业部制,是一种分部型组织。"M"形组织结构最早是由美国管理学家斯隆在20世纪20年代提出的。"M"形组织结构是一种分权式结构，它是一种"集中政策、分散经营"的组织结构形式，即在集中指导下的分权管理形式，是集权化组织向分权化组织转化的一种改革。

"M"形结构的企业组织按照产品类别、地区或经营部门分别成立若干事业部。各事业部有相对独立的市场、相对独立的利益、相对独立的自主权，是总公司控制下的利润中心。事业部经理根据总经理布置的任务进行工作，同时他又领导自己主管的事业部及其下设的生产、销售、财务等职能部门工作。总经理对董事会负责，在董事会的领导下全盘考虑全公司的工作，对有关事项作出最终决定，对事业部经理进行领导和监督，如图13-5所示。

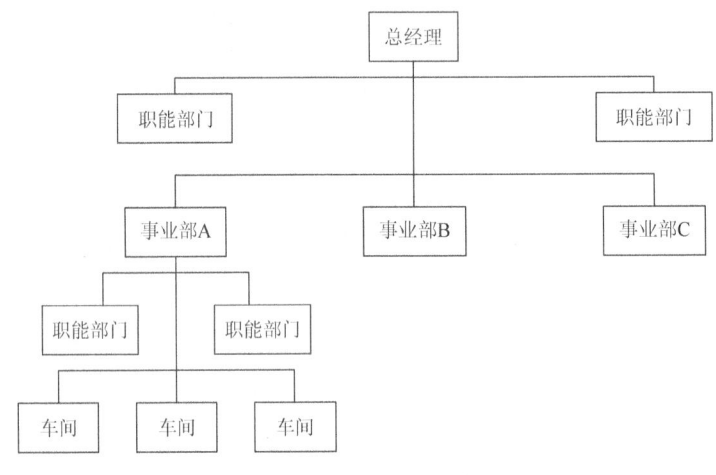

图13-5 "M"形组织结构

案例分析

组织结构可以过于扁平吗？

钢铁制造商纽柯公司认为自己的管理很成功，这是有充分理由的。纽柯公司是商业的宠儿。它的管理实践常常在管理文献里获得好评。用几乎任何商业指标来衡量，该公司都是硕果累累。

但是，纽柯公司似乎还没有掌握一种基本的管理实践：如何制定组织结构。

纽柯公司一直以它从CEO到工厂工人之间仅有三个管理层级而感到骄傲。在纽柯公司的结构中，工厂经理直接向公司CEO丹·迪米科（Dan DiMicco）汇报。但是随着该公司的发展，迪米科发现越来越难以维持这种简单的结构。因此，迪米科在2006年增加了另一个管理层级，即创建了一个由五位执行副总裁组成的新层级。"我需要抽身出来，以便在商场上制定决策。"他这样说道。

即便在组织结构中增加了这个新的管理层级，该公司的结构仍然是十分精干和简单的，美国钢铁公司的总部雇用了1200人，而纽柯公司的总部仅有66人。在纽柯公司中，管理者仍然需要自己接电话和发邮件，而且没有公司专机。即使是那些相对精干的公司，如丰田,在纽柯公司面前也显得过于臃肿和复杂。"在丰田,如果你想要升到总裁,至少要经过 10 个层级。"一名前丰田工程师这样说道。

资料来源:罗宾斯和贾奇(2012)

【讨论题】

1. 纽柯公司的这个案例是如何表明简单结构的局限性的?
2. 你是否认为其他组织也应该设法复制纽柯公司的结构?为什么?
3. 总体来说,组织结构常常体现了 CEO 的观点。随着越来越多的"新鲜血液"加入纽柯公司,你是否认为它的结构会开始变得与其他组织相似?

第三节 组织结构的设计形式

组织设计的经典概念早就为一般管理的理论家提出,这些概念为管理者从事组织设计提供了可供遵循的一套原则。从这些原则最早被提出来至今,90 多年时间已经过去了。经历了这么长一段时间,我们的社会也发生了各种各样的变化,你可能会认为这些原则在现今已成为近乎无用的东西。也许让你吃惊,事实并非如此,在很大程度上,它们对于设计一个既有效率又有效果的组织提供了有价值的参考。当然,经历了这么多年头,我们也对这些原则的局限性有了更清晰的认识。组织结构设计的工作涉及六项关键要素的决策过程:工作专门化(劳动分工)、部门化、指挥链、管理跨度、权力和职权、正规化(罗宾斯和贾奇,2012)。

一、工作专门化(劳动分工)

传统的观点。劳动分工是指并非让一个人完成全部的工作,而是将工作划分为若干步骤,由一个人单独完成其中的某一个步骤。换言之,个人是专门从事某一部分的活动而不是全部活动。每个工人不断重复地做同一项标准化的装配线生产工作,就是劳动分工的一个典型。劳动分工使不同工人持有的多样技能得到有效的利用。在大多数组织中,有一些任务要求高度熟练的技能,而另一些则可由未经过训练的人来完成。如果所有的工人都要从事制造过程中每一个步骤的活动,他们就必须同时具备开展最容易的工作和最困难的工作所必要的技能。其结果只会是,除了在开展需要最高技能的、最为复杂的任务外,员工大都在低于其技能水平的状态下工作。因为熟练的工人要比非熟练工人支付的工资更多,其工资水平一般反映其技能的最高水平,这样雇用高技能的工人做简单的工作,就意味着资源的浪费。

现代的观点。传统学者将劳动分工视为增加生产率的一个不尽的源泉。在 20 世纪转换之际和更早的时候,这一结论毫无疑问是正确的。当时由于专业化没有得到普遍推广,应用它通常能产生更高的生产率。但物极必反,在某一点上,由劳动分工产生的人员非经济性(由厌倦、疲劳、压力、低生产率、劣质品、常旷工和高离职流动等表现出来）会超过专业化的经济优势。但是，从总体上说，劳动分工思想仍在当今的许多组织中具有生命力，且有比较好的效果。我们应该认识到它为某些类型的工作所提供的经济性。

二、部门化

部门化是指通过工作专门化（或劳动分工）把组织中的工作任务细分成若干便于操作的环节或步骤后，再按照一定的类别标准，对它们进行分组归类，以使具有共性或联系密切的细分工作有序组合在一起，把整个组织和组织的任务划分为若干便于管理的工作单位和部门结构。传统的学者主张，组织中的活动应当经过专业化分工而组合到部门中。劳动分工创造了专家，也对协调提出了要求。将专家归并到一个部门中，在一个管理者指导下工作，可以促进这种协调。部门的建立通常可依据所开展工作的职能，所提供的产品或服务，所设定的目标顾客或客户，所覆盖的地理区域，将投入转换为产出所使用的过程等。选择部门化方法需要反映最有利于实现组织目标和各单位目标的要求。

1. 职能部门化

职能部门化（functional departmentalization）是一种最常见的方法，是按履行的职能组合工作活动。在一个组织中，每个职能部门完成某项特定的职能工作，各个部门都负有不同的义务和责任，把相似专业及拥有相同技能、知识的人组合到一起可以带来更高的效率，使职能领域内部具有协调性，获得高水平的专业化水平，这种按照职能的不同来划分部门的方法，称为职能部门化。职能部门化根据职能来组合工作岗位，制造厂的经理可以将工程、会计、制造、人事和采购等专家分别组合到共同的部门中，来建立工厂的组织结构，如图13-6所示。

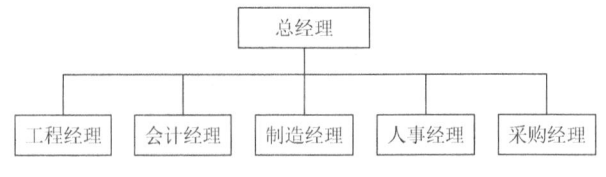

图13-6　职能部门化图

职能部门化可以在各种类型组织中得到应用，不同的只是反映组织目标和活动的具体职能发生了变化，如医院可能会设立病人诊治、会计和其他一些部门；职业足球俱乐部设立的部门可能叫作球员管理部门、票房销售部门、旅游住宿部门等。

2. 地区部门化

有些组织活动的地域大，分布空间广，为管理方便，按地域来划分部门，可以更加有效率、有效果地处理特定区域内的事务，更加满足区域内市场的独特需要。地区部门化根据地理区位来组合工作岗位，如图13-7所示。

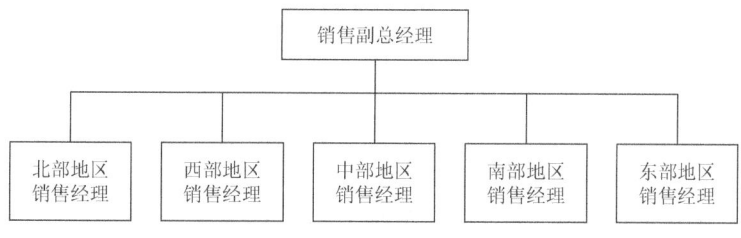

图 13-7　地区部门化图

3. 产品部门化

产品部门化（product departmentalization）指按不同产品划分部门，更贴近顾客，促进特定产品和服务专门化，使管理者能够成为行业专家，以适应组织中经营的业务发展。产品部门化根据产品线来组合工作岗位，如图 13-8 所示。

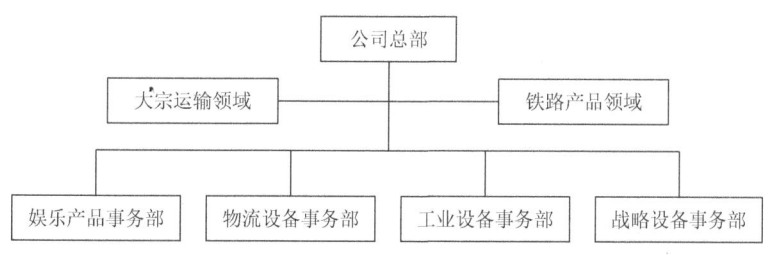

图 13-8　产品部门化图

4. 过程部门化

过程部门化（process departmentalization）既可以在制造产品，也可以在提供服务中加以应用。过程部门化根据产品或顾客流动来组合工作岗位，以促进工作活动更高效流动，如图 13-9 所示。

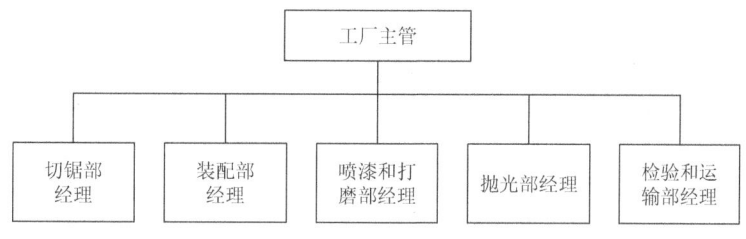

图 13-9　过程部门化图

5. 顾客部门化

顾客部门化（customer departmentalization）方式隐含的一个假定是，每个部门所服务的顾客都有一类共同的问题和要求，需要各自的专家才能更好地予以解决。按照所服务顾客特点的不同划分部门，可以由本组织的专业人员来妥善处理顾客的需求和问题。比如，一家食品制造厂下分为儿童食品部、青年食品部、中年食品部、老年食品部、孕妇食品部等。顾客部门化根据顾客特定或独特的需求来组合工作岗位，如图 13-10 所示。

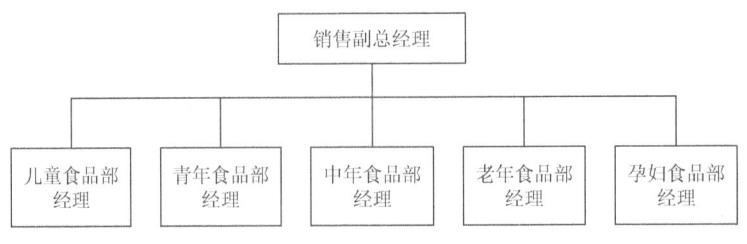

图 13-10　顾客部门化图

三、指挥链

指挥链（chain of command）就是给予一位管理者指挥下属工作的权力，且上级—下级职权关系贯穿组织的最高层到最底层。为了更好地理解指挥链，我们必须了解职权、职责和统一指挥。

1. 职权

职权（authority）指的是管理职位所固有的发布命令和希望命令得到执行的这样一种权力。职权可以向下委让给下属管理人员，授予他们一定的权力，同时规定他们在限定的范围内行使这种权力。每一个管理职位都具有某种特定的、内在的权力，任职者可以从该职位的等级或头衔中获得这种权力。因此，职权与组织内的一定职位相关，而与担任该职位管理的个人特性无关，它与任职者没有任何直接的关系。某人从有权的职位被辞退掉，离职者就不再享有该职位的任何权力，职权仍保留在该职位中，并给予新的任职者。

2. 职责

授权的时候，我们应该授予相称的职责（responsibility）。也就是说，一个人得到某种"权力"，他就承担某种相应的"职责"。授权不授责只会给滥用职权造成机会，而没有人应当对他不拥有权力的事负责。古典学者认识到了职权与职责对等的重要性。另外，也常有人阐明，职责不可以下授。他们提出这一论点，是注意到授权者对他授权对象的行动负有责任。但是，如果职责不可以下授，那又怎么可能使职权与职责保持对等呢？古典学者的回答是，区别两种不同形式的职责：执行职责与最终职责。管理者向下授予执行职责，这一职责可能会进一步往下授予。不过，职责的最终要素应当保留：就是管理者应对被他授予执行职责的下属人员的行动最终负责。所以，管理者应当下授与所授受职权相等的执行责任，但最终的责任永远不能下授。

3. 统一指挥

提倡统一指挥（unity of command）原则的古典学者主张，每个下属应当而且只能向一个上级主管直接负责。没有人应该向两个或者更多的上级汇报工作，否则，这样的下属人员就可能面对来自多个主管的冲突要求或优先处理要求。在统一指挥原则不得不有所放弃的极少数场合，传统观点也总是毫不含糊地指出，应当对活动作明确的区分，以便让每位主管人员分管某一项工作。当组织相对简单时，统一指挥概念是合乎逻辑的。它在当今大多数情况下仍是一个合理的忠告，而且有许多组织严格地遵循这一原则。但也有一些情况，当严格遵照统一指挥原则行事时，会造成某种程度的不适应性，妨碍组织取得良好的绩效。

古典学者也对职权关系的两种形式作了区分：直线职权与参谋职权。直线职权（line authority）是指给予一位管理者指挥其下属工作的权力。这种上级—下级职权关系贯穿从组织的最高层到最底层，从而形成了指挥链，在指挥链的每个链环处，拥有直线职权的管理者均有权指导下属人员的工作并无须征得他人意见而作出某些决策。当然，指挥链中的每个管理者也都要听从其上级主管的指挥。当组织规模得到扩大并变得更为复杂后，直线管理者会发现他们没有足够的时间、技能或办法使工作得到有效完成。为此，他们配置了参谋职权（staff authority）职能来支持、协助，为他们提供建议，并减轻他们的信息负担。

四、管理跨度

一位管理者能够有效地指挥多少个下属？这一管理跨度（span of control）问题吸引了早期学者的大量注意力。尽管对具体的数目没有形成一致的意见，但古典学者都主张窄小的跨度（通常不超过6人），以便对下属保持紧密控制。不过，也有些学者认识到，组织层次是一个权变因素。他们论证说，随着管理者在组织中职位的提高，需要处理许多非结构性的问题，这样高层经理的管理跨度就要比中层管理者的小；而中层管理者的管理跨度又比基层监督人员的小。管理跨度的概念为什么重要？因为它在很大程度上决定了组织的层次和管理人员数目。假定所有条件一样，管理跨度更宽、更大，这样设计的组织就更有效率。从效益角度看，宽管理跨度明显是更有效率的。

近年来出现了以宽管理跨度来设计扁平结构的趋势。越来越多的组织正努力扩大管理跨度，管理跨度根据权变因素变化的情况向上调整。比如，接受更多训练、具有更丰富经验的下属，明显地需要更少的直接监督。因此，拥有良好训练的、经验丰富的下属的管理者，可以更宽的跨度开展工作。其他对合适的跨度范围起决定作用的权变因素还有：下属工作任务的相似性、任务的复杂性、下属工作地点的相近性、使用标准程序的程度、组织管理信息系统的先进程度、组织文化的凝聚力，以及管理者的管理风格等。

五、权力和职权

职权和权力两个词经常混淆。职权是这样一种权力，一种基于掌握职权的人在组织中所居职位的合法的权力。职权是与职务相伴随的，与之对照，权力（power）则是指一个人影响决策的能力。职权是更广泛的权力概念的一部分。换句话说，与一个人在组织中所居职位相联系的正式的权力，只不过是这个人影响决策过程的一种手段而已。权力则是一个三维的概念，它不仅包括职能和职权层次两维，还增加了第三维，称作中心性（centrality）。职权是由一个人在组织层级中的纵向职位决定的；权力则是由他的纵向职位和他与组织权力核心或中心的距离共同决定的。这个三维的概念清楚地说明了两个事实：①一个人在组织中晋升得越高（反映职权的提升），他与权力核心的距离就越近；②未必需要有职权才能产生权力，因为一个人可以向权力核心的内圈作水平移动而不必往上升迁。

你是否注意到，高层经理人员的秘书，尽管只有很小的职权，却通常拥有相当大的权力。作为老板的看门人，秘书对于老板要见谁和何时会见有很大的安排权。而且，人们常常需要依赖这些秘书将有关信息传递给他们的老板，这样，秘书对于他们的老板听到些什么也有一定的控制权。一位中层经理，小心谨慎地同一个秘书打交道，就是为了不得罪他们上司的秘书，这绝不是件罕见的事，为什么？因为秘书拥有权力？在职权等级链上，秘书的地位是很低的，但他们却靠近权力核心。低层的员工中如果有亲戚、朋友或伙伴身居高位，他们也接近权力核心。

如何获得权力？约翰·弗伦奇（John French）、伯特伦·雷文（Bertram Raven）确认了权力有五种来源或基础：强制的、奖赏的、合法的、专家的和感召的。

强制权力（coercive power）的基础定义为一种依赖于惧怕的力量。一个人对不遵从上级意图所可能产生的负面结果的惧怕，就使他对这种权力作出反应。强制权力由如下一些手段的使用或威胁使用来支撑：作为一名管理者，通常也有些强制的权力，也许会暂令一位员工停职或者降级；可能给他分派一项他不喜欢的工作任务，甚至可以采取解雇员工的办法等，这些都代表强制权力。

强制权力的反面是奖赏权力（reward power）。人们服从其他人的要求或者命令，因为它能带来正面的、有利的结果。所以，一个能给他们施以他们认为有价值的奖赏的人，就对这些人拥有一种权力。奖赏可以是其他人看重的任何东西。从组织的角度来看，我们会想到金钱、良好的工作评价、晋升、有趣的工作任务、友好的同僚、满意的工作轮班或销售地域等。强制权力和奖赏权力实际上是相辅相成的一对。如果你能使他人丢失某种有益的东西，或者强加给他一种不想要的东西，你都会对他拥有强制权力。同样，如果你能施以某人一种有益的东西，或者移走他所不想要的东西，那你就拥有了奖赏权力。还有，同强制权力一样，你不必一定要成为管理者才能通过奖赏手段施加影响。像友好、接受和赞扬这些奖赏手段都普遍适用于组织中的每一个人。与一个人对奖赏的需求程度相适应，你给予或保留这种奖赏的能力就会使你对这个人拥有一种权力。

合法权力（legitimate power）是与职权同一的概念。合法权利代表一个人在正式层级中占据某一职位所相应得到的一种权力。与职位相关的职权包含强制权力和奖赏权力。但合法权利或职权远比强制权力和奖赏权力广泛。它尤其包含着组织成员对某一职位权力的接受这层意思。当学校校长、银行行长或公司总裁发表讲话时（假定他们的指示被视为是其职位职权范围内的），学校的老师、银行的出纳员和公司的职员都会听从且通常会遵照指示办。

专家权力（expert power）是来自专长、特殊技能或知识的一种影响力。近年来，随着技术知识的突飞猛进，专家权力越来越成为组织中的一种有效的权力。当组织中的工作变得更加专门化以后,管理部门就越来越需要依靠职能"专家"来实现组织目标。一个员工要是增加了他对工作小组操作至关重要的某种信息知识,而这些知识又不为其他人同程度地掌握时,那么他的专家权力就可以增强。

感召权力(referent power)的权力基础是对一个人所拥有的独特智谋或个人特质的一种确认。假如我倾慕并认同你,你尽可以对我行使权力,因为我希望取悦于你。感召权力产生于对他人的倾慕和希望自己等同于这人的心理。如果你倾慕某人到了你的言行都要模仿这人的地步,他就对你拥有了感召权力。感召权力说明了为什么名人为商业产品作宣传会得到几百万(元)的报酬。

六、正规化

正规化(formalization)指的是一个组织中各项工作的标准化程度,以及员工行为受到规则和程序的指导程度。高度正规化的组织拥有清晰的工作描述、严格的规章制度,以及涵盖各方面工作任务内容的明确程序。员工对从事什么任务、何时及如何从事这些任务拥有极少的自主权。当正规化程度较低时,员工对如何从事自己的工作拥有更多的自主权。

考虑到许多时候规则可能是过于限制性的,因此许多组织允许员工拥有某种程度的自由范围,向他们提供足够的自主权来作出他们认为在某些特定情况下最为有利的决策。但这并不意味着抛弃所有的规章制度,因为许多重要的规定员工还是必须遵守的。

■ 第四节 组织设计的影响因素

早期大多数学者所相信的理想化的结构设计是机械式组织或官僚行政组织。今天,我们认识到,并不存在一种唯一的"理想"组织设计适合于所有的情况。正如我们在计划及其他许多管理概念中发现的,理想的组织设计取决于各种权变因素。影响组织设计的因素包括以下几个方面。

一、战略与结构

组织结构是帮助管理当局实现其目标的手段。因为目标产生于组织的总战略,所以使战略与结构紧密配合,这是顺理成章的。特别是,结构应当服从战略。如果管理当局对组织的战略作了重大调整,那么就需要修改结构以适应和支持这一调整变革。战略—结构关系的第一个重要研究是艾尔弗雷德·钱德勒(Alfred Chandler)对美国100家大公司进行的考察。在追踪了这些组织长达50年的发展历程,并广泛收集了如杜邦、通用汽车公司及西尔斯公司等的历史案例资料后,钱德勒得出结论说,公司战略的变化先行于并且导致了组织结构的变化。具体地说,钱德勒发现组织通常起始于单一产品或产品线生产。简单的战略只要求一种简单、松散的结构形式来执行这一战略。这时,决策可以集中在一个高层管理人员手中,组织的复杂性和正规化程度都很低。当组织成长以后,它们的战略变得更有雄心,也更加复杂了。

从单一的产品线开始，公司通常采取合并供货或者直接销售产品给顾客等办法，在既定的产业内扩大它们的活动范围。以通用汽车公司为例，它不仅装配整车，同时还拥有制造空调装置、电气设备及其他汽车配件的企业。这种纵向一体化战略使组织单位之间的相互依赖性增强，从而产生了对更复杂协调手段的要求。这可以通过重新设计结构，按照所开展的职能构建专业化的组织单位来取得。后来，公司进一步成长，进入产品多样化经营阶段，这时结构需要再次调整，以便取得高效率。这种产品多样化战略要求这样一种结构，它能够有效地配置资源，控制工作绩效并保持各单位间的协调。组建多个独立的事业部，让每个部门对一特定的产品线负责，能够更好地达到上述要求。总而言之，钱德勒建议，随着公司战略从单一产品向纵向一体化，再向多样化经营的转变，管理当局会将组织从有机式转变为更为机械的形式。

二、规模与结构

有足够的历史证据说明，组织的规模对其结构具有明显的影响作用。例如，大型组织（那些通常雇用了2000多名员工的）倾向于比小型组织具有更高程度的专业化和横向及纵向的分化，规则条例也更多。但是，这种关系并不是线性的，而是规模对结构的影响强度在逐渐减弱，即随着组织的扩大，规模的影响越来越不重要。为什么是这样？从本质上说，一个拥有2000多名员工的组织，已经是相当机械式的了，再增加500名员工不会对它产生多大的影响。相比之下，一个只有300名成员的组织，如果增加500名员工，就很可能使它转变为一种更机械式的结构。

大的并不一定是低效率的，大公司已经设法将大规模和灵活性协调起来。但它们的做法通常是，将组织划分为若干较小的、更灵活的单位。很少有管理者今天还认为，大组织因为具有规模经济，所以能自动地进行低成本的生产。管理当局正努力精简他们组织的层次并拓宽管理的跨度。管理者正在以跨职能的项目小组结构取代僵硬的部门设置。指导组织设计的思想也侧重在顾客需要或工作过程方面。

三、技术与结构

任何组织都需要采取某种技术，将投入转换为产出。为达到这一目标，组织要使用设备、材料、知识和富有经验的员工，并将这些组合到一定类型和形式的活动之中。比如，高校的教授在给学生授课时就使用多种方法，包括课堂讲授、小组讨论、案例分析及利用有习题解答的教科书进行自学等。每一种方法都是一类技术。

英国产业社会学家 J. 伍德沃德（J. Woodward）提出，组织的结构因技术而变化。她为了确定指挥统一和管理跨度这些传统原则与公司成功的关系程度，对英国南部的近100家小型制造企业进行了调查。她一直无法从所收集的数据中得出任何一种相关关系，直至她按生产的规模将这些企业划分为三种类型。这三种类型反映了三种不同的技术，它们在技术复杂程度上渐次提高。第一类，单件生产（unit production），由进行定制产品（如定制服装和水力发电涡轮机等）生产的单位或小批生产者组成。第二类，大量生产（mass production），包括大批和大量生产的制造商，它们提供诸如冰箱和汽车之类的产品。第三类，也是技术最复杂的一类，是连续生产（process production），如炼油厂和化工厂这类连续流程的生产者。伍德沃德的发现有以下两点。

（1）在这些技术类型和相应的公司结构之间存在着明显的相关性。
（2）组织的绩效与技术和结构之间的"适应度"密切相关。

伍德沃德得出这样的结论：这三种类型的企业每一类都有其相关的特定结构形式，成功的企业是那些能根据技术的要求而采取合适的结构安排的企业。在每一类别中，能够最接近该类结构要素的中位数的企业是最有效能的。她发现，制造业企业的组织并不存在一种最好的方式。单件生产和连续生产企业，采用有机式结构最有效；而大量生产企业若与机械式结构相匹配，则是最为有效的。

四、环境与结构

环境也是结构的一个主要影响力量。从本质上说，机械式组织在稳定的环境中运作最为有效；有机式组织则与动态的、不确定的环境最匹配。环境—结构关系可以作为进一步的证据，帮助说明为什么现在许多管理人员将他们的组织改组为精干、快速和灵活的。全球的竞争，由所有竞争者推动的日益加速的产品创新，以及顾客对高品质和快速交货越来越高的要求，这些都是环境因素动态性的表现。

五、文化与结构

组织结构反映文化价值观，一个组织的结构必须与它的环境相适应。这里，环境包含组织所在国家的民族文化这一内涵。组织在相当程度上与其所在国家的文化价值观保持一致。在一个权力差距很大的国家中，人们喜欢决策权限集中化。相似地，躲避不确定性的倾向，则与正规化相关。高度的躲避不确定性倾向会导致高度的正规化。基于这样的关系，我们可以找出几种类型。管理者偏向于设计严格的官僚行政机构，组织在集权化和正规化方面都很高；管理者偏好高集权化和低正规化的组织；管理者偏好正规化和分权化的组织。日本这样的国家广泛使用工作团队，也可以从民族文化的角度进行解释。日本人具有高度的集体主义，在这种文化背景下，员工喜欢围绕工作团队构筑成更为有机的组织。与之对比，在印度这样一个权力差距观念盛行的国家，员工以团队方式工作可能绩效很差。他们在机械的、权力统治的结构中工作，则会感觉更舒服。

案例分析

董事会应该具有多大权力？

不论规模大小，大多数公司的一个关键结构要素是董事会。至少在正式的情况下，公司高管应该向董事会汇报。然而，在非正式的情况下，许多董事会会服从 CEO，只是向其提出建议而不是进行指挥。

很多人将 2008~2009 年的金融危机归咎于懈怠的董事会。商业媒体称董事会是"完全无用的"和"滑稽戏"。花旗银行的一位投资人赞成更换该银行的董事会，声称董事会"没能保护股东免受过度的信用风险、市场风险、流动性风险和运营风险"。美国证券交易委员会前主席玛丽·莎碧萝（Mary Schapiro）对董事会是否对公司领导者实施充分控制发起了一项调查。英国前财政大臣阿利斯泰尔·达林（Alistair Darling）这样评论董事会："如果这屋子里或者整个工商界的任何人认为他们可以像什么事都没发生一样继续这样下去，他们就要三思了。"你可能会认为活跃的董事会总是有利于组织的。然而，就像结构方面的绝大多数决策一样，活跃的董事会也有一些缺点和风险，当董事会成员得到授权时，他们可能会变成按照自己的议程我行我素的"自由人"，这些议程也许会与 CEO 的议程发生冲突。在惠普公司，董事会成员间的冲突几乎祸及整个公司，并且让两位 CEO 下台。

另外，意见不合的董事会成员可能会制造或曝光不利于公司利益的言论或信息。例如，当美国劳工联合会—产业工会联合会和家得宝公司董事会成员希尔（Hill）举行会议时，该公司的一些高管担心她可能会泄露机密信息。虽然这种情况似乎并未发生，但是我们可以想象到，如果不喜欢 CEO 的某项战略，一些不守规矩的董事会成员或许会通过发布未授权的通报来破坏该战略。此外，还有一种危险是董事会成员可能事无巨细地插手 CEO 制定的策略。当一家公司的高层管理者向董事会建议实施高管奖金时，董事会如果自己雇用薪酬顾问来处理，那这样的行为不会受到 CEO 的欢迎。正如一位 CEO 所说："你并不需要另一个人来手把手地教你。"

【讨论题】

1. 你认为董事会应该活跃到什么程度？
2. 董事会是否应该与员工打成一片以从各个层级获得公司信息？为什么？
3. 代表股东利益与事必躬亲或对 CEO 撒手不管的界限在哪里？

第五节 组织与职务设计选择

组织与职务设计选择，主要包括有机式设计的方案，有简单型、矩阵型、网络型和任务小组及委员会结构等。组织结构设计是一个复杂的系统工程，依次经过组织基本因素分析→组织职能的分解与部门设计→组织结构的框架设计→组织运行保障设计。职务因任务组合方式的不同而各异，而这些不同的组合创造了多种职务设计选择，职务专业化、职务扩大化、职务丰富化、职务轮换和职务特征模型等研究内容。

一、有机式组织设计方案的选择

有机式组织设计方案的选择。这些方案包括简单结构、矩阵型结构、网络结构和任务小组结构及委员会结构等。小型组织并不需要高度复杂的正规结构设计。它们需要的是一种简单结构,即尽量降低复杂性的结构。矩阵型结构为管理当局提供了可以同时确保对结果的高度负责和专业化经济性的一种有机设计手段。未来组织的有机设计也许是一种网络结构。这种设计只保持很小的中心组织,它与其他公司和供货者订立合同从事制造、分销、营销或其他关键的业务经营活动。任务小组结构和委员会结构的有机设计方案,都可以给机械式组织辅以某种有机式的特征。

1. 简单结构

如果说"官僚行政组织"这个词能最好地描述大多数大型组织的特征,那么"简单结构"就最典型地概括了大多数小型组织的特征。简单结构(simple structure)就是指它是低复杂性、低正规化和职权集中在一个人手中的。它是一种"扁平"组织,通常只有两三个纵向层次,有一个松散的员工队伍,并且决策权集中某一个人。简单结构在所有者与经营者合一的小企业中得到了最广泛的应用。比如,一家零售店,尽管雇用了5个全营业员、1个收款员和一些周末与节假日的临时工,主持业务的仍是老板。

当员工人数较少,或者组织是新建的、环境简单但动态的时候,简单结构效果较好。规模小通常意味着工作活动的重复少,这时标准化就不具有吸引力。小规模也使非正式沟通更方便,更有效。所有的新组织都倾向于采用简单结构,因为管理当局一开始并没有时间去发展它们的结构。简单的环境易于为一个人所把握,而简单结构的灵活性也使组织对不能预见的环境变化作出迅速的反应。

2. 矩阵型结构

矩阵型结构(matrix structure)又叫矩阵制,是按职能划分的部门和按项目(或产品)划分的小组结合组成的,是两种部门化的融合——职能部门化和产品部门化。如果组织完全地按产品来组织(也就是公司生产的所有产品都有其自己的支持性职能结构),那么对结果的关注也会是很高的。但这也会产生冗余,因为每一种产品都要求有一套自己的职能专家队伍。是否存在一种结构能将产品部门化对结果的侧重和责任感与职能专业化的优势结合起来呢,那就是矩阵型结构。

矩阵型结构有纵横两套管理系统,一套是纵向的职能系统,另一套是为了完成各项工作任务而组成的横向项目系统。这种组织结构的特点是为了完成其特殊任务,由有关职能部门派人参加,以工作或产品为中心组织新的作业组织,力图做到条块结合,协调各部门的活动,以完成任务。横向项目系统一般是由产品、工程项目或服务项目组成的专门项目小组,纵向的职能系统是在职能部门经理领导下的各职能或技术科室,其派出人员在参加项目的有关任务时,接受项目负责人领导。这种结构使用职能部门来获得专业化经济,但在这些职能部门之上,配置了一些对组织中的具体产品、项目和规划负责的经理人员,如图13-11所示。

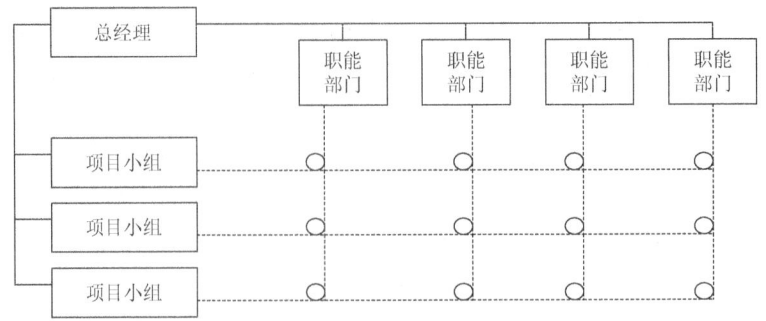

图 13-11 矩阵型结构图

矩阵型结构是如何运作的？矩阵中的员工有两个上司：他们所属职能部门的经理和他们所工作的产品或项目小组的经理。项目经理对于作为其项目小组成员的职能人员也拥有职权。由这种矩阵关系形成的总体结构，可以兼收职能部门化和产品部门化的优点，而避免它们各自的缺点。职能型结构的优点在于，它将职能专家组合在一起，可以减少所需的人员，并促进专门化资源在各产品或项目间的共享共用；其主要缺点是，它难于协调各职能专家的活动，以便按时、按预算地完成任务。产品分部形式恰好具有与职能型结构相反的优缺点。也就是，它可以促进职能专家间的协调，以便按时地按照预算目标达成任务。而且，它还明确了各职能活动对特定产品或项目有关的责任。但是，它没有人对专家技能的长远开发负责，并导致重复配置的高成本。矩阵型结构可以取得专业化的优势，而没有其劣势。当组织有多个规划或产品，并采用职能部门化方式时，可以设置规划或产品经理来指导跨职能的活动。

在永久性矩阵中，产品小组相对说来存在相当长的一段时间。大的工商管理学院就经常使用这种矩阵型结构，在管理系、市场营销系和会计系这些职能部门之上架设产品结构——本科教学、硕士培养、博士培养、在职经理培养等。产品小组的负责人可以利用各部门的力量达到他们的目标，如研究生培养的负责人可以从各系中抽调教师讲授有关的课程。注意，矩阵为每一个产品线提供了清晰的职责界限。比如，在职经理培养的负责人对经理发展规划项目的成败负有直接的责任。没有矩阵设置，要对经理发展规划所拟定的各门课程的教学进行协调就比较困难。另外，规划项目出现了任何问题，矩阵型结构也能避免各职能部门负责人相互推诿责任。

3. 网络结构

网络结构（network stucture）是目前正在流行的一种新形式的组织设计。它使管理当局对于新技术、时尚，或者来自海外的低成本竞争，能具有更大的适应性和应变能力。这就是网络结构——一种只有很小的中心组织，依靠其他组织以合同为基础进行制造、分销、营销或其他关键业务的经营活动的结构。网络组织的核心是一个小规模的经理小组，他们的工作是直接管理公司内部的各项工作，并协调同其他制造、分销和执行网络组织的其他重要职能的外部机构之间的关系。从本质上说，网络结构的管理者将他们的大部分时间花在协调和控制这些外部关系上。网络结构是计算机技术革命的产物。通过与其他组织联系，一家工业公司可以从事制造业活动而不必有自己的工厂。网络结构对于刚开业的制造业企业是一种特别有效的手段，它可以使风险和投入大大地降低。因为它需要很少的固定资产，从而也就降低了对组织财力的要求。但是，要取得成功，管理当局必须熟练地发展和维持与供应商的关系。如果网络组织外包的任何一家公司不能履行合同，那么这一网络组织就可能成为输家。

网络结构是以市场模式组合代替传统纵向层级组织的，公司自身只有很小的中心组织保留关键活动，以合同为纽带依靠其他组织进行制造、分销、会计等业务经营活动的组织结构。公司部门是一小群经营管理人员，通过箭头所表示的契约关系与外部组织发生业务协同关系，它实际上是一种规模较小，但可以发挥主要商业职能的核心组织，又称为虚拟组织，动态网络结构如图 13-12 所示。

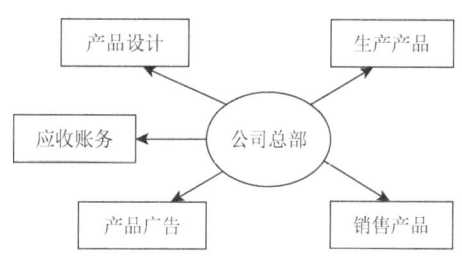

图 13-12　动态网络结构

网络结构也可以为大型组织所采用。它们与独立的设计者、制造商、代理销售商等联系，按照合同执行相应的职能。还有些大型组织发展了网络结构的变种，将某些职能活动外包出去。网络结构是分布型结构的一个鲜明对照，后者具有许多纵向管理层次。网络结构也与那些试图通过所有权控制它们的命运的组织不同，后者自己开展研究开发，生产是在公司所有的制造厂中进行的，销售和营销也由自己的职员来做。为了支持所有这些活动，管理当局得雇用另外一些人员，包括会计、人力资源专家和律师等。在网络结构中，这些职能的大部分都从组织外"购买"，这给管理当局提供了高度的灵活性，并使组织集中精力做它们最擅长的事。

从不利的方面来看，网络结构的管理当局对其制造活动缺乏传统组织所具有的那种紧密的控制力，供应品的质量也难以预料。另外，网络组织所取得的设计上的创新很容易被窃取，因为创新产品一旦交由其他组织的管理当局去领导生产，就要对创新加以严密防卫，如果不是不可能的，至少也是很困难的。不过，借助计算机手段，一个组织现在可以与其他组织直接进行相互联系和交流，这样就使网络结构日益成为一种可行的设计方案。

4. 任务小组结构

任务小组结构（task force structure）是一种用来达成某种特定的、明确规定的复杂任务的临时性结构。它涉及许多组织单位人员的介入，可以看作临时性矩阵的一种简版。任务小组的成员一直服务到达成目标为止。然后，任务小组解散，其成员转换到另一任务小组，或回到他们永久隶属的职能部门，或离开组织。任务小组是消费品生产企业常用的一种手段。例如，公司决定开发一种新式谷类早餐食品，遂将在产品设计、食物研究、市场营销、制造、财务和其他相关职能领域具有专门知识的人员集结起来，进行研究产品配方、设计包装、确定目标市场、估算生产成本及预估盈利等工作。一旦这些问题获得解决，形成了可供大批量生产的产品，任务小组就可以解散，新产品便被吸收到永久性结构中。

委员会结构（committee structure）将多个人的经验和背景结合起来，跨越职能界限处理一些问题。从实质上说，委员会可以是临时性的，也可以是永久性的。临时性委员会通常等同于任务小组。永久性委员会与任务小组一样，都可以促进各种投入的统一，但前者更具稳定性和一致性，在这一点上又与矩阵型结构相似。然而，委员会只是一种附加的设计。委员会的成员长久地隶属于某一职能部门，他们定期或不定期地聚在一起分析问题、提出建议或作出最终决策、协调有关的活动，或者监控项目的进行。因此，委员会是将各职能部门的投入聚合在一起的一种手段。高等院校就经常使用永久性委员会来处理诸如招生、员工晋级和校友联系等方面的事宜。大型工商企业也将委员会用作协调和控制的手段。例如，许多公司设立酬偿委员会来评审经理人员工资奖金方案，设立审计委员会以客观地评估组织的活动。

二、组织结构设计的程序

组织结构设计是一个复杂的系统工程，依次经过组织基本因素分析→组织职能的分解与部门设计→组织结构的框架设计→组织运行保障设计。组织结构设计的一般程序如图 13-13 所示。

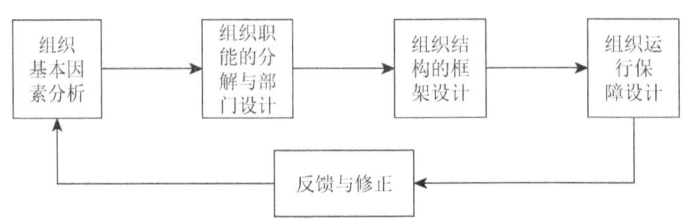

图 13-13 组织结构设计的一般程序

以组织结构设计程序为线索，可以把组织结构设计的概括如下。

（1）组织基本因素分析：组织目标、组织外部环境、组织内部环境因素。

（2）组织职能的分解与部门设计：基本职能设计、关键职能设计、职能分解、横向协调设计。

（3）组织结构的框架设计：组织高层权责关系的形成和组织内各部门、各岗位的责权划分等。划分管理层次、应设定的部门，确定职务和岗位。

（4）组织运行保障设计：组织中的规章制度、议事规则、办事程序、工作规程、管理标准、职务规范、职责范围等。组织运行的管理规范的设计主要包括组织的各种规章制度、处理事务的方式方法等设计；人员配置与培训设计；组织文件主要用于表明组织原则，表示组织结构和组织关系，方便人们了解组织、维护组织并开发组织资源。与组织设计有关的组织文件主要有组织图、组织手册及标准工作规程等。

（5）反馈与修正：组织设计的结果要放到组织运行的实践中去检验，新设计组织的运行状况要持续准确地进行监测。

三、职务设计选择

我们使用的职务设计（job design）一词，指将任务组合起来构成一项完整职务的方式。一些职务是常规性的，其任务是标准化和经常重复的；另一些职务则是非常规性的。有些要求大量变化、多样的技能；另一些只要求范围狭窄的技能。一些职务限定员工遵循非常严格的程序；另一些则对员工如何做工作给予充分的自由。一些职务以一组员工按团队的方式进行可取得更好的效果；另一些职务让个人单独做可以做得更好。职务因任务组合方式的不同而各异，而这些不同的组合创造了多种职务设计选择。

1. 职务专业化

职务设计是与劳动分工或职务专业化同一意义的。循着亚当·斯密和弗雷德里克·泰勒等提出的指导思想，管理者都在设法将其组织中的职务设计得尽可能简单。这意味着将职务划分为细小的、专业化的任务，如建造一幢办公大楼所要求的专业化职务有：施工监工、木工、混凝土搅拌工、电工、焊工、装修工等。然而，像我们前面已经指出的，职务可能变得过于专业化。一旦出现这种情况，员工就会开始表现出反感。他们可以多种方式表现其沮丧和厌烦，如请"精神健康日"假、在工作场所聚众聊天而不是埋头工作、忽视工作质量，或者酗酒、吸毒。这样，效率必然下降。职务专业化原则继续指导着许多职务的设计，如生产工人仍然在装配线上从事简单、重复的工作；办公室职员坐在计算机终端前执行标准化的任务，甚至护士、会计及其他职业人员也发现，他们的许多任务都只要求从事狭窄的专业化活动。

2. 职务轮换

避免职务专业化及其缺陷的一种早期努力是进行职务轮换（job rotation）。这一职务设计方法使工人的活动得以多样化，从而避免产生厌倦。实际中有两种类型的职务轮换：纵向的和横向的。纵向轮换指的是升职或降职。但我们一般谈及职务轮换，都意味着水平方向上的多样变化。横向的职务轮换可以有计划地予以实施，即制订培训规划，让员工在一个岗位上从事两三个月时间的活动，然后再换到另一岗位，以此作为培训手段。许多大型组织在实施开发管理才能的规划中也使用了职务轮换方法，这可能包括直线职位与参谋职位人员之间的轮换，通常也允许没有充分发挥潜力的员工去向经验丰富的员工学习。

职务轮换的有利之处是明显的。它拓宽了员工的工作领域，给予他们更多的工作体验。一个人在取得有效地完成其任务所需的技能之后，通常容易产生的厌倦和单调感，也会随着时常的职务轮换而减少。另外，更广泛的工作体验也使得人们对组织中的其他活动有了更多的了解，从而为人们担任更大责任的职务，尤其是高层职务做了更快、更好的准备。因为一个人随着在组织中职位的升高，他便需要全面了解错综复杂的、相互关联的活动，而这些技能通过组织内的职务轮换可以更为迅速地取得。

职务轮换也不是没有缺点的。将一个工人从先前的岗位转入一个新的岗位，需要增加培训成本，还会导致生产效率下降，因为工人在先前岗位上业务熟悉、效率也就高。范围广泛的轮换规划，可能造成大量的工人被安置在他们经验很有限的工作岗位上。尽管这样的规划有可能带来显著的长期效益，但组织需要有良好的对策处理日常出现的问题，这些问题可能产生于让缺乏经验的员工去完成新的任务，也可能产生于轮换后的经理人员对手头的工作缺乏经验就作出决策。职务轮换还可能使那些聪明而富有进取心的员工的积极性受到影响，因为这些人喜欢在他们所选定的专业中寻找更大的、更具体的责任。有一些证据也表明，非自愿地对员工进行职务轮换，可能导致旷工和事故的增加。

3. 职务扩大化

增加一个工人任务的横向多样性的是职务扩大化（job enlargement）。这一方案使职务范围（job scope）扩大，也就是增加了一项职务所完成的不同任务数目，并减少了职务循环重复的频率。增加一个工人，所执行任务的数量也会增加，职务扩大化也就提高了工作多样性。以邮件分类职务为例，它不局限于按单位分发收到的邮件，可以扩大到包括将邮件运到各个单位或者用邮资总付计数器在寄出邮件上打戳。职务扩大化努力取得的结果不尽如人意。一位经历过这样一种职务再设计的员工评论说："以前，我只有一份烦人的工作。现在，因为职务扩大化，我有三份烦人的工作！"职务扩大化试图避免过度专业化，但它并没有给工人的活动带来乐趣。

4. 职务丰富化

职务丰富化（job enrichment）是增加职务深度（job depth）。这意味着，职务丰富化允许员工对他们的工作施加更多的控制。他们被获准做一些通常由他们的主管人员完成的任务，尤其是计划和评价他们自身的工作。丰富化后的职务任务应当允许工人以更大的自主权、独立性和责任感去从事一项完整的活动。这种任务还应该能提供反馈，以便使工作者可以评价和改进自己的工作成绩。

5. 职务特征模型

上述各种方法并没有提出一种理论框架，供分析职务或指导管理者设计职务使用。但职务特征模型（job characteristics model，JCM）提供了这样一种框架。它确定了五种主要的职务特征，分析了它们之间的关系，以及对员工生产率、工作动力和满足感的影响。根据职务特征模型，任何职务都可以从五个核心维度进行描述。

（1）技能多样性（skill variety）指一项职务要求员工使用各种技术才能从事多种不同的活动的程度。

（2）任务同一性（task identity）指一项职务要求完成一项完整的和具有同一性的任务的程度。

（3）任务重要性（task significance）指一项职务对其他人的工作和生活具有实质性影响的程度。

（4）自主性（autonomy）指一项职务给予任职者在安排工作进度和决定从事工作所使用的方法方面提供的实质性自由、独立和自主的程度。

（5）反馈（feedback）指个人为从事职务所要求的工作活动所需获得的有关其绩效信息的直接和清晰程度。

一个需要提醒注意的地方是，技能多样化、任务同一性和任务重要性共同创造出有意义的工作。也就是说，一项职务如果具有这三个特征，我们可以预期任职者会将他的职务视为重要的、有价值的和值得做的。另一需要注意的地方是，拥有自主性的职务会给任职者带来一种对工作结果的个人责任感，而如果职务能提供反馈，则员工就会知道他所进行的工作效果如何。

职务特征模型为管理者从事职务设计提供了具体的指导。从该模型中推导出的如下建议，说明了职务设计中的一些变化将可能导致五个核心维度特征的改善。

（1）合并任务。管理者应当将现有的过细分割的任务组合起来，形成一项新的、内容广泛的工作。这将使技能多样性和任务同一性得到提高。

（2）形成自然的工作单位。管理者应当将任务设计成一个完整、具有同一性的、有意义的工作。这可使员工产生这项工作"归属于我"的感觉，鼓励员工将他们的工作视为意义重大的而不是无关紧要甚至令人生厌的。

（3）建立起客户联系。顾客是员工所做出的产品或服务的使用者。要是可能，管理者应当建立起员工与他们的客户之间的直接联系。这可增加员工的技能多样性、自主性和绩效反馈。

（4）纵向扩展职务。纵向扩展职务可使员工产生责任感，并掌握以往保留在管理者手中的控制权。它将使一项职务的"作业"与"控制"两方面间的分离得以部分地结合，从而增大员工的自主性。

（5）开通反馈渠道。通过增进反馈，员工不仅能了解他们所从事的工作做得如何，还能知道他们的绩效是改善了、降低了还是保持在一定水平上。从理想的角度来说，员工应当在他们作工作的时候就得到直接的绩效反馈，而不是非经常性地从管理当局那得到一些反馈。

6. 工作时间选择设计

根据劳动力市场的状况、所从事工作的种类及员工的偏好，管理当局可能考虑采取4天的短工作周、弹性工作时间或者职务分担方案。管理当局也可能考虑使用应急工或临时工，或者让员工通过电子通信手段在家里工作等。

压缩工作周。我们将压缩工作周（compressed workweek）定义为4个10小时的工作日所组成的工作周。虽然也有些实验采取了3日工作周或其他压缩工作周方案，但我们的注意力主要放在4天、40个小时（简称4-40）的方案上。

弹性工作时间（flexible worktime）通常也称作弹性工作制，是要求员工每周工作一定的时数，但在限定范围内可以自由地变更工作时间的一种时间安排方案。弹性工作制可以使员工更好地根据个人的需要安排他们的工作时间，并使员工在工作时间安排上能行使一定的自主权。其结果是，员工更可能将他们的工作活动调整到最具生产率的时间内进行，同时更好地将工作时间同他们工作以外的活动安排协调起来。

当然，弹性工作制也是有缺陷的，特别是对管理者工作的影响方面。当某些具有特殊技能或知识的人不在现场时，它还可能造成问题不好解决，同时使管理人员的计划和控制工作更为麻烦，花费也更大。

重要名词和术语

组织结构（organization structure）
组织设计（organization design）
复杂性（complexity）
正规化（formalization）
集权化（centralization）
分权化（decentralization）
机械式组织（mechanistic organization）
职能部门化（functional departmentalization）
产品部门化（product departmentalization）
过程部门化（process departmentalization）
顾客部门化（customer departmentalization）
指挥链（chain of command）
职权（authority）
职责（responsibility）
权力（power）
强制权力（coercive power）
奖赏权力（reward power）
合法权利（legitimate power）
专家权力（expert power）
感召权力（referent power）
统一指挥（unity of command）
直线职权（line authority）
管理跨度（span of control）
矩阵型结构（matrix structure）
网络结构（network stucture）
职务设计（job design）
职务扩大化（job enlargement）
职务丰富化（job enrichment）
职务特征模型（job characteristics model，JCM）
反馈（feedback）
压缩工作周（compressed workweek）
弹性工作时间（flexible worktime）

复习思考题

1. 简述组织的基本原则。
2. 简述传统的组织理论、行为组织理论、现代组织理论的主要观点。
3. 非正式组织作用的二重性是什么?
4. 宽管理跨度与窄管理跨度哪个更有效率?为什么?
5. 为什么古典学者主张职权应当与职责相对等?
6. 参谋部门的管理者可以拥有直线职权吗,请解释。
7. 权力的五种来源是什么?
8. 管理者可以采取哪些方式进行部门化?
9. 古典学者为什么提倡机械组织?
10. 为什么组织结构会有差异?机械结构和有机结构之间的差异是什么?
11. 一个组织可以没有结构吗?组织设计的影响因素的主要内容是什么?
12. 说明职能型结构和矩阵型结构的特征?
13. 简单结构为什么不适用于大型组织?
14. 管理当局何时应选用矩阵结构、网络结构及任务小组?
15. 分部型、简单型和矩阵型,哪一种结构设计你最愿意在其中工作?哪一种又最不愿意呢?为什么?
16. 描述一项职务是如何得到丰富化的。
17. 管理者为什么会选择职务分担方案?
18. 确定你熟悉的两项工作:一项是你认为自己喜欢继续做下去的;另一项是你不会愿意去做的。试用工作特征模型对它们加以比较。同时,以社区标准对它们的酬劳和声望作一比较。你认为酬劳和声望与激励潜力得分高之间存在正相关关系吗?
19. 比较压缩工作周与弹性工作时间,它们各自有哪些优缺点?

组织文化

本章摘要 我们将讨论什么是组织文化、组织文化做什么、组织文化建设等三个方面的问题。一是什么是组织文化？组织文化是组织成员在认识和行为上的共同理解，是组织多数成员共同遵循的最高目标、价值标准、基本信念、工作作风、行为规范和思维方式，它贯穿于组织的全部活动，影响组织的工作，决定组织中全体成员的精神面貌和整个组织的素质、行为和竞争能力。对组织文化的研究，将有助于我们对组织成员乃至整个组织行为的理解、预见和把握。二是组织文化做什么？组织文化包括导向、规范、凝聚、激励和辐射等功能，组织的价值观、目标与宗旨、经营哲学、行为规范、精神和形象是组织文化的主要内容，组织文化的结构大致可分为物质层、行为层、制度层和精神层四个层次，这四个文化层次紧密相连。三是组织文化建设：组织文化创立的程序一般经过调查分析、总体规划、论证实验、传播执行、评估调整和巩固发展六个阶段，组织文化更新就要克服来自个人和群体的压力，需要通过文化审核来评估现有文化，对现有文化与预期新文化进行比较，确定需要变革的主要文化要素，以新的组织文化来替代现有的组织文化。

■ 第一节 什么是组织文化

在每个组织中，都存在着随时间演变的价值观、信条、仪式、典礼及实践的体系或模式，这些共有的价值观在很大程度上，决定了雇员的看法及对周围世界的反应。当遇到问题时，组织文化通过提供正确的途径来约束雇员行为（这就是我们做事的方式），并对问题进行分析和解决。

一、组织文化的含义

对于组织文化（organizational culture），我们所指的具体意义是什么呢？我们用这一术语来指共有的价值体系。像部落中拥有支配每个成员对待同部落人及外来人的图腾和戒律一样，组织拥有支配其成员行为的文化。我们说文化的定义有以下两方面的含义：

一方面，文化是一种知觉。这种知觉存在于组织中而不是个人中。结果，组织中具有不同背景或不同等级的人，试图以相似的术语来描述组织的文化，这就是文化的共有方面。另一方面，组织文化是一个描述语。它与成员如何看待组织有关，而无论他们是否喜欢他们的组织，它是描述而不是评价。

尽管现在我们没有规范性的方法去测量组织文化，但前期的研究表明：文化可以通过评价一个组织具有的10个特征的程度来加以识别。

（1）成员的同一性：雇员与作为一个整体的组织保持一致的程度，而不是只体现出他们的工作类型或专业领域的特征。

（2）团体的重要性：工作活动围绕团队组织而不是围绕个人组织的程度。

（3）对人的关注：管理决策要考虑结果对组织中的人的影响程度。

（4）单位的一体化：鼓励组织中各单位以协作或相互依存方式运作的程度。

（5）控制：用于监督和控制雇员行为的规章、制度及直接监督的程度。

（6）风险承受度：鼓励雇员进取、革新及冒风险的程度。

（7）报酬标准：同资历、偏爱或其他非绩效因素相比，依雇员绩效决定工资增长和晋升等报酬的程度。

（8）冲突的宽容度：鼓励雇员自由争辩及公开批评的程度。

（9）手段—结果倾向性：管理更注意结果或成果，而不是取得这些成果的技术和过程的程度。

（10）系统的开放性：掌握外界环境变化并及时对这些变化作出反应的程度。

相对于国家文化、民族文化和社会文化而言，组织文化是一种微观文化。对于企业文化的概念，有以下代表性几种说法。

威廉·大内（William Ouchi）在《Z理论》中说："传统和气氛构成一个企业的文化，同时，文化意味着一个企业的价值观，如进取、保守或灵活，这些价值观成为企业员工活动、建议和行为的规范。管理人员以身作则，把这些规范灌输给员工，再一代一代地传下去。"

彼得斯（peters）和沃特曼（Waterman）：组织文化就是员工作出的贡献，从而也就产生一种价值观和目标感，这种价值观和目标感来自对生产、产品的热爱，提高质量、服务的愿望和鼓励革新，以及对每个人的贡献给予承认和荣誉。

迪尔和肯尼迪认为：企业文化是由企业环境、价值观、英雄人物、典礼和仪式、文化网络等五要素组成，并以价值观为核心的。

据此，我们认为把组织文化定义过宽、过窄都未必科学，而同意一种适中的定位：组织文化就是指组织在长期的生存和发展中所形成的，为本组织所特有的，且为组织多数成员共同遵循的最高目标、价值标准、基本信念、工作作风、行为规范和思维方式等的总和及其在组织活动中的反映。

二、组织的文化来源

一个组织的文化常常反映组织创始人的远见使命，因为创始人有着独创性的思想，所以他们对如何实施这些想法存在着倾向性，他们不为已有的习惯或意识所束缚。创始人通过描绘组织应该是什么样子的方式来建立组织早期的文化。新组织的规模较小，创始人能够使他的远见深刻地影响组织的全体成员。所以，一个组织的文化是以下两方面相互作用的结果：①创始人的倾向性和假设；②每一批成员从自己的经验中领悟到的东西。IBM 的托马斯·沃森（Thomas Watson）和联邦捷运公司的费雷德里克·史密斯（Frederick Smith），正是对塑造组织文化有不可估量的影响的两个人。尽管沃森于 1956 年去世了，但他关于研究开发、产品质量、雇员着装及报酬政策的主张，至今仍体现在 IBM 的日常经营中。联邦捷运公司自诞生之日起，创始人史密斯所号召的勇于进取、敢于承担风险、专注于创新及强调服务的观念，一直是该公司的核心主题。

三、强文化和弱文化

虽然所有的组织都有文化，但并非所有的文化都对雇员有同等程度的影响。强文化（strong cultures）（强烈拥有并广泛共享基本价值观的文化）比弱文化对员工的影响更大。雇员对组织的基本价值观的接受程度和承诺越大，文化就越强。一个组织文化的强弱，取决于组织的规模、历史、雇员的流动程度及文化起源的强烈程度。

一些组织分不清什么是重要的，什么是不重要的（这是弱文化的一个特征）。在这样的组织中，文化对管理者的影响很小。然而大多数组织已向强文化转变。他们对什么是重要的、什么是正确的雇员行为、什么推动了组织的前进等问题取得了共识。我们有理由希望当组织文化变得更强时，它会对管理人员的所作所为产生更大的影响。

四、文化对管理实践的影响

因为组织文化确立了对人们应做什么、不应做什么的约束，所以它与管理者尤其相关。这些约束很少是清晰的，也没有用文字写下来，甚至很少听到有人谈论它们，但它们确实存在，而且组织中所有的管理者很快就会领会"该知道什么和不该知道什么"。例如，价值观并没有明文规定，但每一种价值观确实来自一个真正的组织。即使你不忙，也要看上去很忙。如果你承担风险并失败了，你将为此付出昂贵的代价。在你作决策前，要经过你的老板，以使他不感到惊讶。我们的产品质量水平只需达到竞争者迫使我们达到的程度。过去使我们成功的因素，将会促进我们未来的成功。如果你想取得优异的成绩，你必须是团队的一员。这些价值观与管理行为间的联系是相当直观的。如果一个工商企业的文化支持这样的观点：削减费用能带来利润的增加，以及低速平稳增长的季度收入，能给公司带来最佳利益的话，那么在这种情况下，管理者不可能追求创新的、有风险的、长期或扩张的计划。如果一个组织的文化是以对雇员的不信任为基础的话，管理者更可能采用独裁式的领导方式，而不是民主的方式。原因何在呢？因为文化把什么是恰当的行为传递给了管理者。

案例分析

组织文化的比较

组织 1

这是一家制造公司,雇员对公司忠诚,该公司中有雇员需要遵守的规章制度,管理者密切监督员工以保证不发生偏差。管理当局关心的是高生产率,而不管它对员工士气及流动的影响。公司要求员工遵守规章制度,工作活动是围绕个人设计的,组织中有明确的部门及权力线,并希望员工尽量减少与专业领域外或指挥线外的员工的正式交流。对努力、忠诚、协作及避免出错都给予表扬及奖励,公司仅从内部提升管理者,并相信最好的产品是那些由公司独立开发的产品。

组织 2

这也是一家制造公司。在这家公司中,员工以他们的技术诀窍和专业知识及同公司外的广泛交往为荣,公司中只有少量的规章制度,监督较松,因为管理当局相信公司的员工会努力工作并值得依赖。管理当局关心高生产率,但他们相信高生产率来自正确地对待员工。该公司对被看作良好的工作场所的声望感到自豪。工作活动是围绕工作队设计的,并鼓励工作队成员跨越职能领域及权力等级进行交流。评价管理者不仅依据其部门的绩效,还要看其部门同组织内其他部门协调工作的好坏程度。晋升和其他的物质奖励给予那些对组织作出最大贡献的员工,即使那些员工拥有奇怪的念头、不同寻常的个人癖性或不同常规的工作习惯。公司将能够找到的最优秀的人员安排到高层位置,甚至可能包括从竞争对手那里招聘来的人员。公司为自己成为市场驱动型的公司而骄傲,并对顾客变化着的需求作出快速的反应。

资料来源:罗宾斯和贾奇(2012)

【思考题】

试比较分析两种组织文化的优缺点。

第二节 组织文化做什么

这里我们学习组织文化的功能、内容和结构三个方面。组织文化包括导向、规范、凝聚、激励和辐射等功能;组织的价值观、目标与宗旨、经营哲学、行为规范、精神和形象是组织文化的内容;组织文化的结构大致可分为物质层、行为层、制度层和精神层四个层次,这四个文化层次紧密相连。

一、组织文化的功能

1. 导向作用

组织文化的导向作用,是指组织文化把组织整体及组织员工个人的价值取向及行为取向引导到组织所确定的目标上来。组织文化就是在组织的历史环境及条件下将人们的事业心和成功欲化成具体的奋斗目标、信条和行为准则，形成组织员工的精神支柱和精神动力，为组织的共同奋斗目标而努力，因此，优秀的组织文化建立的实质就是建立内部的动力机制。通过共同价值观和群体意识的培育，员工就会在潜移默化中接受共同的价值观念，对组织产生认同感，从而使组织员工与组织真正成为一个有机整体，形成一股强大的力量向既定方向努力。

2. 规范作用

组织文化用一种无形的思想上的约束力量，形成一种软规范，制约员工的行为，以此来弥补规章制度的不足，组织文化的规范作用通过协调和自我控制来实现，可以减弱硬约束对员工心理的冲撞，缓解自治心理与被治现实形成的冲突，削弱由其引起的一种心理抵抗，从而使组织上下左右达成统一、和谐和默契。

3. 凝聚作用

组织文化是组织全体员工共同创造的群体意识，是一种黏合剂，把各个方面、各个层次的人都团结在本组织文化的周围，对组织产生一种凝聚力及向心力，使员工个人的思想感情和命运与组织的安危紧密联系起来，对组织产生归属感和认同感。如果说薪酬和福利形成了凝聚员工的物质纽带的话，那么组织文化则形成了凝聚员工的感情纽带和思想纽带。

4. 激励作用

组织文化强调以人为中心的管理方法，其核心是要创造出共同的价值观念。优秀的组织文化就是要创造一种人人受重视、受尊重的文化氛围。良好的文化氛围往往能产生一种激励机制，使每个成员作出的贡献都会及时得到其他员工及领导的赞赏和奖励，由此激励员工为实现自我价值和促进组织发展而勇于献身、不断进取。

5. 辐射作用

组织文化塑造着组织的形象。优良的组织形象是组织成功的重要条件和标志，它包括两个方面：一是内部形象，它可以激发组织员工对本组织的自豪感、责任感和崇尚心理；二是外部形象，它能够更深刻地反映出该组织文化的特点及内涵。

二、组织文化的内容

1. 组织的价值观

价值观是组织文化的核心和基石，它为组织全体员工提供了共同的思想意识、基本信念、行为准则和是非标准，这是组织取得成功的必要条件。优秀企业的价值观大致包括以下内容：向顾客提供第一流的产品和服务，顾客至上；组织中要以人为中心，要充分尊重和发挥员工的主人翁精神，发挥员工的主动性、积极性和创造性；强调加强团结协作和团队精神；提倡和鼓励创新来谋求组织发展；追求卓越的精神，这是创造一流产品、一流服务的价值观基础；诚实和守信，这是企业经营的道德观念。例如，IBM 的价值观曾经具体化为：为职工利益、为顾客利益和为股东利益。后来又发展为以尊重个人、竭诚服务和一流主义为内容的"三信条"。

2. 组织的目标与宗旨

组织的目标与宗旨是组织生存与发展的核心，组织的目标与宗旨决定了组织的性质，旨在回答"我们的组织是什么、应该是什么、将来是什么"这些根本性的问题。组织的目标与宗旨是组织成员凝聚力的焦点，决定着组织文化的发展方向，是组织价值观的集中体现，以及组织文化建设的出发点和归宿点。因此，组织目标是防止其出现短期行为的有效手段，是组织共同价值观的集中表现，也是组织考核和奖惩员工的主要标准。纵观世界上比较优秀的组织，大都以为社会、顾客、员工服务等作为最高目标或宗旨。IBM经营的宗旨是：尊重人，信任人，为用户提供最优服务及追求卓越的工作。索尼公司的宗旨是："索尼公司是开拓者，它从来不想跟在别人后面走路"，"在前进中，索尼公司要为全世界服务，索尼公司永远是未知世界的探索者"。

3. 组织的经营哲学

组织的经营哲学是组织在长期生产（工作）经营过程中形成的基本理念，它是组织领导者对组织和发展战略、经营方针及基本信念的哲学思考，是指导一个组织及其成员如何对待顾客和合作伙伴政策的哲学。组织经营哲学作为组织文化的重要内容，具有相对稳定性，它的形成受组织的环境、社会经济制度及组织领导人的素质等因素的影响。组织经营哲学极大地影响着组织的价值取向和员工的行为准则，是处理组织一切问题的依据。不同组织有不同的经营哲学，导致不同的经营理念。比如，就企业而言，有的注重产品质量，有的注重创新，有的注重服务，不同的企业，经营理念是不同的。

4. 组织的行为规范

组织的行为规范是在组织价值观的指导下，由组织的规章制度、组织的机构设计、管理工作程序、组织成员的行为标准和技术操作制度等构成的。如果说组织文化中的组织目标和宗旨、组织价值观、组织作风和传统习惯是软件的话，那么行为规范和规章制度就是组织文化中的硬件部分，在组织文化中要配合软件，使组织文化在组织内部得以贯彻落实。

5. 组织精神

组织精神是组织有意识地在员工群体中提倡、培养的优秀价值观和良好精神风貌，是对组织现有的观念意识、传统习惯、行为方式中积极因素进行总结、提炼的结果，是全体员工有意识地实践所体现出来的。使员工将自己的岗位工作与实现组织的奋斗目标联系起来，这样组织的管理工作就有了坚实的群众基础。

6. 组织形象

组织形象是社会公众和组织成员对组织的整体印象和总体评价。一个企业有良好的形象，就能得到公众的信任和支持，使公众对企业的产品和服务产生信任感，这种信任感，使公众在众多的产品服务中，更容易选择该企业的产品和服务，提高生存发展能力和竞争能力，一个企业良好的社会形象，是最重要的无形资产。建立美好企业形象的意义大致包括以下内容：增强企业对市场的适应力；增强企业产品的推销力，一个质量很高的产品，只有当销售渠道与顾客的情感渠道相融后，才能具有真正的市场，才能有估不透的推销力；增强企业的实力，企业的实力越强，企业的知名度越高，美誉度越高，竞争力就越强；使企业获得更多更好的投资条件和其他支持；增加职工的向心力和归属感，增加企业对人才的吸引力，良好的企业形象为保留和吸引人才创造了优越的条件，使职工为自己在一个优秀的企业中工作而感到满意和自豪；能使企业获得社区的好感、谅解和政府的帮助。

7. 组织文化的其他内容

除了上述内容外，将组织作风、传统习惯、职业道德、工作环境、人际关系、群体意识等内容也纳入组织文化的范畴。还有组织价值观的物质载体，如标识、环境、里包装、纪念物等，这是组织文化硬件部分。

三、组织文化的结构

组织文化结构大致可分为物质层、行为层、制度层和精神层四个层次，这四个层次紧密相连，其中物质层、行为层是组织文化的外在表现，物质层是其他层次文化的物质基础，行为层是制度层和精神层的动态体现，制度层则规范和制约着其他层次文化的状态与建设，精神层是形成其他层次文化的思想基础，是组织文化的核心和灵魂（时巨涛等，2003）。

1. 组织文化的物质层

组织文化的物质层又称组织的物质文化，是组织文化的表层部分，是形成制度层和精神层的条件。它往往能折射出组织的经营思想、经营管理哲学、工作作风和审美意识。

（1）企业面貌。企业的自然环境，建筑风格，车间和办公室的设计及布置方式，工作区和生活区的绿化、美化，企业污染的治理等，都是组织文化的反映。

（2）产品的外观和包装。产品的特色、式样、品质、牌子、包装、维修服务、售后服务等，是组织文化的具体反映。

（3）技术工艺设备特性。设备指企业的机器、工具、设施等，是企业的主要生产资料，是维持企业正常生产经营活动的物质基础，也是形成企业生产经营个性的物质载体。

（4）纪念物。组织在其环境中往往置以纪念建筑，如雕塑、石碑、纪念标牌等；在组织活动中送给客人的纪念册、纪念品等礼品，它们都充当着组织理念的载体，成为组织塑造形象的工具。

2. 组织文化的行为层

组织文化的行为层又称组织行为文化，是浅层的组织文化。它是由组织成员在生产经营、工作学习、宣传教育、文体娱乐等活动中所产生的一种现象。它既是组织精神面貌、作风和传统、人际关系的动态体现，又是组织价值观和经营哲学的折射。它主要包括三个方面的内容。

（1）组织领导和管理者的行为。他们是组织运营中的主角，他们的行为对组织成员具有示范性作用，他们的思想言行和精神面貌、他们的做事经历引导着组织文化的方向，极大地影响了他人的行为。

（2）组织模范人物的行为。组织的模范人物是组织的中坚力量，他们的模范行为和事迹往往集中体现了组织的价值观和行为规范，是组织为员工树立的学习榜样。他们的行为和业绩所体现的思想品德和精神价值是组织文化的重要组成部分，在整个组织行为中占有重要地位并具有示范作用。

（3）组织成员的群体行为。组织员工是组织的主体，他们的群体行为决定着组织整体的文明程度和精神面貌。他们的工作态度和精神，事业心和责任感，对组织目标的信念，勤劳敬业、诚实守信的行为规范等群体行为的塑造，是企业文化建设的重要组成部分。

3. 组织文化的制度层

组织文化的制度层也称组织的制度文化，指组织的规章制度、公约、纪律等制度形态的东西。制度层主要规定了组织成员在共同的工作中应当遵循的规范性和约束性的行动准则，它集中体现了组织文化对组织成员行为的要求。

（1）工作制度。这是指组织中的领导工作制度、技术工作管理制度、计划生产管理制度、设备管理制度、产品销售制度、人事财务管理等这些组织中成文的制度与某些不成文的厂规厂法，对组织员工的思想和行为起着约束作用。

（2）责任制度。这是指组织内部管理者、员工等工作人员的分工、权力及责任制度，主要包括领导干部责任制、各职能机构及职能人员责任制，以及员工岗位责任制等。

（3）特殊制度。这主要是指组织的非程序化制度，如民主评议干部制度、员工与干部对话制度、庆功会制度等。

（4）特殊风俗。这是指组织特有的典礼、仪式、特色活动，如周末午餐会、厂庆校庆活动制度。

4. 组织文化的精神层

组织文化的精神层也称组织精神文化，是组织文化教育的深层，主要是指组织的领导和员工共同遵守的基本信念、价值标准、职业道德及精神风貌，它是组织文化的核心和灵魂，是形成组织文化的物质层和制度层的基础和原因。

（1）组织经营哲学：组织领导者为实现组织目标在整个生产经营管理活动中的基本信念，是组织领导者对组织生产经营方针、发展战略和策略的哲学思考。

（2）组织精神：组织有意识地在员工群体中提倡、培养的优秀价值观和良好精神风貌，是对组织现有的观念意识、传统习惯、行为方式中的积极因素进行的总结和提炼。

（3）组织风气：是组织成员在长期的活动中逐步形成的一种带有普遍性的相对稳定的心理状态，是组织的一种精神风貌和行为习惯。组织风气是组织文化的外在表现，组织文化是组织风气的本质内涵，人们可以通过组织成员的言谈举止感受到组织的特殊风气，透过组织风气可以体会到组织成员的价值观念，从而深深感受到组织文化。

（4）组织道德：道德是指人们共同生活及其行为的准则和规范，组织道德是指组织内部调整人与人、单位与单位、个人与社会、组织与社会之间关系的准则和规范。制度与道德都是行为准则和规范，但制度是强制性的行为准则和规范，而道德是非强制性的行为准则和规范。一般而言，制度解决是否合法合规问题，道德解决是否合理问题。组织道德就其内容来看，主要包含调节成员与成员、成员与组织、组织与社会三个方面关系的行为准则和规范，作为微观的意识形态，它是组织文化的重要组成部分。

案例分析

组织文化能够容忍监视吗？

很多公司会监视它们的员工——有时会告知他们或征得他们的同意，有时候却不会。不同的组织文化对待窥探的态度是不一样的，有些差异源于组织的类型。美国国防部的一家承包商就比一个橙汁制造商有更多的理由，可能甚至是责任去监视员工。

然而，在大多数行业，尤其是服务行业和信息技术行业，由于日益严重的盗窃和安全问题，以及监控技术的日益普及，监视正处于上升趋势。

我们将考虑对以下行为进行监视，并判断哪种行为总是不道德的（记为N），或者有时候是道德的（记为S），或者总是道德的（记为A），对于那些你标记为S的行为，要指出你判断的依据是什么。

（1）翻看员工的垃圾，以寻找其犯错的证据。
（2）定期阅读电子邮件信息以核查是否存在泄露或滥用机密信息的情况。
（3）对工作场所进行监控录像。
（4）监控员工访问的网站，并判断其是否恰当及与工作的关联度。
（5）对电话进行录音。
（6）假扮成应聘者、投资人、客户或同事（而真实目的是收集信息）。

【讨论题】

你认为采取这些方法的雇主工作的可能性更低吗？为什么？你是否认为使用监控可以在一定程度上体现一个组织的文化？（罗宾斯和贾奇，2012）

第三节 组织文化建设

组织文化建设是指组织有意识地培育优良文化，克服不良文化，完善组织文化的过程。组织文化建设主要包括组织文化的形成、组织文化的创立等方面的内容。

一、组织文化的形成或创立

（一）组织文化的形成

一个组织的组织文化究竟是如何形成的？埃德加·沙因指出，一个组织的组织文化的形成过程，是其应对外部适应性挑战、生存挑战和内部融和挑战的过程；组织文化是一个组织自己的文化。

1. 适应外部环境

有些文化有助于组织更有效地进行竞争，而有些文化却成为竞争的障碍。一个组织文化是积极的力量还是消极的力量，主要看组织文化与组织环境相互匹配的良好程度。一个处于相对稳定的环境中的组织，可能拥有一种"正确的"文化，但当环境变得动荡时，这种文化可能会失去效力。

管理者希望建立何种文化呢？尽管这难以概括，但有一点一般来说是正确的，那就是最能够适应动态环境的文化，是那种鼓励承担风险和创新、更注重结果而不是方法、增加雇员的决策权限、加强内部部门之间的合作、对变化着的环境作出更快和更顺利的反应的文化。

当然，管理当局认识到需要重塑其组织文化是一回事，真正使之付诸实施又是另一回事。正如我们所描述的那样，问题在于组织文化的相对稳定性和惯性，使之非常难以改变。组织及其环境概括了我们的观点：组织是一个与其具体环境相互作用、相互依存的系统，并随时注意着其一般环境的潜在作用。下面我们要说明环境是如何约束管理者的有效选择的。环境（environment）是指对组织绩效起着潜在影响的外部机构或力量。环境可以分为一般环境和具体环境。

一般环境（general environment）包括组织外的一切，既包括经济因素、政治条件、社会背景及技术因素，也包括那些能影响组织但联系尚不清楚的条件。管理者通常将大量的注意力集中于组织的特定环境中。例如，经济条件——利率、通货膨胀率、可支配收入的变动、证券市场指数及一般商业周期，是一般环境中能够影响组织管理实践的一些因素；政治条件是一个企业经营发展的政治环境，包括总体稳定性及政府首脑对工商企业的作用所持的具体态度；社会条件——管理者必须使其经营适应所在社会变化中的社会预期，正如价值观、风俗和品味在变化一样，管理也必须变化，也就是说，组织提供的产品和服务，以及它们的内部政策都必须作相应的改变；技术的发展使得一个小小的计算机光盘能容纳整个书架的书的内容，它对图书产业的影响作用是非常大的。

具体环境（specific environment）是与实现组织目标直接相关的那部分环境。它是由对组织绩效产生积极或消极影响的关键顾客群或要素组成的。具体环境对每一组织而言都是不同的，并随条件的改变而变化。典型的情况是它包括投入物供应商、客户或顾客、竞争者、政府机构及公共压力集团。对绝大多数组织而言，供应商、顾客、竞争者、政府机构和特殊利益集团都是造成不确定性的外部因素。供应商：管理者寻求以尽可能低的成本来保证所需投入的持续稳定供应。顾客：组织是为满足顾客需要而存在的。竞争者：任何组织的管理当局都不能忽视自己的竞争者，否则，他们会付出惨重的代价。政府机构：组织耗费大量的时间和资金来满足政府法规的要求。特殊利益集团：管理者应意识到特殊利益集团在试图影响组织的行为。

一个组织特定环境的变化，取决于组织为自己确定的"适当位置"，即组织所提供的产品或服务的范围及其所服务的细分市场。因为并非所有的环境都相同，所以环境对管理者而言是很重要的。环境的不同是由于我们所说的环境的不确定性（environmental uncertainty）程度不同。环境的不确定性可分解为两个维度：变化程度和复杂程度。如果组织环境要素大幅度改变，称为动态环境；如果变化很小，则称为稳态环境。在稳态环境中或许没有新的竞争者，或许现有竞争对手没有新的技术突破，或许公众压力集团极少有影响组织的活动等。

正如我们所看到的，组织并不能自给自足，它们同环境发生相互作用，并受环境的影响。组织依赖其环境作为投入的来源和产出的接受者。组织还须遵守国家的法律并对向组织行为挑战的集团作出反应。正因为如此，供应商、顾客、政府机构、特殊利益集团及类似的机构才能对组织施加影响。这些环境力量大多数是动态的，并对管理产生了相当大的不确定性：顾客的品位及偏好改变了；新的法律出台了；供应商不能按合同规定的交货日期交货；竞争者引进了新的技术、产品及服务。在某种程度上，这些环境的不确定性是不可预料的，它们迫使管理当局以其不大情愿的方式作出反应。一个组织面临的环境的不确定性越大，环境对管理当局的选择和决定组织自由的限制就越大，环境对组织文化的影响也就越大。

适应外部环境求生存是指一个组织该怎样在外部环境中找到一个适应的位置，并与不断变化的外部环境相适应。适应外部环境求生存包括以下问题。①宗旨和战略：确定组织的基本宗旨并选择实行其基本战略。②目标：确立组织的具体目标。③方法：确定如何实施组织目标的方式方法、手段和工具等。④衡量：确定标准以衡量个人和群体完成目标的状况。

2. 内部一体化

内部一体化是指一个组织在建立和保持有效的工作关系和组织关系的过程中，人们的行为和活动所形成的以组织的整体利益和目标为中心的规范化的运行体系。组织的内部一体化主要包括以下问题。①语言和概念：确定组织成员间相互交流的方式方法，形成对重要理念和概念含义的共同认可。②群体和团队的界限：建立群体和团队成员的身份标准。③权力和地位：确定获得、保持及剥夺权力和地位的规则。④奖励和惩罚：建立鼓励适当行为及阻止不适当行为的制度和规则。当一个组织的组织成员把他们共享的知识、假定、行为规范等用于解决组织的外部适应性和内部一体化问题的方式时，该组织的组织文化便会产生和形成。组织文化产生的一般模式如图14-1所示，图中展示了一般组织的组织文化形成的一种共同范式。

在新的公司（或组织）里，其创始人或少数的关键人物在很大程度上影响或决定着组织文化。在组织后来的发展过程中，文化将主要反映那些创始人或早期高层管理者的价值观、思想理念，如松下幸之助对松下企业文化的影响、韦尔奇对通用电气公司文化的影响、张瑞敏对"海尔文化"的影响，都说明了这一道理。

组织文化的形成和发展也会受到社会文化的影响，如组织所在的国家或地区的民族文化、风俗习惯、社会规范、道德标准等，都会强烈地影响到组织文化的形成（时巨涛等，2003）。

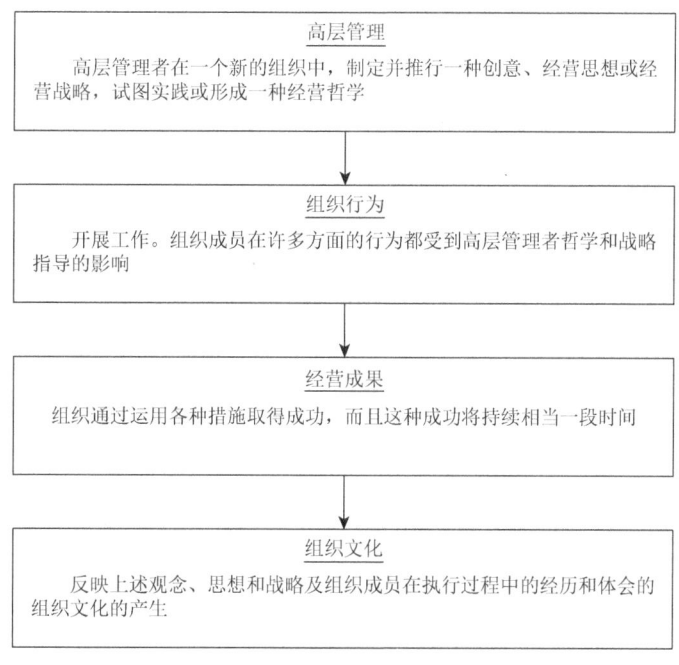

图 14-1 组织文化产生的一般模式

（二）组织文化的创立

组织文化的创立是指一个组织在对本组织现实文化认识和评价的基础上，创立一种适合并有益于本组织目标的目标组织文化。目标组织文化则是指组织高层领导者正式提出并在组织成员中倡导的，以共同价值观、行为规范、经营哲学等为中心的组织文化。

创立或改造组织文化时，要有正确的指导思想和组织文化目标，强调组织文化的主体性和个性特色，强调组织文化的群众性和参与性，面向未来，面向时代，面对实际，结合组织的有关改革，同步地进行组织文化的创立和改革。组织文化的创立应当借鉴以下原则和程序。

1. 组织文化创立的原则

（1）继承、借鉴与创新相结合的原则，即应在继承和吸取本组织现有文化的积极部分并借鉴其他组织文化的长处的基础上，创新和发展本组织文化。

（2）可行性、现实性与发展性相结合的原则，即在创立或改进组织时，不仅要考虑目标组织文化的现实性与可行性，还要考虑目标组织文化对未来组织发展前景和组织内部环境的适应性。

（3）组织文化与组织战略相统一的原则。

（4）注意适应组织的外部环境与内部一体化相统一的原则。

（5）重视精神激励与物质激励相结合的原则。

（6）重视典型和榜样的力量与群众的认同和参与相结合的原则。

2. 组织文化创立的程序

（1）调查分析阶段。本阶段旨在客观、全面、准确地了解和反馈现有组织文化，组织成员的心态和舆论状况等，为创立组织文化提供依据。调查分析的主要内容为：组织文化发展史的调查；组织文化发展的"硬件"与"软件"状况及发展的机制的调整；组织文化发展环境的调查分析，组织成员的素质分析及组织文化发展战略和组织价值观的调查分析等。

（2）总体规划阶段。本阶段旨在增强组织文化工作的计划性和创立组织文化的目的性与有效性。需要在尊重客观事实的基础上，综合平衡全面性与重点性、计划性与灵活性、独创性与连续性等关系，完成以下基本内容：拟定创立组织文化的目标和指导思想；提出准确的组织文化价值观；提出以组织价值观为中心的组织精神、哲学、理念等；依据组织战略目标，明确物质文化要达到的目标；提出切实可行的行为文化方案；提出对现有组织文化的评价和继承部分；拟定组织文化创立的总体方案。

（3）论证实验阶段。本阶段旨在验证上述工作的可行性，了解各方面对拟订方案的认可和支持程度，及时发现并修改其中的不合理部分，完善方案，减少盲目性。本阶段应坚持"从群众中来，到群众中去"的工作路线，完成以下工作内容：把总体规划通过恰当的渠道"上情下达"，接受检验，并通过多种方式收集反馈信息；确定试验区域，实地调查并记录数据；分析信息数据，归纳总结有意义的"闪光点"，修改总体规划中不切实际的内容；再一次论证实验修正后的规划，直到大多数组织成员认可为止。

（4）传播执行阶段。本阶段是创立组织文化的中心环节，是将规划变为现实，解决旧问题，创立新文化的阶段。本阶段是创立组织文化过程中最关键、最费时间，既复杂多变又具有广泛影响性的阶段。本阶段的主要工作内容有：利用各种媒介和方式加强宣传，总体规划传达到人；及时收集整理反馈信息，有针对性地开展教育解释，重新传播规划；建立专门的组织机构，协调工作，解决执行中的问题；建立或疏通组织文化倡导者、执行者和接受者之间的信息渠道，双向沟通，引导舆论走向；扶正祛邪，及时克服传播障碍和执行障碍。

（5）评估调整阶段。本阶段旨在对组织文化总体规划及执行效果进行测量、检查与评估，找准问题，调查偏差。其主要工作内容为：建立评估的指标体系和参照系；全面收集相关信息，把握真实状况；比较规划与现实的差异，分析原因，确定调整对象；有针对性地拟定调查措施并付诸实施。

（6）巩固发展阶段。本阶段的工作重点：在已创建的组织文化基础上，采用切实有效的多种途径和措施，从精神层面、制度层面、行为层面和物质层面等层面贯彻和渗透组织文化，稳定和巩固已取得的成果，进一步突出和弘扬组织文化个性，并以此推动组织发展，在组织的发展中，使组织文化走向成熟（时巨涛等，2003）。

组织文化的创立一般要经历如图14-2所示的6个阶段。

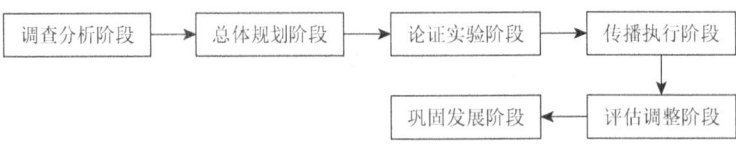

图14-2 组织文化创立的阶段图

3. 创立组织文化需要注意的其他问题

（1）慎选组织的价值标准，培育优良的价值观念，奠定组织文化建设基础。

（2）坚持以人为中心，进行感情投资，提高员工素质，增强人们对组织的忠诚感和归属感，促使人们认同组织的价值观和文化。

（3）注意物质文化、行为文化、制度文化和精神文化的有机统一，协调发展建设。

（4）找准组织文化建设的切入点，提倡先进的管理制度和行为规范。

（5）加强礼仪建设，注意以成员喜闻乐见的故事、仪式、物质象征和语言等形式传递组织文化，促进组织文化的习俗化。

（6）改善物化环境，塑造组织的良好形象。组织形象与组织文化有着密切的关系。组织文化是组织形象的本源，组织形象是组织文化的外显，组织形象塑造是组织文化建设的重要组成部分。

二、组织文化建设的心理机制

组织文化作为微观的文化氛围，构成了组织内部的心理环境，有力地影响和制约着组织成员的理想、道德、情感和行为，发挥着凝聚、规范、导向等作用，在塑造组织文化时应该注意以下六种心理机制。

1. 运用心理定式

在对老企业的转型改造过程中，相应地要更新和改造原有的企业文化，首先要打破传统的心理定式，建立新的心理定式。随着企业从生产型向经营型转变，其经营哲学、战略目标、价值观念和行为规范也必须相应地加以改变。事实证明，观念的转变绝非易事，企业的主要负责人应率先转变观念，然后通过参观、学习、培训等多种方式，组织各级干部和全体员工理解和掌握新的企业文化，形成新的心理定式。

2. 重视心理强化

强化是指运用某种手段，通过一定的肯定或否定（奖励或惩罚），使某种行为得到重复或制止，使某种心理品质变得更加牢固的过程。使人的行为重复发生的手段称为正强化，制止人的行为重复发生的手段称为负强化。这种心理机制运用到组织文化建设上，就是及时表扬或奖励与组织文化相一致的思想和行为，及时批评或惩罚与组织文化相违背的思想和行为，使奖励或惩罚尽量成为组织精神的载体，使组织精神变成可见的、可感的、现实性的因素。

3. 利用从众心理

在组织文化建设中，组织领导者应该运用一切舆论工具，大力宣传本组织的组织文化，同时发挥管理者和英雄模范人物的示范带头作用，形成潮流和声势，主动利用从众心理，促成全体员工行动上的一致。一旦这种行动一致的局面初步形成，对个别后进员工就构成一种群体压力,促使他们与大多数员工一致起来。这就实现了组织文化建设所需要的舆论与行动的良性循环。

4. 培养认同心理

认同是指个体将自己和另一个对象视为等同,引为同类,从而产生彼此密不可分的整体性的感觉。初步的认同处于认知层次上,较深入的认同进入情绪认同的层次,完全的认同则含有行动的成分。个体对他人、群体、组织的认同,使个体与这些对象融为一体,休戚与共。应着重培养员工对组织的认同感,塑造值得骄傲和自豪的组织形象。

5. 激发模仿心理

模仿是指个人在受到社会刺激后而引起的一种按照别人行为的相似方式行动的倾向,它是社会生活中一种常见的人际互动现象。不言而喻,模仿是形成良好组织文化的一个重要的心理机制,而榜样是模仿的前提和根据。组织中的模范人物、英雄人物,是组织文化的人格化代表。全体员工对他们由钦佩、爱戴到模仿,也就是对组织文化的认同和实践的过程。

6. 化解挫折心理

在组织的各项活动中,上级与下级之间、同事之间总会发生一些矛盾和冲突,班干部和员工总会在工作和生活中遇到各种困难和挫折,在这时,他们就会产生挫折心理。这种消极的心理状态,不利于优良组织文化的形成。如何化解员工出现的挫折心理,也是组织文化建设和发展中应该给予注意的问题。

三、组织文化的更新

组织文化是由相对稳定和持久的因素构成的。这一事实往往导致文化的变革具有相当的阻力。一种文化需要很长一段时间才能形成,而一旦形成,它又常常是牢固和不容易改变的。组织文化变革之所以存在特别大的变革阻力,就是因为其员工已经融入这种文化了。要是随着时间的推移,某种特定的文化已变得对组织不适宜,它就成了管理当局的绊脚石。这时,管理当局很少能做些什么来改变它,尤其是从短期来看更是如此。即使在最有利的条件下,组织文化的变革也常常需要经历多年的时间才能看出其变化,而不是几周或几个月,经验表明,文化变革最可能在具有如下全部或绝大部分条件的情景下发生。

1. 组织文化变革可能发生的情景

(1)大规模危机出现。这可以成为动摇现状的一个震源,促使人们对现有文化的适应性产生怀疑。具体例子如发生令人吃惊的财务亏损、竞争对手的一次重大的技术突破等。

（2）领导职位易人。新的高层领导可能被认为对危机具有更强的反应能力。新领导往往会给组织带来一种不同的价值观。这里的高层领导既可以是首席执行官，也可以包括所有的资深经理。

（3）组织新而小。新建立的组织，其文化的渗透力较弱。相似地，当组织规模较小时，管理当局也更容易传播新的价值观。

（4）组织文化弱。一种组织文化越是广泛渗透并在成员中形成对总价值观的高度认同，那么它就越难改变。相反，较弱的文化比较强的文化具有更大的可变性。

2. 组织文化变革的途径

实现文化变革的途径，现在我们要提一个问题：如果情境条件是合适的，管理当局如何推行组织文化变革？其一大挑战是要解冻现有的文化。对根深蒂固而又高度重要的东西加以解冻，并不是单一一项措施就能奏效的。组织文化的现状可以看成是处于一种平衡状态，要打破这种平衡状态，以新的组织文化来替代现有的组织文化，就要克服来自个人和群体的压力，进行组织文化变革。进行组织文化变革先要进行组织文化分析，包括通过文化审核来评估现有文化、对现有文化与预期新文化进行比较、确定需要变革的主要文化要素。组织文化变革需要有一个全面的、协调的发展途径。

（1）解冻的最佳着眼点是进行组织文化分析，确定需要变革的文化因素。这包括进行文化审核以评估现有的文化、将现有文化与预期的文化作比较、进行差距评价以确定哪些文化要素特别需要加以变革。

（2）管理当局有必要使人们更清楚地看到组织的危机。向员工明确说明，需要让组织的每个人都清楚，如果不推行变革，组织的生存将受到威胁。要是员工没有意识到变革的紧迫性，那就很难使一种强文化对变革的努力作出反应。

（3）任命具有新观念的新领导，可能预示着一场重大的变革正在发生。新的领导人可能展现一种新的角色模式，并产生一套新的行为标准。不过，新领导需要尽快将他的新观念注入组织，并将关键管理职位的人员调换成忠于这一观念的人。

（4）伴随着主要经理人员的调整，发动一次组织重组也具有重要的意义。设立一些新单位，或者将某些单位合并或取消，这些都以显而易见的方式传送着管理当局下决心将组织引入新方向的信息。

（5）引入新故事、新典礼来传播新观念。新的领导也要尽快创造出新的故事和典礼来取代原先使用的仪式，以便更好地向员工传播组织的主体价值观，这是需要即刻去做的。耽搁只会使新领导与现有文化为伍，从而关闭推行变革的大门。

（6）管理当局还要改变人员甄选和社会化的过程，以及绩效评估与奖酬制度，支持新文化价值观，以便对采纳了所期望的新价值观的员工形成有力支持。

总之，实现文化变革就要克服来自个人和群体的压力，需要通过文化审核来评估现有文化，对现有文化与预期新文化进行比较，确定需要变革的主要文化要素，以新的组织文化来替代现有的组织文化。

案例分析

渔夫与商人

一个美国商人坐在墨西哥海边一个小渔村的码头上，看着一个墨西哥渔夫划着一艘小船靠岸。小船上有好几尾大黄鳍金枪鱼，这个美国商人问渔夫要多少时间才能抓这么多？墨西哥渔夫说，才一会儿工夫就抓到了。美国人接着问道，你为什么不待久一点好多抓一些鱼？墨西哥渔夫觉得不以为然，这些鱼已经足够我一家人生活所需啦！

美国人又问：那么你一天剩下那么多时间都在干什么？墨西哥渔夫解释：我呀？我每天睡到自然醒，出海抓几条鱼，回来后跟孩子们玩一玩，再跟老婆睡个午觉，黄昏时晃到村子里喝点小酒，跟哥们儿玩玩吉他，我的日子可过得充满又忙碌呢！

美国人不以为然，帮他出主意，他说：我是美国哈佛大学的企业管理硕士，我倒是可以帮你忙。你应该每天多花一些时间去抓鱼，到时候你就有钱去买条大一点的船，再买更多渔船，然后你就可以拥有一个渔船队，然后你可以自己开一家罐头工厂，如此你就可以控制整个生产、加工处理和行销。然后你可以离开这个小渔村，搬到墨西哥城，再搬到洛杉矶，最后到纽约，在那里经营你不断扩充的企业。

墨西哥渔夫问：这又花多少时间呢？美国人回答：十五年到二十年。

然后呢？

美国人大笑着说：然后你就可以在家当皇帝啦！时机一到，你就可以宣布股票上市，把你的公司股份卖给投资大众。到时候你就发啦！你可以几亿（美元）几亿（美元）地赚！

然后呢？

美国人说：到那个时候你就可以退休啦！你可以搬到海边的小渔村去住。每天睡到自然醒，出海随便抓几条鱼，跟孩子们玩一玩，再跟老婆睡个午觉，黄昏时，晃到村子里喝点小酒，跟哥们儿玩玩吉他喽！

墨西哥渔夫疑惑地说：我现在不就是这样了吗？

【讨论题】

1. 试用罗克奇的价值观分类解释商人和渔夫的价值观，并解释影响他们价值观形成的因素。
2. 结合案例和组织文化理论，思考自己的价值观。

重要名词和术语

组织文化（organizational culture）
强文化（strong cultures）
环境（environment）

一般环境（general environment）
具体环境（specific environment）
环境的不确定性（environmental uncertainty）

复习思考题

1. 什么是组织文化？组织文化包括哪些内容？
2. 组织文化的作用是什么？组织文化具有哪些特性？
3. 组织文化结构包括哪些内容？
4. 哪些因素可以创建和维系组织文化？
5. 组织文化如何传递给员工？
6. 如何创建一种有道德的组织文化？
7. 什么是积极的组织文化？
8. 民族文化如何影响组织文化输入另一个国家的方式？
9. 如何更新组织文化？
10. 组织文化建设的心理机制是什么？

第十五章 组织变革

本章摘要 组织是一个开放、复杂的系统,与环境发生着动态的相互影响。多层次、多因素、复杂多变的环境要求组织不断调整和完善自身的功能和结构,提高在变化的环境中求得生存与发展的灵活性、适应性和快速反应能力,根据环境的变化,不断组织进行变革。我们这一部分要探讨组织变革的动因是什么,组织变革的阻力与内容是什么,掌握组织变革的模式、组织变革的技术方法,了解是什么原因造成了压力,如何识别压力,以及管理者可以采取哪些行动减少压力,认识组织发展,熟悉组织发展的内容。

第一节 组织变革的动因

组织变革(organization change)就是组织根据内外部情况的变化,有目的、有计划地改变组织活动的方式和形态,适时地改变组织的结构、行为和技术,调动员工的工作积极性和主动性,努力使员工认同组织价值观、组织变革目标,把个人目标与组织目标结合起来,正确处理个人、群体、组织三者之间的关系,促成某种新的平衡状态的形成,从而适应客观发展的需要,更好地实现组织目标的组织活动过程。

一、什么是组织变革

要不是因为变革(change),管理者的工作会相对容易得多。计划将会变得毫无问题,因为明天与今天没有什么两样。组织设计的问题也可以得到解决,因为环境不存在不确定性,所以就不存在适应的需要,这样所有的组织都可以采取严密的结构设计。类似地,决策制定也会大大地简化,因为每一方案的结果都几乎可以绝对准确地加以预见。确实,如果竞争者不推出新的产品或服务、顾客不产生新的需要、政府不对法规进行修改,或者员工的需求不会发生变化,那么,管理者的工作就简单多了。然而,变革是组织的现实。对付变革是每个管理者工作中不可分割的部分。因此,组织变革,就是组织根据外部环境变化和内部情况的变化，及时调整和完善自身结构和功能，以提高其适应环境、求得生存和发展需要的应变能力。

二、组织变革的原因

1. 外在原因

（1）科学技术迅速发展。科学技术系统是组织变革的一个明显的推动力。现代科学技术在以空前的广度和深度影响、改变着社会生产、生活的各个方面，它给组织结构、组织管理层次与幅度、组织运行要素等都带来了巨大的变化。近来技术复杂、价格昂贵的诊断仪器的发明，为医院和医疗中心创造了显著的经济效益。许多工业的装配线也经历了重大的变革，雇主用技术日益先进的机器人取代人类劳动。劳动力市场的波动也迫使管理者进行变革。例如，当前正式护士的短缺迫使医院对职务进行重新设计并改变其奖酬和福利方案。

（2）激烈的市场竞争。竞争日趋激烈，竞争对手越来越强大且难以捉摸，新的竞争者不断加入，替代品不断出现，竞争的领域、范围扩大，同行业竞争对手增多，除了国内的竞争者外，海外的竞争者以更高、技术更精致的同类产品低价销售。另外，随着科技的发展、生活水平的提高，消费者的需求水平、需求结构、价值观和生活方式、审美观和闲暇时间等发生了一系列新的变化，组织必须进行变革，增强快速反应的能力，及时满足消费者的需要，占领市场。

（3）国家经济政策变化。政府对组织的影响巨大，政府是组织最重要的外部环境之一。政府重大方针、政策的出台，宏观调控措施的改变，经济结构的调整，通货膨胀的变化，以及各项法律法规、税收、政治事件等方面的改变，都要求组织作出相应的变革。

（4）组织活动范围扩大。组织活动范围的扩大使得企业面对众多不同环境，要求企业改变单一的组织模式，适应不同的环境。经济全球化加大了对变革的需要，也许没有一个外部的变革诱因比经济全球化的出现更具有影响力了。在许多情况下，对规模经济的追求促使企业通过扩张或与其他组织合并而进入国际市场去开展有效的竞争。例如，许多公司近年来进行了合并，就是为了更好地适应经济一体化的需要。另外，随着贸易壁垒的降低，组织发现它们的竞争者更容易进入，从 1.5 万公里以外来的竞争者就像是从毗邻城镇来的一样。

（5）管理现代化的需要。管理现代化要求组织对其行为作出有效的预测和决策，对组织要素和组织运行过程的各个环节进行合理规划，以充分调动职工的积极性，最大限度地发挥本单位人力、物力、财力的作用，取得最佳效益。

2. 内在原因

（1）组织目标与职工价值观改变。随着组织的发展，组织目标必须作出相应的改变和调整。由于业务量增加，组织内部矛盾增加、人际关系复杂、群体冲突不断，需要改变沟通方式、缓解矛盾、理顺关系，从而使组织有效运行。同时，职工的价值观、对组织的期望和劳动态度的变化都要求组织进行变革。

（2）组织结构的改变。现有部门进一步划分或合并、部门体系的调整，将引起整个组织系统效能和作用的变化，使职能更专业化、社会化，强调职能细化，强调分工明确化，强调社会责任化，从而要求调整管理幅度和层次，变革原有的权责体系，重组新的部门，协调各部门的工作，改变现有结构设计不合理或不适应新的环境变化的状况，合理设计管理层次和幅度，建立有效的沟通体系，兼顾社会各方面的利益，提高服务的层次和水平，以提高组织的运转效率。

（3）劳动力队伍的变化。组织很少是静止的，员工构成在年龄、教育程度、性别等方面发生变化。在一个老年经理人员比例不断增大的平稳组织中，可能需要对职务进行重组，以便留住位居低层的、富有进取心的年轻管理者。报酬和福利制度可能也要作出相应调整，以反映日益老年化的劳动力队伍的需要。新设备的引进是变革的另一种内部力量。随之而来的是员工的工作可能需要重新设计，同时还要对他们进行培训以操作新的设备，或者要求在他们的正式小组内形成新的相互协作方式。另外，组织成员动机、态度、行为、需求等的改变，员工的需求层次提高，个性化趋势增强，员工的态度等的变化常常又会反过来引起管理政策和实践的变革，要求组织改变激励手段，改善工作环境和工作条件，改变工作设计，以适应组织成员的社会心理需要。

（4）管理者推动变革。组织内的变革需要一种催化剂。我们把起催化剂作用，并承担变革过程管理责任的人，称作变革推动者（change agents）。任何管理者都可能成为变革推动者。我们假定变革是由组织内的管理者发起并得到实施的。但变革推动者也可以是非管理者，比如，内部的职能专家或者咨询人员，他们的技能都可能被用于变革执行过程中。特别是系统范围的大变革，内部管理当局经常会聘请外面的咨询人员提供建议和协助。由于这些人来自外部，他们将提供内部人通常缺乏的一种客观的认识。不过，外部咨询人员也常有一个缺陷，即对组织的历史、文化、作业程序和人事等缺乏足够的了解。外部咨询人员还经常倾向于主张比内部人更剧烈的变革。相反，内部管理者作为变革推动者时可能更深思熟虑（也可能更小心谨慎），因为他们必须与其行动的结果终日为伴。

三、组织变革的分类

组织变革根据控制程度、变动程度和内容可以分为：被动性变革与主动性变革，渐进式变革与剧烈式变革，结构变革、技术变革与人员变革（时巨涛等，2003）。

1. 被动性变革与主动性变革

被动性变革又称无计划的组织变革，它主要是指在事情发生后才实施变革，一般也指组织管理者缺乏战略眼光和周密计划，当组织面临的环境变化难以避免变动的压力时，不得不被动地进行组织变革，这种变革常常是仓促匆忙的被动行为。

主动性变革又称有计划的组织变革,它主要是指组织所进行的预先计划好的、有目的的变革活动,它是一种有意图的、有目标取向的组织变革。在主动性变革中,管理者需要洞察组织遇到的压力和挑战,预测未来环境变化和发展趋势,主动而系统地制订组织变革的计划并按计划逐步实施组织变革活动。

2. 渐进式变革与剧烈式变革

渐进式组织变革是由一系列线性连续的改进所构成的,其变革过程具有缓慢、微小、循序渐进的发展特点,通常只影响到组织的一部分,不会涉及组织的整体平衡。

剧烈式组织变革是一种多维度、多层次、不连续、激进的组织变革,是组织应对难以预测的动荡环境的一种变革形式。剧烈式组织变革是创建新的组织平衡和管理流程以适应不断变化的环境和需求的一种变革。它涉及打破组织的原有结构框架、重新建构组织及环境、对组织整体进行革故鼎新。

3. 结构变革、技术变革与人员变革

(1) 结构变革。管理者被认为对选择组织的正式设计、分配职权、决定普遍的分权化程度及职务设计等活动负有责任。但这些结构决策不是一旦作出就一成不变的。变化的条件要求结构作出相应的改变。这样,管理者作为变革的推动者,就可能需要对结构进行修改。一个组织的结构是由其复杂性、规范化和集权化程度决定的。管理者可以对这些结构要素的一个或多个加以变革。例如,可将几个部门的职责组合在一起,或者精简某些纵向层次、拓宽管理跨度,以使组织扁平化和具有更少官僚机构特征。为提高组织的规范化程度,可以制定更多的规则和制度。通过提高分权化程度,则可加快决策制定的过程。分权化是对实际的结构设计作出重大的改变。这可能包括从职能型向产品分布结构的转变,或者形成一种矩阵结构设计,管理者也可能考虑重新设计职务或工作程序,或者修订职务说明书、丰富职务内容或实行弹性工作制。还有一个选择是修改组织的酬偿制度。例如,通过采用业绩奖励或利润分享方案,可以提高员工的激励力。

(2) 技术变革。管理者对投入转换为产出的技术进行变革。大多数有关管理的早期研究(如弗雷德里克·泰勒和弗兰克·吉尔布雷斯的研究)都是着重于技术变革方面的努力。科学管理是基于动作和时间研究来推进变革,以提高生产效率的。面对技术变革,必须与时俱进。技术变革通常涉及新的设备、工具和方法的引进,以及实际自动化与计算机化等。产业内竞争的力量,或者新的发明创造,常常要求管理当局引入新的设备、工具或操作方法。自动化是以机械来取代人力的一种技术变革。它开始于工业革命时代,现在仍是管理者可供选择一个方案。也许近年来最明显的技术变革来自管理者努力扩大计算机化的应用范围。现在许多组织都安装有复杂的管理信息系统。最典型的体现是,台式微型计算机可以运作上千种商用软件包,而网络系统的建立则使这些计算机实现了相互通信联络。

(3) 人员变革。人员变革是以组织成员工作能力和行为意向的提高为重心而开展的变革活动,包括他们的观念、态度、知觉、激励、行为和技能等方面的改变。努力帮助组织中的个人和群体更加有效地在一起工作。人员变革主要包括结构化和非结构化两个方面。结构化变革主要涉及对员工进行培训、优化工作小组、核定工作标准、改进规章制度和工作程序、提高员工工作能力、合理组织生产工作等内容。非结构化变革主要涉及转变员工思想观念，调动员工的工作积极性和主动性，努力使员工认同组织价值观、组织变革目标，把个人目标与组织目标结合起来，正确处理个人、群体、组织三者之间的关系，激励个人努力工作，为组织作出更大贡献等。

■ 第二节 组织变革的阻力与内容

作为变革推动者的管理者，应当有动力去发动变革，以使组织的效果得到改进。然而，变革可能对管理者构成一种威胁。变革当然也会对非管理者形成威胁。这样，组织就会产生惯性，反对变革现状，尽管这一变革可能是有益的。我们在这一部分中就要考察组织中的人们为什么反对变革、组织可以采取哪措施减弱这种阻碍力量及变革的内容是什么。

一、组织变革阻力的来源

1. 来自个体的阻力

（1）经济因素。这是决定人们对变革持何种态度的关键。人们担心变革会失去既得利益。如果员工担心自己在从事新的工作任务或工作流程时不能达到先前的水平，尤其是当报酬和生产率紧密挂钩时，那么工作任务或工作流程的变革就可能会引发他们对经济方面的担忧。变革会威胁到人们为取得现状所作的投资。人们对现有体制投入得越多，他们反对变革的阻力就越大。为什么？因为他们担心失去现有的地位、收入、权势、友谊、个人便利或其他看重的福利，如担心变革后不适应新的工作、工作压力增大、闲暇时间减少等。这点也说明了为什么老年员工比年轻员工更加反对变革。年老的员工一般说来对现有系统的投资更多，因而调整到变革状态后失去的也更多。这些利益得失问题成为人们抵制变革的一个主要原因。

（2）心理因素。人们对自己所长期从事的工作总是熟悉的、感到稳定的，这在心理上是一种安全感和心理平衡。因为变革是未知的模糊的和不确定的，所以人们在心里担心经济、文化、政治地位受到影响。

（3）领导因素。领导者对变革要承担一定的风险，领导者和组织成员担心一旦变革失败，会危及自身地位和既得利益，因而大多对变革有一种畏惧心理和求稳怕乱的倾向。

（4）习惯。为了应付生活的复杂性，我们依赖于习惯或程序化的反应。但是，在面临变革时，这种以惯常方式作出反应的倾向就会成为一种阻力来源。

（5）安全感。有较高安全需求的人很可能抵制变革，因为变革会威胁到他们的安全感。

（6）选择性的信息加工。为了保持知觉的完整性，个体会对信息进行选择性的加工。他们只听取自己想听的，而忽视那些对自己已建构的世界形成挑战的信息。

2. 来自组织的阻力

（1）组织结构因素。组织变革会打破原有的各层次权力与责任的界限，调整不同层次的管理机构，因而会触及旧有各层次管理机构的利益和权力，遭到这些群体的抵制。同时组织拥有产生稳定性的内在机制（如甄选程序和正式的规章制度）。当组织面临变革时，这种结构惰性就会充当反作用力，以维持原有的稳定状态。

（2）组织规范因素。组织规范一旦制定出来，就有一种惯性，在较长时间内约束和规范人的行为，即使个体想改变自己的行为，群体规范也会充当约束力量。组织变革会改变旧有的行为规范和原有的组织目标，而旧有的行为规范的影响力在没有消退之前对新的组织规范和组织目标就会形成一种抵制。

（3）组织的目标和最佳利益。有人认为变革并不符合组织的目标和最佳利益。要是一个员工相信变革推动者所提倡的新操作程序将造成生产率或产品质量下降，他就极有可能反对这项变革。如果这个员工能正面地表达他的反对意见（清楚地告知变革推动者，并提出证据），则这种形式就可能对组织有益。

（4）经济利益因素。组织变革意味着废除旧有的、过时的东西，建立新的制度和秩序，而所有这些都是需要成本的，需要投入人力、物力和财力，在人们对这种投入的预期效果感到不确定和存在顾虑时，组织变革的动力就减弱了。

（5）人际关系因素。变革意味着打破旧有的人际关系，重新调整组织成员之间的关系。决策权力的重新分配会威胁到组织内已经形成的权力关系。在有旧有关系仍起作用，而新的关系尚未建立时，组织成员之间的关系可能变得紧张，从而引起一些人对变革不满。

（6）有限的变革范围。组织由一系列相互依赖的子系统组成。你不可能只对一个子系统实施变革而不影响其他子系统。因此，在子系统中进行的有限变革很可能会被更大的系统抵消。

（7）对专业知识的威胁。组织模式的变革可能会对特殊群体的专业知识构成威胁。

二、如何克服变革的阻力

管理者确定了有害的变革阻力以后，可以采取哪些措施予以克服呢？我们提出教育与沟通、参与、促进与支持、谈判、操纵与合作、强制等六种策略，供管理者或其他变革推动者处理变革阻力时参考使用。

（1）教育与沟通。通过与员工进行沟通，帮助他们了解变革的理由，会使阻力得到降低。如果员工了解到全部的事实，澄清了他们的错误认识，那么其阻力就会自然减退。这可以通过个别会谈、备忘录、小组讨论或报告会等取得。这种策略能否见效？要是阻力的根源确实在于不良的沟通，且管理者与员工双方呈现一种相互信任、相互信赖的关系，那么它是有效果的。但假如这些条件不存在，那它就不可能成功。另外，这一策略所需投入的时间和精力也应当相对其优点作出权衡，特别是当变革触动到许多员工的利益时。

（2）参与。一个人要是参与了变革的决策，他就不容易形成阻力。因此，在变革决定之前，需要将持反对意见的人吸收到决策过程中来。假如参与者能以其专长为决策作出有益的贡献，那么，他们的参与就能在降低阻力、取得支持的同时提高变革决策的质量。不过，这一策略也有缺陷，即可能带来次等的决策，并耗费许多时间（罗宾斯和贾奇，2012）。

（3）促进与支持。变革推动者可以通过提供一系列支持性措施减少阻力。如果员工对变革的恐惧和忧虑很强，那么，提供员工心理咨询和治疗、新技能培训及短期的付薪休假等可能有助于促进他们调整。这一策略与其他策略一样，也是有缺陷的，消耗时间，推动花费较大，且没有成功的把握。

（4）谈判。变革推动者处理变革潜在阻力的另一方式是，以某种有价值的东西来换取阻力减低。比如，如果阻力集中在少数有影响力的个人中时，可以通过谈判形成某一奖酬方案使这些人的需要得到满足。谈判作为一种策略，尤其在阻力来自某权力源（如工会）时更为适用。但其潜在的高成本是不可低估的。这种策略还有一个危险，即一旦变革推动者为克服阻力而作出让步，他也就可能面临其他有权势者的勒索。

（5）操纵与合作。操纵是将努力转换到施加影响上，如有意扭曲事实而使变革显得更有吸引力、隐瞒具有破坏性的消息、制造不真实的谣言使员工接受变革等，这些都是操纵的实例。一个公司的管理者可能威胁说，员工要是不接受全面的工资削减方案，他就要关闭这家工厂。尽管实际上并无关闭工厂的打算，但这样说就是使用了操纵。合作是介于操纵和参与之间的一种形式。它通过"收买"反对派的领袖人物参与变革决策来降低阻力。所以征求这些领袖人物的意见，并不是为了达成更好的决策，而是为了取得他们的允诺。操纵和合作这两种方法的使用成本相对不高，也便于力争得到反对派的支持，但其欺骗或利用的意图若被察觉，容易适得其反。一旦诡计被揭穿，变革推动者的威信也就可能一落千丈。

（6）强制。克服变革阻力的最后一种策略是强制，即直接对抵制者使用威胁力和控制力，如一个公司管理者真正下定决心，要是员工不同意削减工资就关闭这家工厂，这时就是使用了强制策略。强制的其他例子包括调换工作、不予升职、负面绩效评估及不友善的推荐信等。强制的优点类似于操纵和合作。但这一方法的主要缺点是，强制通常是不合法的，即便是合法的强制也容易被看成是一种暴力，从而有损变革推动者的威信。

三、组织变革的先兆

西方组织管理学家希斯克（Sisk）对组织变革的征兆作了深入的研究，认为当组织内部出现下列情况之一时，就表明该组织需要变革。

（1）决策的形成过于缓慢或时常作出错误的决策，以致常常坐失良机。

（2）意见沟通不良，造成不及时协调人事纠纷等严重后果。

（3）企业的主要功能已无效率或得不到正常发挥。

（4）组织缺少创新，在产品发展上没有新观念，在企业机能的执行上没有新方法，致使组织停滞不前。

研究组织是否必须变革,可从两方面着手分析。一方面,考察组织机构是否健全、组织目标是否明确、工作效能是高是低。另一方面,要随着外部环境的变化而进行组织变革,着重考察以下几点。

(1) 组织结构是否重叠,职能是否重复?
(2) 权限之间是否发生冲突?
(3) 信息沟通和控制是否健全?
(4) 决策和执行是否延误?

四、组织变革的内容

组织变革的内容涉及组织战略性的改革与调整、组织机构和结构变革、人员与文化变革、产品与服务变革、技术变革等,是关系到全局性、方向性的大问题,可通过变革整合组织的各种资源和竞争力量,形成新的竞争优势。组织变革主要包括以下内容。

(1) 经营战略变革。组织经营战略同组织发展规模、组织在市场上的竞争地位相适应。如果规模和地位发生了变化,那么经营战略也要随之改变。

(2) 管理和联系方式变革。在组织内部,随着人员素质的提高、员工权力的扩大,下级与上级之间更多的是伙伴关系、合作关系,因而组织内部管理与联系方式应更多地采用参与式、团队式、自我管理等方式。在组织外部,组织同政府、公众、新闻媒体及供应商、客户之间的联系方式也将随着信息系统的引进而发生改变。

(3) 组织机构和结构变革。组织系统的正常运行,要求有与之相应的运行载体,即合理的组织形式。一定的组织形式总是同相应的组织规模、市场环境相联系并随之而改变。这些变革包括内部报酬系统、管理信息与控制系统、会计与预算系统等。变革的目的是更合理地组织管理人员的工作,提高管理劳动的效率。

(4) 人员与文化变革。组织内部人员的知识结构、技术水平、价值观念、思维方式随着环境的变化而不断更新,组织文化也会随着组织兼并、再重组、结构调整而改变。组织必须加强教育培训,加强对人的价值工程管理,建立"学习型组织",重视员工参与和授权,增强组织凝聚力,形成文化认同和文化融合,提高员工的积极性和组织素质。

(5) 产品与服务变革。产品是企业与社会、公众联系的桥梁,质量是产品的生命。市场激烈竞争要求企业不断改进产品的品种、结构,寻找产品的新途径、新用户,吸引新顾客,开发新市场,向社会提供适销对路的产品和服务,满足购买动机,坚持市场创新。

(6) 技术变革。技术推陈出新有利于企业在激烈的市场竞争中抢先占领市场有利地位,获取主动权,扩大市场份额。技术变革包括引进新材料、新设备,改进生产工艺、设备与人员的时空组合,改进工作方式、工作流程等方面。

第三节 组织变革的模式

一、"风平浪静"变革模式

设想组织是一艘在风平浪静的海洋中航行的大船，船长和船员都清楚地知道他们正开往何处，因为他们以前已经进行了多次这样的航行。只是在偶尔遇到风暴时才会有变化出现，一般情况下是平静的、可以预见的，旅客在旅游过程中可以尽情享受。"风平浪静"观一直统治着管理的实践者和研究者的思维。

库尔特·卢因（Kurt Lewin）的三步骤变革过程描述是"风平浪静"模式最好的说明。按照卢因的观点，成功的变革要求对现状予以解冻，然后变革到一种新的状态，并对新的变革予以再冻结，现状可以看作一种平衡状态，要打破这一平衡状态，解冻是必要的。解冻可通过如下三种方式中的某一种来取得。

（1）增强驱动力，使行为脱离现有状态。

（2）减弱制约力，即妨碍脱离现有平衡状态的力量。

（3）混合使用以上两种方法。

解冻一旦完成，就可以推行本身的变革。但仅仅引入变革并不能确保它持久。新的状态需要加以再冻结，这样才能使之保持相当长的一段时间。除非增加这最后一个步骤，否则，变革就很可能是短命的，员工又会返回到原有的平衡状态中。因此，再解冻的目的就是通过平衡驱动力和制约力两种力量，使新的状态稳定下来。值得注意的是，卢因的三步骤过程是将变革看作对组织平衡状态的一种打破。现状被破坏以后，就需要经过变革建立起一种新的平衡状态。这种观点对于20世纪50年代到70年代初期面临相对平稳环境的大多数组织来说，可能是适合的。但这种"风平浪静"观就当前管理者所面临的经营环境而言，已日益成为一种过时的描述方式。

二、"急流险滩"变革模式

把组织看作在不断出现险滩的湍急河流中航行的小木筏，筏上有半打的船工，但他们以前从未在一起出过航，也完全不熟悉河流的构造，不了解最终的目的地，甚至情况可能更坏，他们得在漆黑的夜晚航行。在这种"急流险滩"比喻下，变化就是一种自然的状态，对变革的管理因此是一个持续的过程。

"急流险滩"的比喻与明茨伯格的观点是极为一致的，即认为管理者的工作是一种不断经受打扰的过程。它也与从工业化社会转变为由信息和思想支配的新时代的动态环境相适应。为帮助你获得一种在充满变化的环境中持续运作需要什么样的变革管理的真实感觉，不妨假设你进入一所高校，这所高校在安排课程时，每门课的学时是不一样的。很不巧，你注册时并不知道一门课会持续多长时间，它可能两个星期就结束，也可能需要三周。另外，授课教师也可以不作事先通知，在他愿意的时候就结束这门课程。更坏的情况是，每堂课的时间长短都不一样（有时 20 分钟，另一些时候可能持续 3 小时），而下一次课的时间安排完全由教师在上一次课堂中宣布。另外还有一点，每次测验均不作事先通知，你得在任何时候都作好应试准备。要在这样的学校中取得成功，你就必须有足够的适应性，能对每次变化的情况作出迅速的反应。那些过于刻板、行动过慢的学生，是不可能坚持下来的。现在日益多的管理人员逐渐意识到，他们的工作多少有些像这类高校中的学生所面临的状况，"风平浪静"假设下的稳定性和可预见性是不存在的，对现状的打破绝不是偶然的，也不是暂时性的。当今的管理者有许多都不能避免"急流险滩"。他们面临着不断的变化，需要面对各种无序状态。这些管理者被迫在以前从未参加过的博弈中扮演角色，而博弈遵循的规则也完全是在对局的进展过程中来确定的。

组织变革推动者的传统角色是逐步地修正和改进一些事情。当环境变化缓慢的时候，组织可以一种渐进的方式对变化作出反应。然而，在今天动态的"急流险滩"环境中，成功越来越属于那些能灵活应变的组织。这就对另一种类型的变革推动者提出了要求：组织需要有某些人抛弃事情一贯是怎么做的传统做法，而发动一场激进的、根本的变革。动荡多变的时代要求革命性的变革，而不是渐进式的变革。为此，越来越多的组织在寻找那些能提出并成功地推行急剧变革的管理人员。

三、系统性变革模式

1. 莱维特的系统模式

在组织变革模式中，莱维特（Leavitt）的系统模式较流行，它是从组织系统互相联系、互相影响的要素体系出发探讨组织变革模式的。莱维特认为组织是个多变量的系统，它包含变革相互作用的四个变量：结构、任务、人员和技术。四个变量相互依赖，任何一个变量的改变都会引起其他变量的改变，如图 15-1 所示。

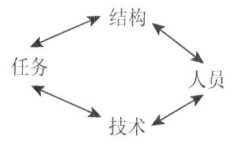

图 15-1 组织变革相互作用的四个变量

（1）结构：指组织的权责体系、信息沟通、管理层次和制度、工作流程等。

（2）任务：指组织存在的意义和使命及工作的性质（简单和复杂、新的和重复的、标准化和独特性）。工作任务的性质能够影响组织内个体和部门之间的关系。

（3）人员：个体、群体、领导人员，包括他们的工作态度、激励等。

（4）技术：指组织解决问题的方法、手段和技术装备。

2. 组织变革的系统模型

这种模式把组织描述为 6 个相互作用的变量：由人员、文化、任务、技术、设计、战略所构成，6 个变量相互依赖，其中，任何一个变量的改变都会引起其他一个或几个变量的改变，如图 15-2 所示。

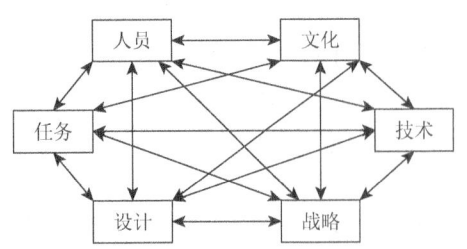

图 15-2 组织变革的系统模型

（1）人员：为组织工作的个体、群体、领导人员，包括他们的个性、态度、知觉、激励等方面的差异性。

（2）文化：反映的是组织成员的信念、价值观和行为规范等。

（3）任务：指组织存在的意义和使命及工作的性质（简单和复杂、新的和重复的、标准化和独特性）。工作任务的性质能够影响组织内个体和部门之间的关系。

（4）技术：指组织解决问题的方法、手段和技术装备。

（5）设计：正式组织结构是组织的权力责任体系、信息沟通、管理层次和制度、工作流程、控制等系统。

（6）战略：包含组织的计划过程，主要涉及确立组织的目标。

四、计划性变革模式

组织变革与发展是一个持续不断的过程，解决了旧的问题，又会出现新的问题，管理学家吉普森提出的计划性变革模式，较好地综合了多种组织变革过程模式。作为封闭系统的计划性变革模式，既是计划和设计组织变革的方法与思路，又是实施组织变革与发展的一套完备且实用的逻辑程序和操作步骤。计划性变革模式如图 15-3 所示。

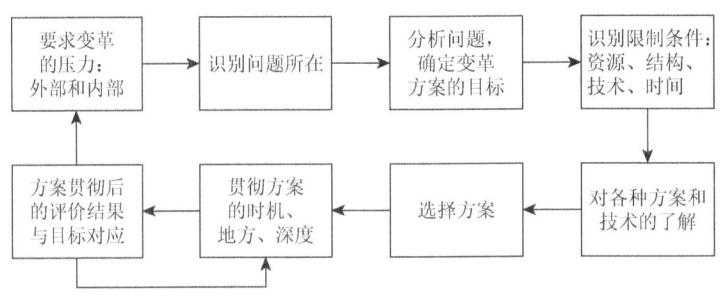

图 15-3 计划性变革模式

第四节 组织变革的技术方法

管理者要想搞好组织变革，改善组织的效能和员工的行为，就必须掌握组织变革的技术方法，使用适宜的变革方法。我们将组织变革的技术方法归纳为以组织设计为中心的变革方法、以技术和任务为中心的变革方法、以人员和文化为中心的变革方法。

一、以组织设计为中心的变革方法

以组织设计为中心的变革方法主要是适应性组织设计。适应性组织的基本目标是：建立支持团队、项目、联盟、合作的经常变化的网络，放弃传统的、官僚的组织架构和章程，确立组织的核心使命，构造一个未来环境需求导向、组织反应快速的现实和理想情景，将现实与理想的未来作比较并准备一个减少差异的行动计划。适应性组织设计共同点是灵活性和适应性。适应性组织设计包括平行组织、矩阵化组织、网络化组织、无边界组织和学习型组织（时巨涛等，2003）。

1. 平行组织

平行组织也称附属组织，是一个用来补充现有正式组织的平行、共存性组织。平行组织有下列特点。

（1）所有交流的渠道都是公开和相连的。

（2）对有关问题的信息进行快速和完全的交换。平行组织的产出是思想、问题的解决方案及创新。

（3）鼓励对目标、假设、方法、选择及评价标准进行研究。

（4）管理者能召集组织中的其他人员来帮助解决问题。

2. 矩阵化组织

矩阵化组织的本质是根据产品或功能而组织各种资源的一种组织形式，它具有较强的灵活性和适应性，因此吸引了许多组织启用矩阵设计来打破机械的或官僚的组织结构。矩阵结构创造了双重指挥链，这明显是对古典的统一指挥原则的违背。这种结构使用职能部门化来获得专业化经济，但在这些职能部门之上，配置了一些对组织中的具体产品、项目和规划负责的经理人员（我们将交替地使用产品、项目、规划这些用语，因为矩阵结构可以用其中任何一种来构建）。

这种矩阵关系形成的总体结构，可以兼收职能部门化和产品部门化的优点，而避免它们各自的缺点。职能型结构的优点在于，它将职能专家组合在一起，可以减少所需的人员，并促进专门化资源在各产品或项目间的共享共用。其主要缺点是，它难于协调各职能专家的活动，以便按时、按预算地完成任务。产品分布形式恰好具有与职能型结构相反的优缺点。也就是说，它可促进职能专家间的协调，以便按时、按照预算目标达成任务。而且，它还明确了各职能活动对特定产品或项目相关的责任。但是，它并没有对专家技能的长远开发负责，导致重复配置的高成本。

3. 网络化组织

网络化组织被认为是 21 世纪发展潜力最大、效能最好的组织形式之一，是由信息技术相连并共享技术、成本和顾客接触的独立公司组成的一种网络化组织，以合同为基础进行制造、分销、营销或其他关键业务的经营活动的结构。网络设计的例子如图 15-4 所示。

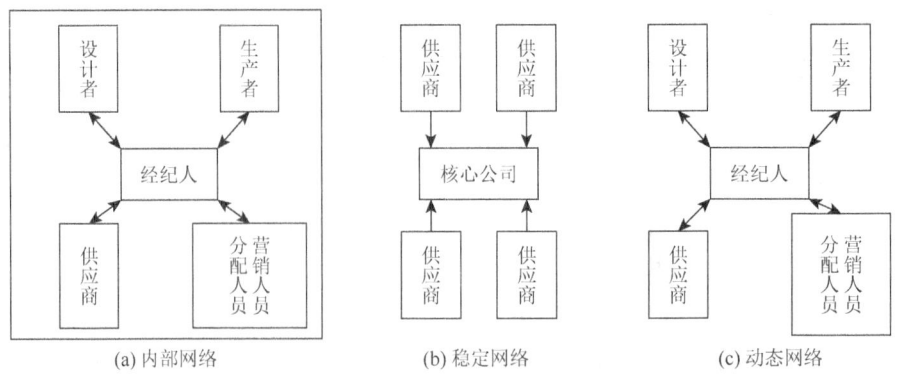

图 15-4　网络设计的例子

网络化（networking）是通过人与人、人群与人群互相联系的沟通途径来实现目标的，网络化组织使人们能彼此交谈，分享思想、信息和资源。下面是网络化组织的优点。

（1）容易获得信息，并可以促进人与人之间的沟通。

（2）可以提供一种科层组织无法提供的东西——横向联系。

（3）网络化组织可以为满足人们的情感交流创造条件。

4. 无边界组织

无边界组织是指通过缩短命令链、取消各种职能部门、代之以授权的团队、对管理跨度不加限制等措施，减少组织内部的垂直界线和水平界限，消除组织自身与顾客、供应商等交互作用主体之间的外部障碍的组织。无边界组织依赖于计算机网络等技术因素的支持，使人们超越组织界限进行交流，维持组织的正常运行。下面是无边界组织的特点。

（1）取消组织垂直界限使组织结构趋向扁平化，使等级程序降到最低限度。

（2）以多功能团队取代职能部门，围绕公司和流程来组织活动。

（3）打破组织与客户之间的界限，充分发挥无边界组织的职能。

5. 学习型组织

学习型组织（learning organization）是一个不断开发与变革的组织，是在发展中形成了持续的适应和变革能力的组织。正像人需要学习一样，组织也需要学习。在一个学习型组织中，人们都撇开他们原有的思考方式，能够彼此开诚布公，去理解组织真正的运作方式，去构造一个大家能一致同意的计划或者愿景，然后齐心协力地去实现它。学习型组织当发现错误时，改正方法包括组织目标、组织政策和程序的修改。归纳起来，学习型组织具有如下五个基本特征。

（1）存在一个大家一致赞成的共同的愿景。

（2）人们能够摒弃原有的思考方式，以及解决问题或执行工作的标准规程。

（3）组织成员把组织活动、功能及其与环境的交互作用看成是一个相互关系的整体。

（4）人们能够打破横向或纵向的界限，彼此公开地进行交流，而无须顾虑会受到批评或者惩罚。

（5）为了一起工作以达成组织的共同远景，个人利益和部门利益服从组织的整体目标。

学习型组织的支持者还将它看成解决传统组织所固有的三个基本问题的良药。这三个基本问题是：分工、竞争和反应性。首先，基于专业化的分工造成了不同功能部门之间的壁垒，使他们各自独立时常发生冲突。其次，日益强调的竞争常会导致协作关系逐渐破坏。最后，反应性常常会对管理工作发生误导，使其注意力更多地放在解决问题而不是创造上。解决问题者总是试图除去些什么，而创造者却致力于创造新事物。

如何将一个组织改变成一个不断学习的组织？要使组织成为一个学习型组织，其管理者应该怎样做？创立学习型组织建议从以下三个方面努力。

（1）建立政策。管理者必须对变革、创新和持续进步的信奉明确化，即通过战略设计、政策制定和规章制度的建立，使组织成员了解共同的目标。

（2）要重新设计组织结构。正式的组织结构会对学习型组织造成严重的妨碍。使结构扁平化、取消或者合并部门，以及增加矩阵小组等方法，可以强化人们彼此依赖的关系并有助于减少他们之间的界限。

（3）重新塑造组织文化。组织文化的氛围应该通过其战略和行动来创造，管理者必须以行动证明冒险和不怕犯错误是组织所期望的品质和行为，要鼓励各种形式的功能性冲突。这样，才能使新的想法、新的观点不断涌现，使组织具有持续的适应和变革能力。

二、以技术和任务为中心的变革方法

这种变革方法主要是对组织的部门、层次、工作任务进行重新组合，改变原有的工作流程；对完成工作和任务的技术工作进行更新，改变解决问题的机制和方法程序。以任务为中心的变革方法强调在员工、群体和团队中进行变革，以技术为中心的变革方法强调为完成工作而使用的技术和工具。下面我们将考察工作设计、社会技术系统、质量圈（质量小组）、再造工程与企业再造、全面质量管理五种以技术和任务为中心的变革方法，如表15-1所示。

表15-1 以技术和任务为中心的变革方法的影响比较

变革方法	对系统变量的相对直接影响					
	人员	文化	任务	技术	设计	战略
工作设计	低到高	低到中	高	低到高	低	低
社会技术系统	高	高	中到高	高	低到中	低到中
质量圈（质量小组）	低到中	低	中到高	低到高	低	低
再造工程与企业再造	中到高	中到高	高	高	低到高	低到高
全面质量管理	中到高	中到高	高	高	低到高	低到高

1. 工作设计

作为一种变革方法,工作设计包括工作过程、工作轮换、工作扩展、工作丰富及核心任务再设计等一系列专门的组织变革技术,其目的是提高激励程度、参与度和效率,并且最终提高绩效。

工作设计是把明确的任务行为与工作联系起来,主要通过工作轮换(又叫交叉培训法)来提高工作活动的挑战性;通过工作扩大化,横向扩展工作内容,来提高员工工作多样性;通过工作丰富化,纵向扩展员工工作内容,提高员工工作自主权、责任感和成就感。借助工作设计管理者不断优化和调整组织的核心工作维度,增强员工的工作积极性和创造性,提升组织效能。

2. 社会技术系统

社会技术系统(socio technical systems,STS)方法产生于20世纪40年代,是一种同时重视变革组织的技术和社会方面的系统理论。STS 理论认为,任何一个生产组织既有一个技术系统(工作任务要求、物理布局、生产工艺、设备,以及效率、规范等),又有一个社会系统(成员的人际关系、个人和群体的绩效与满足等)。社会技术系统的变革会影响到组织社会系统,有效地管理组织变革意味着既要处理组织的技术方面的变革,又要处理组织的社会方面的变革,通过优化它们的关系来提高组织的效率。

3. 质量圈(质量小组)

质量圈(quality circle)也称质量小组。它一般是由来自相同工作领域的不到12人的志愿者所组成的工作群。质量圈最早发源于日本的质量控制,后来在美国被广泛使用。质量圈的成员接受处理问题、统计质量控制和群体过程等方面的训练。质量圈一般提供一些当时管理层可以实施的质量和生产力方面问题的解决方案,以控制和解决与工作相关的质量与生产问题。质量圈也被用作改善工作条件、提高员工的参与度、鼓励员工自我发展。

4. 再造工程与企业再造

再造工程(reengineering)又称再造或工程再造,还有人称为流程再造或过程再设计。它的核心思想是:对组织的系统和运行过程要进行根本性的再思考和再设计。再造工程是一种更为全面的变革方法,它提出并围绕着"为什么要从事目前的业务工作、为什么要按现行的方式工作"这样的根本性的问题,对组织的业务流程进行重组,全面反思和重新设计,以提高产品和服务质量,提升效率和效益。

企业再造与再造工程在本质上是相同的。它的主要思想观点是:专业分工、经济规模和以机械的因果关系为基础的顺序性程序,不能适应以顾客为主导、竞争激烈、变化迅速为特征的现代企业经营环境。所以应彻底摒弃大工业时代的企业模式。再造企业的关键是业务程序,通过改变业务逻辑顺序、工作结构和方法等,培养企业独特的个性,力求在品质、成本、服务和速度等企业经营目标上获得改善,为顾客提供更有价值的产品。

5. 全面质量管理

全面质量管理(total quality management,TQM)本质上是一个持续的、渐进的变革方案。它与我们前面讨论过的变革的"风平浪静"观是一致的。全面质量管理注重顾客需要,注重产品和服务质量,满足或超出顾客的预期,强调参与和团队工作,并力争形成一种文化,以促进所有的员工设法持续改进组织所提供产品或服务的质量、工作过程和顾客反应等。全面质量管理主要从以下几个方面努力。

(1)全面质量管理的组织结构。有效地推行全面质量管理的组织结构必须是分权化的,具有较低程度的纵向变异、较宽的管理跨度和较少的劳动分工,同时支持跨职能团队的工作。这样的结构能给员工提供必要的职权和手段以开展改进工作过程的活动。当然,组织结构必须允许工作团队有权按过程控制数据对作业作持续的改进。

(2)全面质量管理中的技术变革。主要侧重点应放在开发出柔性的工作过程,以支撑持续的渐进改革上。投身于全面质量管理活动的员工,需要不断地寻找一些事情加以改进。这就要求确保工作过程必须能适应持续的变革,保持良好的运作。

(3)全面质量管理中的教育与培训。组织需要帮助员工掌握解决问题、制定决策、参与磋商、统计分析和团队建设方面的必要技能。例如,在全面质量管理活动中,员工要能依据数据进行分析并采取行动。组织需要给工作团队提供诸如不合格品率、拒收率和报废率等质量数据,以及顾客满意度等反馈数据。另外,它还需要给工作团队提供绘制和追踪过程控制图的必要信息。

(4)全面质量管理中的人员因素。它要求员工队伍能投身于实现组织的质量目标和持续改进活动中,而这也对适当的教育与培训提出了必要的条件要求。另外,它还需要绩效评估和奖酬制度能对全面质量管理目标的实现予以支持和鼓励。成功的全面质量管理活动会将质量目标纳入对经理人员和作业工人的奖励计划中。

(5)全面质量管理需要发动一次革命。全面质量管理活动沉溺于持续的、渐进式变革。但对于许多组织来说,渐进式变革是远不够的。这些组织需要对其运营方式作急剧的、根本性的改变。这点意味着,就某些组织而言,全面质量管理应作为两阶段变革过程的第二阶段。也就是说,在全面质量管理式的变革推行之前,管理当局要想发动一次革命,就必须开展一场大幅度提高质量水平的运动,只有在这一目标实现以后,才适宜推行全面质量管理式的渐进变革。

三、以人员和文化为中心的变革方法

以人员和文化为中心的变革主要是态度的变革、知识的变革、个体行为及群体行为的变革。以人员为中心的变革与以文化为中心的变革是密切相关的,因为后者会对人们的价值观、态度、预期和行为产生重要影响,所以任何组织变革至少应在一定程度上关注组织的文化变革(罗宾斯和贾奇,2012)。

1. 敏感性训练

敏感性训练（sensitivity training）是通过非结构化的群体互动来改变人的行为的一种方法。该群体是由一位职业行为学者和若干参与者共同组成的。敏感性训练并不对群体规定某种议事日程，职业行为学家（不具有领导角色）也仅仅是为参与者创造表达自己思想和情感的机会。会谈自由而奔放，参与者可以探讨他们喜欢的任何议题。讨论中所注重的是个人的积极参与及其互动的过程。

就敏感性训练作为一种变革方法的效果而言，从正面看，这种方法表现出对沟通技能的迅速改善，以及对提高认知的准确性和个人参与意愿有促进的作用。然而，这些改变对工作绩效有什么影响还没有结论，且这种方法还不能避免心理方面的风险。

2. 调查反馈

调查反馈（survey feedback）是对组织成员的态度进行评价，确定其态度和认识中存在的差距，并使用反馈小组得到的调查信息帮助其消除差距的一种方法。调查问卷通常分发给组织或单位的所有成员填写。问题包括成员对诸如决策制定、沟通效果、单位间的协调、组织的满意度、工作、同事及直接上司等广泛议题的认识与看法。将调查问卷经过统计处理后得到的数据制成表格分发给有关的员工，使所提供的信息成为人们确定问题和解决问题的一个跳板。以下是它的基本过程。

（1）向组织成员发放调查问卷，收集信息资料。
（2）分析整理信息资料，组织成便于理解的有用的形式。
（3）将整理后的资料数据反馈给提供信息的员工。

调查反馈法通常被用来诊断团队、部门和组织的问题。检查反馈法将管理者和员工放在工作、问题和客观环境中来对待，所产生的数据和采取的过程都使人感到与其目标、利益高度相关，不仅能暴露和澄清组织的现存问题，而且还可以揭示组织变革的必要性。检查反馈法能够有效地满足个人与组织变革的需要。

3. 团队建设

团队建设（team building）是使工作团队的成员在互动中了解其他人是怎么想和怎么做的。团队建设就是通过群体成员的参与和信息共享，创造平等互助的氛围，改善群体内部的联系和解决问题的能力，增强群体成员的人际关系技能，进而从整体上提高群体的工作效率和效能。通过高强度的互动，使团队成员相互信任和开诚布公。团队建设方案中的活动可能包括团队目标的确定、团队成员间人际关系的开发、明确各成员任务和职责的角色分析，以及团队过程分析等。团队结构即以团队为其结构的组织类型，打破了部门界限，并把决策权下放到工作团队。团队建设关注以下四个方面的任务。

（1）为团队设立目标并确定先后次序。
（2）分析或分配完成工作的方式方法。
（3）检查团队正在使用的工作方式方法并考察群体过程，如规范、决策和沟通等。
（4）考察和改善群体、团队成员之间的关系。

团队建设的前提是群体有正当存在的理由,群体成员之间存在一些相互依赖的关系,群体成员地位平等、相互信任。团队建设的特点是群体成员始终参与,他们既是工作对象又是参与者,共同在交往中提高认知能力,解决问题,推动行动计划的贯彻执行。

4. 过程咨询

过程咨询(process consultation)是一种依靠外部咨询者帮助管理者对其必须处理的过程事件形成认知、理解和行动的能力。这些过程事件可能包括工作流程、单位成员间的非正式关系,以及正式的沟通渠道等。咨询者帮助管理者更好地认识他的周围、其自身内部或与其他人员之间正在发生什么样的事情。咨询者并不负责解决管理者的问题。相反,咨询者只是作为教练,帮助管理者诊断哪些过程需要改进。如果管理者在咨询者的帮助之下还不能解决问题,咨询者将协助管理者给自己配备一名具有适当技术知识的专家。具体而言,组织的过程变量包括组织中的沟通交流、领导和权威、决策和解决问题、规则和角色及群体中的矛盾化解和互动过程。咨询者在过程咨询中的工作步骤为以下几点。

(1)初步接触。
(2)界定与客户的关系。
(3)选择地点和方法。
(4)收集资料,初步诊断。
(5)干预、制定工作议程,反馈、指导,结构性干预。
(6)退出或结束。

过程咨询在改变人们的态度和行为规则中、在提高个人和群体决策能力中,以及在增强群体凝聚力和加强团队合作中往往是有效的。但过程咨询很少被作为一项组织变革规划的唯一内容,它往往需要与别的方法混合使用。

5. 组际发展

组际发展(intergroup development)试图改变不同工作小组成员之间的相互看法、认知和成见。例如,两个小组一直存在不良的工作关系,可以让它们分别开列出一份清单,说明有关如下方面的认识:我们如何看待我方?我们如何看待对方?我们认为对方小组如何看待我方?然后,交换两个小组的清单,讨论有什么相似的认识及不同之处。不同点将得到特别的注意。接着,两个小组考察存在差异的原因,并努力制定出解决办法改进小组间的关系。

6. 工作生活质量

工作生活质量(quality of working life, QWL)是指组织成员在组织中所体验到的、对重要的个人需求所能得到的满足程度。工作生活质量是由组织采取的一种行动,它被用来改善那些影响员工对某个组织感受的条件。很多 QWL 规划强调组织中的保险、安全、健康决策、人的能力和技术发展机会、有意义的工作、地点或时间安排、防止专断或不公平对待及满足社会需要的机会等内容。QWL规划一般有以下两个主要目标。

（1）改善员工的工作生活质量。

（2）提高群体、团队或组织的生产力。

虽然QWL规划和生产力变革间的关系是复杂的，经常是间接的和不易测度的，然而，QWL规划仍有潜力去增进交流、合作、激励及工作能力，这些改进反过来又转化为提高了的生产力。随着人们对改善工作条件的要求越来越高，QWL规划在组织中的应用已日益广泛，并且还被用来提高员工的专门技术，间接地促进产品的数量和质量的提高（时巨涛等，2003）。

7. 激发一种创新文化

创造（creativity）是指以独特的方式综合各种思想或在各种思想之间建立起独特的联系这样一种能力。能激发创造力的组织，可以不断地开发出做事的新方式及解决问题的新办法。创新（innovation）则是指形成一种创造性思想并将其转换为有用的产品、服务或作业方法的过程，即富有创新力的组织能够不断地将创造性思想转变为某种有用的结果。当管理者说到要将组织变革做得更富有创造性的时候，他们通常指的就是要激发创新。创新的概念不仅包括我们通常谈到的产品革新，也包括新生产技术的引入、新的管理系统结构设置、有关组织成员的新的计划或规划和新组织文化的建立等多个方面。

创新的来源。在研究创新的来源时最常用的术语就是"结构变量"。国外一些学者通过对组织中结构-创新关系的广泛研究，得出了如下结论。

（1）有机式结构对创新有正面的影响。因为其纵向变异、正规化和集权化程度低，有机式结构可以提高组织的灵活性、应变力和跨职能工作能力，从而使创新更容易被采纳。

（2）创新与较长的管理期限有关。较长的管理在位期限有利于正规化，并能够提供一定的完成任务的知识和经验。

（3）拥有富足的资源能为创新提供条件。组织资源充裕，就使管理当局有能力购买创新成果，敢于投下巨资推行创新并承受失败的损失。

（4）单位间密切的沟通有利于克服创新的潜在障碍。像委员会、任务小组及其他这类机制都可促进部门之间的相互交流，从而得到创新型组织的采用。

创新型组织通常具有类似的"文化"。他们鼓励进行试验，对成功和失败都同样给予褒奖，他们对犯错误采取欢迎的态度。但是，现实中许多组织倾向于对"无过"而不是对"有功"进行奖赏。充满创新精神的组织文化通常有如下特征。

（1）接受模棱两可。过于强调目的性和专一性会限制人的创造性。

（2）容忍不切实际。组织不抑制员工对"如果……就……"这样的问题作出不切实际的，甚至是愚蠢的回答。乍看起来似乎是不可行的，但往往可能带来问题的创新性解决。

（3）外部控制少。组织将规则、条例、政策这类的控制减少到最低限度。

（4）接受风险。组织鼓励员工大胆试验，不用担心可能失败的后果。错误被看作能提供学习的机会。

（5）容忍冲突。组织鼓励不同的意见。个人或单位之间的一致和认同并不意味着能实现很高的经营绩效。

（6）注重结果甚于手段。提出明确的目标以后，个人被鼓励积极探索实现目标的各种可行途径。注重结果意味着，对于任一给定的问题，可能存在若干种正确的解决办法。

案例分析

丰田的创新及持续性

如果你向组织创新领域的专家请教有关丰田公司的问题，你常常会看到他们脸上困惑的表情。丰田的创新智慧不太容易弄清楚。

一方面，丰田是一个时代中全世界最成功的企业之一。在商业环境、客户偏好、政府法规和全球竞争状况持续改变（有时甚至十分剧烈）的情况下，丰田必须持续创新才能继续实现繁荣。丰田还制造了第一台成功批量生产的混合动力汽车——普锐斯。其他公司也试图跟进，但是却发现自己的新产品在专家评级、新车销量和旧车转售价值等方面均表现逊色。

另一方面，丰田的产品被广泛认为是更加"受人喜欢而不是热爱"。它的汽车经常被批评是模仿而不是创新。它因为古板和官僚化的结构——公司所有的高管都是日本男性及公司对过去的崇拜而臭名昭著。在该公司的大厅矗立着公司创始人丰田喜一郎（Kiichiro Toyoda）的半身像，而且在公司近百年的历史上，公司掌舵者仅有三位出自丰田家族以外。所有这些事实都使丰田很难被视为一个创新的变革型组织的标志。

那么，丰田到底是不是一个创新型组织？

这个答案取决于你如何定义创新。如果根据产品的创新来判断，除了普锐斯（尽管该产品获得了成功，却仅为丰田的销售额贡献了很小的份额）以外，我们无法认为丰田是一个特别具有创新性的组织。然而，我们在本书其他章节定义创新型文化时，我们强调了两点。首先，我们不能仅根据组织的产品来判断。生产、服务、营销和其他商业流程对于外人而言都是难以观察的，但却对组织的持续成功非常重要。其次，创新可以是累进式的。一个大张旗鼓每10年重塑自己一次的企业真的比那些持续稳定地进行累进式变革的企业更具创新性吗？

很明显，在这两个方面——流程的创新（而不仅仅是产品创新）及持续的累进式创新，丰田都做得很好。第一，丰田实施了大量的工作场所创新，包括安灯（andon）系统——任何工人在发现一个问题时都可以暂停生产线，以及该公司对精益、灵活的生产流程的强调。通过这种生产流程，公司可以在几天之内在几乎任何分厂里转换所生产的车型。第二，持续改善（kaizen）生产——一种持续改进的方法，几乎是丰田的同义词。正如一位专家评论的那样，"不是竭力实施跳跃式发展，丰田通过频繁、稳定的收获来占领这个领域"。大量研究一致表明，绝大多数组织变革努力都失败并被弃置了。如果有更多企业考虑丰田的创新方式——强调流程方面而非产品方面的创新及强调缓慢但持续的改进而不是激进的变革，或许它们更可能会实现预期的创新效果。

资料来源：罗宾斯和贾奇（2012）

【思考题】

1. 你是否认为丰田是一个创新型组织？为什么？
2. 你认为丰田公司潜在的世袭制领导是阻碍还是解释了它的成功？
3. 2009年，丰田公布了它历史上的第一次亏损。你是否认为丰田在解决亏损时会比其他汽车制造商面临更多问题？
4. 丰田总裁丰田章男（Akio Toyoda，公司创始人的孙子）说："每个人都说丰田是世界上最好的公司，但是消费者并不关心世界。他们在乎的是我们是否在当地最好。"这句话是什么意思？

第五节 工作压力及管理

对员工来说，变革造成了一种压力。充满被接管、兼并、重组、强制退休和大规模裁员威胁的动态的、不确定的环境，促使许多员工因为过度劳累和承受过度压力而死亡。我们这一部分要探讨"压力"一词具体意味着什么、是什么原因造成了压力、如何识别压力，以及管理者可以采取哪些行动减少压力等。

一、什么是压力

压力（stress）是指一种动态的条件，在该条件下个人面临着与其愿望的实现密切相关的机会、限制或要求。因为条件的动态性，个人视为非常重要的愿望的实现就具有不确定性。这是一个颇为复杂的定义。我们下面要仔细考察一下该定义的几层意思。

压力本质上并不是不好的东西，有压力也未必就是件坏事。虽然人们通常从反面意义上探讨压力，但压力也有其正面的价值，特别是它能给人们带来一种潜在的得益。正是由于压力，运动员或舞台表演者在关键的场合可能表现出更高的水平。然而，压力更经常是与限制和要求相伴随的。限制会妨碍你做希望做的事情，要求则意味着你要失去所希望的某种东西。你在学校参加一次测验，或者在工作单位接受年度绩效评估时，你感到有压力，就是因为你面临着机会、限制和要求。获得好的绩效评估可能给你带来职务提升和相应的更大的职责与更高的薪金；而不良的评估则会影响你得到提升；特别差的绩效评估可能导致你遭解雇。

条件会造成压力，但这并不意味着它总会形成压力。由潜在的压力转换为现实的压力，需要具备两个前提，即结果具有不确定性，而且该结果必须是相当重要的。不管环境如何，不管压力多大，关键是人们能否把握住机会、能否在排除限制或者避免损失的情况下还能够生存。也就是说，对未来得与失不确定的人的压力比较大，而认为得与失是确定的人的压力就较小。结果的重要性也是个关键因素。要是得失无关紧要，就不会有压力,如一个下属觉得保住现有职位或得到提升并不重要,那么他在绩效评估前夕就不会有多大的心理压力。

二、压力的根源

1. 变革是一个主要的压力来源

压力的根源存在于与组织有关的因素及员工自己生活中衍生的个人因素,显然,任何形式的变革都有造成压力的可能,因为变革伴随着机会、限制或要求。而且,变革常常是在不确定的条件下进行的,对员工产生巨大的心理层面和行为层面的压力,毫无疑问,变革是一个主要的压力来源。

2. 工作及环境变革是压力的一个普遍性来源

员工的职务和组织的结构是压力,过度的工作负担会造成压力。同样,保持与机器同步的正常工作速度也是个压力。简单、厌倦的工作也会形成压力。从事更富有挑战性工作的人比缺乏挑战性的工作承担者,相对说来更少焦虑、沮丧和生病。角色冲突和模糊也会造成压力,因为前者对员工提出了矛盾的要求;后者则强加给员工不明确的预期和不确定的工作要求。传统组织结构中压力的来源存在于统一指挥原则受到破坏,从而使员工必须与两个上司打交道。其他一些组织因素,如过多的规则条例、不具有反应力和支持力的上司、模糊不清的沟通、不愉快的物理工作环境(如高温、光线昏暗、噪声过大等),这些都会给员工造成压力。

3. 私人的事情也会造成个人的压力

家庭成员的死亡、离婚和个人财力困难等私人的事情也会造成个人的压力。这里特别需要提及的是 A 型人和 B 型人的个性两分法。具有 A 型行为(type A behavior,TAB)的个人表现出一种强烈的时间紧迫感和高度的竞争推动力。他们性情急切,总想尽快地做完每件事,对于闲暇时间不知如何打发为好。具有 B 型行为的人(type B behavior,TBB)则正好相反:懒散、容易相处、不具有竞争性。A 型人具有中、高程度的心理压力,他们比 B 型人更容易患心脏病。从管理者的角度来看,即便在组织和个人的压力源都很小的情况下,A 型人也很可能出现压力。

三、压力的症状

什么信号表明员工的压力可能过高?压力会通过多种方式表现出来。例如,面临高度压力的员工可能心情沮丧、事故不断,或者喜爱争辩,容易分心,作常规决策也有困难等。这些症状可以归纳为三个一般的类别:生理的、心理的和行为的。

早期绝大多数对压力的关注是在生理症状方面。这是因为,当时对压力的研究是由健康医学专家展开的。其研究得出的结论是,压力可能导致新陈代谢发生变化,加快心率和呼吸频率，使血压上升，并带来头痛和心脏病发作。

压力与特定生理症状之间的关系并不确定。假如不能说没有这种关系的话，两者间也很少存在一致的相关关系。这是因为，生理症状表现相当复杂，难以客观地对其进行测量。但生理症状与管理者的工作也有直接的关联性。

心理症状可能对管理者更为重要。压力会导致不满。职务相关的压力导致员工对工作不满意。工作不满意事实上是压力"最简单也最明显的心理影响"。不过，压力还有其他的心理表现，如紧张、焦虑、烦躁、厌倦、拖延等。

行为相关的压力症状包括生产率变化、缺勤和离职流动，以及饮食习惯改变、过度吸烟和酗酒、坐立不安、语速加快和睡眠障碍等（罗宾斯和贾奇，2012）。

四、压力管理

我们前面已经指出，并不是所有的压力都是不良的。而且，从现实来说，压力并不能完全地从人的生活中根除，不论是在工作外还是在工作中。在我们讨论减少压力的办法之前，务必记住，我们探讨的只是不良的压力这一部分。

从组织因素方面看，降低压力水平的努力，需要从员工的甄选开始。管理当局应该确保选定的人员具有与职务要求相对应的能力。要是员工觉得工作超过其能力所及，那他势必要承受高程度的压力。甄选过程中切合实际的工作介绍会使模糊性得到减少，从而降低压力。改进组织的沟通也会使因模糊而产生的压力保持最小。相似地，像目标管理这样的绩效计划方案会使工作职责、绩效目标得到明确，并通过反馈减少模糊性。

职务再设计也是减少压力的一个办法。要是压力直接来自工作厌倦或超负荷，那么应当对职务进行重新设计，以便增强挑战性或降低工作负担。提高员工参与决策过程及获得社会支持的机会的职务再设计，也被证明对减少压力有积极的作用。

从员工个人生活中产生的压力来看，有两大问题值得引起注意。其一是，它不易为管理者直接控制。其二是，存在着伦理方面的考虑，如管理者是否有权干涉（哪怕以最微妙的方式）员工的个人生活。如果管理者认为这是合乎伦理的，员工本人也愿意接受，那么可以考虑采取如下一些办法。比如，员工咨询能使压力得到减缓。员工常常希望与人谈谈自己的问题，而组织完全可以使这一需要得到满足——可以通过管理者、内部的员工咨询专家或者外部的咨询机构、专家的帮助等。对于那些因为不善于安排，使个人生活产生问题而组织又进一步增加了其压力的员工，提供时间管理方案将会有益于帮助他们区分自己的优先安排事项。还有一种办法是由组织出面举办各种体育锻炼活动。

第六节 组织发展

组织发展重视组织和员工的成长、合作与参与过程及探索精神。当代的组织发展重点关注个体如何理解自己的工作环境，变革推动者在组织发展中发挥领导作用。这一部分的学习要掌握组织发展的含义及蕴含的价值观、了解组织发展的内容和组织发展有效性的评价指标、认识组织发展是一个永无止境的过程。

一、组织发展的含义及蕴含的价值观

组织发展（organizational development）是各种致力于增进组织效力和员工主观幸福感的变革方法的集合，是最近二十几年来组织行为学家研究的一个"热点"。较为广义的观点则将"组织发展"视为"改善组织中人的因素的措施"，这一点美国"全国训练实验室"的观点最具有代表性，他们认为，组织发展专门致力于组织中人事的变革，如处理个人的激励、权力、知觉、人际关系等。以贝格哈特为代表的组织发展理论家从目的性和方法论的角度提出了另一个定义，认为组织发展是运用行为科学知识进行有计划的、全局性的和自上发动的活动，通过对组织内各种过程有计划的干预以增进组织的有效性和健康发展，是组织为了适应环境的变化，改进和更新组织，以求达到最佳化和高级化。

目前，组织发展特别强调组织的自我更新能力。提高自我更新能力就要求管理者觉察问题，或者发现问题于萌芽状态，争取主动，这样才能使组织永葆活力。以下几个方面是绝大多数组织发展努力背后所蕴含的价值观。

（1）对人的尊重。认为个体是负责的、明智的、关心他人的。保持人的尊严，对员工应以礼相待。

（2）信任与支持。主张建立新型的有效能且健康的组织，它具有这样的特征：充满信任，真诚、开放和支持。

（3）权力平等。有效能的组织不强调层级分化的职权与控制。

（4）公开对质。有问题不应该藏在背后或者压抑下去，而是应该公开出来，让员工发表意见。

（5）参与。变革涉及的人越多，就越要争取他们的参与，使变革成为全体人的事，而不仅仅是少数变革代理人或管理者的事。

二、组织发展的内容

1. 组织发展的范围

组织行为学家萨尔弗立奇和索科立克认为，组织发展要解决的问题可分两大类。第一类属于组织结构和经营管理性质的问题，这类问题带有逻辑和物理性质，比较显而易见。第二类属于人的行为和动态过程的问题。这类问题带有感情性质，往往隐蔽而不易察觉。他们按照问题的明暗程度，由浅入深地把变革措施分为10个等级。西方学者弗伦奇和贝奇尔在《组织发展》这部著作中，把组织发展的范围归纳为五大类，见表15-2。

表15-2 组织发展范围及干预措施

范围	措施
个人	协助制订终身性长期规划和事业计划 角度分析 个别辅导和咨询 敏感性训练（包括技能、知识、人际关系、决策、计划等）、互相协作

续表

范围	措施
两三人之间	过程性咨询（指信息沟通、处理问题、决策等活动的咨询） 请第三者解决矛盾冲突 群体协作、检查工作
小组和群体	小组建设（包括以工作任务为主、以小组活动为主、本小组敏感性训练、调查反馈、活动过程咨询、角色分析等） 小组范围的决策
群体之间	群体之间的活动 以群体过程为主和以工作任务为主的技术干预和结构干预 群体协作、制定目标、计划 调查反馈
整个组织	技术、结构干预 思想见面交流会 战略性计划活动 组织目标、计划、协作等 调查反馈

2. 组织发展的规划

组织发展的规划包括对当前组织的分析、确定规划的目标、为员工发展开创机会和规划的评价四个方面。

（1）对当前组织的分析。要想使组织得到发展，必须进行组织调查，做到对组织工作效果、组织结构和设计有效性如何等组织内幕了如指掌。对当前组织的分析主要包括绘制组织图表、编定组织手册、完成组织核查表。

（2）确定规划的目标，主要包括管理人事的要求，如人员更换的需要、增长的需要和有计划地扩大、改进工作的需要；管理人员储备，如现有能力储备、目前工作成绩的鉴定、潜在增长的估计。

（3）为员工发展开创机会，主要包括内部来源，如制订培训规划、工作轮换、委员会任命、有计划地提升顺序；外部来源，如大学的规划、专业会议、工业会议。

（4）规划的评价，主要包括制度化的连续成绩鉴定、意见和态度调查，并将结果反馈给上述（1）和（2）两项。

现代组织是一个开放的、有机的和动态的系统。因此，组织发展过程用图 15-5 的模式表示。

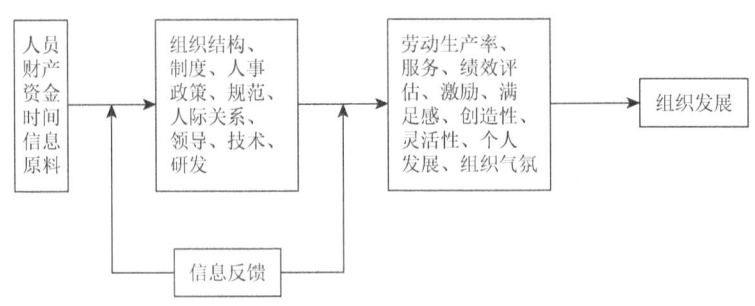

图 15-5 组织发展的过程模式

3. 组织发展的技术

组织发展的技术包括组织技术和人文技术两个方面。

（1）组织技术。组织技术就是有关组织的复杂性、规范性和集权度以促进组织发展的技术，它是影响工作内容、员工关系和组织气氛的技术。

（2）人文技术（human process techniques，HPT）通过沟通、决策、问题解决手段，改变组织成员的态度和行为。常见的方法包括敏感性训练、调查反馈、过程咨询、团队建设和组际发展等（这些方法在本章第四节已进行了介绍）。贯彻这种变革方法的共同主线是它们都设法带来组织人员内部或相互关系的改变，也就是说敏感性训练、调查反馈、过程咨询、团队建设和组际发展等构成了组织发展技巧，见图 15-6（罗宾斯和贾奇，2012）。

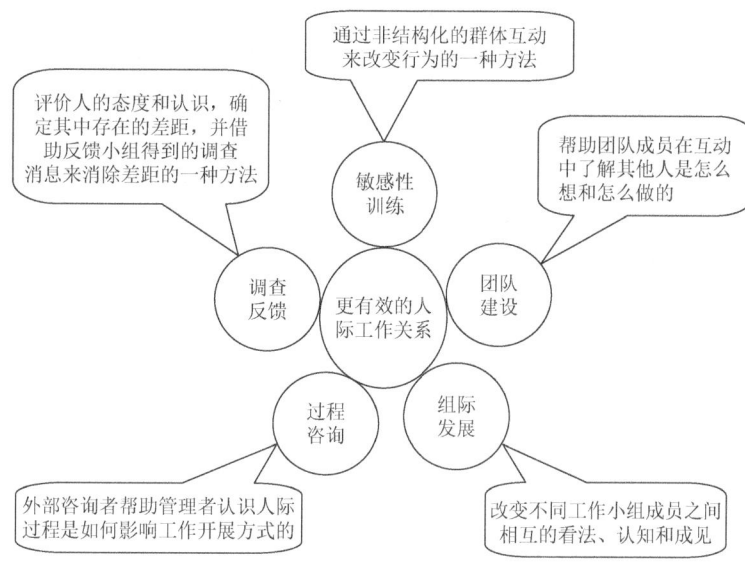

图 15-6　组织发展技巧

4. 组织发展的效果

组织发展取得期望的积极的效果，沃里克（Warrick）曾撰文进行归纳，认为组织发展的效果包括以下几个方面的内容。

（1）改善组织的效能。

（2）促成良好的管理。

（3）使组织成员更多地对组织认同，更积极地参与组织的活动。

（4）改善工作团体内部及与其他团体之间的合作关系。

（5）使人更加了解组织本身的优势与缺点。

（6）改善沟通、解决问题、处理冲突的技巧。

（7）创造出一种鼓励创意与开放的工作氛围，提供个人成长机会，奖励健康的与负责任的工作行为。

（8）显著减少消极的工作行为。

（9）让组织成员了解组织必须发展才能适应不断变化的环境；吸引并把握住优秀的人才。

三、组织发展的评价

1. 组织发展技术的成效评估

对组织发展成效的评估，实际上就是评定采用的各种方法或技术所取得的效果。

（1）有关敏感性训练的研究指出，这种方法能有效地影响行为，但行为上的改变不一定促进绩效，要视具体运用而定。而且这种方法可能会给成员在心理上带来副作用，造成一定伤害。关键是能否在技术上有足够的把握，确保训练在轻松的氛围中进行。

（2）调查反馈法对参与者态度的改变，得到了研究的证实。采用这种技术后，员工对工作和上司的满意程度都有所上升，对组织活动的参与意识也有所增加。不过这种问卷调查加讨论的方法，并不能保证长久的行为改变，除非采取后续的改进措施和行动。

（3）过程咨询的效果得到了研究的肯定。一项调查表明，这种方法的有效率高于2/3。有人回顾了56项应用事例，发现团队建设的成效很令人鼓舞，有90%的应用取得了积极的结果。这个数字对于组织管理技术方面的性能评定来说，几乎是个"天文数字"了。不过，这方面的成效似乎主要反映在员工态度的改变上。有人认为，这一技术同工作绩效间的关系，还应进一步研究考证。

（4）组际发展技术的应用也有普遍性的收效。研究表明，有83%的应用取得了积极的结果，但也有17%的应用有不良的副作用。

（5）团队建设。通过团队成员的参与和信息共享，创造了平等互助的氛围，改善了团体内部的联系和提高了解决问题的能力，促进了成员的心理成熟，增强了团队成员的协调能力，进而从整体上提高了工作的效率和效能。

2. 组织有效性的评价指标

评价组织有效性时，不同的人会采用不同的标准。1989年德洛茨（Deloitles）在经过对大量组织的调查后认为，评判组织有效性的主要指标为：投资潜力、财务状况、管理人才、产品质量、吸引人才和奖励职工骨干的能力及资产管理技巧。卡纳尔（Carnal）于1990年用四象限图表示了一个较全面的指标体系，水平方向表示有效性和效益，垂直方向是数量和质量（图 15-7）。当我们试图对效益进行定量分析时，我们自然会通过诸如利润、成本等数据进行评判，而对效益的质量分析则通过满意度、承诺和竞争力等级来说明。

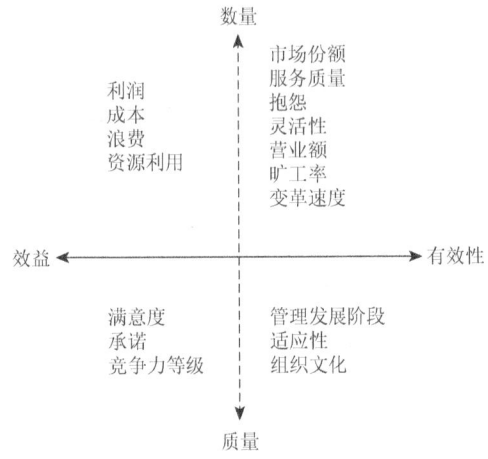

图 15-7　组织有效性跟踪指标

3. 组织发展成功与失败的条件

富兰克林于1976年发表专论总结了11家企业搞组织发展取得成功的经验和14家企业遭受失败的教训，发现它们之间有三个基本不同点。

（1）成功的企业对变革比较开放并且主动去适应。失败的企业比较保守，倾向于保持现状。

（2）成功的企业所用的变革专业人员都经过精心挑选，有明显的评价和出谋献策的才能。

（3）成功的企业的管理部门对组织发展项目特别关心，并且愿意承担责任。

行为学家贝克哈特总教练员推行组织发展的经验，提出了12条导致失败和10条导致成功的条件。

导致失败的条件：①最高领导讲的一套做的一套，使得职工对上不信任，采取保留意见的态度。②空谈庞大变革规划，没有坚实的基础和目标。经理人员并不投入变革。③把手段当成目的。例如，搞培训的目的是改进组织效率，而结果把培训作为目的，变成为培训而培训。④急于求成。组织发展一般需要三五年才能收到实效。高层管理人员犯了不切实际的急性病。⑤行为科学的变革措施和运行学的变革各搞一套，缺乏协调和联系。⑥过于依赖外来的咨询专家。⑦直线管理人员不过问变革，全部由变革专业人员负责。⑧执行变革工作中，高层管理人员与中层管理人员互不通气。⑨把重大变革措施，纳入老的组织机构。⑩把搞好关系作为最终目的，不作为提高组织效率的手段。⑪一心想找"食谱式"的速战速决方法。⑫不针对具体情境使用合适的变革方法。

导致成功的条件：①企业内部和外部存在压力，有变革的客观需要。②管理阶层中的一些关键人物感到势态困难，需要寻找出路。③有愿意认真研究和分析问题的关键人物。④有好的执行变革的领导者（咨询人员、关键的参谋人员、新的直线管理人员）。⑤已认清直线与参谋人员之间合作上有问题。⑥对试行新的关系形式有一定的愿望。⑦有现实的规划和远景规划。⑧有面对现实情境并努力改变这种情境的愿望。⑨除了对人们取得眼前的成果给予奖励之外，对他们从事变革的努力也予以奖励。⑩有看得到的中间成果。

总之，组织发展是一个永无止境的过程，现代社会组织化程度越来越高，环境变化越来越快，技术进步和知识更新越来越频繁，人们的价值观和生活方式将更加多样化，这将对组织灵活性、创造性、准确性的要求大大提高。在新的时代，建立个性自由和团队精神有机结合的民主、创新的组织，无疑是未来组织发展的重要课题（张德，2016）。

重要名词和术语

组织变革（organization change）
网络化（networking）
学习型组织（learning organization）
社会技术系统（socio technical systems，STS）

质量圈（quality circle）
再造工程（reengineering）
调查反馈（survey feedback）
团队建设（team building）
过程咨询（process consultation）
组际发展（intergroup development）
创造（creativity）
创新（innovation）
组织发展（organizational development）
人文技术（human process techniques，HPT）

复习思考题

1. 有哪些内部和外部力量对组织提出变革的需要？有计划的变革和无计划的变革有什么差异？
2. 简述组织变革的动因。
3. 组织变革的主要内容是什么？
4. 影响成功变革的因素有哪些？
5. 简述组织变革的模式。
6. 全面质量管理是否与在组织中推行革命性变革的目标相一致？
7. 如何创建学习型组织？
8. 组织变革的技术方法的主要内容是什么？
9. 什么是压力？可能的压力源有哪些？
10. 什么是组织发展？它有哪些主要方法？
11. 如何评价组织发展的效果？
12. 如何对组织发展进行有效管理？
13. 组织发展成功与失败的条件是什么？

参考文献

伯格 J M. 2014. 人格心理学[M]. 8 版. 陈会昌,译. 北京:中国轻工业出版社.
陈春花,曹洲涛. 2020. 管理沟通[M]. 3 版. 广州:华南理工大学出版社.
陈亦权. 2015. 资本之王桑迪·威尔的 1＋1＝4 财富人生[J]. 意林,(5):37.
程刚. 2014. 黑纹鼠折射两种人[J]. 意林,(18):37.
程庭亮. 2013. 有效冲突管理[M]. 北京:中国财政经济出版社.
程兆谦. 2015. 跨国并购中文化差异的作用机制——基于 GLOBE 的案例研究[J]. 管理案例研究与评论,(5):471-482.
崔会保. 2016. 组织行为学[M]. 2 版. 北京:中国铁道出版社.
樊登. 2018. 可复制的领导力:樊登的 9 堂商业课[M]. 北京:中信出版社.
傅高义. 2016. 日本第一[M]. 谷英,张柯,丹柳,译. 上海:上海译文出版社.
关培兰. 2000. 组织行为学[M]. 武汉:武汉大学出版社.
贺学友. 2019. 销售铁军[M]. 北京:中信出版社.
黄希庭. 1991. 心理学导论[M]. 北京:人民教育出版社.
江启靖. 2009. 领导者的情绪胜任力[J]. 企业管理,(12):89-91.
蒋光宇. 2015. "曾左"与"左曾"[J]. 意林,(14):13.
金晶. 2021. 胜任力理论国外研究综述及其启示[J]. 企业改革与管理,(4):61-65.
金盛华. 2010. 社会心理学[M]. 2 版. 北京:高等教育出版社.
康戴夫 P. 1998. 冲突事务管理:理论与实践[M]. 何云峰,郑卒,牟亚萍,译. 上海:世界图书出版公司.
康青. 2015. 管理沟通[M]. 4 版. 北京:中国人民大学出版社.
林崇德. 2003. 心理学大辞典[M]. 上海:上海教育出版社.
凌文辁,张治灿,方俐洛. 2000. 中国职工组织承诺的结构模型研究[J]. 管理科学学报,(2):76-81.
刘小平. 1999. 组织承诺研究综述[J]. 心理学动态,(4):31-37.
刘志坚. 2015. 一时纠结,千古悲情[J]. 意林,(23):51.
龙立荣. 2016. 组织行为学[M]. 2 版. 大连:东北财经大学出版社.
龙立荣,方俐洛,凌文辁,等. 2000. 职业承诺的理论与测量[J]. 心理学动态,(4):39-45.
罗宾斯 S P. 2016. 组织行为学精要[M]. 13 版. 北京:机械工业出版社.
罗宾斯 S P,贾奇 T A. 2012. 组织行为学[M]. 14 版. 孙健敏,李原,黄小勇,译. 北京:中国人民大学出版社.
罗宾斯 S P,库尔 M. 2012. 管理学[M]. 11 版. 李原,孙健敏,黄小勇,译. 北京:中国人民大学出版社.
罗宾斯 S P,库尔 M. 2017. 管理学[M]. 13 版. 刘刚,程熙镕,梁晗,等,译. 北京:中国人民大学出版社.
马克思 K H,恩格斯 F F. 1974. 马克思恩格斯全集(第二十三卷)[M]. 中共中央马克思恩格斯列宁斯大林著作编译局,译. 北京:人民出版社.
麦克沙恩 S L,格里诺 M A V. 2017. 组织行为学[M]. 3 版. 井润田,王冰洁,赵卫东,译. 北京:机械工业出版社.
诺姆四达集团. 2014. 解码胜任力[M]. 北京:光明日报出版社.

彭聃龄. 2019. 普通心理学[M]. 5 版. 北京：北京师范大学出版社.
清风慕竹. 2015. 你给我脸，我给你命[J]. 意林，（1）：59.
时巨涛，马新建，孙虹. 2003. 组织行为学[M]. 北京：石油工业出版社.
舒尔茨 D P，舒尔茨 S E. 2016. 人格心理学：全面、科学的人性思考（原书第 10 版）[M]. 张登浩，李森，译. 北京：机械工业出版社.
斯金纳 B F. 1989. 科学与人类行为[M]. 谭力海，王翠翔，王工斌，译. 北京：华夏出版社.
斯金纳 B F. 2006. 超越自由与尊严[M]. 2 版. 陈维纲，王映桥，粟爱平，译. 贵阳：贵州人民出版社.
索柏民，王天崇. 2017. 组织行为学[M]. 北京：北京理工大学出版社.
万涛. 2018. 冲突管理[M]. 2 版. 北京：清华大学出版社.
王爱军. 2015. 数豆子数出来的修养[J]. 意林，（2）：36.
王霞霞，张进辅. 2007. 国内外职业承诺研究述评[J]. 心理科学进展，（3）：488-497.
王永泉，方宏，李桃. 2014. 组织行为学[M]. 长沙：湖南大学出版社.
魏钧，陈中原，张勉. 2007. 组织认同的基础理论、测量及相关变量[J]. 心理科学进展，（6）：948-955.
徐力. 2009. 基于贝尔宾角色理论的团队建设[J]. 企业改革与管理，（1）：54-55.
徐小燕，张进辅. 2002. 情绪智力理论的发展综述[J]. 西南师范大学学报（人文社会科学版），（6）：77-82.
叶奕乾，何存道，梁宁道. 2000. 普通心理学[M]. 5 版. 上海：华东师范大学出版社.
余凯成. 2001. 组织行为学[M]. 大连：大连理工大学出版社.
张春安. 1996. 管理中国人[M]. 北京：中国经济出版社.
张德. 2016. 组织行为学[M]. 5 版. 北京：高等教育出版社.
张岩松，周宏波. 2011. 组织行为学案例教程[M]. 北京：清华大学出版社.
张珠容. 2014-10-09. 齐桓公的独特奖励之道[N]. 羊城晚报，第 004 版.
周三多，陈传明，贾良定. 2018. 管理学——原理与方法[M]. 7 版. 上海：复旦大学出版社.
周莹. 2009. 组织支持相关理论研究综述[J]. 华东经济管理，23（12）：142-144.
朱仁崎. 2017. 组织行为学案例精选教程[M]. 长沙：湖南大学出版社.
Allen N J, Meyer J P. 1990. The measurement and antecedents of affective, continuance and normative commitment to the organization[J]. Journal of Occupational Psychology, 63（1）: 1-18.
Alpert M. 1992. The care and feeding of engineers[J]. Fortune, 126（6）: 86-95.
Art D D, Turner T. 2004. Profit sharing, firm performance and union influence in selected European countries[J]. Personnel Review, 33: 335-350.
Ashforth B E, Mael F A. 1989. Social identity theory and the organization[J]. Academy of Management Review, 14（1）: 20-39.
Avolio B J, Gardner W L, Walumbwa F O, et al. 2004. Unlocking the mask: a look at the process by which authentic leaders impact follower attitudes and behaviors[J]. The Leadership Quarterly, 15: 801-823.
Banker R D, Lee S Y, Potter G, et al. 2017. Contextual analysis of performance impacts on outcome-based incentive compensation[J]. Academy of Management Journal, 39（4）: 920-948.
Barley S R, Kunda G. 2006. Contracting: a new form of professional practice[J]. Academy of Management Perspectives, 20（1）: 45-66.
Barringer M W, Milkovich G T. 1998. A theoretical exploration of the adoption and design of flexible benefit plans: a case of human resource innovation[J]. Academy of Management Review, 23（2）: 305-324.
Billings J R, Sharpe D L. 1999. Factors influencing flextime usage among employed married women[J]. Consumer Interests Annual, 45: 89-94.
Brislin R W, MacNab B, Worthley R, et al. 2005. Evolving perceptions of Japanese workplace motivation: an employee-manager comparison[J]. International Journal of Cross Cultural Management, 5（1）: 87-104.

Broschak J P, Blake A D. 2006. Mixing standard work and nonstandard deals: the consequences of heterogeneity in employment arrangements[J]. Academy of Management Journal, 49 (2): 371-393.

Buchko A A. 1992. Effects of employee ownership on employee attitudes: a test of three theoretical perspectives[J]. Work and Occupations, 19 (1): 59-78.

Cadsby C B, Song F, Tapon F. 2007. Sorting and incentive effects of pay for performance: an experimental investigation[J]. Academy of Management Journal, 50 (2): 387-405.

Chen Z X. 2001. Further investigation of the outcomes of loyalty to supervisor: job satisfaction and intention to stay[J]. Journal of Managerial Psychology, 16 (8): 650-660.

Chi N W, Han T S. 2010. Exploring the linkages between formal ownership and psychological ownership for the organization: the mediating role of organizational justice[J]. Journal of Occupational and Organizational Psychology, 81 (4): 691-711.

Cole N D, Flint D. 2004. Perceptions of distributive and procedural justice in employee benefits: flexible versus traditional benefit plans[J]. Journal of Managerial Psychology, 19 (1): 19-40.

Colquitt J A, Scott B A, LePine J A. 2007. Trust, trustworthiness, and trust propensity: a meta-analytic test of their unique relationships with risk taking and job performance[J]. Journal of Applied Psychology, 92 (4): 909-927.

Connelly C E, Gallagher D G. 2004. Emerging trends in contingent work research[J]. Journal of Management, 30 (6): 959-983.

Dickinson A M, Gillette K L. 1994. A comparison of the effects of two individual monetary incentive systems on productivity: piece rate pay versus base pay plus incentives[J]. Journal of Organizational Behavior Management, 14 (1): 3-82.

Dixon M R, Hayes L J, Stack J. 2004. Changing conceptions of employee compensation[J]. Journal of Organizational Behavior Management, 23 (2-3): 96-116.

Gardner W L, Schermerhorn J R. 2004. Unleashing individual potential: performance gains through positive organizational behavior and authentic leadership[J]. Organizational Dynamics, 33 (3): 270-281.

Giacobbe-Miller J K, Miller D J, Victorov V I. 2006. A comparison of Russian and U. S. pay allocation decisions, distributive justice judgments and productivity under different payment conditions[J]. Personnel Psychology, 51 (1): 137-163.

Gomez-Mejia L R, Welbourne T M, Wiseman R M. 2000. The role of risk sharing and risk taking under gainsharing[J]. Academy of Management Review, 25 (3): 492-507.

Harpaz I. 1990. The importance of work goals: an international perspective[J]. Journal of International Business Studies, 21 (1): 75-93.

Hofstede G. 1980. Motivation, leadership and organiation: do American theories apply abroad?[J]. Organizational Dynamics, 9 (1): 42-63.

Isen A M, Labroo A A, Durlach P. 2004. An influence of product and brand name on positive affect: implicit and explicit measures[J]. Motivation and Emotion, 28: 43-63.

Janonienė G G, Endriulaitienė A. 2014. Employees' organizational commitment: its negative aspects for organizations[J]. Procedia-Social and Behavioral Sciences, 140: 558-564.

Jehn K A. 1995. A multimethod examination of the benefits and detriments of intragroup conflict[J]. Administrative Science Quarterly, 40 (2): 256-282.

Jenkins G D, Gupta N, Mitra A, et al. 1998. Are financial incentives related to performance? A meta-analytic review of empirical research[J]. Journal of Applied Psychology, 83 (5): 777-787.

Kanfer R, Ackerman P L. 2004. Aging, adult development, and work motivation[J]. Academy of Management

Review, 29 (3): 440-458.

Kerr N L, Tindale R S. 2004. Group performance and decision-making[J]. Annual Review of Psychology, 55: 623-655.

Kotter J P. 1990. What leaders really do[J]. Harvard Business Review, 68 (3): 103-111.

Kouzes J M, Posner B Z. 2011. Credibility: How Leaders Gain and Lose It, Why People Demand It[M]. 2nd ed. San Francisco: Jossey-Bass.

Kraimer M L, Wayne S J, Liden R C, et al. 2005. The role of job security in understanding the relationship between employees' perceptions of temporary workers and employees' performance[J]. Journal of Applied Psychology, 90 (2): 389-398.

Krizan Z, Baron R S. 2007. Group polarization and choice dilemmas: how important is self-categorization?[J]. European Journal of Social Psychology, 37 (1): 191-201.

Kuhn K M, Yockey M D. 2003. Variable pay as a risky choice: determinants of the relative attractiveness of incentive plans [J]. Organizational Behavior and Human Decision Processes, 90 (2): 323-341.

Leoni P. 2008. Pack behavior[J]. Journal of Mathematical Psychoogy, 52 (6): 348-351.

Markham S E, Scott K D, McKee G H. 2002. Recognizing good attendance: a longitudinal, quasi-experimental field study[J]. Personnel Psychology, 55 (3): 639-660.

Mathieu J E, Zajac D M. 1990. A review and meta-analysis of the antecedents, correlates, and consequences of organizational commitment[J]. Psychological Bulletin, 108: 171-194.

Mowday R T, Porter L W, Steers R M. 1979. The measurement of organizational commitment[J]. Journal of Vocational Behavior, 14 (2): 224-247.

Mueller S L, Clarke L D. 1998. Political-economic context and sensitivity to equity: differences between the United States and the transition economies of central and Eastern Europe[J]. Academy of Management Journal, 41: 319-329.

Murray B, Gerhart B. 1998. An empirical analysis of a skill-based pay program and plant performance outcomes[J]. Academy of Management Journal, 41: 68-78.

Park W W. 1990. A review of research on group think[J]. Journal of Behavioral Decision Making, 3 (4): 229-245.

Park W W. 2000. A comprehensive empirical investigation of the relationships among variables of the group think model[J]. Journal of Organizational Behavior, 21 (8): 873-888.

Peterson S J, Luthans F. 2006. The impact of financial and nonfinancial incentive on business unit outcomes over time[J]. Journal of Applied Psychology, 91 (1): 156-165.

Pierce J L, Furo C A. 1990. Employee ownership: implications for management[J]. Organizational Dynamics, 18 (3): 32-43.

Pondy L R. 1992. Reflections on organizational conflict[J]. Journal of Organizational Behavior, 13 (3): 257-261.

Popp G E, Davis H J, Herbert T T. 1986. An international study of intrinsic motivation composition[J]. Management International Review, 26 (3): 28-35.

Ramachandran N. 2006. New paths at work[J]. U. S. News &World Report, (10): 46-48.

Reiczigel J, Lang Z, Rozsa L, et al. 2008. Measures of sociality: two different views of group size[J]. Animal Behaviour, 75: 715-721.

Ressler C, Thompson J. 2008. Why Work Sucks and How To Fix It: The Results-Only Revolution[M]. New York: Penguin Group.

Riketta M. 2005. Organizational identification: a meta-analysis[J]. Journal of Vocational Behavior, 66:

358-384.

Rynes S L, Gerhart B, Parks L. 2005. Personnel psychology: performance evaluation and pay for performance[J]. Annual Review of Psychology, 56 (1): 571-600.

Sabramony M, Krause N, Norton J, et al. 2008. The relationship between human resource investments and organizational performance: a firm-level examination of equilibrium theory[J]. Journal of Applied Psychology, 93 (4): 778-788.

Schuster J P, Carpenter J, Kane M P. 1996. The Power of Open-Book[M]. New York: John Wiley.

Shaw J D, Gupta N, Mitra A, et al. 2005. Success and survival of skill-based pay plans[J]. Journal of Management, 31 (1): 28-49.

Somech A, Desivilya H S, Lidogoster H. 2009. Team conflict management and team effectiveness: the effects of task interdependence and team identification[J]. Journal of Organizational Behavior, 30 (3): 359-378.

Sprinkle G B. 2000. The effect of incentive contracts on learning and performance[J]. Accounting Review, 75 (3): 299-326.

Stajkovic A D, Luthans F. 2001. Differential effects of incentive motivators on work performance[J]. Academy of Management Journal, 4 (3): 580-590.

Tan H H, Tan C S. 2000. Toward the differentiation of trust in supervisor and trust in organization[J]. Genetic, Social and General Psychology Monographs, 126 (2): 241-260.

Thottam J. 2005. Reworking work[J]. Time, (4): 50-55.

Tjosvold D. 2006. Defining conflict and making choices about its management: lighting the dark side of organizational life[J]. International Journal of Conflict Management, 17 (2): 87-95.

Weigert A J, Rokeach M. 1975. The nature of human values[J]. Journal for the Scientific Study of Religion, (2): 198.

Welbourne T M, Ferrante C G. 2008. To monitor or not to monitor: a study of individual outcomes from monitoring one's peers under gainsharing and merit pay[J]. Group &Organization Management, 33 (2): 139-162.

Welbourne T M, Gomez-Mejia L R. 1995. Gainsharing: a critical review and a future research agenda[J]. Journal of Management, 21 (3): 559-609.

Williams C R, Livingstone L P. 1994. Another look at the relationship between performance and voluntary turnover[J]. Academy of Management Journal, 37 (2): 269-298.

Zhang X M, Bartol K M, Smith K G, et al. 2008. CEOs on the edge: earnings manipulation and stock-based incentive misalignment[J]. Academy of Management Journal, 51 (2): 241-258.

Zhao H, Wayne S J, Glibkowski B C, et al. 2007. The impact of psychological contract breach on work-related outcomes: a meta-analysis[J]. Personnel Psychology, 60 (3): 647-680.